邓力群自述

（1915—1974）

人民出版社

序　言

宋平

　　很多老同志有回忆录。时间和精力允许，回顾从青少年时代走向革命，在党的领导下奋斗的经历，总结一生，对后人有所启示，也是向党和人民的汇报，作为党史、军史、国史的一些补充，很有意义。

　　我和力群同志的经历有点接近。"七七事变"以前，我们都在北平上学。在我们人生道路的起步阶段，天天看到的，是帝国主义欺负中国人，国民党政府对外妥协退让、对内残酷镇压爱国群众和进步青年的黑暗现实。那时候如饥似渴地读进步书籍，苦苦思索救国救民的道理，后来接触到共产党，就豁然开朗，看到了光明和希望，由参加抗日救亡运动，投身到党的队伍。

　　我们党培养干部，有一条叫知识分子工农化、工农分子知识化。我们这些人从延安整风的时候开始懂得，人民是真正的英雄，知识分子一定要和工农相结合。抗战胜利以后，力群和几个同志徒步从延安到东北。路过晋西北，亲见农民食不果腹、衣不蔽体的情形，深感正是这些贫苦百姓，在艰难中支持我们的党，舍生取义，拼死抵抗侵略者，继承和延续着中华民族不屈不挠的伟大精神。那时候各地急需干部，到处都想"截流"他们，安排在县委、地委机关。他一个心思，就是要到基层。他在吉林榆树县的一个区里，贯彻中央的《五四指示》，广泛发动群众，大刀阔斧进行土地改革，没收、分配地主的土地和浮财给贫苦农民。翻身农民的政治激情高涨起来，到处涌现出父送子、妻送郎、干部带头上战场的"参军热"，迅速扭转敌强我弱的局面，保证了战争的胜利。为了和平解放新疆，他作为中央的联络员，奉命带一部电台进去，在各民族上层人士中间开展工作，同时深入了解、向中央及时报告农牧民的生活状况和政治情绪，是得到毛主席的肯定的。后来在中央办公厅和《红旗》杂志社，调查研究，深入群众，也成为他的经常性工作。

"文化大革命"是对领导干部的冲击，也是一种党性的锤炼。后来知道，无论怎么斗、怎么压，力群都坚持说真话，保持了共产党员的党性原则。五七干校五年半，有空就接触当地群众，白天挨批斗、劳动，每天晚上三个小时读书。他的自述开了一个书单，从《马恩全集》《列宁全集》《斯大林全集》《鲁迅全集》，到二十四史、《资治通鉴》《清史稿》和一大批其他历史著作、中外文学作品。一部《资本论》，一字一句读了三遍。还完成了《学习〈论持久战〉的哲学思想》，初步整理了《毛主席读苏联〈政治经济学〉教科书的谈话》。他说，在干校的读书和写作，为1975年恢复工作，在国务院政治研究室帮助邓小平同志进行整顿，做了很重要的准备。

党的十三大以后，力群退出领导岗位。年纪大了，听力、目力衰退，仍然孜孜于读书和写作，特别是按照小平、陈云同志的指示，承担起组建当代中国研究所和编纂国史的任务。应该说，他是很合适的人选。不负中央的重托，2012年，他主持的《中华人民共和国史稿》序卷和前四卷，经中央审定正式出版。这也是对他晚年为党和国家工作的认可了。

读力群的自述，想起两位老一代革命家对他的评价。王震同志在新疆和他一道工作,称他是一个共产主义知识分子。两人相约,谁死得早,活着的人就负责把死者的骨灰撒到天山。他完成了王老的嘱托。"文化大革命"以后,先念同志说:力群这个人,浑身骨头没有肉。

力群的骨头是硬的,有一种共产主义知识分子的感情、骨气和原则性。遇顺境处之淡然,遇逆境处之泰然,只有对党的忠诚始终如一。谈到牺牲的同志,谈到老百姓的生活艰难,他会禁不住掉泪。谈到相熟的同志,他总是说,这个同志有什么长处,做过什么好事。对他来说,误解、毁誉、个人的荣辱进退,一概置之度外,认准的真理,就坚持下去。对待自己的同志,有话说在当面。对一些同志的批评,不能保证每一句话都正确,但是总是善意的、坦诚的,从来不做对党不利的事情。和力群一起在《红旗》、在研究室工作的同志,尽管对一些问题的看法不完全相同,但是对力群正派耿直、勇于承担责任和保护同志的品质,看法是一致的。

我亲听小平同志说,力群是我们党的理论家。这是很高的评价。共产党的理论家,要有坚定的政治信仰、深厚的马克思主义修养和中外文化的根基,并善于在马克思主义指导下提出和解决现实问题。他是称得上这样评价的。力群多年做党的意识形态工作,面对歪曲党的理论和历史、攻击我国社会主义制度的思想,始终保持政治上的清醒和敏感,总是勇于挺身而出。到底是随风偏倒的小草,还是独立支持的大树,在社会的大变革中间,很容易区分出来。力群年届百岁,他的历史,已经给他写下了结论。

我想,读力群的自述,老一点的同志会联想到自己的经历,年轻同志会从他的一生中看到,一个从旧家庭走出来的知识分子,怎样成长为一个党和人民需要的共产主义知识分子。

一月廿二日

目　　录

一　桂东老家 ……………………………………………………… 1

（一）流源山口村 ……………………………………………… 1

（二）我的祖辈 ………………………………………………… 2

（三）我的父亲母亲 …………………………………………… 2

（四）我的伯父、叔父和堂兄妹们 …………………………… 4

（五）我的哥哥姐姐 …………………………………………… 5

（六）我小时候 ………………………………………………… 5

（七）我的"学前教育" ……………………………………… 7

（八）小学七年 ………………………………………………… 9

（九）读遍旧小说 ……………………………………………… 10

（十）大哥邓飞黄 ……………………………………………… 10

（十一）三哥邓力成和四哥邓建黄 …………………………… 16

（十二）我家的三个女性 ……………………………………… 19

二　从长沙到北平 ………………………………………………… 21

（一）在长沙兑泽中学 ………………………………………… 21

　　1. 考入长沙兑泽中学 …………………………………… 21

　　2. 开始用"邓力群"这个名字 ………………………… 22

3.蒋桂战争与红军发展给我的印象 ………………… 22

（二）开始读新文学作品 …………………………………… 23

（三）辍学半年 ……………………………………………… 23

    1.军阀混战和红军占领长沙 ………………………… 23

    2.做了七天"堂倌" …………………………………… 24

（四）目睹"人头示众" ……………………………………… 24

（五）从长沙到北平 ………………………………………… 25

（六）汇文中学四年 ………………………………………… 25

    1.考入汇文中学 ……………………………………… 25

    2.在汇文中学的生活 ………………………………… 26

    3.在汇文中学的学习 ………………………………… 27

（七）1933年春:思想转折点 ……………………………… 28

    1.阅读进步书籍对我的影响 ………………………… 28

    2.时代的影响和环境的刺激 ………………………… 28

    3.胡平被捕 …………………………………………… 29

    4.到草岚子监狱探监 ………………………………… 30

（八）1933年暑假在南京的见闻 …………………………… 30

    1.父亲对红军的好感 ………………………………… 30

    2.我看到了国民党官员的腐朽生活 ………………… 31

（九）父亲去世 ……………………………………………… 31

（十）我打定了跟共产党抗日的主意 ……………………… 31

    1.大哥要我不参加政治活动 ………………………… 31

    2.决心跟共产党抗日 ………………………………… 32

三 投身抗日救亡运动 ……………………………………… 35

（一）当选汇文中学学生自治会会长,带头参加

      "一二·一六"游行 …………………………………… 35

（二）组织南下宣传团,参加中华民族解放先锋队 ……………… 37

　　1.北平学联活动地点移到汇文中学 ………………………… 37

　　2.南下宣传团的组织和活动 ………………………………… 38

　　3.成立民先队 ………………………………………………… 39

　　4.担任北平学联执委 ………………………………………… 40

（三）入团、转党 …………………………………………………… 41

　　1.加入共青团 ………………………………………………… 41

　　2.转为共产党员 ……………………………………………… 41

（四）在民先队中建团 ……………………………………………… 41

（五）党中央决定撤销共青团以后 ………………………………… 42

　　1.党中央决定的传达与落实 ………………………………… 42

　　2.民先分队和团支部的活动 ………………………………… 43

（六）我同贺凌由恋爱而结婚 ……………………………………… 44

（七）考入北京大学,从事救亡运动 ……………………………… 44

　　1.考入北大后的情况 ………………………………………… 44

　　2.西安事变发生以后的斗争 ………………………………… 46

（八）批准去延安 …………………………………………………… 47

四　延安八年 ……………………………………………………… 48

（一）奔赴延安 ……………………………………………………… 48

（二）对延安的最初印象 …………………………………………… 49

（三）在中央党校的工作与学习 …………………………………… 50

（四）在马列学院的学习与工作 …………………………………… 56

（五）在中央政治研究室 …………………………………………… 65

（六）整风中我写的一张大字报 …………………………………… 73

（七）在中央政治研究室的研究工作 ……………………………… 78

（八）八年总结 ……………………………………………………… 86

五　东北岁月 ……………………………………………… 91

（一）奔赴东北的前前后后 ………………………………… 92

1. 告别延安 …………………………………………… 92

2. 从延安到张家口 …………………………………… 94

3. 新立屯连夜出发 …………………………………… 96

4. 辞谢陶铸的诚恳挽留 ……………………………… 98

5. 在东北局继续坚持下基层的初衷 ………………… 99

6. 分配到吉北地委 ………………………………… 100

（二）在东满根据地的斗争 ……………………………… 101

1. 开始做群众工作 ………………………………… 101

2. 农民的暗中保护 ………………………………… 103

3. 初次做发动农民工作的得失 …………………… 105

4. 调到榆树中心县委 ……………………………… 105

5. 从榆树向双城撤退 ……………………………… 107

6. 到哈尔滨了解党的方针、政策 ………………… 108

7. 回榆树传达落实中央《关于土地问题的指示》精神 …… 110

8. 在榆树县学习贯彻《七七决议》 ……………… 113

（三）亲历三下江南和四保临江 ………………………… 114

1. 北满三下江南、南满四保临江作战的意义 …… 114

2. 榆树县翻身农民踊跃支前、参军参战 ………… 115

3. 土地改革使共产党在农民中站住了脚 ………… 117

（四）在榆树县的战斗生活 ……………………………… 118

1. 在调查研究的基础上写出《榆树县五棵树区阶级关系
调查》 ………………………………………… 118

2. 转入反攻后的一次支前工作 …………………… 126

3. 主编榆树县《工作通信》和动员农民参军 …… 128

（五）土地改革中发生"左"的偏差及其纠正 ………… 129

1. 全国土地会议之后 ·· 129

2. 榆树县土改工作中出现了"左"的偏向 ················ 130

3. 中共中央及时发现并纠正土改工作中出现的"左"的偏向 ······ 136

4. 榆树县召开第一次农民代表大会 ······················ 136

5. 在调查研究的基础上撰写《关于榆树县打击面的研究》 ······ 140

（六）在中共东北局工作 ·· 142

1. 调东北局巡视团 ·· 142

2. 学习张闻天的《关于东北经济构成及经济建设基本
方针的提纲》 ·· 144

3. 在张闻天领导下做研究工作 ···························· 145

4. 关注、介绍汪清县供销合作社的经验 ················ 147

（七）为东北农村供销合作社健康发展努力工作 ·········· 148

1. 从东北局组织部调到财委秘书处 ······················ 148

2. 起草《中共中央东北局关于发展农村供销合作社的
决议草案》 ·· 149

3. 起草《东北农村合作社组织大纲》 ·················· 150

4. 撰写《汪清合作社的研究》，推进农村合作事业健康发展 ······ 151

5. 起草《关于农村供销合作社赢利分红等问题的意见》 ·········· 161

（八）从安东调北平 ·· 166

1. 随张闻天到辽东省委 ······································ 166

2. 高岗在火车上给我的印象 ································ 167

（九）三年多东北工作的小结 ···································· 167

六　新疆三年 ·· 169

（一）准备随刘少奇秘密访问苏联 ······························ 169

（二）由莫斯科转赴新疆 ·· 170

1. 在莫斯科的日子 ·· 170

2. 接受新任务 ……………………………………… 171

3. 新任务的背景 …………………………………… 172

4. 刘少奇的叮嘱 …………………………………… 173

5. 踏上祖国的大地 ………………………………… 173

(三) 初到新疆的工作 ………………………………… 175

　　1. 建立党中央和新疆三区的"桥梁"——"力群电台" … 175

　　2. 与新疆三区负责人第一次见面 ………………… 177

　　3. 与新疆三区负责人商洽派代表出席新政协会议 … 178

　　4. 电告中央和王稼祥同新疆三区负责人见面及新疆代表

　　　参加政协会议的有关问题 ……………………… 180

　　5. 关于赠送礼物的谈话 …………………………… 181

　　6. 面交毛主席的邀请信 …………………………… 182

　　7. 阿合买提江等遇难,赛福鼎等组成代表团前往北平 … 183

(四) 了解新疆三区和新疆军政当局情况并及时报告党中央 … 184

　　1. 向中央报告的军事情况 ………………………… 185

　　2. 向中央报告的政治情况 ………………………… 188

　　3. 向中央报告的财经情况 ………………………… 191

　　4. 向中央报告的其他情况 ………………………… 192

(五) 秘密进驻迪化 …………………………………… 193

(六) 新疆和平解放 …………………………………… 195

　　1. 陶峙岳、包尔汉通电起义 ……………………… 195

　　2. 大军进疆 ………………………………………… 198

(七) 建党建政 ………………………………………… 201

　　1. 返回迪化 ………………………………………… 201

　　2. 建立人民政权 …………………………………… 202

　　3. 发展第一批党员 ………………………………… 206

　　4. 改编起义部队 …………………………………… 207

　　　5. 大办干部训练班 ·················· 208

　　　6. 剿灭顽匪 ······················ 210

　（八）再访苏联 ······················ 211

　　　1. 见到斯大林 ···················· 211

　　　2. 贸易谈判 ······················ 212

　　　3. 受到毛主席的接见 ················ 215

　　　4. 运回和安葬阿合买提江等烈士遗体 ····· 215

　（九）三上北京 ······················ 216

　（十）南疆调查 ······················ 219

　（十一）几项重要工作 ·················· 222

　　　1. 组织翻译《毛泽东选集》 ············ 222

　　　2. 帮助王震修改《新疆军队生产简短总结》 ·· 222

　　　3. 开展宣传文教等工作 ·············· 224

　（十二）调离新疆 ···················· 228

　（十三）心系新疆 ···················· 230

　　　1. 和几位新疆朋友的交往与友谊 ········ 230

　　　2. 重返新疆 ······················ 235

　（十四）与王震的关系 ·················· 239

　　　1. 初识王震 ······················ 239

　　　2. 战略眼光 ······················ 241

　　　3. 屯垦戍边 ······················ 242

　　　4. 良师益友 ······················ 244

七　在中央办公厅 ······················ 248

　（一）等待分配 ······················ 248

　（二）初到中办 ······················ 249

　（三）财贸组的工作 ·················· 250

（四）为饶漱石整理材料 ·································· 251

（五）毛主席提出过渡时期总路线 ···················· 252

（六）毛主席让陈伯达修改第一个关于农业生产互助合作

的决议 ··· 253

1. 毛主席交代修改文件的任务 ·················· 254

2. 对陈伯达说来，这是一个大难题 ·············· 254

3. 陈伯达向赵树理请教 ························· 254

4. 毛主席提出具体办法并作出理论概括 ········· 255

5. 毛主席的主意不是凭空想出来的 ·············· 255

6. 我的体会：互助合作是土改后农村经济发展的必然要求 ······ 256

（七）陈云同志提出用统购统销的办法解决粮食问题 ·········· 257

（八）到少奇同志楼下办公 ···························· 258

（九）起草加强团结的文件 ···························· 258

1. 毛主席退居二线引发的问题 ·················· 258

2. 高岗在全国财经会议期间就掀起风浪，搞"随波（薄一波）

逐流（刘）" ······································· 259

3. 少奇同志要我协助起草"增强党的团结"的文件 ·············· 260

4. 毛主席对我起草的决议稿不满意，要胡乔木重写 ·········· 261

5. 亲历党的七届四中全会 ······················ 261

（十）参与起草关于第一个五年计划的报告 ················· 262

1. 1955 年春天政治局扩大会议的讨论 ·············· 262

2. 参与起草李富春在全国人大关于第一个五年计划的报告 ······ 263

3. 胡乔木与陈伯达起草文件方法的比较 ·············· 264

八　八大前后 ····································· 265

（一）少奇同志向三十多个部委做调查 ·················· 265

（二）准备八大报告 ··································· 266

1. 陈伯达起草的初稿不行,少奇同志要胡乔木也起草一个 ······ 266

2. 毛主席论十大关系 ······ 267

(三) 八大的召开与关于八大决议争议的一些情况 ······ 274

(四) 毛主席论正确处理人民内部矛盾 ······ 276

(五) 随少奇同志南下调查 ······ 277

1. 少奇同志南下调查的目的和概况 ······ 277

2. 关注中小学毕业生问题,写《关于中小学毕业生参加
农业生产问题》的社论 ······ 278

(六) 在反右派斗争中 ······ 280

1. 中央作出整风决议 ······ 280

2. 所谓"引蛇出洞" ······ 280

3. 关于反右斗争扩大化 ······ 281

4. 毛主席对社会主义认识的突破 ······ 281

(七) 毛主席批评1956年的"反冒进" ······ 282

(八) 提出社会主义建设总路线的经过 ······ 285

九　担任《红旗》杂志副总编 ······ 287

(一)《红旗》的创办和调我去《红旗》的经过 ······ 287

(二) 我到《红旗》时的状态 ······ 289

(三) 在《红旗》杂志的工作 ······ 291

1.《红旗》初创时的概况 ······ 291

2. 陈伯达否定商品生产受到毛主席批评 ······ 293

3. 小平同志重视《红旗》,编辑人员进一步充实 ······ 295

4. 整理陈云同志的《当前基本建设中的几个重要问题》,
起草关于化肥工业的决定 ······ 296

5. 开展关于真理标准问题的讨论 ······ 297

6.《红旗》编发了好文章,培养了人才 ······ 298

　　　7.编辑部建设的十条经验 ················· 299

十　陪毛主席读书 ························· 301
　（一）毛主席在郑州会议、庐山会议上提倡读书 ········· 301
　（二）在杭州,陪毛主席读《政治经济学教科书》 ········ 302
　（三）上海会议期间的传达和胡乔木的反应 ········· 304
　（四）在广州读完全书 ····················· 305
　（五）毛主席读《政治经济学教科书》涉及的问题 ······· 306
　（六）对毛主席谈话的整理和传达、学习 ··········· 309
　（七）毛主席读《政治经济学教科书》谈话和批注的重新
　　　　整理和编辑 ······················· 310
　（八）对毛主席读《政治经济学教科书》谈话和批注的简要
　　　　评价 ··························· 312

十一　参加广州调查和起草《人民公社六十条》 ······· 313
　（一）60年代初的严重困难 ················· 313
　（二）周总理起草"农村工作十二条" ············ 315
　（三）毛主席号召大兴调查研究之风 ············· 318
　（四）我参加了毛主席亲自率领的广东调查组 ········· 319
　（五）抓住了这次调查研究的纲 ··············· 319
　（六）在番禺县大石公社西二大队深入调查 ········· 321
　（七）起草《人民公社六十条》 ··············· 322
　（八）"三南"、"三北"会议合到广州一起开 ········· 323
　（九）广州会议后的继续调查 ················· 324
　（十）五月中央工作会议及其后对"六十条"的修改 ····· 328
　（十一）问题的彻底解决——把基本核算单位放到生产队 ······· 328

十二 编辑《刘少奇选集》 ································· 330

　（一）毛主席提议编《刘选》 ························· 330

　（二）中央书记处正式作出决定 ····················· 330

　（三）最初的编辑情况 ····························· 331

　（四）我担任《刘选》编辑组组长 ··················· 332

　（五）少奇同志听汇报、谈意见 ····················· 333

　（六）对《论共产党员的修养》的整理补充 ··········· 334

　　1. 少奇同志关于怎样进行整理补充的意见 ········· 334

　　2. 对《论共产党员的修养》第四节的增补 ········· 335

　　3. 对《论共产党员的修养》结构的调整 ··········· 338

　　4. 对《论共产党员的修养》第二节小标题的修改 ··· 339

　（七）七千人大会前后的编辑工作 ··················· 340

　　1. 在广州初步完成《刘选》上卷的编辑工作 ······· 340

　　2. 党内要求重新出版《论共产党员的修养》的呼声 ··· 340

　　3. 对《论共产党员的修养》的继续修改和重新发表 ··· 341

　（八）笑到最后的是我 ····························· 342

十三 七千人大会前后 ··························· 344

　（一）参加《工业七十条》的起草 ··················· 344

　　1. 起草任务的提出 ····························· 344

　　2. 边调查边起草 ······························· 345

　　3. 小平同志主持书记处会议的讨论及会后的修改 ··· 345

　　4. 小平同志同意陶铸的一条好意见 ··············· 346

　　5. 关于"党委领导下的厂长负责制"产生分歧 ····· 347

　　6. 小平同志口授"党委领导下的厂长负责制"这一章 ··· 347

　　7. 毛主席看了《工业七十条》，表示满意 ········· 349

　　8. 庐山会议上的风波 ··························· 350

9. 关于"工业八条指示" ……………………………………… 350

10. 小平同志对庐山风波的反应 ………………………… 351

（二）为七千人大会做准备 ……………………………………… 352

1. 建议大中型国营企业党委书记参加会议 ………… 352

2. 整理《毛泽东同志论社会主义建设的总路线和在两条
战线上的斗争》…………………………………………… 352

3. 关于会议报告的起草 ………………………………… 353

（三）听了最后三天大会的讲话 ……………………………… 353

1. 小平同志讲话给我的深刻印象 …………………… 353

2. 周总理的自我批评精神令人感动 ………………… 354

3. 林彪与众不同 ………………………………………… 354

4. 陈云没有在大会上发言 …………………………… 355

5. 少奇同志在中央工作会议上讲话,强调发扬民主、加强
民主集中制 …………………………………………… 355

（四）协助整理少奇同志的口头讲话 ……………………… 356

（五）对毛主席讲话的认识过程 ……………………………… 357

（六）毛主席到外地了解情况 ………………………………… 359

十四　西楼会议和1962年调整 ……………………………… 360

（一）西楼会议的召开 ………………………………………… 360

（二）陈云同志在国务院各部委党组成员会议上的报告 ……… 361

（三）关于传达办法的讨论和中央批转陈云等报告的指示 …… 362

（四）向毛主席请示 …………………………………………… 365

（五）成立中央财经领导小组 ………………………………… 365

（六）选编《陈云同志几年来有关经济建设的一些意见》……… 366

（七）陈云在第一次财经小组会上的讲话 ……………………… 368

（八）关于以农轻重为序的指导思想 ………………………… 370

1. 毛主席关于正确处理重工业和轻工业、农业关系的思想 …… 370

2. 毛主席提出"以农业为基础" …………………………………… 370

3. 毛主席提出以农轻重为序 …………………………………… 371

4. 陈云探索怎样以农轻重为序 ………………………………… 371

（九）周总理关于1962年计划调整的讲话和财经小组关于

调整计划的报告 ………………………………………………… 372

1. 周总理关于1962年计划调整的讲话 …………………… 372

2. 财经小组《关于讨论1962年调整计划的报告》 ………… 373

3. 中央五月会议讨论财经小组的报告 …………………… 379

4. 中共中央发出《批发1962年调整计划报告的指示》 …… 382

5. 我的一些体会 …………………………………………… 383

（十）各个领域作出克服困难、解决问题的决定 ……………… 384

1. 关于粮食工作的报告和决定 …………………………… 384

2. 关于市场物价问题的报告 ……………………………… 395

3. 我所没有参与的重要决策 ……………………………… 408

4. 对社会主义建设规律的一点认识 ……………………… 409

（十一）上层建筑领域进行的调整 …………………………… 409

1. 关于1958年以来政法工作的总结 …………………… 409

2. 知识分子政策的调整 …………………………………… 426

3. 干部工作、统战工作、民族工作等方面的调整 ………… 427

（十二）对西楼会议后调整工作的一些认识和感受 ………… 430

十五　八届十中全会前后 ……………………………………… 432

（一）从北戴河会议到八届十中全会的背景和概况 ………… 432

1. 背景 ……………………………………………………… 432

2. 概况 ……………………………………………………… 433

（二）分田到户、包产到户的主张受到毛主席的严厉批评………… 435

1. 田家英的湖南调查 ……………………………………… 435

2. 陈云及其他常委的态度 ………………………………… 435

3. 邓子恢积极主张包产到户 ……………………………… 437

4. 毛主席的严厉批评 ……………………………………… 437

5. 刘少奇、陈云等的态度 ………………………………… 439

6. 我的一些认识 …………………………………………… 439

(三) 要把经济调整工作放在第一位 ……………………… 440

1. 少奇同志的大胆建议 …………………………………… 440

2. 毛主席采纳刘少奇的建议 ……………………………… 441

3. 八届十中全会公报关于经济工作的部署 ……………… 441

(四) 八届十中全会后我经历和知道的一些事 ………… 442

1. 关于"九评" …………………………………………… 442

2. 关于创办托拉斯 ………………………………………… 442

3. 《刘选》的工作停了下来,工作方法也改变了 ………… 443

4. 中央工作会议座位的特殊安排 ………………………… 444

5. 在起草政府工作报告过程中提了一个意见 …………… 444

6. 陆定一批评为知识分子脱帽加冕 ……………………… 444

7. 毛主席指出:中国也有修正主义 ……………………… 445

十六　1963—1964 年的文字工作及其他 ……………… 446

(一) 1963 年至 1964 年参加"四清"前所做文字工作的概况 …… 446

(二) 整理少奇同志的反修报告,组织编写反修小册子 ………… 447

(三) 参与《再论陶里亚蒂同志同我们的分歧》的写作 ………… 448

(四) 参与《十评》的起草 ………………………………… 449

1. 正式成立反修文件起草小组 …………………………… 449

2. 发表"九评"苏共中央公开信的概况 ………………… 449

3. 毛主席提出还要写《十评》…………………………… 451

4. 陈伯达要我帮助他一起搞《十评》 …………………………… 452

5.《十评》没有搞完,赫鲁晓夫就下台了 ………………………… 453

（五）在《红旗》杂志的几件事 ………………………………… 453

1. 传达少奇同志在文艺座谈会的讲话 ………………… 454

2. 发表了错误文章 ………………………………… 454

3. 由接待越南《学习》杂志总编辑暴露的矛盾 ……… 455

十七　参加"四清" …………………………………………… 457

（一）参加"四清"的背景 ………………………………… 457

（二）翟里"四清" ……………………………………… 461

（三）桂林"四清" ……………………………………… 464

十八　"文革"初期 ………………………………………… 467

十九　干校生活 …………………………………………… 471

二十　回北京以后 ………………………………………… 482

二十一　简短的结语 ……………………………………… 485

后　记 ……………………………………………………… 486

一　桂东老家

（一）流源山口村

我于 1915 年 11 月 27 日（阴历乙卯年十月二十一日）出生在湖南省桂东县流源乡山口村。这个村子离县城 25 里，离寨前圩 10 里。山口的地形有点像葫芦，又称葫芦谷。

桂东的邓家，聚集在一块，户数最多的是流源。过去叫流源洞，现在叫流源乡。山口有条河，到了流源，再往前流，到寨前，就和桂东县那条大河汇合了。桂东邓家就分布在流源到寨前的两岸。其他地方，也有一些零星的邓姓人家，但像流源那样聚集的，我没听说过。

那个时候，山口村有二百户左右，一户按七八口计算，大概有一千五六百人。除一两户外姓，其他都姓邓。据家谱记载，我们的祖先住在河南，就是河南的那个邓县。在魏晋南北朝时期，中原大乱，很多人都往东南方向跑。邓家大多数跑到了江西。定居以后，人口日益增多，就分出一支到这里、一支到那里。迁到湖南桂东的一支，到我出世的时候，该有近二十代了。

（二）我 的 祖 辈

山口这一支是从流源分过来的,那是迁到流源后的第五代以后了。

我家是一个大户,在山口村有三座房子,一座砖房,还有两座差一些,半砖、半土。

我出生的时候,祖父、祖母都去世了,还有一个继祖母在。我懂事的时候,她已经七八十岁了。她没生儿女,跟我们家一起生活。这个老太太不论春夏秋冬,每天坐在房檐底下,戴着老花镜,搓麻线,不是纳鞋底,就是纳袜底和鞋垫。我们全家的鞋底、袜底都是她纳的。在我的印象里,她老人家一辈子就干这件事。

祖父邓碧华,号树庵,有六七十亩地,算个中等地主。据大哥说,他有廪生的功名。当了一辈子私塾先生。祖父母生育的儿女,真正长大成人的是四儿一女。姑妈在我懂事以后就不在了。

（三）我的父亲母亲

我父亲名邓肇垣,又名恪诚,是前清最后一次科举考试的秀才。算起来,我祖父的四个儿子中,境况最好的就是我们老三家了。据我母亲讲,我们家一贯重视让小孩读书。父亲小时候就在祖父的私塾里念书。我母亲姓唐,她父亲是地主,有四个儿子,五个女儿,我母亲是老三,人称三姑娘。

母亲比父亲大三四岁。当时桂东有这种习惯,男的岁数小,女的岁数大,普遍如此。大约在他们结婚后的第二年,父亲考上了前清的秀才,是在郴州考的。母亲对我讲,那时赶考可难啦,交通不方便,地区也穷困。父亲赶考时挑着担子,一头是小锅、大米、冬菜,一头是几本书,笔墨纸砚。挑着担子,走三天的路程,到郴州赶考。进考场时,检查得非常严格,除了书、笔墨和吃的以外,什么都不准带进去。进了考区以后,各人做各自的

邓力群父亲母亲合影（1934 年摄于南京）

饭,要关在里边好几天。这次父亲考上了秀才。

在流源这个地方,秀才很少,没听说过还有谁是秀才。举人倒是有一个,辈分比我们小,但岁数比我父亲大。邓姓家族出了这么两个真正的读书人吧。当时父亲19岁,戊戌维新之后,是个维新派。他与另外一个维新派搞了一个四年制的初等小学堂。兴办新式学校(那时叫洋学堂),在桂东,他是第一个。不但在桂东,邻县都没有这样的小学,所以,邻县的学生也有到流源来上学的。父亲有时任校长,有时任校董,同时也是教员,上课堂教书。每月六七元钱,一年七八十元。祖父很喜欢我的大哥,让他到这个学校去读书。乡下有句俗语,祖父爱长孙,父母爱幺儿。据大哥讲,他小时候身体不太好,在私塾里的学习成绩不算好,因而经常挨骂或挨打。到了初小以后,他的成绩才好起来。以后我们兄弟几个也都在父亲办的这个学校读书。

分家后,我父亲有二十多石田(一石田相当于七八分),耕作比较粗放,每石收二百多斤稻谷。有三四块油茶山,每年除家用外,还可以卖茶油三四百斤。有一头母牛,还经常有一头小牛。农具齐备。经常养一头母猪,几头肉猪。还养一群鸭,约三十来只,到秋天杀了做板鸭,自己家吃。当时家里有十口人。二十多石田全部自己种,雇了一个长工,农忙时雇短工,有时一天二十多人吃饭。

(四)　我的伯父、叔父和堂兄妹们

我父亲排行第三,我有两个伯父,一个叔父。

大伯父在我刚懂事时就去世了。大伯父有两个儿子。小儿子不争气,是一个赌棍,分到的一点财产,都赌钱输掉了。结果房无一间,地无一垄。他成天不在山口,只是偶然回来一次。大儿子有几亩地,但靠种地维持不了生活。到秋收以后,做点小买卖,收购一点土产,挑到汝城、乐昌去卖。卖了东西以后贩回一些洋货,还有大枣、白糖、五香调料之类日用品。

这个人也喜欢赌博。往往挑点东西到乐昌,卖了点钱就去赌博。有时输个精光,回家后连做买卖借的账都还不上。我父亲见到他都要骂他一顿。

二伯父喜欢抽鸦片,把分到的一点地都抽光了。等到把地都卖完了,没钱买烟,就只好把烟戒掉了。他经常到我们家来吃饭。有时和我父亲闹别扭,就自己回家做饭吃。但过几天又来了。二伯父有一个本事就是会钓鱼,一年四季都去钓。大多数是小鱼,有时能钓回一两斤重的大鱼,偶尔还能钓到螃蟹。所以我们家里经常有鱼吃。二伯父有一个女儿,嫁给一个地主。她丈夫死得早,没生儿子,从外面过继了一个孩子。

老四,我的叔叔,是个自耕农,在分到的一点地里耕作。日子过得不算富裕。他有一个儿子,年龄比我小。新中国成立后,给我来过信,我还寄了点钱给他。

(五) 我的哥哥姐姐

我的父母生了八个孩子,七个儿子,一个女儿。儿子长大成人的是四个。老二,十四五岁病死,老五、老六,两三岁就夭折。

大哥邓飞黄,比我大二十岁,对我影响最大。他在家乡娶了老婆,没有生育子女。后来读了北京大学,在外面做事。下面我将专门介绍他。

姐姐,叫邓锦荷,比我大十三岁,一直照看我。她嫁给二姨妈的儿子胡昭明,生有一子一女。

三哥邓力成,比我大十岁,在家乡娶李姓大地主的女儿做老婆,生三个女儿。三嫂生第一个女儿后,她母亲给她买了一个丫头为她带孩子。

四哥邓建黄,比我大五六岁。

(六) 我小时候

我是最小的儿子,俗称满仔,乳名叫焕修。我们这一代是"声"字辈,

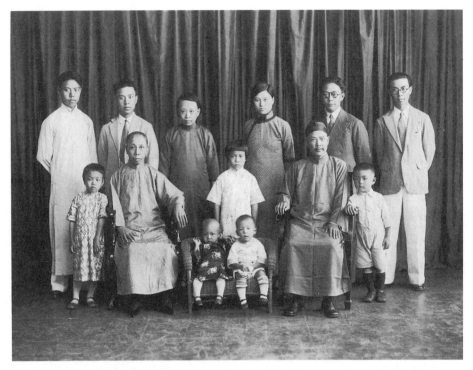

全家合影(1934年摄于南京)。中排坐者左起:邓力群的母亲邓唐氏和父亲邓肇垣。后排左起:邓力群、邓力成、李翠莲(邓力成原配夫人)、王荟君(邓飞黄夫人)、邓飞黄、邓建黄。中排:邓力成二女儿(左一)、邓力成大女儿(左三)、邓鼎元(邓飞黄大儿子,左五)。前排坐小藤椅者左起:邓夏先(邓力成三女儿)、邓平元(邓飞黄二儿子)

七岁上流源小学,学名便叫邓声嘁。从小没挨过打,这与死掉的三个哥哥有关系。

听母亲讲,在儿子里面,我二哥最好,孝顺、听话,功课也好,长相也很好,就是眼睛有点近视。他很想去参加新军,有一次他穿了一身军装,样子很帅。小学快毕业时,大约十三四岁,有一次他从学校回来,已经黄昏了,他走在路上总觉得有人跟着,把他吓坏了,以为是鬼魅跟上来了。回到家里,生了重病。是什么病,母亲也说不清楚。好像那一年流行霍乱或是痢疾,再加上迷信,受了惊吓,很快就死了。母亲非常难过,再三叮嘱我们,包括大哥、三哥、四哥,还有我,要我们以后生了儿子,一定要把第一个儿子过继给二哥。我们在山口时,每年都要扫墓,除了祖父母的坟,还一定要到他的坟上去扫墓。

因为家里连续死了三个儿子,这就促使父亲学中医。他究竟怎么学的医,不清楚。只看到他反复阅读一部《本草纲目》。他是读书人,这是他最重要的书之一。我母亲三十多岁时得了天花,这对父亲也是一个大的刺激。我懂事以后,得过疟疾。这个病很难受、很顽固。是父亲给我治好的,以后再没犯过。我还得过痢疾,非常厉害,也是他治好的。后来在我离家时,他在流源那个地方,已经是医术比较好的医生了。

我们弟兄几个在农忙时也帮着干点活,如耙田、耘田、拔草、割禾、脱粒、晒谷、种菜、锄油茶山、摘油茶子、砍柴、种红薯杂粮以及收藏等。在三哥、四哥离家后,养鸭子的事由我承担。大约有三四年时间,从春到秋,我每天放鸭。家务劳动主要靠母亲、嫂子和姐姐。做饭,种菜,种红薯,养猪,养牛,腌火腿,做板鸭,做泡菜,腌菜,做豆腐乳等等,都是她们忙。过节时做粽子,过年时打年糕、酿甜酒,有时还做各种点心。一年到头辛苦得很。

我从小喜欢动手。母亲、嫂子、姐姐她们忙家务活,我也跟着学。来了木匠、竹匠、裁缝,我在旁边看,有时帮他们打下手,也学到了一些劳动知识和技能。我会做木工活,就是小时候学的。那时学校不留作业,回家便可以帮助做些家务事。这些对我成长以后热爱劳动、了解农村起了好的作用。知道什么是自给自足的小农经济,农村是靠什么生活、怎样过日子的。在那样的环境里生活过来的孩子,与城里的孩子不同。所以"文革"我下干校劳动,一点不感到生疏。

(七) 我的"学前教育"

我小时候没有幼儿园,但也受到了"学前教育"。我的老师就是母亲、大伯母,还有其他两家的伯母,堂弟立言的母亲,这五个人那时都在四十岁以上。加上几个中年妇女,几乎每天晚上做完家务活以后,在我大伯母家的正堂屋里聊天。年轻的妇女不参加,因为老公在家,不让去。年轻的小姑娘也不让参加。由于母亲的关系,我经常参加她们的这个"聊天会"。她们在一起谈天说地,讲本村的、外村的事,同辈人、前辈人的事,自己经历的和听到的故事,对我来讲,是一个学前教育,有好的影响,也有不好的影响。

记得听她们讲过这样的事。有一个老太太的儿子,是个地主。抽上了鸦片,把地都卖了,谁劝他都不听,直抽到再卖地家里连饭都吃不上了,他才不抽了。他母亲向大家诉苦,说我们家原来有多少地啊,就是被他抽烟抽掉了,一边哭,一边骂。听了以后我觉得,这个人抽烟没出息,但他还有个界限,那就是能考虑到全家有没有饭吃,还是有一点责任心的。

她们有时还评论村里的是非,谁做得对,谁做错了,某某事处理公道不公道。对村里发生的事,她们都有自己的看法或评论。有一天,河对岸打雷打死一个人。她们又议论了几次,说那个人死后身上有几个字:忤逆不孝。因此,雷公就要惩罚他。

那时民间有唱本,她们不识字,有民间说唱艺人给她们讲。不少故事,我是从她们聊天中听到的。如"目连救母"的故事。说的是一个老太太,生了一个儿子,后来这个老太太死了,阎王殿对她不公道,乱施各种惩罚,把她投到刀山、火海、油锅里去,受各种苦刑。她的儿子知道了,就修行、念佛,后来到阴曹地府的每一个地方去寻访,找他的母亲,把他的母亲从苦难中救出来。① 还有一个故事,就是"许仙斗龙"。那时南方经常闹水灾,比如我们山口,1889 年就闹了一场一百多年没有的大水灾,把田都

---

① "目连救母"是一个佛教故事,最早见于东汉初由印度传入我国的《佛说盂兰盆经》。后在中国流传甚广,曾经是无数图画及戏曲的题材。故事梗概为:目连之母家中甚富,然吝啬贪婪,其子目连却极有道心且孝顺。母趁子外出,天天宰杀牲畜,大肆烹嚼,且从不修善。母死后被打入阴曹地府,受尽苦刑惩处。目连为救母而出家修行,得了神通,到地狱中见到了受罚的母亲。其母因生前罪孽,终不能走出饿鬼道。给她吃的东西尚未到口,便化成火炭。目连十分悲哀,求佛予以宽恕。佛陀教目连于七月十五日建盂兰盆会,借十方僧众之力使母吃饱。目连乃依佛嘱,其母得以吃饱转入人世,生变为狗。目连又诵了七天七夜的经,使母脱离狗身,进入天堂。自此便有了七月十五设盂兰供养十方僧众以超度亡人的佛教典故。

冲掉了。旧社会对这个没办法，只好等神仙来救。传说中有一个名叫许仙的人，深感水灾对人民的危害很大，就想用什么办法来治水。研究来研究去，发现水灾是一条孽龙兴风作浪造成的祸害。他学到了制服它的办法，和这条龙斗，把这条龙除掉，使它再也不能祸害人民。

说这些故事的时候，她们就联系到自己，要做好事，要有一个好儿子，还联系到山口村的这条河啊，那座桥啊，她们总是寄希望于神仙。

有时她们讲鬼的故事，我又想听，又害怕。那时候，几乎每家都砍点木材回家，或做板子用，或做棺材。到了晚上，因为木材没干透，在干的过程中，木头裂缝，就会发出响声。她们讲，这是有鬼来号棺材。某某人要死了，其阴魂到处去找板材，如果找到了合适的，就会发出声音来。在这些人的头脑里，什么事都有鬼神在起作用。

说到神吧，我们流源上去有个庙，有些菩萨。传说我们哪一代祖宗，没有生儿子。这个祖宗的妻子就到庙里去求神，她向那个骑着白马的菩萨磕头、烧香，晚上还在庙里住了一宿，做了一个梦，梦见一个骑马的将军到他们家里来了。后来，果然生了一个儿子，她的儿子就是庙里的骑马将军。她们在讲这个故事时，都表现得真相信确有其事似的。

从我开始懂事到上学之前，大约四五岁吧，这两三年期间，几乎每天晚上都偎依在母亲的怀抱，旁听她们的谈话，乐此不疲。父亲已睡了，一再催促：不早了，睡吧！我都不愿意离开。我觉得她们讲的故事，她们的议论、评述，使我了解了不少我不知道的风土民情和生活常识。也教给我一些做人的道理。至少让我认识到做人要守规矩，不能胡来，做人要有良心，不能对人有坏心。

（八）小学七年

我1922年上小学，本来应当是1928年暑假毕业，由于下面的年级接不上，再加上我们这个班学生的年龄比以前几个毕业班学生的年龄小两三岁,所以又让我们读一年,到1929年暑假才毕业。七年小学生活,除学到一点文化知识外,对我思想上影响比较深的有两点:一是学国语、历史、地理时,讲到中国近代史,老师总要讲中国受侵略、受欺侮,那时国耻日真多,几乎月月有,有的月份好几个国耻纪念日,培育了勿忘国耻、爱国救国的民族意识。另一点是读《桃花源记》《归去来辞》《陋室铭》等古文,羡慕隐士生活,想着"功成退隐"、"解甲归田",这应该说是一种封建士大夫消极出世的思想吧。

(九) 读遍旧小说

在我的课外生活中,很重要的一个内容就是看旧小说。

第一个介绍我看《薛仁贵征东》《薛丁山征西》的是我的姐夫胡昭明。能够读遍中国的旧小说,则是得益于大姨妈家的藏书。

我到大姨妈家的次数最多。她的大儿子即我的大表哥,同时也是我的堂姐夫。在表兄弟中,他待我最好。他家藏有很多旧小说,中国的旧小说,木刻的,石印的,铅印的,他那里几乎都有。我每次去,都要看个够。回来后还想去,再接着看那些没看过的小说。我对旧小说的了解和知识就是这样得来的。读过小说的人,表姐、姐姐、姐夫们,总要考我,问小说中的人物和情节,我都能一一回答出来。他们都说我的悟性好。

(十) 大哥邓飞黄

在政治上对我影响比较大的是我的大哥。大哥邓飞黄,在流源小学读完四年初小,到县里上了两年高小,成绩很好。想继续上中学,但父亲不愿让他再读书了。父子俩发生了争吵,父亲还把大哥打了一顿。据母亲讲,大哥直到二十岁时,还要被罚跪。原因就是大哥想读书,父亲不同意,升学要钱啊,家里供不起,在县里还可以,到省里那得花多少钱啊! 争吵的结果,大哥同意在流源当了一年小学教员。之后,他继续要求到省里去读中学,不知怎么,后来父亲同意了。大哥在长沙读书时,八个学期里,有七个学期考第一。他在中学毕业后,就到北京去上大学。父亲答应他去北京上大学,但对他有个要求,也可以说是"父子协议"吧,父亲说:现在我供你上大学,你毕业做事以后,要负责让弟弟们都能上学。

大哥到了北京,投考北大。第一年没考上,第二年考上预科。预科读了两年,本科四年,在北京读了六年书。加上长沙四年,在外读了十年书。我出生时,他就不在家了。只是从他来信中知道一些事情。父亲也不和我讲大哥的事。每次来信,母亲总让别人念给她听。从北京来信主要是讲,读书怎么用功,用钱如何节省。当时,母亲一听到他用钱省,吃的、穿的怎么差,就要掉眼泪。后来我到了北京,觉得也不是如他所说的那样难以忍受。比如,他来信说,早上就是吃一碗馄饨,两个烧饼。乡下人觉得烧饼不是主食,馄饨不知是什么东西。还有说,中午吃个炒饼,要一碗高汤,汤里没有菜。母亲一听到这里就说,家里总算有大米饭吃啊,可到了北京,大米都吃不上,更不要说吃肉了。有时来信说,一年只穿一双千层底的鞋,单衣一年一身长褂,棉袄最少也得穿三四年。母亲感叹说,可苦了儿子啦!

其实,当时北京的学生大都是这样生活的。我在北京念书时,一个月有三元钱、一年有四十元大洋就够了。父亲那时一年给他一百元大洋,六年花了六百元大洋,可不是小数目。

父亲能让大哥去北京上大学,证明父亲是有眼光的,懂得孩子需要学习,有了知识才能成才。因此,尽管经济上有困难,也要想各种办法供大哥上学。父亲还真有办法,能够一年筹集一百元大洋,连着六年筹集六百元大洋,这可不简单啊。那时,一石谷子两元大洋,好的时候两元五。当时家里大概有二三十石田。一般情况下,一石地能产两石谷子。我们当时三十石地,自己种,一年只能收六七十石谷子,仅够全家吃。乡下那时看穷还是富,首先看你一日三餐能否吃到大米饭。青黄不接时,吃不上大米;差一点的,两干一稀,更差一点,一干一稀。我们家里能够做到三餐都有干饭。到青黄不接时,大米里面加一点红薯丝。

实际上,我们家里靠田产的收入,是供不起大哥上大学的。靠什么呢?父亲当小学教员、小学校长,一个月有三石谷子收入,约五六元大洋,一年不过七十元钱。在这里面,还要付在学校吃饭的钱,还要买些像样一点的衣服,还得有点应酬。所以在这笔钱里,最多也只能省下二三十元。还差七八十元。父亲人缘好,可以求亲靠友。主要的办法就是"打会"。比如,约集十个、八个人,每个人凑五元钱,今年给我,明年给另外一个人,这样轮流着来。到时候轮到拿钱的人请吃一顿饭,大家把这五元钱都交给他。父亲这里打个会,那里打个会,就可筹集到一笔钱。还有一个经济来源就是收学租。按照我们家族的族规,前清的每一代祖先都有点学田。规定考上秀才收多少学租,考上举人、进士各收多少学租。民国以后改为高小毕业相当于秀才,中学毕业相当于举人,大学毕业相当于进士。那时祖宗已有五六代,每一个祖宗都有点学田。1925年大哥毕业时,合起来我们家收到学租一百多石稻谷。一百多石稻谷那时值二百多元大洋。所以父亲能供大哥上学,一是有眼光,二是有办法。从生活上来讲,1925年以后,我们家生活开始好转。

我的大哥也的确没有辜负父亲的期望。他学习用功,成绩一直优秀。另外,他继承了我们家信守承诺,敢于担当的家风。他没忘对父亲的承诺,没忘做大哥的责任。直到我们长大读书,他始终把帮助弟弟们读书这件事放在心上。大哥毕业后,先把三弟介绍到广东去,然后又把四弟接到长沙读书,1929年,又把我从桂东接出去,一直供我到延安为止。他一年给我四百元大洋,比我父亲以前给他的多四倍啊。用俗话来说,他真是有良心、有责任心啊。

大哥在大学高年级时,开始参加政治活动,属于国民党左派。他和当时在北京读书、搞政治活动的一些共产党人,关系比较密切。我到了延安,见到过邓洁,他比大哥小七八岁,他说当时就和邓飞黄一起搞活动。还有个方仲儒,是北大学生,也说和邓飞黄一起参加政治活动。新中国成立以后我回到北京。有一次陈老总说:五四运动时,去巴黎之前,曾和邓飞黄一起。

大哥大学毕业后,继续参加政治活动。他同李大钊同志关系密切。1925年12月创办《国民新报》并任主编。他约请当时不少进步人士兼任编辑工作。鲁迅就是该报副刊乙种的主编。

在1926年"三一八惨案"中,《国民新报》及其副刊是抨击段祺瑞执政府的主要舆论阵地之一。"三一八惨案"以后,邓飞黄的名字被列入段祺瑞执政府的通缉令中。鲁迅收录在《而已集》里的《大衍发微》一文中有当时被通缉者的名单。其中第四十,就是"邓飞黄(湖南)《国民新报》总编辑"。

《鲁迅日记》1925年12月6日记:"下午得邓飞黄信,即复。"第二天,12月7日记:"晚邓飞黄来。"就是邓飞黄约请鲁迅担任《国民新报副刊》乙种的记录。其后,邓飞黄与鲁迅由于主编与副刊主编这一层关系,来往就多起来。1925年12月7日以后,至1926年6月,他们之间的来往,《鲁迅日记》有记载者凡16处。鲁迅在邓飞黄主编的《国民新报》上发表了《中山先生逝世一周年》(1926年3月12日)一文,在《国民新报副刊》上发表的著译共有17篇。①

---

① 篇目如下:
　　1. 从浅草来(1925.12.5、8、12,译作,日本岛崎藤)
　　2. 这个与那个(一)——读经与读史(1925.12.10)
　　3. 这个与那个(二)——捧与挖(1925.12.12)
　　4. 反"闲话"(1925.12.24)
　　5. "公理"的把戏(1925.12.24)
　　6. 这个与那个(三)——最先与最后(1925.12.22)
　　7. 这个与那个(四)——流产与断种(1925.12.22)
　　8.《莽原》半月刊出版预告(1925.12.25)
　　9.《出了象牙之塔》出版预告(1925.12.25)
　　10. 这回是"多数"的把戏(1925.12.31)
　　11. 岁首(1926.1.7,译作,日本长谷川如是闲)
　　12. 有趣的消息(1926.1.19)
　　13. 古书与白话(1926.2.2)
　　14. 送灶日漫笔(1926.2.11)
　　15. 谈皇帝(1926.3.9)
　　16. "死地"(1926.3.30)
　　17. 空谈(1926.4.10)

【邓飞黄自传】

二八

学、兰，俱俄社论委员席，中文副刊由鲁迅主编直

此奉直联军进北京以后，京报记者邵飘萍被

杀，我也在拘捕之列被追停刊。我在俄国使

馆躲避。居住此六月间始离京南下此广州。

一九二六年三一八惨案，我代表国民新报参加天

安门大会，又随同群众游行到铁狮子胡同国务院祝

身任历遭惨案前后情形，自此也几乎被打死了。三

一八惨案发生以后，国民党北京政治委员会主要负责

人陈李大钊在俄国使馆外徐谦颜惠王法勤

丁惟汾都被通缉，离京南下。廿此五月间奉直联

《邓飞黄自传》手迹

1926年7月，邓飞黄在北京呆不住了，去了广州。

1927年7月，大哥回流源山口老家。他是从广州经过韶关、永城回到桂东的。按照家里的习惯，要给他接风。当时我在流源小学还没放学。接风时，先要拜祖宗。在流源拜了两个远房的祖宗。然后到流源小学，与全体师生见面，讲了一番话。放学时与我一起走路回到山口。一边走一边问，学习如何，成绩如何，哪门功课比较好。他在家里呆了五六天，离家时经过县城，恰好姐姐生第二个儿子，他给小孩起了个名字叫冠湘。然后从长沙到武汉，最后到了河南。

在1927年国共破裂之前，他到冯玉祥的河南省党部做了一个比较负责的官，同王荟君结了婚，登报声明同家乡的老婆离婚。父母没有告诉大嫂。她还是像以往一样劳动、生活。母亲一直牵挂着三哥（邓力成），在大哥回家时，就嘱咐他一定要找到三哥，让他从军队里退伍。后来不知是通过什么关系，邓力成到长沙与大哥见了一面，两人一起照了相，寄回家里。这样家里才算放了心。

1931年，邓飞黄担任铁道部职工教育委员会委员长，后当选为国民党第四届中央执行委员会委员，并任中央组织委员会委员，组织中国经济研究会，主编《中国经济月刊》。

1935年，他留学英国，在伦敦大学经济系攻读。抗日战争爆发后回国。历任国民党中央党务委员，国民党河南省党部主任委员，并连任四届国民参政会参议员暨驻会委员等。

1948年6月，程潜入湘主政，邓飞黄任湖南省民政厅厅长。

1949年元月，他在程潜召集的会上，坚决主张同共产党和谈，用和平方式解决湖南问题。后又挫败了敌人企图将他劫持往台湾的阴谋，襄助程潜起义，实现了湖南和平解放。

湖南和平起义后，邓飞黄被委聘为湖南省人民军政委员会顾问，后任中南区军政委员会参事室参事。1953年病逝于武汉。

1950 年冬,邓力群与大哥邓飞黄在北京相遇。图为 12 月 12 日邓力群与邓飞黄(右)合影

(十一) 三哥邓力成和四哥邓建黄

大哥去广州之前,就让我的三哥邓力成、姐夫胡昭明和我一个远房侄子邓扬凯,还有堂叔(邓亚斌的儿子立言的叔叔)邓家骐,去广州投考军校。可能是在 1926 年春天,大哥还没有到广州去之前,他们几个人就到了广州。邓家骐考上了黄埔军校,好像是第 6 期的学生。邓力成、我的姐夫和远房侄子考上了二军的军官学校。

在训练期间,我的姐夫和侄子吃不了苦,又怕死,开了小差,回家了。但三哥坚持下来了,他这个人有点二杆子脾气,性格比较暴躁。后来他说,他也接受共产党的影响。那时广州有个革命青年军人联合会,是共产党的外围组织,他参加了。

1926 年开始北伐战争时,三哥从军官学校毕业,分到第二军当见习排长。第二军向江西进军,有一部分经过桂东。回到家里吃了一顿午饭就要走。那年我正在姐姐家过暑假,家里派人来说力成回家来了,是作为北伐军的先遣队路过这里。家里左留右留留不住,坚持非走不可。因此,要姐姐赶紧回娘家,劝力成不要走。看样子,姐姐与三哥关系比较好,说话管点用。这样,姐姐就背着女儿,领着我,从城里往家里赶。走到离家有十里地光景,我们从山下往上爬,走到半山腰,正好碰上三哥力成。一个挑夫,一个通讯员背着一支步枪,跟着他。那时正值热天,他敞开衣服,紧着赶路。姐姐见到他就劝他不要走了。他说,我有责任在身,不能留下来。一派斗志昂扬、义无反顾的革命军人的气概。姐姐没办法,只好说,那好吧,你不愿回家,跟我一起到城里,招呼你吃顿饭。他谢绝了,要姐姐回娘家,安慰安慰母亲。姐弟俩就这样匆匆分手。当时,我也为他那种勇往直前的精神所感动。他走了以后,各种谣言就传来了。有的传说他打仗勇敢,受了伤,有的传说他已经被打死了,甚至讲,看到了他的坟,坟上还立了碑。每一个消息都使家里不得安生,母亲哭,三嫂闹。

1926年年底,四哥(邓建黄)放寒假回到山口,一起回来的还有我们流源在长沙读书的几个人。邓建黄受到大革命的影响,回来就和大家讲,长沙附近的农民运动搞得热火朝天,北伐军不断取得胜利,我们这里还纹丝不动。他动员这个人那个人,首先要在山口组织农民协会。他还在小学教员中进行宣传。小学教员里面有个前清末年举人的儿子,名叫邓兆雄,还有一个远房亲戚,还有一些其他人,都动员起来了。寒假结束后,邓建黄他们回学校去了,这些小学教员把流源的农民协会组织起来了。经常开会,听说苏联的小孩子都组织儿童团,在我们这些学生中也组织了儿童团。

地方上热闹起来了。其实,农民刚组织起来,对地主还没怎么触动。这时发生过两件事:一是农民到一家人称"伪善人"家里,把吹捧他的匾给砸了;还有一件是,一个寡妇地主欺负儿媳妇特别厉害,农民协会把这个寡妇拉去游了一次街。最大的一件事是,寨前有一个姓王的大地主,是寡妇,农民把她抓了,要她承认自己的罪恶,要她出钱,干这样,干那样。王寡妇有一个情夫,流源小学的体育教员,是我们的本家,他用欺骗手段把王寡妇放走了。这下,激怒了寨前的农民,他们联络了流源的农民,在寨前开会,表示抗议。而这个家伙不知好歹,还出来阻挡农民自卫队,要大家不要闹,结果被走在前面的农民用标枪扎死了。我们几个学生也跟着农民到了寨前。农民杀了地主家的猪,分了地主家的粮食。在寨前摆满了桌子,谁来吃都可以。

我们在回来的路上碰到了邓力成。他这时已退伍回到桂东。这时与1926年时的他,已判若两人。邓家骐也回来了。他们愤愤不平地说,我们英勇杀敌,打倒了旧军阀,结果又出来了新军阀,不值得。邓家骐还说,在军队里的黄埔学生,听说蒋介石搞"四一二"政变,聚集在一起找到蒋介石,质问他为什么要杀共产党,为什么要与日本妥协。蒋介石欺骗大家发誓说,我蒋介石决不反革命,要革命到底。但是他们从亲身经历感受到,不能再为新军阀卖命,只好退伍了。邓家骐就是其中之一。暑假过了以后,力成去了上海,到左派办的一所大学读书了。

他们走后,清党的事波及到桂东。地主、劣绅就起来报复。把沙田附近的一个小学教员(搞农民运动时到过流源)捆起来,保安队员把他押往县城。他实在受不了,过河时往江里跳下去,保安队员用枪把他打死了。我们那个地方的两个小学教员想抵抗,想组织农民自卫军。我父亲就劝他们,他们都是父亲的学生和晚辈。父亲说,你们抗不住,你们只用标枪怎么抵得住人家的步枪啊! 劝他们逃亡。他们听了父亲的话,逃掉了。

我的那个远房侄子邓兆雄,少了一个胳膊,在长沙被人杀了。邓兆雄躲了几个月,在回家的路上,被吴尚(一个团长)抓住了。这些人残酷极了,把他的腹部剖开,取出心肝,下酒吃了。邓兆雄表现很英勇。国民党还讲什么共产党杀人放火,从桂东看,就有三个小学教员被国民党残杀了。

秋收起义爆发,井冈山树起了红旗,红军转战各地。1929 年我离家乡以前,红军先后到过桂东县城、寨前三四次。穷人都说好,地主豪绅和反动派都说坏。我一个远房侄子去寨前,看到了朱毛的部队,听了毛泽东和朱德的讲演。回来后,他就讲,老百姓和穷人都拥护他们。

(十二) 我家的三个女性

这里还应该说到我母亲的作用。她是地主的女儿,缠了小脚。嫁到我们家里后,吃了不少苦。她说:生了第一个儿子还可以对付,生了第二个儿子,就得身上背一个,手里抱一个,还要挑水、挑粪,可艰难啦!生了第三个孩子,就可以不抱了,因为老大可领着老二走路了。母亲对我说,你呢,我不用抱了,也不用背了,就靠你姐姐。

我出生时,姐姐已经 13 岁了。我除了吃奶、睡觉时跟着妈妈,其他时间,一直到她出嫁,都是她照顾我。据说,我小时候很胖,她背着实在太沉了,就找个台阶靠一靠,把肩膀松一松。我印象中她是最好的人。她有一条长辫子,我也很喜欢。我们俩关系最好。只有一次,两个人吵架了,不知是为什么事,我骂她,臭姐姐,臭锦荷。她为此伤心极了。到妈妈那里去告状,说,他直接叫我的名字。弟弟直接叫姐姐的名字,这不行啊,这是不尊敬啊。这还不算,还说我是臭姐姐、臭锦荷。她一边说,一边哭。妈妈说了我几句,然后对她说,行了,行了。我俩就是吵过这一架。后来,老了的时候,我在长沙见过她一次,和小时候的印象大不一样。原来我觉得姐姐长得很高大,这一次看见她,个子很矮,人很瘦,大概与生活贫穷有关系吧。"文化大革命"时期,她来北京看我,没有看到。是英陶接待她的。我听说以后感到很遗憾。

1926 年大哥结了婚,娶的是一个地主的女儿,没有缠小脚。这个嫂子对我们家贡献很大。大哥与她结婚以后,只是在 1927 年回来住过几天,以后十年都没有回家。只来了一封信,就和她离婚了。嫂子到我们家以后,成为我们家的主要劳动力。做饭、洗衣服、挑水、挑粪、种菜、背柴,反正一切家务活都干。她没有说什么,每天只是干活,我想她心里肯定有想法,有怨气。

在我们家,母亲、嫂子、姐姐三位女性,起了很大的作用。

二 从长沙到北平

（一）在长沙兑泽中学

1. 考入长沙兑泽中学

1929 年夏天，三哥力成回家过暑假，正好我小学毕业。大概是大哥的意见，三哥过完暑假回上海时，把我从家里带出来，到长沙去上中学。当时长沙最好的中学是岳云、铭德、湘雅，女子中学是周南。好的学校没有考上，进了一个中等的学校，叫兑泽中学。可就是这样一个中等水平的中学，我刚进去时读得也很吃力。记得英文课上，老师要我站起来回答问题，我回答不出来，在课堂上哭了一回。

兑泽中学的校长萧蓬慰（红卫），教务主任彭锦（景）云，还有一个党义教员，都是改组派。每个星期一周会上，都要在孙中山遗像前，背诵总理遗嘱、三民主义，约一个多小时。教务主任和党义教员讲党义，都要宣传改组派，宣传汪精卫，把汪说成是了不起的英雄。

这年寒假，我没有回家，补习了一个寒假，总算把功课赶上了。

2. 开始用"邓力群"这个名字

进这个学校时，三哥把我的名字改了一下，音没有变，声阶的阶改成了口字旁的喈，成为邓声喈。这喈字是鸟鸣的意思，同声字联在一起有意义。同时，父亲为我起了个号，叫"鹤鸣"，说是从诗句"鹤鸣声喈"而来。1929年年底，大哥又按"力"字序列，给我重起了个名字叫"邓力群"，与三哥邓力成排名，取群策群力之意。

从此，在父母兄弟亲属之间，口头上书面上都用邓力群这个名字。后来，入团、转党，也用这个名字。在北平，邓力群这个名字只有少数人知道。

关于力群这个名字，在延安时还有一个小插曲。我在马列学院，协助教中国近代革命史的教员杨松编了一本《中国近代史参考资料》，公开出版时署名杨松、邓力群。鲁艺有位木刻家力群，写信给我说，他叫力群，我不应该用力群这个名字。我给这位姓郝的力群复信说，我在入党时就是用的这个名字，党内就知道我这个名字，这次公开出版这本书，杨松把这个名字署上去了。我表示以后公开不用。

3. 蒋桂战争与红军发展给我的印象

1929年春，发生了国民党南京军阀蒋介石和广西军阀李宗仁、白崇禧之间的战争。毛主席有一首词《清平乐·蒋桂战争》中说的"军阀重开战"，就是这次战争。毛主席1928年10月在《中国的红色政权为什么能够存在？》一文中就指出，蒋桂两派新军阀在酝酿战争中。1929年4月，蒋、桂两派果然爆发了战争。桂系的军队从广西出发，攻岳阳未克，退回去。

蒋桂战争给红军的发展造成了一个有利条件。第一次反"围剿"取得了胜利，俘获国民党第十八师师长、这次"围剿"的前敌总指挥张辉瓒及其率领的官兵九千余人。红军杀了张辉瓒，把他的头钉在一块木板上顺赣江往下漂流，被国民党军队截住，连同尸体运回长沙开追悼会，逼令全体学生参加。长沙八角亭,有几次人头示众,我看见过两次。我对人头示众很反感,对处理张辉瓒的人头那种方式也感到不好。

1930年下半年,红军第一次占领长沙。退出来后,又要重新围攻、占领。毛泽东不赞成,彭德怀等还是组织围攻,有十几天。当时我在家过完暑假要回长沙学校。有人说,红军对知识分子不好,不能去。受了这个谣传的影响,我在家呆了半年,1931年春天才回长沙。

在长沙兑泽中学前后一年半,实际只读了一年。

(二) 开始读新文学作品

在长沙,从1930年上半年开始,读新文学。印象深的有三本:蒋光赤的小说《鸭绿江上》《少年漂泊者》和冰心的《寄小读者》,很受感染。也读了郭沫若的新诗集《星空》《橄榄》,印象深的是那些爱情诗,诗人同爱人一起数天上的星星。还读了翻译小说歌德的《少年维特之烦恼》,没有读懂。读了这些新文学作品,写作文时也跟着学。记得那时还看过无声电影《火烧红莲寺》《荒江女侠》,觉得很新奇。

(三) 辍 学 半 年

1. 军阀混战和红军占领长沙

1930年夏,蒋、冯(玉祥)、阎(锡山)在河南等处混战。阎、冯反对蒋,拥护汪,在北平召开了汪派国民党的扩大会议,声势很大。邓飞黄也参加了这个会议。这时蒋介石拉拢张学良,东北军入关进北平,北平成为张学良的势力范围。阎退回山西,冯宣布下野,隐居泰山,其部下韩复榘主政山东。汪派转入"地下"。这时工农红军乘势"席卷江西直捣湘和鄂"。毛主席词《蝶恋花·从汀州向长沙》抒发了胜利豪情。

这年暑假,我同邓家琪、邓由善结伴回家,假期完了又结伴回长沙。

走到衡阳,碰到从长沙出来的桂东同乡。说红军占领了长沙,国民党调了大批军队围攻,红军也动员很多农民进城,准备反攻。很快就要打大仗,长沙进不去。劝我们不要去了。我们就一起返回家乡。1930年下半年,呆在家里,没能上学。

2. 做了七天"堂倌"

在这半年内,我还做过七天"堂倌"。事情是这样的:秋收后,流源乡要演几天戏,邓扬文说搭个棚子卖面食,可以赚钱。于是特意从县城里请来一个名厨,做包子、烧卖、面条卖,邓家琪、邓扬文和我,便做"堂倌"。做了七天买卖,结果除支付厨师工资外,一个钱也没有赚到。

(四) 目睹"人头示众"

1931年春,又同邓家琪等结伴去长沙,我继续在兑泽读初二上年级。

有一次去长沙最有名的一条大街八角亭买东西,见电线杆上挂一个木盒,里面放了一个人头,墙上贴了布告,围着一大堆人。听人议论说,这是一个红军的负责人,被杀害后拿来示众。当时感到国民党太残暴。大致同时,国民党在长沙为张辉瓒举行大规模的追悼会,强令各机关、学校结队去灵堂致哀。我随着兑泽中学的同学去了,但哀却没有。

如果说,国民党改组派是推动我走向反蒋道路的一个教员,那末,湖南农民运动是引导我走向反蒋道路的最重要的正面教员。我亲眼目睹,而且作为儿童团成员还参加了当时的一些活动,深有体会。我们那里农会的领导人、小学教师邓兆雄,被反动军队抓走,押赴刑场,一路上高喊中国共产党万岁,敌人割了他的舌头,残忍地折磨他,他坚贞不屈。给我留下深刻的印象。毛主席的《湖南农民运动考察报告》准确、全面、生动地反映了当时农民运动的情况和影响、意义,是很有说服力的。

（五）从长沙到北平

蒋冯战争后,邓飞黄和改组派的一些人,退到天津租界活动。冯玉祥每月给他二百大洋维持生活。在租界中维持改组派的活动另有经费。

1931年暑假,大哥把母亲接出来,并要我转学北平。母亲带着邓力成(三哥)的大女儿帼英(7岁)到了长沙,邓建黄(四哥)从北平来长沙。这时邓力成已到吉鸿昌那里当参谋,也来到了长沙。我们一共五个人坐船到南京。从浦口坐火车,7月底或8月初到了北平。那时王荟君(大嫂)带着两个孩子(大的鼎元,三岁,小的平元,不到一岁),住在东城赵家楼胡同,我们到了以后就一起住在那里。邓飞黄和改组派一些人平常住在天津日租界,进行反蒋活动,星期六下午回北平家里。他家里有一个保姆带孩子,一个"老妈子"做饭。

（六）汇文中学四年

1. 考入汇文中学

三哥邓力成不久回吉鸿昌那里去了。临走前听他和大哥说,他准备给吉鸿昌递交反蒋意见书。四哥邓建黄在北平补习功课,准备考大学。我准备继续读中学。

由于长沙的教学水平比北平低,我虽读了初中三个学期,但报考师大附中初二,未考上。报考汇文中学,考上了,但英文不及格。汇文当时规定,两门功课不及格还可以录取,及格的功课跟本年级上,不及格的功课跟下年级上。所以,英语课跟着初一年级上。我于9月初进了汇文中学。住在大哥家,作走读生。长兄如父,他长我20岁,管我比较严格,除学校的功课外,要求每周背一篇古文,每天还要写日记,他定期检查。

上学不久,发生"九一八事变"。掌管北平的张学良,在天安门旁三大殿里开了一次反对日本侵占东北的会议。允许学生上街游行,抵制日货。我和其他热血青年一样,参加游行,参加宣传、抵制日货等活动。汪精卫开始调子很高,但很快蒋汪合流,汪成为国民党的第二领袖,他手下的骨干也就成了国民政府的部、局级干部。

1931 年 11 月或 12 月,大哥邓飞黄当了国民党的中央委员,接着又当铁道部职工教育委员会委员长。1932 年春天,大哥、大嫂、母亲和三哥的女儿帼英搬往南京,四哥也随同去南京上学了。

2. 在汇文中学的生活

汇文是比较好的中学。大哥让我留在北平,住进汇文宿舍,继续在汇文上学。开始我有点跟不上班,1932 年暑假我没回南京,又补习了一段功课,从初三上开始全部功课都跟上本年级了。

汇文中学一学年学费 250 元(银元),房租每月 3 元,二等伙食费每月 6 元,此外,衣服、书籍、零用每年六十元左右,全年共需四百来元。如果寒暑假回家,就要少一些。我当时的生活水平,在学生群中是中等的。因为不会计划使用,每学期最后一两个月都会没有钱用。

我有时在汇文中学门口馄饨摊,吃两碗馄饨,一个烧饼,一根香肠,花二十一个铜板。味道美极了。我老了在医院吃过几次"馄饨侯",味道比那时小摊子上吃的差得多。在零花钱方面,主要是看京戏。我最爱看马连良,在前门外大街的一个戏院。每次花二角五分钱,看戏回来,去吃炒面、炒饼。后来,有个戏剧学校,七八岁开始学,学了六年以后就登台,在吉祥戏院演出。我和同学都去看,坐在后排,票价便宜,要不了二角五。

大哥家搬到南京去时,托他三个朋友照顾我。一个是贺楚强,是冯玉祥手下人,冯给邓飞黄的钱,多半是经他送来。他那时住在公寓里,我去看过他三四次。一个是向达,那时在中央研究院当研究员,住中南海,我去过他家两次。还有一个是彭海安,是一个大学的讲师,妻子是美术教员,我去过他家一次。他们在 1933 年年初或再早些的时间,都先后离开北平去南方了。

16 岁这年,处在一个转折关头。留在北平而未去南京,对我一生影响很大。如果去了南京,我走的道路可能完全不一样了。当然,我也会参加抗日,参加革命,但走的路径会不同。

3. 在汇文中学的学习

汇文中学是美国人用庚子赔款办的教会学校,功课很紧。星期一至五,每天上七至九节课,星期六上午四节课,下午没有课。星期一至五每天晚上,要自习两小时。汇文各种设备比较完善,有宿舍,有食堂,有很好的运动场,高级的篮球场,还有体育馆。体育馆有讲台(主席台),还有一层一层的看台。除比赛外可以开会。如果不买东西,一两个月不出校门也可以。

我很爱好学习。从初三上开始,成绩好起来了。汇文学生比较多,每学期按成绩编一次班,最好的编为甲班,依次编为乙、丙、丁各班。我从初三到高三都编入甲班。

在汇文中学住校后,生活很有规律。起床后晨练、早读,每天读英文。晚自习主要做数学题。每次一个多小时就可做完。习题再难我都是自己做,从不求人帮忙。月考、季考、期考,我都不用临时抱佛脚、开夜车。平时还利用时间看不少课外书籍。

我在汇文中学四年,读书是用功的。在初中和高中,都遇到了好的数学老师。他们的教学方法好,抓得紧。课后都留作业,第二天交给老师批改。

1933 年以前学好功课是第一位的,课外主要看小说。这时我阅读了大量的进步书籍。当时出版的书,翻译过来的旧俄苏联、英国法国的书,我读得很多,如:托尔斯泰的《安娜·卡列尼娜》《复活》,屠格涅夫的《父与子》,陀思妥耶夫斯基的《罪与罚》,科罗连柯的《盲音乐家》,肖洛霍夫的《静静的顿河》,莎士比亚的剧本,巴尔扎克《人间喜剧》中的不少小说,罗曼·罗兰的《约翰·克利斯朵夫》,巴比塞的《斯大林传——从一个人看一个世界》,等等。中国的左翼作家,鲁迅的《呐喊》《彷徨》看了,鲁迅的杂文集,每年都出版一本到两本,《三闲集》《二心集》《准风月谈》《伪自由书》《花边文学》,我都读了。还有他的翻译作品,如果戈里的《死魂灵》,法捷耶夫的《毁灭》,也读了。茅盾反映大革命时期斗争情况的小说《虹》《蚀》以及《子夜》;丁玲的《莎菲女士的日记》《韦护》《母亲》等;郭沫若创作的、翻译的文学作品,以及研究著述,如《青铜时代》等,也都读了。还有郁达夫、张天翼、林语堂等的书。1935 年、1936 年还读了曹禺的《雷雨》《日出》,邹韬奋的《萍踪寄语》等。当时的进步书籍,出一本,买一本,读一本。1934 年开始看社会科学的书籍,列宁的《两个策略》《"左"派幼稚病》等书,虽然不太懂,还是认真地作了阅读笔记。并且推动关系好的同学读这类进步书籍。

（七）1933 年春:思想转折点

1. 阅读进步书籍对我的影响

这时读书,和在桂东老家不同,桂东是读旧小说,从长沙到北平,是读新小说,读进步刊物。在汇文中学的同学中,以至于参加革命工作后的同事中,比我读书多的,还比较少见。

当时读的这些书,对我思想左倾、政治左倾,有很大帮助。读书增进了反日情绪,反日情绪又加强了读书兴趣。这是我参加革命、参加共产党的思想准备。但促使我思想激进的根本因素,是时代的风云,现实的刺激,加上我同一位革命青年的直接接触。我树立了这样一个信念:抗战只有靠共产党,不能靠蒋介石、汪精卫。

2. 时代的影响和环境的刺激

1933 年春天,可以说是我思想的转折点。

当时整个国家处在危急存亡之际。中国是半殖民地,与印度等受一个帝国主义国家控制的殖民地不同,中国受多个帝国主义的侵略。他们之间的矛盾引发了被他们控制的各派军阀之间的矛盾,搞得国家战乱不断,民不聊生。

东交民巷有各国的军队,我们上学经过的几条街,都是外国军队。现在的东单公园当时是外国兵营的操场。汇文中学在崇文门,出来就见外国军队耀武扬威。有妓院,去那儿嫖妓的,各国的人都有,搞得乌烟瘴气。经常见到外国人打我们的车夫。大同医院旁边是日本兵的驻地。电车道旁也是外国军队的一条跑道。天天亲眼目睹这些情景,稍有一点爱国心的人,都会受到刺激,感到愤慨。我在汇文中学的时候,爱国热情高涨,参加了一些反对日本侵略的救亡活动。但思想目标还不很明确。

3. 胡平被捕

有一位远房表哥,名叫胡平,在今是中学读高中。那个时候他大概参加了共产党的外围组织,可能是社会科学工作者联盟。他很热心地从思想上帮助我,推动我进步。他带我去看进步电影,引导我看进步书籍。在他的影响下,当时认识到要抵抗日本侵略,必须打倒国民党蒋介石。1932年以后,同他一起在东安市场买到了地下党出版的一些秘密刊物、小报,上面登载着各地红军发展的消息,党对抗日救国的主张。由此我把抵抗日本侵略、挽救民族危亡的希望寄托在中国共产党身上,产生了加入革命组织的愿望。1933年春我正式向他提出了这个要求。他说可以,过些日子找个人来和我谈这个问题。没想到不几天,他就被捕了。

有一天,忽然来了一个胖子,看上去像个密探。我有点纳闷,也有点着急,心想这样的人来找我干吗? 他偷偷地把一封信塞给了我。原来是胡平捎来的,说他被捕了,让我给他捎点吃的东西,同时给捎信的人一两元大洋。这下我才知道,他和我谈话没几天,在东安市场散发传单时被捕。判决后,关在草岚子反省院,与薄一波他们关在一起,就是所谓61个人集团的一员,他那时还没有入党呢。在这封信上还提到:他有两个书架和一张靠背椅,寄放在中国大学的一个学生那里,让我去取。我后来去了。这个人叫孙光。取东西时,我向他提出参加共产党的要求。他说,你还年轻,不要着急。没想到,过了几天,孙光也被捕了。

4. 到草岚子监狱探监

后来我买了东西,去草岚子探监。当时我的心情很不好。那个地方有很高的围墙,走近那里就听到镣铐声。见到了胡平,他戴着手铐、脚镣。看了这样的情景,我心都碎了。当时我就大哭了一场。以后每隔一两个月,我就去给他送点东西。他特别喜欢吃咖喱角。以后我对咖喱角有感情,就是这个原因。每次我都买一两斤送去。我以为这些点心,他可以吃三五天或一个星期,但是他来信说,他把这些点心都分给难友,每人一份,实际上他自己没吃到几块。这个经历,增强了我对国民党反动派的愤慨和仇视,对革命者的同情和敬仰。

（八）1933年暑假在南京的见闻

1. 父亲对红军的好感

1933年暑假,我回南京,见到了父亲。知道这年上半年,红军到寨前,要去捉一个大地主,他跑了,恰好我父亲在他家做客,被捉了去。有一个负责政治工作的人听说是邓飞黄的父亲,对他比较优待。后来知道这个负责人是袁任远同志,原在河南做地下工作,国民党反革命后,冯玉祥对共产党党员实行礼送出境的政策,邓飞黄执行这个政策,送走袁和其他几个同志,没有为难他们。父亲在红军那里待了十几天,出了三百大洋,就放回来了。过后,父亲就到了南京。这次见到父亲,出乎意外,他对红军,一句坏话没说,倒说了一些好话,说红军官兵关系好,军民关系好,纪律好。那时报上正刊登一些贪污案件,他说红军那里没有这些事情,认为红军、共产党是有希望的。

2. 我看到了国民党官员的腐朽生活

这时三哥也到了南京,并把三嫂接了出来,他自己在国民党中央党部当干事。四哥建黄,考上了南京的金陵大学。

在南京接触了一些在国民党里干事的公务人员。他们的生活一是打麻将,二是玩歌女,三是互相请客吃饭。我有时去看他们打牌,也去过一次歌厅。主要的暑假生活是同大哥、四哥每天下午到中山陵游泳。大哥不打牌,不玩歌女,不抽烟。但是连他在内,我没听他们中有一个谈过国家存亡、民族危机。我深感到,不能指望这些人来挽救民族危亡。

(九) 父亲去世

1934 年上半年,学校宿舍住不进。恰好有个名叫欧阳镇的同学,带了老婆、丫头在苏州胡同租了房子住。他愿意把多余的几间转租。我约了几个同学住到那里去,雇了一个老头子做饭。一直住到下半年寒假。

这年暑假,我又回南京。生活情况与前一年基本相同。发生变化的是父亲得了鼻癌,在南京、上海都治不好。8 月下旬同我一起来北平医治。在协和医院、德国医院愈治愈坏。到 12 月,三哥把他接回南京。不久病危,要我回去探望。我们兄弟几个在鼓楼医院看着父亲咽气。抬回家里,我摸他腹部还有点温热,跟妈说,父亲没有死。当时父亲 58 岁,我 19 岁。

在南京,父亲有一张半身照片,全家三代合过一次影,可惜姐姐不在。照片上父亲留胡子,一派自信、满意的神态。"文化大革命"中,照片被红卫兵抄去,示众。这也不奇怪,他们一看之下,肯定认为他是个封建余孽。

(十) 我打定了跟共产党抗日的主意

1. 大哥要我不参加政治活动

1934 年寒假,我到南京去。我的日记本也随身带去了。大哥从我的日记中,从与我交谈中,看出了我的思想变化。他同我作了一次在他说来是诚恳的谈话。他说我信仰共产主义,他不反对,只是希望我在大学毕业、独立生活之前不要参加政治活动。他说他自己原来打算做学问,只是因为家庭负担,因为答应过父亲负责给我们兄弟上学,才不得不投身政界,一直到现在仍不能做学问,是一生最大的遗憾。现在唯一的希望寄托在我的身上,热望我在学问上有成就,以弥补他的遗憾。他希望我学水利,他说黄河为害中国几千年,多少朝代、多少人都没治好,如果我能下决心学水利工程,将来能主持治好黄河,就会造福于几千万人。他说只要我有这个决心,在大学毕业后,他可以送我去留洋。只要真正有了学问,有了本事,国民党要用,共产党也要用。

为了让我走他为我安排的道路,断绝我对共产党的信念,他告诉我,经过蒋介石军队的"围剿",共产党和红军剩下的人已经不多了,即使将来共产党能发展、能胜利,至少也要几十年以后了。他指着桌子上的一本书说,蒋介石军队"打败"红军的事情,书上写得很详细,要我好好看看。

作为兄弟,他这种心情我是尊重和理解的,但从我当时的思想倾向来讲,已听不进他的这些教诲了。他要我看的那本书,我连动都没有去动一下,让它留在桌子上,我转身就走了。

后来,大哥对家里人说,力群这个人,他如果打定了主意,不管你说多少话,讲多少道理,也改变不了他。

2. 决心跟共产党抗日

1935 年暑假后,学校宿舍空了。我和住在苏州胡同的几个同学又一起住进了学校。

当时,日本对华侵略日益猖狂,冀东反共政府成立,华北五省酝酿"自治",天上日本飞机进行侦察,地上日本陆军武装演习。处处时时都充分显示出亡国的危险已降临到全中国人民的头上。这时我对邓飞黄为我指出的前途,虽然没有完全断念,但是整个形势的发展,华北已经放不

1934 年，邓力群在北平汇文中学

下一张平静的书桌了,我也愈来愈无法安稳地读书了。这时,我已经确定了自己前进的方向:跟着共产党抗日,为解救民族危亡奉献自己的青春!

我的大哥则跟我走着不同的路。大约是在 1935 年年末或 1936 年年初,蒋介石排挤汪精卫,汪离开南京,到上海"养病"。他下面的大将谷正纲、谷正鼎①投靠 CC②。大哥邓飞黄也随之倒台,辞去铁道部职工教育委员会委员长职务,准备留洋学习。

---

① 谷正纲(1902—1993):贵州安顺人。国民党改组派重要人物。为国民党第五届中央执行委员、常务委员。曾任国民党中央组织部副部长。谷正鼎(1903—1974):谷正纲之弟。国民党改组派重要人物。1932 年先后任铁道部参事、总务司司长。1935年当选国民党第五届候补中央执行委员。

② CC:中国国民党内以陈果夫、陈立夫为首的派系。名称缘起于 1928 年成立于南京的"中央俱乐部",英文译名 Central Club,缩写为 CC。也有说陈字英文拼写的第一个字母是 C,二陈,故称 CC。

三 投身抗日救亡运动

（一）当选汇文中学学生自治会会长，带头参加"一二·一六"游行

1935 年 12 月 9 日，学生上街游行。我们汇文中学有人与左派有联系，知道这件事。在当天，大家在食堂吃晚饭时，就传说学生上街了，挨了警察的打，还遭水龙头冲。

过了几天，大约是 12 月 12 日或 13 日，参加"一二·九"游行的燕京大学同学到汇文来串联，和汇文的学生取得了联系。我当时正在上物理课，听到钟声不断地响，喊同学们到体育馆开会。上课的老师也稳不住学生了，就说，你们要去就去吧。在会场上，燕京的学生讲"一二·九"游行遭军警镇压的情况，声泪俱下，慷慨激昂，呼吁汇文的同学声援。当场大家一致同意立即长期罢课，和其他学校的同学一致行动，参加抗日救亡运动的行列。

会上商议要成立一个非常学生自治委员会，推选会长、副会长和委员，先让大家提委员。我们这个读书小组里有一个湖南老乡，叫钟慕远，在会上提名邓力群，获得一致通过。会后委员们开会一致推选我当会长。

1935 年,邓力群在北平汇文中学

我当时是高三甲班学生,功课好,在全校来讲资格最老,有威信。从此以后,我不再只是读书救国,而开始全身心地投入抗日救亡的活动了。

汇文中学开始罢课,当时有七八百名学生。罢课后,有的家在外地的同学,就回家了;家在北平的同学,有的也不到学校里来了。余下在学校坚持罢课的,大概有三百多人。后来,北平市学联通知,在12月16日,全市学生举行第二次游行示威。留在学校的学生,传达了这个消息,一致赞成。

到了那天,同学们在大楼外面站队,队列排好了,谁也没有动。我们几个学生自治会会长、副会长站在第一排。我们开步走,后面就跟着走起来。这时,门口已有警察堵住。我们就绕道,转到慕贞中学的后墙,从墙外过去,从城墙底下的一条路转到崇文门大街。走完这条街又往西走,到了和平门大街拐弯往北走。一路都有警察监视。往西走到和平门,再往北走,就是北师大、北师大附中。原来想到那里同北师大汇合,结果前面被保安队拦住了,枪托,皮鞭,……大打出手,把游行队伍打散了。

我们一部分人就跑到师大附中去。他们正在上课,我们就喊他们到操场上开会。看到救亡学生被打伤,群情激愤。我登台介绍游行示威受到镇压的情况,讲着讲着,痛哭流涕。师大附中的学生一致表示参加罢课,加入抗日救亡的行列。其中有一个女学生,是李德伦的姐姐,名叫李菊同。后来和我回忆起那时的情景说,你那次在操场上流着泪的演讲,慷慨陈词,把我们都鼓动起来了,再也不能安心上课了。从此,她走上抗日救亡的道路。我在北大介绍她入了党。

(二)组织南下宣传团,参加中华民族解放先锋队

1. 北平学联活动地点移到汇文中学

过了一两天,召开"一二·九"游行的总结大会。在燕京大学最高一层阁楼上开会。阁楼很矮,人不能站直,只能坐着。前面正中间放一张桌

子,主持会议的是北京女一中的郭明秋。她是北平市第一届学联主席。她的身边有一批老党员,其中有大家都叫他大徐的徐化一。背后给她们出主意的是清华的姚依林。姚依林比我小两岁,我二十,他十八,是富家子弟,清华的高材生。比宋平高一班,清华还没有毕业,非常能干。他后来是陈云的第一个助手。会议开了将近一整夜,要求已经参加运动的学校,用各种办法把那些没有罢课的学校吸引到运动里来。

这时候,北平几个大学,清华、燕京受到国民党军警的压迫,学联继续在燕京活动遇到困难。学联的临时活动点就转移到了汇文中学。从此,我认识了黄敬和姚依林。他们俩几乎每天都来。姚下笔很快,写传单,写宣言,一会儿就写出来了。我们就负责刻蜡纸、油印。那时,我对他佩服得不得了。从外形看,他比我大,但实际上他比我小,但上学比我早。在汇文,我们组织了纠察队,保护他们的安全。这样的活动在汇文搞了二十天左右,以后就是组织南下宣传团。

2. 南下宣传团的组织和活动

大多数学校参加罢课运动以后,国民党政府为了分散学生力量,瓦解学生斗志,实行提前放假,结果大部分学生都回家了,留在各校坚持斗争的是一批积极分子。

这时,学联决定组织南下宣传团,把救亡运动推向广大农村。通知各校组织积极分子参加。汇文参加南下宣传团的大约有五个人,我之外有钟国无、侯晓兰,另外还有两个的名字记不得了。大约 12 月底,学联通知参加南下宣传团的人到农业大学集中。

在农大集中的南下宣传团,有将近二百人。当天晚上出发,经过丰台西边往南走。我的任务是在大会、小会做口头宣传,几乎每次都讲得痛哭流涕。到了固安县,反动派关上城门不让进去,全团住在县城外大车店里。有个小学教员,叫王雨山,带了学生出城来慰问我们,大家深受感动。

过了一两天,天津的宣传团也到了。北平、天津两地的宣传团汇合以后,开了一次大会,讨论宣传的纲领和口号。有人提出,要打倒一切帝国主义,团部的人批驳了这个口号。大家通过的还是"打倒日本帝国主义"的口号。

队伍继续向南走。到新城的一个镇子被堵住。国民党的警察和便衣去了几车子,把我们的队伍打散了。一部分人到了保定,一部分人就散掉了。

在路上,我认识了一个同分队的人,就是建国后当化工部部长的孙敬文,还有徐化一、王念基。经过他们介绍,我和钟国元、侯晓兰参加了中华民族自卫队,这是一个共产党的外围组织。

我们一路上做宣传,到了新城大典庄。从北平开来两台大汽车,坐了一批便衣警察。当天黄昏,把我们围在住宿的小学校里,进行搜查,不准出门,扬言第二天要把我们全部押回北平。半夜里,团部率领大家从学校后门跑了出来。我们汇文几个人和徐化一、王念基跑散了,我们找不到头了,只好往回走,想回到北平找他们。

3. 成立民先队

1936年春天,大徐来找我,说他们到了保定,开了全团大会,一致同意以宣传团团员为基础,筹备成立中华民族解放先锋队。要在各校建立分队部,要我负责成立汇文民先分队,我当分队长。后来,总队部的交通贺凌,她是两吉女中的负责人,转来五个民先分队负责人的关系。加上汇文,共有六个分队:汇文中学、大同中学、精业中学、两吉女中、中法大学,还有一个中学的名字记不得了,也是东北人办的,就在鼓楼西边路北。我们汇文有十几个人,其他分队人数不等,有七八个的,有五六个的,少的只有三四个人。分队的负责人是:汇文中学邓力群,两吉女中贺凌,中法大学陈大东,大同中学彭柏良,东北人办的那个中学是徐树贵,精业中学负责人的名字不记得了。从此,我担任民先东城区的区队长,谁决定的我不知道。区队部的组织、宣传,没有专人负责,都由各分队的负责人兼管。

这时,有人告诉我,国民党的便衣警察,在搜寻我的行踪。同学们警告我,再在学校呆下去,有可能被他们抓住。于是,我离开学校到了西城,和大徐一起住到一个公寓里。大徐介绍我参加了党的外围组织武装自卫委员会。这时,我实际上离开了汇文的学生生活。

后来,邓飞黄知道了,从英国来信说,他很难过,很不高兴,没有想到我这样不听他的话,这样不为自己前途着想。

4. 担任北平学联执委

这个时期,我还兼任北平市学联的执行委员,参加学联的活动。学联的头已经不是姚依林,而是黄华了。

国民党的压迫越来越厉害,采取多种办法加强对学生的管制:以整顿校规校纪为名,管制学生;派警察把守校门,监视学生行动;逮捕学生运动头头。求实中学有一个被捕的学生,名叫郭清,在监狱里被折磨死了。消息传开,在学生积极分子中引起极大的愤慨。学联再次开会,筹划举行游行,表示对国民党迫害学生的抗议。

3月31日,在北大三院礼堂举行追悼会,到会的有二千多人,大多是民先队员,普通群众来得很少。那是反动派高压时期。一进去,警察就把大门封死了。追悼会后,举行抬棺(空的)游行。北大三院的南墙比较矮,学生们翻墙过去,游行到了东华门。然后向北池子走。前面被警察拦住,后面又被警察追上,一下子把队伍打散了。当场有42人被捕,其中有黄华,当时北平学联的主席,有汇文中学的同学罗邦英,还有著名教授张申府。后来,通过统战工作,被捕的人陆续放了出来。

从此以后,我就没有再做学联的工作,转过来做民先的工作。

好久以后听说,"三三一"抬棺游行,被刘少奇批评为"左"倾冒险主义。那时,少奇同志刚到天津。他是新派到北方局的中央代表。北大的部分人一直不赞成这个评价,认为这次游行是为了反抗当时国民党的镇压,是正义的反抗行动。刘玉柱是当时北大学生负责人之一,在北大纪念

"一二·九"运动六十周年的座谈会上讲他不赞成否定性的评价,认为"三三一"游行是必要的,而且是成功的。

（三）入团、转党

1. 加入共青团

这个时期,我向大徐(化一)提出了入党的要求。他让我写自传。自传交上去以后,他说,先加入共青团吧。他做我的介绍人。1936年1月份,记不清是几号了,在北海西北角小西天那个庙宇院子的一个角落,举行了我的入团仪式。由一个名叫王卓的人主持,他是北大体育系的工作人员。那天我很激动。

过了没有多少日子,大徐把我的关系转给一个叫邹文宣的同志,不知道他当时做什么工作。后来知道他是邹韬奋的弟弟。大徐交代,以后我就由他来领导。邹文宣没有跟我谈话。我继续做民先的工作。

2. 转为共产党员

又过了一些日子,邹文宣对我说,你以后不归我管了,你的关系转给王大彤(王大化的哥哥)。王大彤是中国大学的学生,在东城做党的工作。因为我跟徐化一、邹文宣都提过要求入党的事,与王大彤接上关系后,大概是4月上旬,王大彤就对我说,你要求入党是好事,根据你的要求,我们已经讨论过了,同意你入党,不必再履行别的手续了。他也没有说要不要候补期。就这样,我从一名共青团员转成一名中国共产党的党员。当时王大彤自己讲,他是党的东城区委书记。

（四）在民先队中建团

入党以后,王大彤交给我一个任务,做区委干事,继续做民先的工作,管六七个分队,从中发现要求进步的好同志,介绍他们入团,并负责建立团支部。我是区委的什么干事,是组织干事还是宣传干事,当时他没说,我也没问。做地下工作都是单线联系,他到你这里来,你不能到他那里去。还有个规矩,就是上面可以问下面,上面问什么都如实讲,不能隐瞒,要忠实;下面不准问上面。所以区委有哪些人,区委的所在地在哪里,这些都不能问,我也不知道。

根据王大彤交待的任务,我最先在汇文中学介绍了六七个人入团,成立了共青团的支部,由白树荣接替我当团支部书记。1936 年 3 月,在民先总队部,要我当东城区的民先区队长。这时,贺凌转来五个民先分队负责人的关系。然后就在大同中学、两吉女中、精业中学、中法大学和东北人办的那个中学等学校发展团员,建立团组织。我先后介绍贺凌、徐树贵、陈大东、彭柏良等加入共青团。程序比较简单,都是先介绍一个分队的一个人,要他写自传,通过我转给王大彤,然后进行了解,经过上面同意,就成为团员。由这个人再在自己分队里介绍其他人入团,也是经过这个程序。经过 4、5、6 三个月的工作,在民先队中建立了九个团支部。

(五) 党中央决定撤销共青团以后

1. 党中央决定的传达与落实

大概是 1936 年七八月间,王大彤向我传达了党中央的一个通知。他说,党中央作出决定,撤销共青团的组织,以前入团的团员统统转为党员,不要候补期,团龄就是党龄。我按照他的意见,口头通知了我领导的九个团支部,全部团员转为党员,团支部转成为党支部,仍由我领导。我的任务就是在民先的基础上建团,然后再转党。第一个入团的大体上是民先队的分队长。中法大学的陈大东、一些中学的团支部书记直接与我联系。当时成立的团支部起码三个人以上。每个支部三人,七个支部就是二十一人。汇文中学多一些,大概有七八个人,第一批入团的不超过三十人。

从建团到转党也就是三四个月,时间很短。

王大彤的弟弟王大化和表弟是艺文中学的学生。他们也入了团,这时也转党了。王大化后来到了延安,在《兄妹开荒》中演男主角,成为一个有名的演员。以后又到东北,在演出期间出了车祸,牺牲了。这个人多才多艺,会演戏,会唱歌,还会木刻。

2. 民先分队和团支部的活动

民先内部的教育材料,记得有半公开的《国防》《长城》杂志,团内没有什么内部文件。党内,我看过的内部刊物有《火线》,文件有:民主共和国决议、毛主席和斯诺的谈话,好像还有博古解释民主共和国的决议的文章。我看过了就交回去。

当时,经过团支部、民先分队组织六个学校的学生参加全市"六一三"学生大游行。这次动员的群众比较多,不单是积极分子的行动,而是积极分子和广大群众结合在一起的行动。汇文中学参加的就有三百多人。王大彤叫我不要参加这次游行,当天我没有上街。

各民先分队、各团支部,一般是一个星期见一次面或开一次会。谈的内容,一是政治形势,我谈的多是从上级听来的,或文件刊物上看到的;二是当前工作。他们谈情况,也谈些经验,我谈的多是上级指示,也结合情况对他们提些工作意见。总之,我以及他们,都是革命热情高,但具体经验很少,工作办法很少。谈的内容空话多,实际少,眼前事务多,路线政策少。大家的工作都比较浮,不同程度上都有脱离群众的毛病,只是同左倾进步人士谈得来,同中间分子谈不来,更不愿接近学生中的落后分子。

放暑假时,王大彤说他母亲病了,要回家一趟。走之前,他找我谈话,说以后秘密工作的人和公开工作的人要分开,问我今后愿意做党的工作还是愿意做民先工作,由我自己选择。我说,愿意专做民先工作。他说,那好,以后你管的那些支部的关系就转出去。他回家去之前,我就把我当时管的六七个支部的关系交给他,转给了别人。至于转给谁了,他没有告诉我,我也不能问。王大彤那次回家以后,再也没有出来,一直到解放战争后才重新恢复了党的关系。因为他得了肺病,抗战期间一直在家养病。新中国成立后当过山东师范学院院长。

（六）我同贺凌由恋爱而结婚

我先后担任民先的分队长、区队长,贺凌是民先总队部的交通、两吉女中的负责人。我同她在工作上经常往来。在与贺凌的工作接触中,逐渐产生了感情。大约从1936年6月起,我俩恋爱了。她是张作霖时代一个旅长的女儿。"九一八"事变后,父亲强迫贺凌嫁给了他的一个朋友（一个退伍的反动军官）的儿子,她很不满意,从家里跑了出来。我对她由同情和敬佩,逐步产生了爱情。就在这年的12月2日,我考入北大以后的第一个冬天,我们俩结婚了。

4月上旬,我从西城搬到沙滩中老胡同公寓里住。此后,我同徐化一就没有工作联系和组织关系了,但作为朋友还常有来往。他同小郭（山西一个旅长的女儿,女二中学生）结婚,我去参加了婚礼。大徐当时经济困难,我把贺凌给我作纪念的宝石金戒指给他拿去典当了维持生活。

（七）考入北京大学,从事救亡运动

1.考入北大后的情况

离开汇文中学以后,我专门从事救亡工作。当时组织上考虑,我自己也有这个想法,就是要有一个合法的身份,来掩护秘密工作。于是在1936年夏天,搞了一个东北中学的假文凭,报考北京大学。

恰好这时,家里派邓建黄（四哥）从南京来到北平找我。那个时候,大哥已离开南京去了英国,要我无论如何回南京一次。北大的入学考试考完,我就回南京了。这时邓飞黄已经走了,跟他的那些人,在南京待不下去了,有的回桂东,有的干别的事去了。

同四哥见面时,四哥讲,你走这条路,大家都很担心啊。他还说,加入共产党的人,谁都不齿啊。你偏要走这条路,都为你惋惜啊! 这些话,说明邓建黄对共产党有偏见。

在南京,接到北平的朋友来信,说北大已经公布了入学考试成绩,我数学考了 100 分,最差的是英文,78 分。我要求进外文系。我就是这样的脾气,英文成绩不好,我就进外文系,硬是要把它学好。结果没有如愿。我被录取在北大经济系。这就给了我离开南京回北平的机会。人的一生中,往往有很多偶然性,使你走上不同的道路。当然,就我当时的思想状况来说,即使不回北平,走抗日救亡的道路是毫无疑问的。

考上北大,家里当然高兴,尤其是大哥。我 21 岁考上北大,他 41 岁到英国伦敦留学。他在英国特意买了英共负责人杜德讲世界政治的书寄给我。他要我好好地对照字典读这本英文书,练习翻译,提高英文的阅读水平。那时借助辞典,可以读下去。

1936 年 9 月上旬,我到北大报到,进入经济系,住进三院集体宿舍。党的关系也转到北大。先后一起与我同在北大经济系支部过组织生活的有四五个人,记得名字的有:顾大椿、曹盼之、宋某某。在北大,我还介绍了同班的女同学李菊同入党。她是回族,父亲要把她许配给一个亲戚,她不满意包办婚姻,逃了出来。经过我介绍她认识了一个中法大学的党支部书记陈大东。这时薄一波已经到山西工作。她和陈大东在 11 月离开北平去了山西。

在北大,我名义上是学生,实际上是搞救亡运动。这时民先队的工作也有变动,我被调到总队部组织部当干事,负责领导西城区队部,区队长是李践为。陈大东接替我当东城区队长。是不是由我领导,记不准了。

我在北大半年,完全是个挂名的学生,常不上课。即使上课,也往往是看另外的书。期终考试有两门功课不及格,其中一门就是英文。

2. 西安事变发生以后的斗争

1936 年 12 月 12 日，发生西安事变的当天，北平市学联就组织了一次全市学生的游行示威。这次组织得很好，采取游击队的办法，化整为零，又化零为整。先是各校学生分别在各地游行，到中午，汇合到沙滩北大广场，开大会，到会的有三四千人。要求向宋哲元请愿，派代表去交涉。宋哲元表示愿意接见学生，要大家到景山公园等他。学生队伍进去以后，警察、保安队守住了大门，架起机关枪，不准任何人出入。一直等到天快黑了，宋哲元才派秦德纯代表他来讲了几句话。学生提出的要求，秦答应转达宋长官。学生们要求列队回校，警察不得阻拦，秦表示同意。我从头至尾参加了这天的活动。

12 月 25 日，蒋介石获释回到南京以后，国民党经过它在学校的党员组织一些落后的学生举行了所谓庆祝游行，并且成立了北平市新学联，反对原来进步的老学联。各大学斗争很激烈。斗争的焦点是学生会的领导权。他们企图通过斗争争夺各大学学生会的领导权，从而瓦解老学联。

在这种情况下，我们党的组织、民先队、学联，都加强了各个大学的工作。

12 月底或 1 月初，民先总队部把我下放到北大，担任民先分队长，仍由孙传文领导。只做了一件事，就是同国民党进行争夺学生会领导权的斗争。他们企图在学生会改选中控制各年级各班学生会代表的选举，我们则在改选中进行反击或进攻。在这场斗争中，北大民先分队有六七十人，开了几次全体会议，讨论斗争策略和行动方针。党的意见都通过民先队员提出。那时公开以民先身份出现实际已经是党员的有：孙传文、朱穆之、曹盼之、刘居英、顾大椿、李菊同、王季青、陆平、宋尔纯兄弟、严顾行、杨裕民。斗争的结果，我们这方面的代表占了绝对优势，北大学生会仍然稳稳地掌握在党领导下的进步学生手中。

（八）批准去延安

我和贺凌结婚后,同住在中老胡同我原先住过的公寓里。同贺凌的妹妹贺澜(即韩冰),还有贺凌的姐姐、姐夫也都认识了。

1937年2月,一个偶然的机会,在沙滩街头看到延安抗日军政大学1月21日的招生广告,是共产党秘密张贴的。招生广告上说,抗大要招收进步青年,把他们培养成军队的团级干部,毕业后上抗日前线。我们决心投考抗大,到延安去。产生这样强烈的愿望,直接的原因,一是受到国民党的武装镇压,认识到革命要有武装,想到抗大学习后做军事工作;二是觉得老在知识分子中没有意思,想到工农中去;三是贺凌想彻底摆脱家庭束缚,我也想自立,不想再靠大哥来供给。

我们经过孙传文向北平市委提出去延安的请求。当时担任东城区委委员的严顾行,后来是我在党校五班的同学,他对我说,你在北大时希望离开北平到延安去,他在区党委会上表示不赞成,但他的上级还是同意你去,他也没有阻拦。

同时批准去延安的除了我和贺凌,还有刘刚。他是孙传文的表弟,也是共产党员。

四 延安八年

（一）奔赴延安

1937年4月上旬，我和我的爱人贺凌、孙传文的表弟刘刚三个人离开北平，由地下党交通员陈镜（东北人）带着我们，从北平上车，经过郑州，换车到了西安。到西安后，他把我们安排在旅馆里，就去和八路军西安办事处联系了。

我们在旅馆里等了几天，有汽车去延安了，通知我们下午到办事处附近坐汽车。办事处派了一个瘦高个子、眼窝很深的广东人陪我们。同车去延安的还有一位老干部，叫周怡，他是做情报工作的。

两三天后到了甘泉，住在红军的一个招待所里。那里驻有一个班红军战士，他们年纪大的二十多岁，小的只有十一二岁，称"红小鬼"。"红小鬼"都很活泼，穿的是制服，不合身，显得又长、又大。这是我第一次见到红军。

第二天，继续上路，两个红军的高级干部上了我们的汽车。他们穿的衣服与警卫员的完全一样。在红军中，官兵是平等的。攀谈起来，知道他们是罗瑞卿、刘晓。他们已经知道我们是北平来的学生，就问北平的情况如何。我们离开北平时,正值蒋介石从西安被放回南京,北平新、旧学联并存,双方闹矛盾、打架。罗瑞卿和刘晓都说:为什么你们进步学联不和国民党的学联搞统一战线、搞联合呢?我们说:联合不起来,我们要和他们联合,他们也不干。罗、刘说:还是应该联合。

从甘泉出发,走了三四天才到延安。到延安的时间,大概是4月下旬了。

(二) 对延安的最初印象

我们把介绍信交给了中央办公厅的秘书处长王首道。他看完介绍信以后说:你们是党的干部,应该到组织部去报到。到组织部报到之后,我们就住在组织部的招待所里。

我们来的目的就是进抗大,那时还不知道有中央党校。组织部的干部考虑、斟酌后,把我们分配到了中央党校。这样的安排,使我投身军队、武装抗日的理想无法实现了,但从我后来的人生道路看,搞军事工作,并不是我的长处、优势。

一进延安,非常明显地感觉到与北平不同。这里是一个自由的天地。延安有言论和思想的自由,还有信仰的自由。更不用说,延安有救国、救亡的自由,还有武装抗日的自由。不像在国民党统治区,谁救国就限制谁、迫害谁。当时,国民党的政策不得人心,原因就在这里,谁抗日,谁就坐牢,甚至被砍头。

与北平相比,延安的生活很艰苦,两地差别很大。但在同志之间,没有虚情假意,大家见面就熟。那时由北平去延安的人不多,比我们早去的就是黄华(担任马海德的翻译)。大家听说北平来了"洋学生",认为这些"洋学生"一定有点钱,不论认识与否,就可能找上门来,说:我们要打你的"游击"。所谓"打游击",就是请吃饭。我记得,当时廖承志和另外一个人,找到我们,要我们请客。我们也乐意,就到小馆子里吃了一顿。吃完之后,也不用道谢,出了饭馆,人就散了。

在北平的时候,我经常引用爱伦堡的一句话:"一方面是庄严的工作,另一方面却是荒淫与无耻!"①到延安以后,对这句话的理解就更深刻了。延安的生活确实清苦,津贴是每个月一两块大洋,能进城吃一顿羊杂碎,加一碗饸饹面,或者吃一碗炒饼,就感到是一种享受。这比我在北平当学生时的伙食差多了。刚到延安时,不习惯的是吃小米。小米是散的,吃到嘴里,拢不起来。尽管生活清苦,可是人的精神世界非常充实。晴朗的天空,自由的空气,同志之间是一种新型关系,人们追求的理想是开辟新天地、创建新社会。确实像抗日军政大学校歌中所说:"黄河之滨,集合着一群中华民族优秀的子孙。"

（三）在中央党校的工作与学习

1937年4月底或5月初,我们到了中央党校。党校的校长是董必武,董老不常来。副校长是罗迈(即李维汉),教务处长是成仿吾。我被分到教务处当秘书,管一、二、三班。这些班的学员主要是原四方面军的中下级干部,大部分是连级、营级干部,少数是团级干部;除了学习文化课,如识字等以外,还要学习政治课。我担任了一个班的教员,还专门负责给长征过来的少数民族干部教文化。民族干部中有两位藏族同志,一位叫天宝,新中国成立后担任过中共西藏自治区委和四川省委的书记,后来是中顾委的委员。还有一位解放初期是藏军的团长,我记不得名字了。还有两个彝族人。我教他们读汉字、唱歌。

党校一共有四个班,第四班的学员是陕北干部,中高级干部都有,其中有白如冰、白栋材等同志。

① 爱伦堡(1891—1967):苏联作家。这句话见于他的《最后的拜占庭人》一文。转引自鲁迅:《田军作〈八月的乡村〉序》,《且介亭杂文二集》,《鲁迅全集》第六卷,人民文学出版社1981年版,第288页。

在教务处当秘书时,经历过一件事,对我后来的工作作风有重要的影响。

当时,罗迈讲党建课。他自己写讲义,交给油印室刻蜡板。刻完之后,让我做校对。那是我第一次做这个工作。校对时,我还是用了心思的。但罗迈是个非常认真、仔细的人。我校对之后他还不放心,自己又拿去校对,而且还真发现了我没校出来的错字。后来的故事,宛如昨日。那一天,已经是黄昏了,罗迈把我叫到他的办公室,也是他睡觉休息的地方。那时,延安用煤油灯,这个煤油灯是刚刚点燃的,还没有把它挑亮。我进去之后,站在他的桌子对面,"是你校对的?""是啊。""校对时,你发现了错误的地方没有?""发现了,都改过来了。"他很不满意我的回答,一只手拿着讲义,一只手指着一个字说:"你没有看出来,你看这个字错了没有?"他连着点了好几个地方,都是我没校对出来的。他非常严肃地对我说:你这个人校对这么一个东西,不过一两个小时的工作,就有这么多的遗漏,你这么粗心、这么不负责任,这还行啊!

他板起面孔,严厉地批评了我一顿。

这件事情,距离今天整整七十六年了,历历在目啊!罗迈用这件事情教育了我一生。

也可能因为这个事情吧,罗迈觉得我这个人年轻,做教育工作不行。他说:你是做民先和学生工作的,是不是做现在的工作不合适啊?

过了几天,当时做青年工作的冯文彬专门从延安城里跑到桥儿沟,找我谈了一次话,说这个、谈那个,意思是让我继续做青年工作。大概这是罗迈的意见。冯文彬与我谈话以后,可能也没看上我,认为我这个人桀骜不驯,也没调我去做青年工作,谈完了也就算了。

我在成仿吾的领导下做事,成是一位老资格的领导人,不太爱讲话,他和我说了些什么、指示了些什么,我印象不深了。

这样就到了8月,我到延安已经四个月了。8月,党校成立了第五班,成仿吾事先和我讲,让我去第五班学习。五班有四十多个学员,像我这样从北平来的年轻党员，有黄华、李剑白、苏苇、史洛文等七八个人；其他学员都是老同志，一部分是长期在敌后工作的负责同志，如担任过北方局书记的高文华，四川省委负责人邹凤平、陈少敏大姐等；一部分来自部队，都是红军中的高级干部，如罗炳辉、郭化若、赖传珠、陈伯钧等。

红军将领、白区党的领导干部、青年学生，这三部分人在一个班里，相处得很融洽，一点隔膜也没有。我们这些年轻人对老干部非常尊敬，老同志也认为"一二·九运动"开辟了一条新的战线，对我们这些从学生运动中涌现出来的新人格外爱护。这种感情，没有一点灰尘，非常纯净。

在党校的学习时间不长，只有四个月，却使我的马列主义水平得到了较大的提高。对我而言，到延安以前，革命的热情很高，但马列主义的基础知识很单薄。用贫乏来形容可能不准确，但说肤浅是不过分的。进入五班以后，学习马列主义的气氛很浓，大家都很勤奋，学习也刻苦，同时，党校老师讲的每一门课，又都很有吸引力。我现在记得的有马列主义、经济学、党的建设、中国革命问题（包括统一战线）这四门课。吴亮平老师讲马列主义，王学文老师讲经济学，罗迈老师讲党建，中国革命问题换了几个老师，后来还是陈伯达讲得比较好。我记得陈伯达讲课的内容，题目好像是：双管齐下的剥削制度。陈伯达讲一口福建话，比较难懂，但讲课的内容很有逻辑性，理论性很强，讲清楚了封建地主剥削和商业资本剥削的区别，农民被压迫、引发农民战争的原因。陈伯达指出，三百年是农民起义的一个大概周期。军事课是罗炳辉和郭化若讲，他们两人既是老师、又是学员。两个人各有特点。罗炳辉老师身经百战，随口道来全是亲身经历的各种战例，引人入胜。郭化若老师文化高，又有长期实战参谋的经历，分析战争时条分缕析，纲举目张。

1995年11月化若同志逝世后，我曾经写过一篇文章，对化若同志给我的教育，做了点滴回忆。我说："化若同志是那种令你见过一面就会记住的人。他身材颀长，清秀英俊，脸上常常带着笑容，使你觉得可亲。同样的一身军装，穿到他身上，就感到适称、熨贴，显得格外利索。""化若同志一点也不特殊,同普通学员一样遵守规矩。特别是轮到他讲'游击战争',也还是照样同全班同学一起整队进入教室,然后再从位置上站起来,到前面讲课,讲完课后,依然坐回到他的位置上,一起整队离开教室。他真正把自己看作是这个集体中的普通一员。还有一件事,也让我感动。我们五班的教室是在党校的最后一排窑洞。后面有一座门,是党校的后门。这座后门站岗的任务,就交给了我们五班。大约是两个钟点换一岗。在我想来,这本来应该是一般学员的事。化若同志来党校前是庆阳步兵学校的教育长,在五班又兼任教员。可是他和其他老同志不要照顾,照样同大家一样轮流站岗。化若同志以及其他老同志的这种以普通一兵自处的态度和作风,使得我们的集体真正成为一个平等、和睦、自由的革命大家庭。""化若同志与《孙子兵法》确实结下了不解之缘。解放战争初期,他就利用战斗间隙,开笔用白话文翻译《孙子兵法》。终因戎马倥偬,未能完成。到1955年夏天,他利用休养的机会,把全文译完,并将孙子十三篇内容重新编排。记得是1957年吧,化若同志寄给我刚由人民出版社出版的《新编今译孙子兵法》。他的工作使得这一部难念的兵书变得好懂。我为他新的成果高兴。随着研究的深入,化若同志译注讲解《孙子兵法》不断有新的进展。每有新版,他都不忘记寄给我。1962年,我收到他加写了序言的中华书局出的版本。'文化大革命'结束后不久,他又给我送来上海古籍出版社1977年的再版本《孙子今译》。这是经过他全面修改并重写了前言的本子,也是他对毛主席生前要他修改好《孙子今译》这一重托的回应。1984年,他以80岁高龄对原书再一次全面修改,当年出版后,他又照例送我一册。每当我捧着他给我的书,就像捧着一颗炽热的心。化若同志是一个重情义的人。他一直没有忘记我这个学生和同学,每有新的收获,就让我和他共享。他一直记得我,一直想到我,使我非常感动。对于古代军事著作,到现在我也只是涉猎而未能入门,但化若同志的书给我的教益是多方面的。在他的书中,表现了对毛主席发自内心的崇敬,说毛主席对孙武子的论述'给我们作了一个批判吸收古代历史遗产和"古为今用"的示范'。他始终保持着对历史唯心论和形而上学的批判精神,很有说服力地抨击了'核武器会灭亡人类'的谬论。他坚持不懈地吸取新知识,研究新问题,对银雀山出土的竹简《孙子》,作了具体的实事求是的分析。化若同志是一个真正的共产主义者,他的革命精神和治学态度都是永远值得我们学习的。"①

那个时候,追求真理啊! 我虽然在白区看了一点书,有一点文化知识,但马列主义究竟是什么,中国革命的主要问题是什么,党的建设中有什么问题,我并没有实际的认识。在五班的几个月里,虽说学习只是初步的,但对我来说,每堂课都是丰富的精神享受。

在学习期间,我还参加了几次批判张国焘的会议。作为一个年轻的党员,这是我最早接触到的党内斗争。党内有两条路线的斗争,闻所未闻啊! 我们看到,张国焘那么大的干部,中国共产党的创始人之一,但只要有错误,谁都可以发表意见对他进行批评。在批评他的时候,还是讲文明的,让他坐桌子旁边,可以喝水、抽烟。党校还有一个班是张的旧部,也坐在那里听。那时,还不兴让被批评者站起来受批判那一套。我只是感觉到,这样一种批评和自我批评,让人的面子很难过得去啊。后来,张国焘跑了,在延安城里召开过几次揭批张国焘的积极分子会议。党校有些人去了,我也是其中的一个,听了毛主席、张闻天、廖承志和朱光的讲话。张国焘跑后,毛主席把张的夫人和孩子也送到重庆去了,毛主席的领导艺术确实高明啊!

在这期间,还听过毛主席的一些讲话,有些不是在党校讲的,如在抗大四大队讲哲学,我去听了,一直到现在还有印象。毛主席讲现象和本质,举的例子是二郎神和孙悟空斗法,孙悟空变来变去,变成了一个庙,尾巴没地方放,就变成一个旗杆,立在庙的后面;二郎神左看右看都看不出来,最后发现这个庙的旗杆为何不竖在前面,而是竖在后面,终于发现了

---

① 邓力群:《怀念郭化若同志》,《人民日报》1996 年 12 月 20 日。

破绽。

那时有这样的风气,听说毛主席要在哪儿讲话,我们不管远近都要跑去听。

1937年11月底,王明、康生、陈云从苏联回到延安,中央党校和抗日军政大学的教员、学生都到延安城东机场去欢迎。毛主席说:要向西方取经,他们上了昆仑山,取了经回来了,我们就要好好地学,用这些经,来争取抗战的胜利。

接着开了"十二月会议",中央党校的校长换成了康生。李维汉调走了,成仿吾也调到陕北公学去了。我们听了康生关于"十二月会议"精神的传达,康连着讲了五六次,我做了详细的笔记,以后又专门整理了一遍,一直保存到现在。好像康生讲话时,提到王明说要把延安建成模范根据地,可是延安现在还到处随地拉屎,这是什么模范啊。康的话说得很挖苦,可能是另有所指吧。

所有领导人的讲话,内容都是新鲜的,我们分辨不清与毛主席的主张有哪些不同,哪些对哪些不对。那时,我根本还没有这种识别能力,没有达到这种水平,听了以后都觉得好。

在党校毕业前,大家都表示了态度:毕业之后,要上前方。毕业后,大部分学生都上前方了,还有些被派到国民党地区工作去了。唉,我也不知道是什么原因,事先也没征求我的意见,把我留下来了。可能是罗迈在四个月的学习时间里考察了我、了解了我,改变了对我的印象,认为我学习用功,就留下当个教员吧。

我们班留下了三个人,王任重、李华生和我,他俩的党龄都比我长。他们也同样表了态,要求上前方,但都没被批准。

我留校时,已经是1937年12月底或1938年1月初了,然后就当了一个多月的班教员。这期间,我认识了章夷白。章是北伐时期的老干部,黄埔军校毕业,在一次战斗中,两条腿被机枪扫射打中了,命没丢,但两个膝盖残废了,所以大家都叫他机械化腿。这是个很好的同志。

当班教员的工作结束之后,说要成立几个教研室或教研组,我就到了中国问题教研组。和我一起工作的是周荣鑫、张承明、刘晋。

做教员前,延安还找不到什么书。做了教员以后,赶上延安开始自己印书了。最早印了两本书,我记得其中一本是《论马克思恩格斯及马克思主义》。在教员的岗位上,我一直工作到1938年5月,整整五个月的时间。这期间,教学的工作不多,只是备课,还没有正式上课。白天、晚上,我都是读书。之后,由张闻天组织翻译的《列宁选集》20卷、《马恩丛书》10卷陆续印出来了。这些书出一卷我就读一卷,很认真地看,由于有了在五班的学习基础,再读这些书,就能够读进去了。我当教员安心,读书也安心。

我们工作的党校在桥儿沟。如果星期六要进延安城,我们一般就落脚在情报部周怡那里,在他们那里住一个晚上。如果是星期天去,就在那里休息一下,有时吃顿饭。因此,我们就认识了情报部的许建国、徐冰。

(四) 在马列学院的学习与工作

1938年4月下旬,康生在中央党校的全校会议上讲,中央决定,为了培养高级的理论工作者和干部,要在延安成立一所高级学府——马克思列宁学院(简称马列学院),院长是张闻天,党校要派最好的干部和学生去那里学习和培训,然后回来在党校做教育工作、当教员。

党校没有征求我的意见,就宣布让我去马列学院学习。入学之前,学生都要考试。主要是对马列主义的基础进行问答式的考试。后来,听别人告诉我,入学考试的考卷,我答得是最好的。我想这是因为我认真读了五个月的书。这也许就是邓力群给张闻天的第一印象。

1938年5月,马列学院在延安城北的蓝家坪开学了。那时,我到延安已经一年。

我记得刚到马列学院不久,毛主席要在延安抗日战争研究会作讲演了,张闻天派了马列学院的十几个学生去做记录,我是其中的一个。毛主席这次讲演的题目是《论持久战》。讲演的时间是 5 月下旬至 6 月初。《论持久战》是毛主席军事思想中的精华。毛主席很好地运用了辩证法、唯物论和历史唯物主义的思想,从根本上回答了中国抗日战争中的问题,在普遍真理和具体实践的结合中,发展了马克思列宁主义。他说:"中日战争不是任何别的战争,乃是半殖民地半封建的中国和帝国主义的日本之间在二十世纪三十年代进行的一个决死的战争。"日本是一个强的帝国主义国家,但它的侵略战争是退步的、野蛮的;中国的国力虽然比较弱,但它的反侵略战争则是进步的、正义的。今日中国的军事、经济、政治、文化虽然不如日本之强,但在中国自己比较起来,却有了比任何一个历史时期更为进步的因素。中国共产党及其领导下的军队,就是这种进步因素的代表。日本战争力量虽强,但它是一个小国,军力、财力都感缺乏,经不起长期的战争;而中国是一个大国,地大人多,能够支持长期的战争。日本的侵略行为损害并威胁其他国家的利益,因此得不到国际的同情与援助;而中国的反侵略战争能够获得世界上广泛的支持和同情。"这些,就是中日战争互相矛盾着的基本特点。这些特点,规定了和规定着双方一切政治上的政策和军事上的战略战术,规定了和规定着战争的持久性和最后胜利属于中国而不属于日本。战争就是这些特点的比赛。这些特点在战争过程中将各依其本性发生变化,一切东西就都从这里发生出来。"他得出结论:"中国会亡吗?答复:不会亡,最后胜利是中国的。中国能够速胜吗?答复:不能速胜,抗日战争是持久战。"①

毛主席演讲以后,如何更深地理解、领悟《论持久战》的精神,成了我苦苦思考、不得要领的问题。这个时候,郭化若同志发表了《军事辩证法之一斑》。化若同志的文章,让我豁然开朗,是我学习毛主席《论持久战》的入门导读。我不敢说我的认识进入了毛泽东哲学思想的殿堂,但引领

① 毛泽东:《论持久战》,《毛泽东选集》第二卷,人民出版社 1991 年版,第 442—443 页。

引我进入毛泽东哲学思想并且持续研究这一课题的人是化若同志。

《论持久战》在我的脑海中刻下了永久的记忆,是我终生喜爱和学习的著作,在以后几十年的工作中,我反复研读这一著作。"文革"中,特殊的环境又使我更进一步领会到《论持久战》不仅是一部卓越的军事著作,它首先是一部杰出的哲学著作,是马克思主义辩证法同中国革命实际相结合的范例,是毛主席辩证法思想的最高成果。从1967年开始,我一边读《论持久战》,一边读马克思主义经典作家关于辩证法问题的其他著作,把历史和现实、理论与实际结合起来,既做些摘录,也发些议论。这样,至1975年春天,我整理的《学习〈论持久战〉哲学笔记》一书基本完稿了,全书约14万字,在近八年的读书、整理过程中,大的修改、补充一共搞过八稿。1974年4月,我已经被宣布"解放",可以从河北的"五七"干校回北京了,但为了再好好补充一下这本书稿,我又在干校多待了半年,对文稿进行了最后的润色加工。1990年11月,这部书稿由人民出版社出版①,王震同志为这本书写了序言。

1975年,整理好我的读书笔记,距毛主席讲演《论持久战》已经37年了;1990年出版这个读书笔记,距离毛主席讲演就是62年了;今年(2013年),是《论持久战》发表75年,我已老迈,无法用行动来宣传毛泽东思想了,但我看到了随着时光的流逝,毛主席在《论持久战》中阐述的一系列光辉的哲学和战略思想,已经被越来越多的同志认识、掌握和在实际中运用。

马列学院虽然被称为高级学府,但我们在那里学习的时间也不长,大约七个月时间,分为上、下两期,一期三个多月。

上学期的党建课是康生讲的,马列主义课是吴亮平老师讲的,政治经济学课是王学文老师讲的。下学期的哲学课是艾思奇老师讲的,中国现代史课是杨松老师讲的,西洋革命史课是陈昌浩老师讲的。

马列主义和政治经济学的课程,中央党校讲过,马列学院也讲,连讲

---

① 邓力群:《学习〈论持久战〉哲学笔记》,人民出版社1990年版。

课的老师都没有变,但在马列学院就讲得深入了许多。比如政治经济学,马列学院是以《资本论》第一卷的内容为主的。王学文对教学很有经验,注意循序渐进。党校讲的只是经济学基础知识,在马列学院就深一步了。

马列学院教学比较突出的是讲马列主义课,吴亮平老师讲完大课以后,由张闻天主持课堂问答。张闻天提出一些问题,让学生讨论和回答,然后,他对讨论和回答进行总结。总结的时间比较长,每次都在一个小时以上。这种方法给听讲的同学留下很深的印象。被点名回答问题的学生当时很紧张,但在讨论和总结之后,就会感觉提高了许多。我们当时既害怕点名点到自己头上,又很希望课堂问答能够经常进行。张闻天的课堂总结,深入浅出啊!

也不知道是什么原因,或许是因为我学习的成绩好吧,上半期学完之后,就把我提拔为教育科的科长,这是党内的职务。这样,我就有了双重身份,既是马列学院的学生,又是马列学院的干部,一边学习,一边工作。同时提拔当干部的还有宋平,他当了组织科长。

那时的领导体制是:院长下面有个总支委员会,总管全院党、政、学各方面的工作。张闻天是院长,王学文是副院长兼教育处长,张启龙是总支委员会书记,总支委下面还有组织科、干部科、教育科、行政科,我当时是总支的教育科长。在行政上,王学文兼教育处长,我做他的副处长。开始时,曾设过秘书长,由朱光担任,后来朱光上前线了,就由章夷白担任。然后,很快就成立了总支委员会。

第一班两期都学完之后,第二、三班也开始来人了。同时,从抗日军政大学调来了一大批人,组成马列学院的几个研究室。我记得有马列主义、哲学、经济、历史、中国问题等研究室,还有一个编译室。我当时还兼中国问题研究室主任,彭黔生是副主任。这时,除了一边学习、一边工作之外,我还到中央党校讲中国问题的课程,一个星期去讲两次。

马列学院的党建课是康生讲的,康根据马克思、列宁建设无产阶级政党的理论,有分析有综合,有理论有实践。康生讲完以后,大家的印象都很好,希望他把下面的课程,如两条战线的斗争等内容讲下去。我作为教务处的副处长和一班的学习委员去请他继续讲课。康生说不行啦,没有时间了。他说正好我们党里对党的建设最有经验、最有权威的刘少奇同志从南方回来了,你们去请他来讲党建课。康生还说他也会帮我们说话的。

这样,我就去请少奇同志了,那是1939年的夏天。我去时,张闻天正好也在场,他也帮助我们说话。少奇同志听完我的请求以后,说:你们的党建课,有一个课程表,如果按照这个课程表讲,我讲不了,我在延安的时间有限,工作结束以后还要回到南方去。少奇同志说,我负责讲共产党员的修养,可能不止讲一次。少奇同志还特别讲到,党的建设以及其他一些问题,党内有经验的同志很多,可以请他们分一分工,大家都讲一讲。

张闻天当场表示赞同少奇同志的意见,因为共产党员的修养是党建中的重要问题。

这是我第一次见到少奇同志。以后,少奇同志在我的成长过程中,在40年代、50年代、60年代都起过革命引路人的作用。他的言行教导、许多批评,让我得益良多,终生受用啊!1998年11月,在纪念少奇同志诞辰一百周年的时候,我把我了解的有关少奇同志的情况,编过一本纪念他的小册子,我在序言里说:这本小册子是"作为一束鲜花,奉献给没有墓碑的刘少奇的灵前。我此时的心情,就是要为少奇同志多说些话"。①

没多久,1939年7月初,少奇同志就来讲课了。大概讲了两次。那时讲课,一般从早上9点钟开始,一口气讲到12点。有时早一点,有时晚一点。讲完课,马列学院请少奇同志吃一顿饭,就是比平常加一两个菜。少奇同志讲课时,马列学院的全体学生,还有中央统战部、宣传部、组织部、中央办公厅等机关的同志也都来听。我记得当时听课的人太多了,马列学院的课堂容纳不了,后来好像是在中央大礼堂讲的。

---

① 邓力群:《我为少奇同志说些话》,当代中国出版社1998年版,第1页。

　　少奇同志的演讲涉及到党员的思想意识修养、党内团结、党内的民主集中制的实行等问题,主题是教育共产党员必须牢固地树立共产主义世界观,其中包括用共产主义的思想体系,观察、处理和解决不同时期的革命任务和斗争形式方面的问题,要求共产党员在客观条件和斗争任务发生各种变化的时候,能够用共产主义的思想体系指导自己的行动。少奇同志讲的这个问题非常重要,是怎样成为共产党人、共产党人应该具有什么品质的问题,这是保证共产主义事业能否成功的问题。少奇同志长期战斗在敌后残酷的斗争环境中,他有着钢铁一般的革命信念。

　　少奇同志讲完以后,还把记录整理出来在《解放》周刊上发表了。其中组织纪律修养这一部分,我记得没有发表。

　　党员修养的内容讲完以后,再请少奇同志来讲,他表示不讲了。我记得,过了一段时间,他主动提出在北方做秘密工作,有些认识、经验,他可以讲一次。讲演的主题是"公开工作和秘密工作"。他说:公开工作和秘密工作的区别及其联系的问题是白区工作方法上的中心问题。过去的错误一是没有尽量去利用一切公开的机会与可能来进行活动,使工作束缚在狭小的秘密工作范围内;二是许多本可以公开进行的工作也拿到秘密机关和秘密组织中采取秘密的方法来进行,致使我们的秘密工作和秘密组织扩大,妨碍秘密性而帮助了敌人的侦探;三是一些冒险的做法因受到打击和脱离群众而使本来可以公开的组织也不必要地变成了秘密组织。这些做法都要加以改正,否则我们的组织就无法巩固,我们的力量就无法积聚。少奇同志指出:公开工作与秘密工作是有区别的,不能混淆。让公开的更公开,秘密的更秘密。但两者也必须有机地联系起来,配合起来,要做到公开工作不脱离正确指导,而得到党的支持,秘密工作不脱离广大群众,而能够得到群众的掩护。只有两者结合得好,党才能立于不败之地。

　　少奇同志这一次讲演,辩证地阐述了党的公开工作和秘密工作的关系，确实讲得好呀！有秘密工作经历的同志，都认为少奇同志归纳、提炼得好。像我们这些只有很少斗争经历的人，那就更开眼界了。

这以后，陈云、李富春等都在马列学院讲过课。

约请来马列学院讲课和演讲最多的是毛主席。毛主席的《战争和战略问题》《反对投降活动》《新民主主义论》的部分内容，都是在马列学院作过的讲演。毛主席每次来讲话，都是张闻天亲自出面邀请的。那个时候，马列学院内部常常举办辩论会。学员们在平房前面摆上一张桌子就辩论开了，有讲正面意见的，有讲反面意见的，争论激烈。国民党发动第一次反共高潮时，延安的几个学校在中央党校礼堂组织了一个辩论会。马列学院被指定充当国民党一方。因为马列学院准备得好，辩论的正方共产党方面却准备得不充分，辩论的结果是反共的观点没有被驳倒。这个消息第二天就被毛主席知道了。毛主席就对马列学院的同志说，我去驳一驳你们，看能不能驳倒。《新民主主义论》中"驳顽固派"等内容，最初就是在马列学院讲的。

1939年，张闻天还在马列学院组织了一个研究《资本论》的学习小组，马列学院的一些老师参加了，也吸收了一些学生。我记得有王学文、吴亮平、艾思奇、王思华等老师，何锡麟和我参加了。还有哪些同志参加，我记不起来了。两周一次在张闻天的窑洞里学习讨论半天，一年时间，风雨无阻，从未间断，把《资本论》第一卷的25章全部学习讨论了一遍。当时，王学文是多年研究《资本论》的经济学家；吴亮平和何锡麟的外语水平很高，是翻译马列主义著作的专家，艾思奇是出名的哲学家，王思华和侯外庐合译过《资本论》。王有一个儿子叫洪戈，与我在马列学院是同学。后来，洪戈与我党早期的重要领导人蔡和森的女儿结了婚。这些老师的水平，不仅在延安就是在全中国也是首屈一指的。每次学习讨论，都由张闻天主持，他着重讲过《资本论》为什么要从商品、价值开始，"对资产阶级社会说来，劳动产品的商品形式，或者商品的价值形式，就是经济的细胞形式。在浅薄的人看来，分析这种形式好像是斤斤于一些琐事。

这的确是琐事,但这是显微镜下的解剖所要做的那种琐事"。① 我对经济学有兴趣,读书的时候,很多内容似懂非懂,听了这些老师们的讨论,特别是张闻天的解释和发挥,茅塞顿开。这些老师为了深入理解《资本论》,不仅拿中文版同德文版《资本论》对照研读,还把当时能够收集到的英、俄、法、日文的版本对照,分析和研究,那种讨论和钻研的情景,现在回想起来,仍然令人神往啊!

1941年5月19日,毛主席在延安高级干部会议上作《改造我们的学习》的报告,这个报告的指导思想在我们党的历史上具有巨大的意义。毛主席作报告那天,我坐在会场中间,王明就坐在我的后面。这样的情形,使我意识到会议的内容可能是不寻常的。

毛主席的报告,语言明快、辛辣,对教条主义和主观主义的批评尖锐、深刻。他说:我们党内许多同志学习马克思列宁主义,似乎并不是为了革命实践的需要,而是为了单纯的学习。马列主义的书读了,但是消化不了,只会片面地引用马列主义的词句,而不会运用他们的立场、观点和方法来研究中国的现状和中国的历史,具体分析中国革命问题和解决中国革命问题。"这种对待马克思列宁主义的态度是非常有害的,特别是对于中级以上的干部,害处更大。"他批评说:凭主观想像的人,忽视客观实际事物的存在,"或作讲演,则甲乙丙丁、一二三四的一大串;或作文章,则夸夸其谈的一大篇。无实事求是之意,有哗众取宠之心。华而不实,脆而不坚。自以为是,老子天下第一,'钦差大臣'满天飞。这就是我们队伍中若干同志的作风。这种作风,拿了律己,则害了自己;拿了教人,则害了别人;拿了指导革命,则害了革命"。②

毛主席讲演时,大家的情绪很活跃。我当时也不完全理解毛主席讲

① 马克思:《〈资本论〉第一卷第一版序言》,《马克思恩格斯全集》第23卷,人民出版社1972年版,第8页。
② 毛泽东:《改造我们的学习》,《毛泽东选集》第三卷,人民出版社1991年版,第800页。

话的矛头是指向哪里的。回到马列学院,我按照记录向院部的干部进行了传达。那个时候,像我这样的干部和更年轻一点的党员,根本没有意识到是中央领导层有分歧。以我来说,认为中央的领导同志,毫无疑问是有修养的马克思主义理论家;毛主席批评的对象,主要是我们这些二十几岁、没有做过多少实际工作的毛头小伙子,最多也只是包括一些马列学院的教员在内。

这之后,中央一些部门进行了组织调整。马列学院也开始改组,第一步改为马列主义研究院,把训练干部的工作全部移交给了中央党校,马列研究院专门搞研究工作,培养研究问题的理论人才。张闻天还是院长,没有副院长,陈伯达主持工作、任秘书长,我当副秘书长,兼党委书记,这是五月间的事情。

我的印象,这次改组变化很大,但没有触动任何人,张闻天没有出场,自然也没有讲话。

一个多月之后,即七月份,又进行了第二步改组,马列研究院改成了中央研究院。院长名义上还是张闻天,副院长是范文澜。从马列研究院抽调了三四十个人,到杨家岭组成中央政治研究室。研究室由毛主席任主任,实际上是陈伯达负责,陈任副主任。陈伯达把我也调过去了。这时,中央宣传部、组织部、中央党校等部门的负责人也先后有所调整、改变。

到这时,我在马列学院的工作和生活就结束了。关于马列学院的事情,我在回忆马列学院的那一篇文章①里讲得比较详细。

从 1938 年 5 月进马列学院,到 1941 年 7 月调离,共三年时间。这段时间对我一生来讲,很重要。我读了很多书,听了很多课,特别是听了很多领导同志的重要讲话。

———————————

① 邓力群:《我对延安马列学院的回忆与看法》,《延安马列学院回忆录》,中国社会科学出版社 1991 年版,第 6—33 页。

除了读书、听课学习之外，还有一个重要的收获就是结交了一批好朋友，可以说是至交吧。其中有张启龙、章夷白、宋平、安平生、彭达彰、周太和、孙鸿志、马洪、雍文涛；后来这些同志大部分到了政治研究室，宋平、雍文涛到了党务研究室。新中国成立以后，这些同志都成了各条战线的骨干，省部级干部很多，宋平同志还担任了中央政治局常委。直到现在，我与这些同志的友谊还在，可以说这种同志式的友谊经受住了历史风浪的考验。

（五）在中央政治研究室

1941年7月，一部分同志先去了政治研究室，我去时已是8月。研究室主持日常工作的是陈伯达，大组有三个：国际、政治、经济。陈伯达兼政治组组长。政治组里又分了几个小组，研究国民党的组，我是组长。在这里认识了许立群，他也是一个小组的组长。

当时，我们住在杨家岭北边，共有五十多人，大部分是从马列学院调去的，也有从女大、军委、中宣部等单位调去的人。政研室成立时，苏德战争已经到了莫斯科战事吃紧的时候。大家都非常关注苏联的命运，几乎每天晚上都开会，报告莫斯科的情况，所有的人把心悬在莫斯科的命运上了。

做研究工作，对我们这些人来讲，的确是一种转变，既是学习的结束，又是水平提高后要进入新的工作阶段的起点。原来都是只读书本，现在从收集材料入手，一个问题一个问题地研究。有些人的成绩非常明显，如彭达彰。我在这段时间里只写了一个国民党各个派别之间关系的简报，经过陈伯达修改，送给了毛主席。

整顿"三风"之前，毛主席和中央其他领导同志分头找有关方面的同志谈话，做思想工作，进行酝酿。毛主席在研究室找了几个人，由陈伯达带着去谈了一次话。参加谈话的人，除陈伯达以外，我记得有张仲实、丁冬放、于炳炎和我。还有什么人，想不起来了。要点就是整顿"三风"的内容。当时听着,感到毛主席对教条主义的批评太尖锐,有点听不进去。毛主席说,教条主义连狗屎都不如,狗屎还可肥田,教条主义连肥田都不行。

1942年2月,毛主席作《整顿党的作风》报告,这个报告我没听。《反对党八股》的报告,我去听了。毛主席的报告一讲完,延安就轰动了。中央研究院首先出了墙报。那时负责中央研究院实际工作的是李维汉,范文澜是名义上的。王实味就冲着李维汉贴大字报,大字报的题目好像叫《结论放在前面》,非常尖锐,成为当时延安政治生活中的一个"热点"。很多单位的同志都去参观,参观以后也就跟着学。这样,在青年知识分子、年轻党员中间,掀起了一股绝对平均主义和极端民主化的潮流。

那时,中央青委的一些同志在青委机关所在地大砭沟创办了一个墙报叫《轻骑队》。《轻骑队》的名字来自于第二次国内战争时期的刊物《列宁青年》上的专栏名称。《轻骑队》墙报每两周一期,每期七八篇稿子,稿子短小精悍,形式多样,生动活泼,对延安生活有所针砭。我们政治研究室的许立群就在《轻骑队》墙报上发表过文章。当时,绝对平均主义针对延安在困难情况下生活略有差别的生活状况进行批评,例如,毛主席点两支洋蜡,这个成为批评的对象。那时有小灶、中灶、大灶,毛主席等中央领导同志吃小灶,我们这些人吃中灶,一般的同志吃大灶;高级干部有马骑,普通干部要靠两条腿走路,这些现象都成为批评的对象。极端民主化的矛头也是对着领导干部的。

叶季壮住的窑洞窗户上装了一块小小的玻璃,这也成为批评的对象。有些同志画漫画讽刺不平等的现象,有一张漫画我还记得:穿干部服的人和穿普通服的人去游泳,穿干部服的人压在穿普通服的人的头上,后者就叫道:你还压在我的头上。

听说王震去看了大字报以后,大骂了一顿,强烈不满。毛主席点着马灯也去看了《轻骑队》,没有表态。

整风开始时,研究室民主选举学委会,我没选上。到了发布"四三决定",说要学文件,要反省自己,总结自己的经验教训,检查自己的历史。

进入这个阶段,就产生了一个所谓"五人反党集团"的问题。

王实味和中央研究院的一对夫妇,还有政治研究室的一对夫妇,这五个同志经常在一起议论政治,对中央的政治生活进行不恰当的评价。其他同志的小广播、非组织的议论也越来越多。所以,中央研究院和政治研究室决定召开联合批判会。大会一起开,小会分别开,连续开了72天,批评他们的错误观点,揭露他们的非组织活动。当时搞这种批判,缺乏调查研究,没有把王实味与其他四位同志区别开,批判又不断地上纲。

在这样一种形势下,我、周太和与彭达彰三个人成为研究室整风领导小组的成员。自我反省、自我检查,每个人讲自己的历史,讲着讲着,就暴露出这个人有这样一点事,那个人有那么一点事,如历史问题、社会关系复杂的问题,对党隐瞒的问题,也越来越多;特别是对反党集团的批判,调子愈批愈高,这就进入了审干阶段。

在这个阶段中,社会部找到了一个典型,大家头脑更加发热了,这个人叫张克勤,好像是湖南人。他说自己是执行"红旗政策"的,是国民党派到共产党里面作内奸的,是在表面上打红旗的。发现这个典型之后,各个单位就组织他现身说法。哎呀,这样可是坏了大事。他说,我的问题一提出之后,我怎么想、怎么考虑的,到最后,决定坦白的原因是:别人死了之后,还开个追悼会,我这个人死了之后,追悼会也没法开,花圈也没有人送,太不值得,所以决心坦白。他到处做典型报告,说得绘声绘色,谁也不能不相信。这样一来,大家脑子就热起来了。后来知道是个假案,我一直到现在还记得他。

这样,就来了一个抢救运动。研究室也选了几个对象,与王实味一起被批判的同志当然是对象。许立群也是一个,他是《轻骑队》的作者。同时,由于他讲到历史情况的时候,讲了他和熊向晖①的关系。许立群说,

---

① 熊向晖(1919—2005):原名熊汇荃,安徽凤阳县人。1936年12月在清华大学读书时加入中国共产党。1937年12月遵照周恩来指示,到国民党胡宗南部队中"服务",为我党从事秘密情报工作。新中国成立后,历任外交、军队、国家安全等部门重要领导职务。

他和熊向晖都是在国民党统治区入党的,熊是他的入党介绍人。过了几年之后,他从白区到延安,在西安又遇到了熊向晖。熊那时已在胡宗南手下做工作。他们俩在西安的城头上,进行了一次谈话。因为熊是打入国民党中做情报工作的,与许立群谈话时,不能暴露自己的身份,因此说话就吞吞吐吐,这使得许立群感到很不正常。正因为如此,许立群就说不清楚他与熊向晖到底是同志关系还是与国民党军官的关系了。他愈讲不清楚,大家就愈怀疑,愈认为许立群有问题。许立群当时比较脆弱,有时又表现出一种经不住事情的状态,一会儿很坚定,一会儿又寻死觅活的。结果,他成了研究室的重点审查对象。

开抢救会议时,我主持一个组斗许立群,彭达彰组织一个组斗成全、王里,周太和主持一个组斗廖盖隆。

同一天,三个组都发生了打人的事。斗许立群这个组,是我先上去打了他一拳,别的人也就跟着打起来了。一打人,事情就闹僵了。我们很快就向主管我们工作的康生汇报了。康生非常认真,他听汇报、做记录,记录是复写的,完了后马上就把记录送给毛主席。我当时对康生的这种办法非常佩服。

听了我们汇报之后,康生说了两句话:你们打僵了三个(三个组都打僵了,斗不下去了),也打醒了三个;你们正因为碰了钉子,犯了打人的错误,头脑就比较清醒了。

然后,他就讲了一番话,说有三点,中央研究院是一点,政治研究室是一点,枣园是一点,三点的斗争是互相影响、互相联系的。他讲得绘声绘色,给我的印象很深。最后,他说,许立群被你们打僵了,没办法,把他逮捕,送到社会部去。

社会部的领导曾三同志是了解熊向晖工作情况的,许立群被送到社会部,问题就没有了。

我一直钦敬许立群,尽管我们打了他,把他的问题搞得那么严重,使他受到了很大冲击和委屈,但他并不在意,他知道我们对他没坏心,解脱之后立即投入到工作中去了。历经几十年的风雨之后,许立群一直是我无话不谈的挚友,他这种高尚的政治品质和宽广胸怀,是让我最有感慨的。

熊向晖在解放战争中立了大功,他潜伏在胡宗南身边担任高级职务,胡宗南所有进攻陕北的重要部署,都在他的掌握之中;彭老总在解放战争期间指挥西北野战军以二万兵力抵抗胡宗南的二十万人马,还能连战连捷,离不开熊向晖同志的贡献。

配合熊向晖做隐蔽工作的,还有一个同志叫陈忠经①,他和我是北大同学,也是一个很好的同志。我们搞学生运动时,北大等五个大学的新、旧学联斗争得非常激烈。我们在南河沿礼堂开了一个会,这个人上去讲了不行,那个人上去讲了也不行,谁也不服谁;唉,陈忠经一上去,就把会场的形势控制住了。当时我们感觉他的调子是站在新学联一边,一下子就把我们弄得没办法了,所以民先党支部说散会。现在想一想,那次他出来讲话,可能就是执行党的部署,准备以此为契机,打进国民党里面去的。

后来,康生说给你们请个"教员","教员"是吴平、郭竞,这是两位女同志。吴平在河南入党,以后又加入了蓝衣社的外围组织,事先、事后都没有向组织汇报。因此,当时认为她也算是个内奸,是搞所谓"红旗政策"的;康生让我们去攻她。攻了几次,到最后,你提这个问题,她回答不了,提那个问题,她也回答不了。她说:我愿意坦白,但我的问题必须向刘少奇讲,不能向你们讲。这样,我们当然很高兴啊,把她攻下来了,完全坦白了。我们向康生报告了,康生向刘少奇报告了。刘说:好,我和她谈一次。一谈,她全部翻供了,把我们这个做法、那个做法向少奇同志汇报了。过了几天,少奇同志把我找去,说:你们认为在吴平的问题上很有成绩,把她攻下来了;虽然她是有问题的人,她加入了蓝衣社的外围组织,没有报

---

① 陈忠经(1916—2014):江苏仪征人。1934年入北京大学经济系,1940年加入中国共产党,在国民党统治区从事秘密情报工作。新中国成立后,历任文化、国家安全等部门重要职务。

告组织,但也没有证据表明她就成为敌人,所以在这个方面,你们也是有问题的。她有问题可以审查,但确定她是内奸,也还是有疑问的,证据不够嘛。对于一个有问题的人,你们既不掌握材料,又没有证据,就贸然进攻,你们犯了左倾冒险主义的错误。

抢救运动初期,毛主席也相信问题很严重,因为大家都汇报类似的情况,这里有问题、那里也有问题。犯错误的原因也包括诱供。我们对吴平也是这样,提出这个问题,她回答不了,提出那个问题,她也回答不上来,这样她就被动得不行,就只好编造了。但她这个人厉害,不和我们讲,要和刘少奇讲。刘少奇后来批评我们的那番话,对我触动很大,教育很深。

吴平在河南时,属中原局,曾经受过刘少奇的领导。她的情况,少奇同志是了解的。少奇同志把我狠狠地训了一顿。

政治研究室的抢救运动,有攻有打,但更多的是想感动对方。在这一点上,我们的做法在杨家岭也是出了名的。对所谓有问题的人,对他们争取、劝说,他们很难回答,就掉眼泪,我们也跟着掉眼泪;审查的人和受审查的人都掉眼泪,哭成一团。乔木有一次讲,你们研究室的审干,"水"多。

这期间,问题已经发展到什么程度呢?柯庆施有一个公务员,在大礼堂贴出来一张油印的小字报,一句话:柯部长是国民党特务。这件事情马上报告了康生、李富春,他们就组织了与柯有关系、一起工作过的老同志,其中有王鹤寿、陈伯达等很多人,调查了解情况,愈了解就愈感到问题严重。有一天,杨尚昆(是中直学委的负责人,分工管我们政研室的工作)说:你们准备好,今天要在杨家岭大礼堂开一个全体会议,有个非常重要的案子要在这个会上讲,你们要做好准备。

到底是什么事,我们一点不知道。开会时,忽然有人说:让柯部长上台做反省。柯事先也没有准备,当然他也就说不清楚。结果这个人揭一段,那个人揭一段,陈伯达也上台去揭发了。这样,大家都觉得柯这个人很可疑,非是坏人不可了。当时,全场都喊口号:柯庆施,要坦白、要交待。

当然,他无法交待。这样,会场也弄僵了。

这个会真是令人震动啊!资格这么老的干部——他是中共党内活着的人中间唯一见过列宁的人,都成了特务,那问题还不严重啊!

从此之后,抢救运动也就停止了。8月中旬,毛主席关于审干的"九条方针"发下来了。好在有了主席的"九条方针"!当时,各个单位双方都在顶牛啊,攻不下去,都希望杀一个,大家不约而同地提出这个要求,但主席坚持"一个不杀"。

"九条方针"一下来,大家的头脑开始冷静了。政治研究室把案子停下来,重新调整。这之后,中央指定高级干部学习几本书,我记得有《左派幼稚病》《两个策略》《社会主义从空想到科学的发展》《共产党宣言》《联共(布)党史》和毛主席亲自指导编的《两条路线》,有关文件也发下来了。我、何锡麟、周太和作为中级干部代表研究室参加了学习。分组学习文件,对照历史上的两条路线。学习文件之后,分别开小会,揭露教条主义与宗派主义造成的恶果。然后又在中央大礼堂开大会,又一个高潮来了。

对年轻同志的抢救运动是前一个高潮,延安的干部在学习了《两条路线》等文件之后,又形成了一个揭批教条主义、宗派主义错误的高潮。在一次会议上,怀疑王明叛变了,成了国民党的内奸。也不知道是事先组织的还是自发的,就要孟庆树坦白交待。一下子把孟庆树带到台上去了。我还记得当时的情形,先是喊口号,然后这个人上去发言、那个人也上去发言。孟庆树穿着毛衣,大声说:同志们啊,我可以把我的心掏出来交给你们,我没有问题啊。毛主席参加了这个会。会后,我们听说毛主席讲:这个会继续开下去,就非炸了不可。

由此,有了《学习和时局》的讲话,这样整风就告一段落了。

在抢救运动中,头脑清醒的同志不是没有,但不多。我佩服蒋南翔,他就是不相信被抢救的人都是坏人。

没有经历过这些事情的同志,以为只有年轻的同志会发疯。其实,有些老同志也一样不冷静。有些老同志讲到在苏区时,教条主义者和宗派主义者的统治,是造成中国革命由胜利走向失败的主要原因时,就很不冷静。他们提出:我们的根据地,教条主义者和宗派主义者没来之前,如何如何好,他们来了之后,如何如何坏,他们如果不是反革命、不是内奸,怎么能够做出这样的事情来? 因此,说这些人是篡夺党的领导权,而且是处心积虑地篡党夺权。很多老同志痛哭流涕、慷慨激昂,教条主义者和宗派主义者简直是罪不可赦。

《学习和时局》就是回答这个问题的。文章说我们党是共产国际的一个支部,尽管共产国际的决定是错误的,可是我们作为一个支部要服从共产国际的决定。共产国际决定改组中共中央,这个决定不对,但还是合法的。王明等人有严重错误,当然要批评,可是不好说他们是篡党分子、奸细。要正确地总结经验,毛主席说:"这次处理历史问题,不应着重于一些个别同志的责任方面,而应着重于当时环境的分析,当时错误的内容,当时错误的社会根源、历史根源和思想根源,实行惩前毖后、治病救人的方针,借以达到既要弄清思想又要团结同志这样两个目的。对于人的处理问题取慎重态度,既不含糊敷衍,又不损害同志,这是我们的党兴旺发达的标志之一。"①

在这里,毛主席没有像许多同志那样感情用事,而是用全局的观点,不仅看到中国,而且看到世界,看到共产国际运动的大局。在这样的思想指导下,毛主席在延安整风运动中,总结过去的经验教训说,共产国际有错误,我们一概不批评,一概不讨论。应该从我们党自身找原因。为什么共产国际的错误决定到了中国,在有的地方就没有执行,有的地方就执行了,着重解决我们中国共产党的问题,总结我们自己的经验教训。把共产国际骂一通,那是解决不了我们自己的问题的。

在这一点上,毛主席确实英明,也确实敢于反潮流。没有"九条方

---

① 毛泽东:《学习和时局》,《毛泽东选集》第三卷,人民出版社 1991 年版,第 938 页。

针",没有《学习和时局》等讲话,要想顶住新干部和老干部形成的两股斗争潮流,很困难。如果不使大家在认识和行动上有所转变,延安整风非走向反面不可,局势恐怕会不可收拾的。

有了这两个文件,形势开始转变了。后来,毛主席又领导起草《关于若干历史问题的决议》,全面、正确地总结了历史经验。然后召开七大,统一全党的认识,为争取建立新中国奠定了牢固的基础。

政治研究室的运动也开始进入甄别阶段。审查过的人,一个一个地进行甄别。搞到后来,无非是历史上的一点问题没有说清楚,有的虚报或隐瞒,都是这样一类问题,没有一个特务和叛徒。甄别工作,负责的是彭达彰、周太和。这两个同志很细心、负责。对当事人提出的所有问题,都给予一个正确的结论,没有人背包袱,确实搞得好。

到1944年4月,政研室的研究工作已经停了,有的干部去参加别的工作了,余下的人进行甄别工作。那时,政研室好像准备解散了。杨尚昆告诉我,说中央考虑,准备把政研室和党务研究室剩下来的人,合并组织成中央调查局,杨尚昆任局长,邓力群任副局长。杨尚昆当时还拿了一个复写的条子,他把条子给我了,我还留着。后来,这个事情不知道什么原因不再提了。

（六）整风中我写的一张大字报

我们这些人——就是上面说的那些同志(如周太和、彭达彰等)——和王实味他们有所不同。拿我来讲,对延安的生活待遇有差别,并没有在意,也没有想到有些同志有这么大的不满。我在延安的经历,如罗迈对我进行过严厉的批评,我心中对他并没有留下坏的印象。张闻天不用说了,就是马列学院的张启龙,这个同志的经历,他自己没讲,是别人和我讲过,那真是令人敬佩啊。所以,在我工作过的地方,遇到过的领导,我从来没有想过要说这个不对、那个不对。在那股风潮中间,我确实与一些同志不一样。

对教条主义,我的理解非常粗浅,我当时认为犯教条主义错误的人,大概就是像我们这些只有书本知识、没有实际经验的人;最多也只是马列学院和其他学校那些教书的人。说中央领导中有教条主义者,我没有这个觉悟。不用说张闻天了,就是王明,当时我也没有意识到他是搞教条主义的。所以在整风开始以后,在究竟整什么人的问题上,当时我的认识是:整风是要针对只有书本知识、没有做过实际工作、没有实际经验的普通干部和青年党员的。

由于我有这种认识,在整风学习过程中,我和那股对着领导和别人尖锐批判的潮流不一样,我也写了一张大字报,检查自己的"学风"问题,题目叫《把箭向自己射》,"有的放矢"嘛!"的"是谁?"的"是自己的毛病,"箭"是马列主义,用马列主义的箭射中自己的缺点、改正自己的缺点。

这一张大字报,是我保存的延安时期我写作的第一篇文章了。由于它的纪念意义,全文转录在下面。我写道:

> 中宣部"四三"决定中指出:"在阅读与讨论中,每人都要深思熟虑,反省自己的工作及思想,反省自己的全部历史。"这就是说,把"自己"当作一个客观的存在体,由自己亲自加以客观的全面的研究。学习中常想想这个问题,也试验着这样去做。体验到这确实是一件不那么容易的事情,比"专攻别人"实在要难得多。因为这是要:把二十二个文件做"矢",把"自己"做"的"。并把这个"矢"去射"自己"这个"的"。这样一来,不是爱惜着自己的贵体,而不愿放箭;就是射出的时候,不愿真正的瞄准自己的痛处。能真正瞄准自己的痛痒,而且能一箭一箭地射出,直射到自己的"劣根性"体无完肤的时候而后止,这样有系统地严格地看看自己的"毛病",对于我是少有的。对于别的同志呢?我在这里请问一声!
> 记得去年听《改造我们的学习》报告,讲到教条主义主观主义者

是"言必称希腊,死不谈中国"时,因为自己是学习中国问题的,心里很高兴,颇有不少沾沾自喜的味道,以为主观主义与自己没有份。同时,头脑中,常常觉得自己是老早已在进行"实际研究",反对主观主义的了,因而就觉得有些傲然。同样,在这次学习文件中,也老是觉得这里那里说的都是别人,与自己呢,是没有关系的。显然,这是自己的劣根性在作怪,经过它,"毛病"的营养品被吸收,而杀菌剂则被"中和"了。把自己一方面的优点扩大去掩盖自己另一方面的缺点,变成全面的优点;把党的文件中"有利于己"的拾起,"不利于己"的部分扔掉,甚至把前者作为挡住别人批评的盾牌,把后者专作为进攻与批评别人的"戈矛",党决定中好的是指"我",坏的是说"人",这类的现象,我们不是常见不鲜吗?

想想过去自己学习中国问题,给别人教中国问题吧!

情形是这样:讲教训,必是一二三四五;分问题,定为历史背景,事变过程,革命性质、任务、动力、前途,失败原因,经验教训。用的方法,是"硬搬"的方法,不是具体分析的方法。六中全会有了对抗日民族统一战线特点的分析,则必"运用"之去寻找反满统一战线,大革命反帝统一战线的特点;党提出抗战中存在着两条路线的斗争,又必搬到太平天国去找出"历史的根据"。用今天的观点,去看昨天的问题,用事变发展的完全的形态,去衡量不完整甚至没有发生的历史事变。对历史的真实情况不了解,甚至完全茫然,但讲起经验教训,却能一大套。所根据的材料,翻来覆去就是那仅有的几篇文件和几本教科书,不下苦功收集与占有具体的历史材料,不注意与无兴趣于历史的实际生活。不引导自己与别人去熟悉同盟会的真正活动,却斤斤计较着去钻研"中国的民主主义与民粹主义",鸦片战争讲它二三次,目前中日战争一字不提。这样,历史成了不是历史,面貌已非,骨肉全无,从历史中看不出历史的发展,割断了历史,歪曲了历史,从历史中看不出历史的真况。

这是一幅滑稽的图画,这是对于研究历史的讽刺。在这里,"实事求是之意"是没有的,而"哗众取宠之心"是有的!

过去,听到看到讲到:"科学社会主义思想是由转向无产阶级底阶级斗争观点上的知识界'从外界灌输进来的'。在工人运动底第一阶段上,这一部分知识分子做了'革命细菌'和'酵母'。"(列宁选集(三)第 413 页。——作者原注)

非常的舒服,很合自己的口味。自己是知识界中的一份子,而且已经"转向无产阶级底阶级斗争观点",因之,傲傲然很有自得的意思。有着做个真理传播者的大抱负,想着在延安窑洞内好好地学习理论,以便将来到实际中,"从外界灌输进"工农群众中去。

近来看到毛主席的报告,才知道,没有与实际接触的知识界,是不能有灌输者的资格,而没有与实际相联系的理论,灌输进工农中去对运动是有害无益的。因此,知识界,要取得灌输者的资格,不仅须要"转向",尤其须要"转向"后时刻与实际接触,并且还要这种"灌输"进去的理论是与实际密切相联系的理论。

据此,来检查一下过去所做过的某些"灌输工作",就发现其中大都可以说是"坏种",当然其中或许也有某些好的成分,然而这点东西也被那些"坏种"生长出来的"坏苗"盖住了。为了不让他生长,在今天,就必须连根铲除"坏种"所生的"坏苗"。

拒绝"半吊子"的口号,已经喊出了,我们这些"半吊子"还是好好的反省一下子自己吧!

对于一个马克思主义者"充分的理论上的勇气",是重要的,是非常重要的。按党史结束语讲:它是关乎党是否"陷于黑夜徘徊的地位"的问题,关乎是否"无产阶级革命就会失去领导"的问题,关乎是否"马克思主义就会开始衰颓起来"的问题。这些都是容易被我们懂得的,然而使我们难于了解与做到的,却正在于怎样才能具有"充分的理论上的勇气"。

　　时刻接触实际,时刻关心着实际的变化,对于接触着与变化着的实际之各方面及其内在的联系,又有着深刻的了解与研究,这样的实际家,只有这样的实际家,才可能才会有"充分的理论上的勇气",对于他们,新的事物有着最大的敏感,拘守昨天的理论则被认为最大的愚蠢与无知,甚至是罪恶。因此,只有他们,才能勇敢地坚决地以适合活的生活的新结论去代替旧结论。

　　可是,对于既无兴趣于实际,又无兴趣于理论的应用的书呆子,"充分的理论上的勇气",除了产生向马列主义捣乱的某些现象以外,是别无任何更多的结果的。——但是,更恰当的说法,就是:宗教徒的虔诚与蒙昧而已矣!"捣乱"二字加在头上,实在是高看了他们。

　　然而,在过去"所学与所用的脱节"的学习与教育中,我们却曾对自己对别人,喊出了一大堆的口号:例如"敢于怀疑,敢于提出问题",又如"不怕以新的结论去代替马列主义中某些旧的结论"。结果呢?或以咬文嚼字为有味,或以"怪论""空洞"为珍奇。这就说明:要有"充分的理论上的勇气",第一就必须接触实际,第二就必须了解实际,第三就必须研究实际。离开实际的调查研究,空谈"充分的理论上的勇气",必成为"夸夸其谈",或则演成对马列主义的歪曲和污蔑!

　　埋下头,向实际多做些调查研究,少昂起头高喊什么"充分的理论上的勇气"……等等,这便是党对像我这样连实际的起码知识都没有的人的希望。

　　和平发展时期与战争时期,革命高潮与革命低潮,公开斗争与秘密斗争,合法手段与非法手段,革命成功与革命失败,夺取政权与掌握政权,敌人在我们手中与我们在敌人手中,国共合作时期与国共分裂时期,这一切是中国革命必不可免要经过的形势、环境、情况,这一切是所有革命者所必须掌握的斗争的方式方法。

　　只有在这一切形势、环境、情况中,掌握着正确方向,不脱离革命立场的党,才能算作真正坚强的革命党,只有在这一切磨难与锻炼中始终站得住、立得稳的人,才称得起是经过考验的坚强的革命党的党员。

中国党到今天已经是这样一个坚强的布尔塞维克党,在党内也有着不少这样经过考验与锻炼的老战士——坚强的战士。

我自己是很少经过锻炼的,可以说千万分之一的锻炼也没有。这点,常常使我担心,以至害怕。我担心自己在这一切来到面前时,是不是能立得住、站得稳? 这担心使我警惕,又使我准备。我是准备站下去的,而且我想我也会站得下去!

在这点上,我们多多向那些老战士学习吧! 少看不起他们,实在讲来,在他们面前,我们确是渺小啊![1]

在我们这样一批青年党员里面,写这样内容的大字报,当时是少数。我估计是陈伯达把这个情况向毛主席汇报了,所以后来成立总学委的巡视团,把我也吸收进去了。巡视团员中有王若飞、胡乔木、王鹤寿、陆定一、陶铸等,他们都是老干部。把我吸收进去,上边所讲的可能是一个原因,即邓力群的态度比较端正,不是将矛头指向上边,也不是向着别人,而是向着自己。后来巡视团员主持编辑《解放日报》的专刊,把我那张大字报在专刊上发表了。乔木把题目改了一下,改成《我来照照镜子——学习散记中的几个片断》[2]。他说把箭朝自己身上射,可能会使人误会为整风是朝着党的。

(七) 在中央政治研究室的研究工作

1944 年 4 月,准备开七大了,张闻天要在七大上自我批评,做一个检查。他提出并经组织同意,调我去给他当秘书。

---

① 邓力群:《回忆延安整风》,《延安整风以后》,当代中国出版社 1998 年版,第 12 页。
② 邓力群:《我来照照镜子——学习散记中的几个片断》,《解放日报》1942 年 6 月 20 日。

1944年4月,我从杨家岭到了张闻天那里当秘书。他住在枣园。当时,张闻天的精力放在检讨自己历史上的是是非非上面,秘书的主要工作是,他写检查,写一段,我抄一段。在我的记忆中,检讨的重要内容,都是张闻天字斟句酌的结果,张闻天的字写得尤其好,我写的字远远不如原文,我自惭形秽。

我觉得这个事我做不好,就建议让徐达深当张闻天的秘书。大概过了一个月,徐达深接替我,给张当了秘书。张闻天和我讲,中央同意,让他来组织一个中央政治材料室。我就转过去,帮助他筹划成立中央政治材料室。后来出了一本刊物,叫《参考材料》。大体一个月出一期,有时一个月出两期。从此,我的学习和工作进入了一个新阶段,即毛主席在整风时讲的:有书本知识的人,要面向实际,掌握材料,进行研究工作。

这时,筹备人员陆续增加了,许立群来了,刘明夫夫妇来了,何锡麟来了,还有一个管材料的同志,姓名记不起来了。中央政治材料室成立时,大概有六七个人。

我自己选了一个研究方向:国民党统制经济。从1944年7月至1945年5月,不到一年时间,我一口气写了《国民党统制物资机构》《国民党专卖政策述评》《国民党花纱布管制政策述评》《九一八事变后太平洋战争前中国对外贸易的回顾》《论国民党外销特产统购统销政策》《国民党出口商品结汇办法述评》《国民党区的煤业和国民党煤业管制政策》共七篇对国民党统制经济的分析文章。毛主席说:"我们要从国内外、省内外、县内外、区内外的实际情况出发,从其中引出其固有的而不是臆造的规律性,即找出周围事变的内部联系,作为我们行动的向导。而要这样做,就须不凭主观想象,不凭一时的热情,不凭死的书本,而凭客观存在的事实,详细地占有材料,在马克思列宁主义一般原理的指导下,从这些材料中引出正确的结论。"[①]这些文章就是按照毛主席指示的精神写作的。其中,

---

① 毛泽东:《改造我们的学习》,《毛泽东选集》第三卷,人民出版社1991年版,第801页。

《国民党统制物资机构》《国民党区的煤业和国民党煤业管制政策》两篇，是介绍统制机构和管制政策的文章，与其他几篇比较，内容简单一些。其他几篇中，《国民党专卖政策述评》一文，无论内容还是文字，都是我用心较多的，有一些分析。所谓专卖，在财政学上一般被称为财政独占，它以求得财政收入为目的，由政府经营专卖物品的生产、运销、贩卖等过程，禁止人民自由产制运销。但国民党所实行的专卖，不是官制、官运、官销的全部专卖，仅是一种局部专卖，对于产制方面，政府以"不直接经营为原则"，对于运销方面，也是"暂以不全部收购"为原则的。

国民党统治区的专卖制度，涉及盐、食糖、烟、火柴四大类重要的民生物资。我以当时公开的材料为根据，分析了在国民党的专卖政策下，民族资本如何被剥夺，这种剥夺引起的专卖品工业的危机，民族资本用以挽救危机的办法，以及民族资本如何将其蒙受的损害转嫁于劳苦工农。在专卖制度下，统治者一方面残酷剥削生产者，取得国民党的"专卖利益"中向生产者剥夺的部分；另一方面又压榨消费者，以剥削"专卖利益"的另一部分。

以盐业生产为例。由国民党专卖机关给盐厂核定的收购价格，最高者不过实际成本的百分之四十五，最低者竟只有成本的百分之三十。这样一来，即使厂家在残酷地榨取工人的劳动之外，也只有走向缩小生产、停工减产的途径了。这就使得经营生产者断绝了扩大再生产以至简单再生产的希望。

再以几种专卖品的销售为例，由于国民党专卖机关追求增加"专卖利益"，必须尽量抬高"配售价格"，而投机商人与专卖机关为了渔利和中饱私囊，又互相勾结，使官定的"配售价格"成为无市的空价格，而代之以黑市价格，由黑市价格统治市场。这种情况下，黑市与官价的差额，"最低限度为官价的二分之一以上（如糖），有的为官价的百分之七十五（如桂林火柴），有的则达三四倍以上（如烟）"。这种专卖政策的实施，一只手扼住了生产者的喉咙，另一只手压榨着消费者的脂膏。文章的结论是：

"专卖政策之实行,加深加剧了大地主大资产阶级与专卖品工业生产者,与广大消费者之间的矛盾。但是,国民党尽管从他们搜括得很多,大地主大资产阶级的统治力却未因而加强,倒反减弱着。一方面进行这种剥夺时,使剥夺者自己从上到下、从大到小、从表及里、从精神到肉身、从机构到人事,完全腐朽糜烂透了;另一方面,由于剥夺的加重,专卖品生产危机生长,生产萎缩,专卖品涨价,市场缩小等等,使其财政收入在实际上也减少了。损人利己者必自食其果。"①

孔子讲:三十而立。1945年我恰好30岁,在延安的学习和工作,是我人生经历的一次飞跃。从光有书本知识,到根据整风和毛主席的意见,转向对实际材料的占有和研究。毛主席说过:"有什么办法使这种仅有书本知识的人变为名副其实的知识分子呢? 唯一的办法就是使他们参加到实际工作中去,变为实际工作者,使从事理论工作的人去研究重要的实际问题。"②最近,我又重新看了在延安写的文章,可以说,无论解放区还是大后方,在研究国民党统制经济的文章里,占有材料这么多,文章组织得有条理,能够得出一些合乎实际的结论,在当时并不多见。我确实用了功啊! 当然,现在看这七篇文章,不好说有太大的深度,但我个人是很看重这几篇文章的,我更愿意把它看作是我投身理论工作、投身实际斗争的起点。

在整理材料时,我把延安能看到的大后方——重庆的旧报纸、刊物和书籍都看了。那时,不能剪报,看到有用的材料,必须一个字一个字地抄下来。每篇文章的资料都是这样收集来的。我确实做到了在研究每个问题时,尽可能把材料都搜集到了。后来,国民党军队占领延安,在我们的图书馆发现了一些我们收集到的材料,很多随军的记者说:没想到在延安这么困难的条件下,延安做学问的人那么用功。

---

① 邓力群:《延安整风以后》,当代中国出版社1998年版,第76页。
② 毛泽东:《整顿党的作风》,《毛泽东选集》第三卷,人民出版社1991年版,第816页。

在这一点上,我悟出一个道理来:做研究工作的人,不自己动手不行。就如毛主席所讲的,在做调查之前,什么事情都不知道,如同一张白纸,就是一个材料一个材料去选,一个材料一个材料去抄。在抄的过程中,就要理解这个材料的内容,以及与不同材料之间的联系。材料愈多,你就愈要动脑筋,能够提出什么问题,问题之间有什么联系。材料都抄完了,积累了,然后就要分类,弄清前后的联系。每个论点都是有根有据,不是自己凭空想出来的。等到材料搜集、整理完了,事情前后的联系搞清楚了,文章就呼之欲出了。写文章一定要有材料、有分析、有见解,在同样的问题上,要比谁占有的材料多,比谁的见解高明一点。研究问题和写文章,都要有新见解,不能人云亦云。

我所选择的研究专题以及文章的撰写,都凝聚着张闻天的心血,东西写出来后,他反复看、反复改,一丝不苟。可以说从事对实际问题的研究,我是在张闻天手把手的指导下开始的。

张闻天在 1976 年 7 月 1 日心脏病猝发逝世,终年 76 岁。屈指算来,已经 37 年了。尔今,我也年逾九旬接近百岁,几乎失明、失聪,张闻天的音容笑貌,却时时闪现出来,在我的脑海,在我梦中! 这里,我想多谈几句张闻天。

1937 年 4 月到延安后,我在中央党校工作。7 月 1 日,党校召开纪念建党十六周年大会,在延安的中央负责同志都出席了大会,李维汉主持大会,毛主席和张闻天发表了讲话。这是我入党后第一次参加公开、隆重的大会,也是作为新党员的我,第一次接受到了党史的教育。11 月,我又陆续参加了几次批判张国焘的会议,聆听了张闻天所作的批判张国焘的总结讲话。张闻天驳斥了张国焘为自己辩解的种种谬论,一针见血地指出:退却路线、军阀主义与反党反中央,是国焘路线的三位一体。张闻天严肃地告诫张国焘:犯了错误的同志,要不走到党外去,变为党的叛徒,只有自己下决心同自己的错误作斗争。不改正自己的错误,坚持自己的错误,结果必然会走到叛徒的道路上去。张国焘后来的演变,证明了张闻天的预言。张国焘叛逃之后,张闻天撰写了《读了〈张国焘敬告国人书〉之后》的文章,文章以张国焘在党内的经历为依据,说明"张国焘从来就不是一个真正的革命者,真正的共产党员,而是一个混在中国革命队伍中,混在中国共产党内的投机分子和破坏者"。这是我第一次接触党内斗争、受到党内原则斗争的教育,张闻天在张国焘叛党之前的讲话和叛党之后的文章,对我而言,振聋发聩、惊心动魄!

1938 年 4 月,马列学院成立,我被派去学习,张闻天既是我们的院长,又给我们授课当老师。张闻天在讲课和主持课堂答问时,语言朴实无华,思维条理清晰,道理讲得通俗易懂。使我们这些学生,能够很快地把书本上的知识,与他的讲解,和我们头脑里形成的认识融会贯通起来,这既加深了我们青年同志对马列主义基本理论的理解,又增强了我们共产主义必胜的信念。中国近代革命史的教材,就是由张闻天在抗大的讲稿整理形成的。原来只讲到 1927 年大革命失败,最为精彩的内容是他以自己在残酷的革命实践中取得的正反两方面的经验教训对大革命的历史进行反思,对党内关于武装斗争、土地问题、群众运动、国共合作等关系革命生死前途的重大问题,进行了深刻的思考。他说:大革命遭到极可痛心的挫败,首先就是陈独秀右倾机会主义完全不了解"革命的根本问题,是政权问题","而政权最重要的工具便是武装"。"中国国民革命要得到彻底胜利之先决的条件,必要变更旧的官僚机构和雇佣军队系统,而创造直接民权和真正国民武装。"张闻天在马列学院接着又讲了"两次革命高潮之间的反动时期",讲了"苏维埃革命运动",着重讲了根据地的建立、发展、挫折和根据地的建设方针、政策问题,分析了这些方针、政策正反两个方面的经验和教训。关于抗日战争时期的路线、方针、政策,张闻天曾经用几个半天的时间,详细传达了中共六届六中全会的精神,生动阐述了毛主席的正确思想,不点名地批评了王明的右倾投降主义。他还向我们做过抗日民族统一战线中策略问题的报告,传达了中央的指示精神。这样,张闻天实际上把党的历史给我们讲了一遍,让我们受到了一次马克思主义的逻辑与历史的统一的教育。

张闻天还给我们作了《论待人接物问题》的报告,这是触及我们青年人灵魂的报告。他不是从待人接物的一般原则出发来讨论、分析,而是将待人接物的问题放到了是否适合于中国革命的要求、怎样有助于形成抗日民族统一战线的高度来分析、认识。要求在待人接物的问题上,不仅要认识到中国社会不同的阶级在革命中的地位、作用及其相互间的区别,还要认识到中国人所有的民族的、社会的、历史的、文化的、思想的、风俗习惯的传统与特点。他说:对于共产党员来说,待人接物问题首先是一个个人修养和党性锻炼的问题,在这方面的第一个要求,"就是要有伟大的胸怀与气魄",要能够打破一切成见、一切公式、一切小圈子、一切私人好恶等的限制,而容纳各种人材、使用各种人材。这种在抗日总原则下的"宽宏大量"、"兼容并包",是建立广泛的抗日民族统一战线的必要条件。第二个要求,"就是要有中国古代哲人那种所谓'循循善诱'与'诲人不倦'的精神"。决不要为人们觉悟程度的不齐而失望,决不要轻视或鄙视任何思想落后与思想复杂的人,决不要以强迫命令的方式去让人们接受我们的意见,决不要对什么人都使用千篇一律的八股文章和老调,对于人们的错误和缺点,要诚恳的劝导,要善于根据当时当地的具体情形,群众的具体要求和情绪,去进行教育群众和说服群众。这样的报告,将加强党性锻炼、个人修养同高尚的理想和实际的工作两个方面结合起来,同坚决抗战、争取抗战最后胜利的目标和巩固扩大抗日民族统一战线的任务联接起来,对我们年轻的共产党员产生了深远的影响。

1941年5月,毛主席作了《改造我们的学习》。之后,张闻天是中央负责同志中第一个提出下乡的。他率领农村调查团,在陕北和晋西北进行了一年零两个月的调查研究,写成了《出发归来记》。文中既写了他的调查体会,又严肃地剖析了自己的学风,表明他完全接受了毛主席倡导的实事求是的思想路线,这是他思想上、理论上成熟的标志。

1985年7月,我曾在纪念张闻天诞辰八十五周年的文章中说:"据我所知,在'文化大革命'中,因为揪斗彭德怀同志,闻天同志也被游斗,一九五九年庐山会议的事情重新提出,调子越来越高,他被'监护'起来,处境更加不好。自己受到严重的政治压力,又面临着一个涉及全党安危的大问题,而且被反复追逼。在这种情况下,闻天同志仍然像尚昆同志回忆文章中说的,'不推诿,不含糊,忍辱负重,顾全大局,独自承担全部责任,保护了少奇同志和其他同志。时穷节乃现,风雨识知交'。闻天同志的确不愧为共产主义知识分子的楷模。这件事使我深受感动,告诉我身处逆境的时候,应该如何净化自己的灵魂,纯洁自己的党性,忠于事实,忠于历史,告诉我在孤处小小隔离室的时候,也要看到党的事业的广阔天地,体现在闻天同志和许多老同志身上的这种忠贞不屈的崇高精神,支持我走过了'文化大革命'的艰难途程,顶住了所谓'反击右倾翻案风'的压力。""从 1937 年 7 月第一次听闻天同志的报告,直到 1976 年 7 月 1 日他去世,四十年中,当他学生的时候或当他下级的时候,在一起的时候或分开的时候,顺境的时候或逆境的时候,他都是我的老师。他至今还是我的老师。在任何情况下,闻天同志始终坚持对共产主义的忠贞和深情,尤其是我要铭刻在心,永志不忘的。"①

我写的研究国民党统制经济的文章发表后,陈伯达也是称赞的。他说:哎呀,你行啊,我不行啊。他在《中国四大家族》里面引用过我的文章。新中国成立以后,陈伯达曾在一段非常时期里成为中央的重要领导人。现在,陈伯达已经去世,成为历史人物了。在延安时,他既是我在马列学院的老师,又是我的领导。在几个老师中间,我对他是尊敬、佩服的,觉得他是有学问的人。他写的文章,我很喜欢。毛主席赏识陈伯达,因为陈在延安确实做了一些研究工作,也做过一些社会调查,他还编了一些书,写过一些论文。《窃国大盗袁世凯》,表面上是写历史人物的,但看后就让人联系到国民党、蒋介石,历史上的袁世凯,就是今天的蒋介石。陈

---

① 张闻天传记组编:《回忆张闻天》,湖南人民出版社 1985 年版,第 22 页。

伯达当时写的很多文章、著作,是比较出名的。除了中央领导同志外,写理论文章的,陈伯达可称为延安第一。

（八）八年总结

在延安的八年中,除了读有关研究工作的书以外,我还读了很多文学书、历史书。我这个人从上小学开始就爱读书,一生离不开书。在延安时,看反映苏联卫国战争的书,旧俄的书,美、英、法国的小说,还有大后方出版的文学著作、社会科学著作。凡延安有的书,我几乎都看过了。原来读鲁迅的书,是出一本读一本,这时《鲁迅全集》出版了,我读了一遍。范文澜带到延安的几十箱子旧书,别的旧书没有看,把一套线装的《笔记小说大观》通读了一遍。现在记忆中还有唐、宋笔记小说的一些印象,如:《隋唐嘉话》《朝野佥载》《明皇杂录》《唐语林》《大唐新语》《春明退朝录》《渑水燕谈录》《龙川略志》《东坡志林》《归田录》《齐东野语》《春渚纪闻》《老学庵笔记》《游宦纪闻》,等等。几十种笔记和小说啊!我当时无论白天、晚上,从来没停止过读书。

延安时期,我留下的东西有这么几篇:讲中国问题的提纲,关于国民党各个派别动态情况的简报(到政研室之后),关于策略教育的文章(在马列学院写的,发表在《共产党员》杂志),还有一本帮助杨松编的《中国近代史参考资料》。最珍贵的就是最后一年搞的7篇关于国民党统制经济的研究文章,还有一篇关于国民参政会的简报,其中有我的大哥(邓飞黄)的一段插话、一段质问。我在延安的最后一年里,共计写了十来万字。去掉一头一尾做别的工作,平均一个月一万字。就我而言,这八篇文章是我在延安工作、学习中最有价值的纪念品。

这八篇东西能够留下来,还要感谢孙鸿志,这个同志在2006年逝世了。我临去东北前,把这几篇文章交给了孙,说:请你无论如何保存下来。不久,孙也去了东北。他把这些文章绑在身上,过封锁线时,其他的东西都丢了,只有这几份材料一直背到了东北,到了榆树县,原物奉还。这个人真是够朋友啊。

1945年要开七大了,各单位都要写总结,称之为党书,向七大做汇报。马列学院由我执笔起草报告,讨论了好多次,写了一份马列学院几年来的工作总结。

总结送上去之后,李维汉(中央干部教育部副部长)看到了,非常高兴。也可能出乎他的意料,没想到邓力群能够写出这样的东西,"士别三日,当刮目相看"啊。当时他管陕北公学,他专门组织了几个人,说要按着邓力群这份材料的样子,也写一份陕公的总结,报告七大。

很可惜,马列学院这个总结再也找不到了。当时,张启龙带走了一份,我自己没有留。

李维汉那次批评我,可真是厉害,但我没记仇,更没在那次由青年干部掀起的风潮(绝对平均主义、极端民主化)中对他搞报复。在这股风潮中,我们这一批人应该说是反潮流的。当时,那两股风潮为什么搞得那么厉害呢?可能有这样一个因素,即毛主席讲《反对党八股》时,说得也确实尖刻,说教条主义者连猪都不如,猪碰了墙,还知道回头,我们的教条主义者失败了却还坚持自己那一套。

几个风潮的时间都不长,也就一两个月。毛主席的领导方法是,让事情发展,如抢救运动让你抢救,让矛盾充分暴露,他从中总结经验教训,"九条方针"特别是"一个不杀"的方针一传达下来,确实解决问题,那真是了不得啊!

1944年的时候,我犯了错误。当年,和贺凌同志离婚了。党组织了解情况后,对我进行了严肃的帮助和教育,我受到撤销学委职务、进行大会批评的处分。那个时候,什么人的劝告我都听不进去了,现在回想起来实在惭愧啊!

到了1945年6月,中央提出重新成立中央政治研究室,让张闻天当主任,凯丰当副主任。把材料室、政研室、敌军研究室的人集中起来。地址还是原来政治研究室的地方。我的职务是中央政治研究室的秘书,帮助张闻天和凯丰组建新的政治研究室,调人、搬家、搜集图书资料。

1945年8月,日本投降了。毛主席发表了《抗日战争胜利后的时局和我们的方针》的讲话。毛主席讲到,我们开辟了十几个敌后抗日根据地,就好比我们在这里种了桃树、除了草、下了肥、浇了水、剪了枝,现在开花结果了,桃子可以收获了。但蒋介石从峨眉山上下来,手伸得长长的,说你们种桃的人没有权利摘桃子,只有我蒋介石才有权利摘你们培育出来的桃子。1927年的时候,我们的党还是幼年的党,对于蒋介石的反革命突然袭击毫无准备,以致人民已经取得的胜利果实失掉了。这一次可要非常警惕,再不能吃这个亏、上这个当了。毛主席提出这样的方针,"针锋相对,寸土必争",一支枪、一粒子弹也不能交,千万要记住陈独秀投降主义的教训。

这个讲话,别的人听了有什么感觉,我不知道,我当时非常激动、泪流满面啊!

日本投降之后,鲁艺这些单位,热闹得不行,庆祝抗日战争胜利,有些同志把被子中的棉花都拆出来,做成火把点了游行。我们在枣园和中央机关工作的人,都有一些担心,认为革命还远未成功,不能糊涂。我当时想,争取革命的最后胜利,还得有个八年。八年抗日战争,还得有八年和蒋介石的武装斗争。

接着送毛主席去重庆,大家提心吊胆。好容易把他盼回来,大家到机场去迎接他,一块石头才落了地。回来后,毛主席讲了重庆谈判的过程,我们都听了。他说:很多同志都要到前方去,我们共产党人好比种子,人民好比土地,我们到了一个地方,就要在那里同人民结合起来,在那里生根发芽、开花结果。

在这种情况下,苏联来了飞机,先把彭真、陈云等同志接到东北去了。第二批李富春、张闻天、凯丰等人又坐飞机走了。张闻天临走时跟我交待,说:我去东北了,你们也可以要求去东北。他希望我去东北后还和他一起工作。

愿意去东北的人，有邓力群、许立群、何锡麟、许达远、刘明夫、廖时光、张有祥、徐达深，加上张闻天的两个警卫员，还有几个外单位的同志，这些人组成了一个小队，于 1945 年 10 月 24 日离开延安，踏上奔赴东北之路。

在延安时，我和贺凌生了两个女孩，去东北前，我把孩子委托给章夷白、孙鸿志、徐健生照看了。

我在延安八年的工作与生活就算结束了。

回顾延安的生活，我有许多话可以说，归纳和概括之后，最为重要的也许就是这样一点。来延安以后，先是在中央党校、马列学院学习，然后在中央政治材料室、中央政治研究室做研究工作，这是我一生中重要的转折。中央党校和马列学院，是我学习马列主义的初级和中级阶段，如果用学校教育的程度来比喻，我想可以说类似于大学生、研究生的教育阶段吧。但是，这毕竟只是学生的学习阶段，也可以说是比较我以前的知识水平来说，只是一种程度上的提高。真正使我的思想、使我的世界观得到锻炼并快速成长，我以为是在整风运动后期学习了两条路线等文件之后。可以说通过整风，才使我明确认识到：不到基层锻炼，不到群众中去，不到实际工作中去，是不会有真知的，是不会有改造世界的真本领的。马克思说过："哲学家们只是用不同的方式解释世界，而问题在于改变世界。"①整风以后，特别是抗日战争胜利以后，延安所有的干部没有不希望到基层去做实际工作的。他们争先恐后，自觉自愿，一点不勉强。作为一名愿意为共产主义事业奋斗到底的共产党员，当认识到要走向群众，走向基层，走向实际的时候，他是不会犹豫的。陈云同志在指导起草《关于建国以来党的若干历史问题的决议》时跟我说过一段话：毛泽东同志的一个无

---

① 马克思：《关于费尔巴哈的提纲》，《马克思恩格斯文集》第 1 卷，人民出版社 2009 年版，第 506 页。

可比拟的功绩是从遵义会议到抗日战争胜利,为我党培养了一代人,包括我们在内的以及"三八式"的一大批干部。现在这些人在全国各个岗位上都担负着重大的责任。我想陈云同志强调的就是世界观改造的重要性,培养、锻炼干部,最重要的就是要使干部树立无产阶级的世界观。

五　东北岁月

　　20世纪40年代最后5年,是中国历史发展、变化最迅速、最复杂的时期之一。这5年中,我有三年零四个月是在东北度过的。

　　1945年8月15日,日本天皇以广播《终战诏书》的形式,宣布无条件投降。中国人民八年浴血奋战的抗日战争,在世界反法西斯力量的支持下,终于胜利结束。日本投降70天后,10月24日,包括我在内的一支小分队,总共有十一二个人,从延安徒步出发,奔赴东北。一路上经过了陕西、山西、察哈尔①、热河②、辽宁五省,1946年2月中旬,我到达新的工作岗位吉林省吉北地区工委所在地舒兰县,前前后后走了近四个月。从此开始,我在东北工作了三年多,有机会亲历了东北根据地创建、巩固和发展的重要进程,因而,对于党中央制订的方针政策及其执行情况多了一些了解和具体体会。

---

　　①　察哈尔省,建于1912年,中国旧省级行政区,简称"察",1952年察哈尔省建制撤销,原察哈尔省辖区主要划归内蒙古自治区、河北省和山西省,延庆县划归北京市。

　　②　热河省,1914年2月划出,中国旧省级行政区,简称"热",1955年热河省建制撤销,原热河省所属市、县划归河北省、辽宁省和内蒙古自治区。

（一）奔赴东北的前前后后

1. 告别延安

1945年9月中旬,我所在单位的领导,当时担任中共中央宣传会议副主任(主任由毛泽东兼任)和中央政治研究室主任的张闻天,向中央提出去地方做实际工作的请求。我们几个在他身边工作的年轻人知道这个情况后,都非常高兴和激动,也希望能随张闻天一起去地方做实际工作。因为在延安整风以后,我们都渴望到基层去锻炼,到群众中去学习改造世界的真本领。

对于走向基层、走向群众、走向实际,我没有一丝一毫的犹豫,我是真心诚意想去接触实际,联系群众。在学习毛主席在党的七大上所作的政治报告时,我注意到他讲的一个重大问题。毛主席说:"中国广大的革命知识分子应该觉悟到将自己和农民结合起来的必要。农民正需要他们,等待他们的援助。他们应该热情地跑到农村中去,脱下学生装,穿起粗布衣,不惜从任何小事情做起,在那里了解农民的要求,帮助农民觉悟起来,组织起来,为着完成中国民主革命中一项极其重要的工作,即农村民主革命而奋斗。"[①]七大召开期间,1945年5月5日,延安的《解放日报》刊登了一篇社论,题目是《中国人民胜利的指南——读毛泽东同志的〈论联合政府〉》。学习这篇社论时我就想,毛主席在报告中给了全国人民以胜利的指南,我们必须遵循他所指出的方向,去迎接历史上空前伟大的斗争和空前伟大的胜利。具体到我个人,当时就是盼望能有机会到基层去锻炼,到群众中去掌握真知灼见。

很快,中央决定派张闻天去东北工作。在此前后,中央连续决定调派包括张闻天在内的10名中央委员(其中有中央政治局委员4人)、10名

---

① 毛泽东:《论联合政府》,《毛泽东选集》第三卷,人民出版社1991年版,第1079页。

候补中央委员,率领从中央和各战略区抽调的两万多名干部(包括准备
用于建立 100 个团的各级干部)和 11 万人的部队奔赴东北。我和中央政
治研究室的许立群、刘明夫、何锡麟、徐达深、彭达彰等也被批准赴东北
工作。

启程之前,我做了一些安顿。首先,把两个孩子——元元、小玲——
委托给章夷白。他是一个非常好的同志,两个孩子的事情他一直负责到
底。另外,就是把我在延安写的文章草稿、书稿和发表过的文章等,全部
交给孙鸿志保存。再有,把在延安购买的书籍和有限的家具(一张我们
自己做的桌子和一把太师椅,在当时的延安这是比较像样的家具了)送
给了李学和李践为。我的藏书也都全部送给了熟识的同志,只留了毛主
席写的两本书,一本是《农村调查》,另一本是《中国革命战争的战略问
题》。

整理行装过程中,在中共中央管理局工作的邓洁①知道了我要去东
北的消息,就让人捎信给我,让我到他那里去一下。邓洁曾经和邓飞黄在
一起搞过工人运动,比我大十几岁,大概是因为这层关系吧,我在延安的
几年里,一直和他保持着密切的关系。这次到他那里后,邓洁亲切地对我
说,你在延安这么多年,现在就要离开了,送你一套用延安生产的棉花、土
布做的被褥吧!他还说,你们要走很远的路,所有行李都要背着,恐怕吃
不消,给你们配一匹马,一路上驮驮行李。他还找出十几块大洋送给我,
让我在路上买些食品,补充一点营养。邓洁送给我的大洋,在后来行军路

---

① 邓洁(1902—1979):湖南安乡人,中共早期党员。从 1922 年至 1926 年 5 月,邓洁在
    北京工作期间,曾任社会主义青年团支部书记、共青团北京地委委员兼组织部长、西
    城党支部书记。1926 年 6 月调大连任中共大连地委书记。1927 年 5 月,参加中共第
    五次全国代表大会,会后回东北任中共满洲省委书记,同年 7 月在大连被捕。1934
    年 9 月出狱,10 月到上海参加左翼文化运动,曾先后任文总组织部负责人、上海临时
    工委书记、党的救国运动委员会书记。1937 年调延安工作。抗日战争和解放战争时
    期,历任中央财政经济处处长、中央管理局副局长、中央办公厅行政处处长等职。新
    中国成立后,历任政务院机关企业管理局局长,全国供销合作总社副主任,手工业管
    理总局局长,轻工业部、石油工业部、第二轻工业部副部长等职。

上可是解决了大问题,特别是碰到兵站伙食不好时,就用来买几斤肉,买两只鸡。我是湖南人,会做回锅肉、红烧肉和辣子鸡丁之类的湘菜,就亲自下厨房,给同志们补充营养,增加体力。十几块大洋虽然不多,但起了很大作用。那时物价便宜,一斤肉也就一两角钱,另外我们小分队人不多,就十来个人。

我们出发前夕,毛主席从重庆回到延安。1945年10月17日,毛主席在中央党校礼堂作《关于重庆谈判》的报告。听了毛主席的报告,用一个词来形容:洞若观火。报告给我印象最深刻的一句话是,"纸上的东西并不等于现实的东西"。毛主席在这里提醒全党,必须保持清醒的头脑,要把纸上的东西变成现实的东西,还要经过很大的努力。毛主席在报告中讲到工作时说,"我们共产党人好比种子,人民好比土地。我们到了一个地方,就要同那里的人民结合起来,在人民中间生根、开花。我们的同志不论到什么地方,都要把和群众的关系搞好,要关心群众,帮助他们解决困难"。他要求党的干部"享受让给人家,担子拣重的挑,吃苦在别人前头,享受在别人后头"。毛主席还说,"我们是为着解决困难去工作、去斗争的。越是困难的地方越是要去,这才是好同志"。确实像毛主席说的那样,经过延安整风,我们党的干部,包括知识分子干部,有个普遍的觉醒。知识分子干部、青年党员都认识到,不能满足于书本知识,必须到人民群众中去锻炼,越是困难的地方越是要去,否则就不会有真知、就不会有改造世界的真本领。当时在延安的干部,都希望到基层去锻炼,到群众中去做实际工作,真是争先恐后、满腔热忱、自觉自愿,争着要到前方去,到群众中去。我也是其中的一个。

2. 从延安到张家口

我们从延安出发后,最初每天只能走四五十里,最多走五六十里,后来一天可以走120到130里了。行军的路上都有兵站,走到哪里就在那里住下来,兵站负责我们一行人的吃和住。告别延安前,有关部门领导事先已经告诉我们,没有交通工具,靠步行。想到我们就靠两条腿,要从延安走到东北,真是好远的一个路程啊!在这点上,还是老子那句话说得对,"千里之行,始于足下"。只要你迈开双脚,哪怕它千里万里。

在陕北解放区,由于刚出发,我们小分队有些同志还不大习惯徒步行军,但是走得很愉快很顺利。渡过黄河进入晋西北后,我们的心情就有一种苦涩的感觉了,因为近距离地接触了晋西北最底层的普通老百姓。晋西北农民的贫困、农村的破败,让我们这些人深受震撼。对当时晋西北农民来说,如果能够吃到荞面,就算是最好的饭食了。晋西北的自然条件非常差。很多地方严重缺水,吃水的水井有几十米深。我们在兵站住下来,喝水、洗涮都要摇辘轳打水,要十几分钟才能摇上来一桶水。而在那些最贫穷的地方,很多农民处在衣不遮体的境地。有的农民家里有两个妇女,就有一条裤子,只能轮换着穿。一个人穿着裤子出门,另一个出不了门,就披着破棉被盘腿坐在炕上。

由于在行军途中,我们没有时间深入到晋西北的乡村做广泛的社会考察,但小分队的同志们还是体验到了晋西北的贫苦农民的生存环境和状况,对中国的政治、经济、社会状况也有了切身的认识。我们认识到,在国难当头的时刻,正是这些生活在极端艰难困苦中的老百姓,舍生取义,拼死抗击了日本侵略者。中华民族在危难之中的不屈精神,正是由他们继承、延续的。抗日战争的胜利降临了,战争结束了,但战时中国积累的问题,如凋敝的民生、残破的经济等,都没有随着抗战的结束而消亡。必须改变贫穷落后的状况,这个任务重新提上了工作日程。

中国共产党是以全心全意为人民服务为宗旨的党,党领导的军队是人民子弟兵。在我们之前从延安出发的八路军指战员和共产党的干部,都是边走路边把自己并不宽裕的衣服送给晋西北贫穷的老百姓。我们路过晋西北时,尽管天气已经很凉了,小分队同志们也是如此,凡是看到没衣服穿的老百姓,就你一件、我一件拿出来送给他们。这对当时晋西北的农民来说,是极大的恩德了。在送衣服给贫苦农民时我就想,日本投降了,但对共产党人来说,这不是终点,而是一个新的起点。摆脱封建专制统治造成的黑暗和愚昧,改变国家贫穷落后的面貌,带领人民群众摆脱贫困、落后和苦难,走上使祖国繁荣富强的道路,将是艰难而漫长的,我们共产党人的责任重大啊!

我们小分队进入晋西北后,在岢岚、五寨两县之间通过封锁线。当时日本虽然宣布投降了,但那里的日军还没缴械,过封锁线的那天晚上,尽管我们知道,地方的同志对保卫工作已经作了精心准备,但是心里还是非常紧张的。

通过封锁线后,小分队经过浑源,一直走到了丰镇。在丰镇,我们听到了火车的汽笛声。兵站的同志告诉我们,这是我们自己的火车,是不久前从敌人手里夺过来的。很快,我们就坐上自己的火车,是闷罐子车,扬眉吐气地进入张家口。

在张家口短暂休整期间,有关部门领导安排我们听晋察冀中央局秘书长姚依林对过往干部作的形势报告。我和姚依林是在"一二·九"抗日爱国运动中熟识的。报告会结束之后,我和也认识他的何锡麟留下来,就在会场上和他说了几句话。姚依林当时工作非常忙,但他知道我们要去东北后,马上问有什么困难,需要帮什么忙。他看我们穿得单薄,又快到冬天了,就给我们小分队每人发了一套棉衣。

3. 新立屯连夜出发

我们坐火车离开张家口到怀来,接着继续步行,一直走到承德。在承德换了介绍信后,我们从承德坐火车抵达朝阳,进入辽宁境内。

1945 年年底,小分队到达辽西地区著名的"边里第一镇"新立屯(现隶属辽宁省锦州市黑山县,位于锦州市东北方向)。这时,离开延安已经两个多月了,大部分同志已经疲惫不堪,我们准备在这里休整几天,过完1946 年新年后再出发。

在新立屯的街上，我恰好碰到中央党校五班的同学李剑白，他带着抗大总校的一队人马从晋察冀出发也刚来到这里。延安时期的熟人在异地他乡见面，且目标相同，我们都非常愉快，兴冲冲地商量好准备一起过新年。

就是见到李剑白那天的晚上，上级突然来了紧急通知，说国民党军队已经到了锦州，并要从锦州继续向新立屯方向进犯，命令所有住在新立屯的人员连夜出发。

那个晚上的夜行军，搞得我们很狼狈。从延安出发时我们小分队有两匹马，一匹是邓洁送给我的，另一匹是张闻天在延安骑的马，张闻天前往东北时留下了，他的警卫员出发时带上了。一路上，所有的行李都放在马背上，到了承德以后，说以后可以坐火车了，让我们把马匹都上交了。现在要限时限刻出发，根本找不到马。临出发时，我们又接到上级命令，让刘亚雄、区梦觉大姐和妇联的几个女同志，和我们小分队一同行军，并要我们在路上负责照顾她们。紧急时刻，我们千方百计动员到了两头毛驴，就让刘亚雄、区梦觉大姐骑上了。因为军情紧急，又是夜行军，所有同志除了身上穿的以外，全部轻装，能丢的就全丢了。但是个人的被褥是无论如何不能丢的，都得自己背上。出发以后，开始时还没什么感觉，后来感觉背包越来越沉，特别是休息时，背包往地下一放，人都站不住了。一个晚上几十里走下来，人的重心都变了。在我一辈子里，这是第一次体会到了"背包袱"是什么味道。其实，我当时的全部家当也不过十几斤。

刚才说到我们从延安带来的两匹马在承德上交了，坐火车进入辽宁，路上有件事很有意思，要讲一讲。从承德到朝阳的路上，有一天因为煤供应不上，火车走到半路就开不动了。当时也在火车上的蒋南翔要我们下车，由他指挥大家一起推火车。我们都使出了全身的力气，火车还是停在那里纹丝不动。人怎么能推动火车啊！后来，不知什么人从什么地方搞到了一点煤，火车总算对付着开到了朝阳。离开朝阳以后，我们又靠两条腿行军了。

4. 辞谢陶铸的诚恳挽留

我们辗转到达沈阳北部、辽河中游右岸的法库。法库是各地干部来东北的必经之地。在这里我们碰到了从沈阳撤到这里的陶铸。当时东北各地干部严重不足,陶铸知道我们来东北,想把我们留下就地分配工作。见面以后,陶铸直截了当地说,你们来啦,我一直在等你们。李富春同志(时任中共中央西满分局书记)告诉我,邓力群等几个干部已经到了东北,你陶铸见到就把他们截住,告诉他们就到此报到,全部留下。陶铸还说,我希望你来呀,我是辽西省委书记、还兼省委宣传部长,你来了,宣传部长我就不兼了,就交给你干。

说起来,这是陶铸第三次邀我一起工作了。我和陶铸在延安相识并曾在一起共过事。1941年春天,陶铸担任中共中央办公厅党务材料室副主任后,曾负责《解放日报》的"学习周刊"的工作,我和他在工作中曾合作得很好。1943年,陶铸调任中央军委秘书长兼总政治部宣传部长,主管总政治部的日常工作。他上任后,希望我调到总政去和他一起工作,我没同意。这是陶铸第一次邀我共同工作。1945年6月,中央决定在湘粤桂边区发动游击战争,创建根据地,陶铸被任命为边区党委副书记兼部队副政委。他离开延安南下前夕,再次找到我,要我去做他的助手。这一次我很想随他上前线,但当时中央政治研究室的工作实在太忙,张闻天不同意我去。法库见面后,陶铸第三次邀我同他一起工作。我又婉言谢绝了。

我当时是两个想法。其一,是希望到东北后继续同张闻天在一起工作。张闻天离开延安时,对我们说,你们这几个人到东北后来找我,大家继续在一起工作。其二,当时确实对当官并不向往,一点当官的心思都没有,一心一意要去基层做群众工作。于是,就直截了当地跟陶铸说了我的想法,不愿意在机关,希望到基层去锻炼。我还特别强调,我们来东北后,要去找张闻天,这是他离开延安前交代的,而且我们这些干部来东北是他同意和批准的,他希望我们到东北后能和他继续在一起,到地方做实际工作。我不好让这些干部没见到他,就留在这里。

陶铸听我说愿意去基层做群众工作,非常高兴,表示支持我的想法。因为当时有些干部在思想上留恋大城市,对放弃城市重新回到农村去打游击,建立根据地,缺乏思想准备。陶铸于是加大力度,反复劝说,话说得很诚恳,竭力要留住我们。我则始终坚持自己的初衷不松口。最后他很遗憾地说,我一直在等着你们,等了好久,一直盼着你们来啊!既然这样,那我也没办法了。现在到处缺干部,是不是考虑可以留下一些同志在这里工作?于是就征求大家的意见。不愿走的可以留下,愿意走的就继续往东走。

当时有几个同志表示愿意留下。一个是许立群,他的身体弱一些。另外,刘明夫、廖时光夫妇和临时插队的上海地下党夏娘娘的女儿也不想走了。留下的还有一个同志,是周恩来同志1937年4月劳山遇险时的警卫员。

许立群留下后,先是在辽吉省委宣传部做秘书,很快就担任了辽吉省委机关报《胜利报》社社长。他写了大量社论、社评和各种形式的宣传文章。国民党发动全面内战以后,他和其他同志合作,当然是以他为主,以当时的时事为主体,写了一篇很有名的章回体小说《国事痛》,内容是抗日战争胜利后一年间中国人民和国民党反动派之间的斗争历程。这篇漫画式的演义小说,内容丰富,文笔生动,先是在《胜利报》上连载,人民群众非常欢迎,后来还出版发行了单行本,并且受到了东北局的表扬和奖励。

5. 在东北局继续坚持下基层的初衷

我们从延安出发的这支小分队,到离开法库时,还剩下6个人——邓力群、何锡麟、徐达深、邓力群的公务员张有祥、张闻天在延安时期的警卫员和公务员。我们6个人继续往东走。第一站到了梅河口。梅河口地处长白山区与松辽平原结合部,是长白山的重要门户。

在梅河口,我们得到确切消息,东北局已经在(1945年)11月23日从沈阳撤离迁往本溪,而东北局组织部设在梅河口偏东方向20公里的海龙。

于是,我们又从梅河口坐汽车前往海龙镇。这是从延安出发后我们第一次坐汽车。到了海龙,我们顺利地找到了东北局组织部,就在海龙住了下来。

当时东北局组织部部长由中共东北局委员林枫兼任。他还兼任刚刚成立的中共吉辽省委(东满分局)书记,副书记是张启龙。我们去东北局组织部时,没有见到林枫,接待我们的是组织部干部科一个管人事工作的干部。见面之后,他就告诉我,你们的工作就在这里分配了。我立刻告诉他,离开延安时,张闻天同志让我们到东北后,到他那儿去报到。那个管人事工作的干部说,不用讲了,你们到了东北局,工作就由我们分配了。这样一来,我也没有话讲了,因为讲也没有用。那个干部还说,林枫同志已经知道邓力群来了,并已经为你准备了一个工作岗位。他告诉我,东北局准备办一个东北大学,林枫让我去负责筹办东北大学,校址设在哈尔滨。我一听,还是留在机关,还是不能下乡,也不能深入群众,就对那个干部反复讲我在延安整风后的觉醒、来东北的决心,并要求无论如何要到基层去做农民工作。

6. 分配到吉北地委

我坚决要求到基层去做农民工作的意见反映到林枫那里后,他表示理解和支持。最终,东北局组织部满足了我的要求,决定把我分配到东满根据地。东满根据地,主要包括辽吉和延吉地区。由于这些地区多在中长路以东,俗称东满。

东北局组织部最终同意了我的请求,一方面,是因为自始至终我都坚决要求到基层去做农民工作,从延安出发后,一路上反复思考的就是按照毛主席说的去做,"我们应该走到群众中间去,向群众学习,把他们的经验综合起来,成为更好的有条理的道理和办法,然后再告诉群众(宣传),并号召群众实行起来,解决群众的问题,使群众得到解放和幸福"[1]。另

---

[1] 毛泽东:《组织起来》,《毛泽东选集》第三卷,人民出版社1991年版,第933页。

一方面,是东北局根据中共中央的指示,在战略方针上开始向建立巩固的东北根据地的正确方向转变。这应该是大背景。

东北局组织部分配我到东满地区根据地去工作的决定下来以后,我拿着组织部的介绍信,从海龙出发赶到磐石,到中共吉辽省委副书记张启龙那里报到。见面以后,张启龙说,邓力群同志,非常欢迎你来东满工作,省委决定把你分配到吉北地委去当宣传部长。我还是向他表示希望下基层去做群众工作。他说,你要求做群众工作,很好啊,在吉北地委完全有条件、有机会。这样一来,我也不好再讲什么了。和我一同来报到的何锡麟被分配到吉南地委去当宣传部长。徐达深则分配到吉南地委双阳县去当宣传部长。

张闻天从延安出发奔赴东北前夕,非常希望在延安和他一道工作的几个干部到东北后,仍能和他一起工作。我们几个原来在他身边工作的干部,到东北后一个都没能回到他那里,由东北局组织部统一安排分配了工作。我们离开延安时的十几个人中,只有张闻天在延安时的警卫员和公务员回到了他的身边。

(二) 在东满根据地的斗争

1. 开始做群众工作

我的工作岗位确定以后,留在磐石过了 1946 年春节。

在磐石,我见到了吉北地委书记李梦龄和组织部长李庭序。地委书记李梦龄是大革命时期入党的老同志,北京师范大学历史系毕业生,外表上就像个私塾先生,对同志很慈祥,没有一点架子。组织部长李庭序是1930 年在江西参加红军的老同志。我同地委班子主要领导见面后,就坐着胶轮马车,从磐石出发,经过吉林的外围,到了乌拉街,最后到了舒兰县。

舒兰县在吉林省北部,地处长白山脉张广才岭与老爷岭汇合处,向松嫩平原的过渡地带。当时地委机关设在舒兰县城西边一个叫白旗屯的镇子上,镇子西边不远就是松花江。到白旗屯后,我住进了日本人留下的几间房子,既是办公室,又是宿舍。很快,我就见到了军分区司令贺庆积、副司令张广才和政治部主任阎建寅。贺庆积是来自三五九旅的老同志。吉北地区的专员当时没和我们在一起,后来调来的专员是武少文。吉北地委机关里当时主要就是我们这几个人。

　　吉北地委的主要任务就是按照中共中央《关于建立巩固的东北根据地》的指示,在地委管辖的榆树、舒兰、九台、德惠等四个县发动群众开展反奸清算、减租减息、打击敌伪残余势力,迅速建立起巩固的后方根据地。地委主要干部的分工是,李梦龄主持全面工作,李庭序主要负责做九台县的群众工作,我主要负责做舒兰县的群众工作。做群众工作实际上也就是做农民工作。当时,我主要是在白旗屯、白旗屯南边的溪河屯和白旗屯北边的法特屯做农民工作。从1946年2月底开始,我在这三个屯子前后一共做了两个多月的群众工作。两个月中,大部分时间是在白旗屯、溪河屯,最后到法特屯工作了十来天。

　　我在舒兰县做农民工作,就是按照毛主席《〈农村调查〉的序言和跋》里面讲的办法,深入下去以后,用马克思主义的基本观点,也就是阶级分析的方法,做周密的调查。在初步了解情况以后,我采取了走屯串户的办法,根据事前制订的调查纲目,每到一屯,结合访贫问苦,召集雇贫农开调查会,并在调查会上和农民展开讨论,还单独找农民谈话,嘴问手记,从中了解情况,发现问题,然后发动群众开展反奸清算、减租减息。我们还召开过全区的积极分子会以及几个屯的联合斗争会。

　　3月,在舒兰县开展反奸清算、减租减息斗争中,我们组织群众进行了"谁养活谁"算剥削账的教育,使清算斗争有效地开展起来。5月,在减租减息斗争中,结合锄奸反霸的斗争,镇压了封建反动势力,从而提高了群众的觉悟,推动了斗争的发展。

　　在舒兰县做农民工作时,我发动的一场最大的斗争,是斗争一个道士。在溪河屯南面，有一座海拔300多米的凤凰山，山里有一座建于明朝崇祯末年的道观，据说当时是由山东蓬莱过来的道士主持建造的。主持这个道观的道士占有的土地非常多，周围几个村子的土地都是他的。他对农民的欺压、剥削非常严重。后来那个道士跑掉了，我们就动员农民上山，清算他的罪恶。

我在做农民工作过程中，充满了热忱，心甘情愿地当农民的学生，在和农民接触中，无论是开会、谈话，都用同志式的态度对待他们，摆事实、讲道理，努力做到深入浅出、以理服人，使农民能听得明白、听得进去。这样做产生的实际效果是，三个屯子中涌现出一批积极分子，大部分是贫雇农，我和他们建立了非常密切的工作关系。在做农民工作中，我进一步体会到发动群众、依靠群众、建立巩固根据地的重要性和迫切性。

2. 农民的暗中保护

我在三个屯子做群众工作的两个多月中，切实认识到，在农村就是要依靠农民，要深入到村到户，特别是到贫雇农家里去，直接倾听他们的呼声，了解他们在想什么、盼什么、要求什么、反对什么，在农民中交一些知心朋友。只要我们深入到贫雇农家里去，深入地做工作，把道理向农民群众讲清楚，就能得到他们的同情、谅解和支持，再大的困难也是能够克服的。

在舒兰县下乡时，我曾遇到一次非常危险的情况，是农民群众在暗中保护了我。

1946年3月，我在溪河镇下乡做群众工作，恰逢我们的部队在舒兰县东边剿匪，土匪在那里呆不住了，同时他们知道长春已经被国民党接收了，于是，有个土匪头子网罗了在敦化、蛟河、五常被我们的部队打垮的千余名匪徒，妄图从舒兰的白旗区霍家渡口过松花江奔长春投向国民党，而我做群众工作的关屯村，恰好在土匪逃往长春的路边上。

我下屯子做群众工作，地委派了一个姓姚的保安团参谋长带一个班的武装人员和我配合,保安团的几个战士的武器,就是几支很破旧的步枪,子弹也很少。那个姓姚的参谋长,总是自己吹嘘是东北抗日联军的干部,后来了解到,他实际上原来是个小土匪头。他每天都要抽大烟,不愿和我在一起,要单独活动。我身边只有从延安带来的张有祥,他现在是我的警卫员。我们的武器只有一把张有祥不知从什么地方搞来的日本军刀,而我连手枪都没有。

3月中旬的一天,一股逃窜的土匪出现在凤凰山脚下的关屯村附近。恰巧那天我到那个小屯子开展农民工作。当时我就站在屯子的南面,土匪逃窜的那条路和我站着的地方,相距不过一里多地,一切都看得清清楚楚。土匪有的骑马,有的步行,陆续出现在路上,仓皇地奔向松花江边。东北民主联军八团在土匪后面紧追不舍,所以土匪一刻也不敢停留,更不用说住下了。如果土匪真要是在关屯村停留或住下,情况就非常危险了。

我当时开展工作的那个小屯子的老百姓真好啊!土匪出现的那天晚上,我按原计划还是住在关屯村,当时也没注意到有什么特殊的情况。后来有些老百姓告诉我说,那天夜里,关屯农民中的积极分子,主要是贫雇农,轮流为我站岗,生怕土匪或其他坏人窜进来把我害了。

讲到这里,就要讲一讲我们党和东北人民特别是与农民的关系。我们党的干部和部队到东北之后,根据党中央和毛主席的指示,注重调查研究,熟悉地理民情,努力和东北人民特别是贫苦农民打成一片。比如,我们的部队经常要动员农民的大车协助部队运输弹药、给养。在大车上,我们押车的战士、干部抽烟时,顺手就递给赶车的车老板一支烟。这在我们部队的战士、干部来说,是很平常的事情。可在东北的农民看来,是非常了不得的事。他们说,在伪满时期,没有什么人能给我们递支烟。我们在村里找农民谈话时,让农民坐下说话,他们开始都不敢坐。后来逐渐熟悉了,农民才对我们说,在伪满时,只有当官的才能坐着,农民连坐的权利都没有。从老百姓的讲述中,我们切实感到当亡国奴是个什么滋味。他们说出来的惨状,真是闻所未闻、见所未见。

3. 初次做发动农民工作的得失

1946 年上半年,农民由于缺少各个方面的经验,听我们宣传,对蒋介石是好是坏,总是半信半疑,加上激烈动荡的时局和舒兰境内严重的匪患,让农民对共产党心存顾虑。针对农民的思想顾虑,我们提出了"七不怕"。其主要精神有点像后来中央《五四指示》里面所提出的,即要打消顾虑,放手发动群众。

应该说,我在那里发动农民的工作是很初步的。有的口号提对了,倾听了农民的意见,反映了农民的要求,就把农民发动起来了。在形式上也还轰轰烈烈。不过也存在一些问题。第一,由于东北农村与关内不同,农民中雇农占的比重很大,在减租减息中他们得不到什么利益,又没有适应他们的要求及时提出正确的口号,所以没有把广大雇农群众的斗争积极性充分调动起来。第二,发展党的组织过急过早。在做发动农民的工作时,看到一些农民中的积极分子,我们很快就发展了六七个党员。后来在长春撤退时,只有两三个表现是好的。其余几个,看到形势一变,有的同那个姓姚的保安团参谋长一起叛变投敌了,有的消极动摇了跑掉了。总之,发展党员的工作做得急了一点。

4. 调到榆树中心县委

1946 年 4 月 18 日,驻长春的苏联红军撤退后,东北民主联军解放了长春,东北局迁到长春。与此同时,苏军也撤出吉林,中共吉辽省委迁到吉林市办公。4 月 19 日,东北局发出"五条指示"。其中提出,"为了能迅速地深入地普遍发动群众,同时解决干部缺乏的困难,除了个别地区外,地委、军分区一级一律取消。在省委与县委中间可设立中心县委,协助省委领导附近县委的工作。同时各级特别是县级党政军民机关,必须短小精干,留极少数干部主持即可,绝大部分人员应分散下乡或到工厂中去发动群众"。①

---

①　彭真:《东北解放战争的头九个月》,《彭真文选》,人民出版社 1991 年版,第 644 页。

4月底,吉北地委撤销,原辖各县直接由省委领导。同月,省委决定建立榆树中心县委,榆树中心县委书记是王一新,他原来是晋察冀中央局的组织科长。原来榆树县县委书记叫李隽,是从关内新四军调来的干部。榆树中心县委组建后,李隽改任县长,副县长是顾明。原来舒兰县县委书记吴殿甲参加中共榆树中心县委,任常委。当时还任命其他几个县的县委书记为榆树中心县委委员,在实际工作中,仍然是各管各的。榆树中心县委组建初期,我任中心县委宣传部长,过了一阵被提拔为中心县委副书记。

5月初,我到榆树县中心县委上任。当时,中心县委机关只有二十来人,包括关里去的干部、军队、保安团和当地干部。榆树县共十个区,区委书记都是从关里调来的同志。榆树中心县委分工让我到五棵树区去工作,主要工作是帮助区里的同志发动农民群众,搞反奸清算。

我到五棵树区之前,那里已经建立了区政府、区中队和区工作队,区委书记是黄景昭。我到五棵树区几天后,东北民主联军放弃长春、吉林,军队的领导同志吕正操、张秀山等先撤到五棵树,然后到县里。我见到他们时,他们说,部队从长春、四平撤下来了,准备在松花江北设防。

为完成设防任务,决定成立一个战地动员委员会,参加的成员有榆树和扶余两县的领导干部。我代表榆树中心县委去双城县开了一次战地动员会,主持会议的是东北民主联军政治部主任谭政。

四平战略转移后,东北根据地的面积缩小了很多,榆树县的形势也发生了很大变化。在从榆树去双城县的路上,我有一个痛苦的感受。那时东北民主联军正在陆续后撤,我和警卫员张有祥两个人骑着马往榆树北面的双城县走。凡是我们经过的村子,村里的青壮年都跑掉了,牲口和大车也都赶走了,就剩下老弱病残。每个村子都有人站岗放哨,看到有穿军衣的一来,一声呼啸,人就跑光了。当时,我心里难过极了。心里想,我们是来帮助你们的,你们怎么对我们这么提防、担心和害怕啊,为什么这么不愿意和我们接触呀!正如毛主席后来讲的,东北地区一些群众对国民党存有相当的幻想和较浓的盲目正统观念；还有不少人认为租地支租是天经地义的。至于农民，他们仇恨地主阶级，迫切要求获得土地，但又普遍存在着怕变天的思想，不敢起来斗争。群众还没有从亲身经验中分辨出谁对他们好、谁对他们坏。当时，的确就是这么一种情况，共产党及其领导的部队，在东北老百姓中的影响确实还很小。我们要在东北稳住脚跟，必须努力做争取群众的工作，迅速发动广大群众，建立广大的农村根据地，否则，我们在东北就站不住脚。

5. 从榆树向双城撤退

开完双城战地动员会后，我回到榆树，向县委作了传达。但是，没过几天，上级又通知说不准备在江北设防了，要继续后撤，诱敌深入，并准备连齐齐哈尔和哈尔滨也放弃，争取摆脱被动，休整部队，采取运动战和游击战方针。

当初，我们在南边（如辽宁）撤退时，因为没有经验，部队撤了，地方干部留下来，继续开展工作，结果因为没有群众基础，没有群众掩护，很多干部被敌人抓住杀掉了。这次撤退，东北局要求地方干部和部队一起撤。当时驻扎在榆树县的部队是六纵16师，六纵的副司令是杨国夫，副政委是我在中央党校五班读书时的同学刘其仁。

榆树县委指示我带领五棵树区的干部、地方武装区中队，和六纵一起撤退。撤退之前，我们给区政府、区中队的干部作撤退动员说，我们准备往后撤，还要准备同国民党军队打游击。凡是愿意和我们走的，我们都欢迎；将来我们还是要回来的，现在不愿意和我们走的，可以离开，愿意继续留在区政府的也可留下。经过这次动员，最后同我们一起撤离区政府的大概一共有四五十人。

撤退是在半夜开始的，我们和六纵一起向双城方向撤。撤退过程中，由于平时政治工作薄弱，五棵树区的干部、工作队员有开小差的，区中队的干部、战士也有开小差的。当时区中队一共有三十多人，和我们一起撤离的有二十来人,一个晚上走下来,区中队的人就一个都不剩了。应该说这些人都是好人,就是害怕。他们走时都找个理由,比如说我出去小便,就再也不回来了。说他们是好人,是因为他们临走时,没有一个人携枪走,都放在我们的大车上。从这点看,他们还是在观望,还是不愿意拿着枪杆子和我们一同作战。

刚撤退时,我们的队伍有四五十人,最后留下的还有二十多人。第二天,我们这二十多人撤退到三岔河,然后又走了一天,到达双城县。现在我还记得留下的几个人,一个是我的警卫员张有祥,还有区委书记康云(关里来的)和他的警卫员,区长(地方干部)和他的警卫员,区政府新招收的一两个文书没有走,还有一个农会干部留下了,只记得姓赵,名字想不起来了。

刚在双城住下来,就接到通知说,我们撤退以后,敌人没敢来,同时东北民主联军已经重新派部队去驻守江防,要求地方干部回原地继续开展工作。

6. 到哈尔滨了解党的方针、政策

撤退到双城时,我的心里就发闷了。脑子里就反复思考一个问题,现在的形势是怎么回事啊?双城的北边不远处就是哈尔滨,当时东北局还在哈尔滨。我就和一起撤退到双城的同志商量,要到哈尔滨去了解形势,了解党的方针和政策,他们都支持我去。

到哈尔滨以后,我就径直去了东北局。那时,东北局机关没有门卫森严这一套。进去以后找到蒋南翔(时任彭真同志的秘书),我对他说,我想和彭真同志谈谈。蒋南翔说,好啊,我马上替你联系。见到彭真同志后,我向他汇报了到东北以后的工作情况。

这次见到彭真同志,最大的收获是他向我传达了中央《关于土地问题的指示》(即《五四指示》)的精神。我从彭真同志那里得知,中央的《五四指示》决定把减租减息的土地政策,改变为"坚决拥护群众从反奸、

清算、减租、减息、退租、退息等斗争中，从地主手中获得土地，实现'耕者有其田'"的政策。

在哈尔滨，我还去见了凯丰（时任东北局宣传部部长）。凯丰对我说，这次撤下来，暴露出很多问题。辽宁的事不去说，就说黑龙江这样的地区，我们关里来的干部，到了农村，进行反奸清算，把伪满官僚在日伪时期霸占的地主的土地，好心好意地进行清算退回给地主，这对地主总算是好事吧？但是，我军刚从长春撤退，地主反过来就把我们住在这些家伙家里和烧锅（即酿酒厂）里的工作队队员杀掉。谁也没想到，国民党军队还没到，他们居然就敢杀共产党员，赶走工作队员，到处都出现这种事。

对此我有切身的体会。四平战略转移后，榆树县的形势发生了很大变化。由于形势的逆转，在反奸清算运动中被清算的汉奸、恶霸地主乘机反攻倒算，纷纷出来组织"维持会"，公开破坏农会组织，杀害农会干部。区委、区中队也出现了叛乱分子，他们中最恶劣的甚至投靠了国民党政府的地下军、先遣军，有的则与大恶霸地主纠集的反革命武装沆瀣一气、十分猖獗。

凯丰接着对我说，这样一种形势，这样一种斗争，教育了我们，我们必须以牙还牙，以血还血，恶霸地主杀我们，我们也要杀他们。他当时非常气愤地讲到，恶霸地主、土豪劣绅杀我们的工作队员残酷极了，用铡刀把工作队员的四肢铡断，留下个躯干和脑壳。凯丰还对我说，根据国内阶级矛盾已经上升为主要矛盾，广大农民迫切要求获得土地的形势，最近中央已经发出了《关于土地问题的指示》，就是要放手发动群众，把减租减息政策改变为没收地主土地分给农民的政策。我们不要顾虑这个顾虑那个，就是要坚决实行中央的指示，把反奸清算斗争和解决土地问题结合起来，开展土地改革运动。凯丰说，你回去后，就按着这个精神向县委传达。中央的指示很快就要发下去了，你们就按着中央的精神，部署今后的工作。

凯丰这番话，对于我来讲，确实是给了一个强有力的支持。立刻感到有出路了,有希望了。

在当时的形势下,我们如果不实行土地改革,没有广大人民的支持,要想战胜敌人,取得胜利,是不可能的。前一阶段的实践告诉我们,如果不这样干,那我们简直在哪里都呆不住。前一阶段,我们有许多困难无法克服,根本原因是群众不和我们站在一起,而地主阶级和国民党联合在一起,我们则处于孤立无援的状态。再像前一阶段那样的做法,没有人民群众的支持,我们怎么打得过国民党? 参加革命后的经历,特别是到东北做群众工作以后的经历,让我清醒地认识到,共产党所以能够战胜敌人,最基本的一条是依靠群众。

7. 回榆树传达落实中央《关于土地问题的指示》精神

我从哈尔滨回到双城后,立即带着留在双城等我消息的同志,浩浩荡荡回到了榆树。回到榆树,首先向县委的同志汇报了我去哈尔滨了解到的情况,主要是传达中央指示的精神。作完传达后,县委仍然让我到五棵树区工作。

刚回五棵树区时,中央《关于土地问题的指示》还没正式传达下来,基层干部的思想还很混乱,各种说法和埋怨情绪都有。同时,还不断有这个消息那个传闻在干部中流传。有消息说,刘伯承、邓小平的部队在关里打得好,就有个别人发牢骚说,东北为什么没有刘伯承啊? 还有一种传闻说,刘伯承带了多少多少部队,就要出关了。诸如此类的说法当时很多。

在五棵树区,我听说有一个《东北日报》的记者,经过我们那里时,对我们的干部们说,从长春撤下来后,林彪住在九台县。有一天,林彪在大会上给部队的干部包括当时随部队撤退下来的新闻记者讲话。林彪说,有人说,现在形势不好。我认为,现在的形势比什么时候都好。我们从城市撤退出来,包袱就没有了。我们就是要把城市丢给蒋介石,他今天占领这个城市,明天占领那个城市,他占了城市,就是背上了包袱。他占了就要守嘛。这么多城市守起来,兵力就分散了。将来,我们一个城市、一个城市地和他打,我们就可以各个击破,瓮中捉鳖。

当时我听了林彪的这番话,感到大开脑筋,得到了一种鼓舞。心里想,这是个战略家呀!这些话究竟是林彪的,还是毛主席的?恐怕是他自己的吧。但可以确定的是,林彪讲话的核心内容是毛主席的方针,是从东北战场、东北各方面工作的实际中总结出来的经验和教训。

现在有一个谜我还没搞清楚。1946年4月18日,国民党集中了七个师,向东北民主联军控制的四平进攻。四平保卫战开始的时候,彭真不用说,毛主席也想打。因为四平挡住了,半个东北就是我们的了。那时我们做地方工作,上级讲要全力支援打四平保卫战。可是我们的支前工作正处在高潮的时候,部队却放弃了四平,一下子就退下来了。部队撤退、主动放弃四平的命令,没有问题是得到毛主席批准的,但从四平撤下来的这个主意,究竟是先从毛主席那里来的,还是先由林彪提出来的,至今还没有搞清楚。

回过头来看,如果当时东北民主联军在四平继续拼下去,情况就糟了。由于我们果断的撤退,摆脱了战略上的被动局面,避免了不利条件下的决战,保存了有生力量。后来苏联人讲,四平主动撤退的意义,相当于当年拿破仑围攻莫斯科时库图佐夫的撤离。

我回到五棵树后不久,《五四指示》作为党内文件发下来了。在学习《五四指示》过程中,我对下面这段话印象特别深刻:"各地党委必须明确认识,解决解放区的土地问题是我党目前最基本的历史任务,是目前一切工作的最基本的环节。必须以最大的决心和努力,放手发动与领导群众来完成这一历史任务"①。从这段话我们能够感到中央对解决农民的土地问题的重视程度。

有了中央的《五四指示》,再结合前一段做群众工作的经验,我们在榆树县立即开始大刀阔斧地放手发动群众,没收并分配地主的土地。我

---

① 《刘少奇选集》上卷,人民出版社1981年版,第378页。

所以说大刀阔斧,因为当时县委尽最大力量抽调机关、军队干部组成土改工作队,深入农村发动群众,一个区、一个村地去宣讲中央的《五四指示》,向农民群众发出号召,同时开始没收地主的土地和浮财,分配给贫苦农民。为了迅速地发动群众,我们根据东北局指示,仍然坚持"反奸清算"、"分配敌伪地产"、"打土匪分逆产"、"反霸占"、"反窝主"、"反贪污"等分地斗争的口号,开展分地斗争的方法是,将清算运动与解决农民的土地问题相结合,以清算地主恶霸为口号,以没收地主土地为内容,通过清算的方法,达到没收地主土地归农民所有的目的。

这样一来,农村中苦大仇深的贫雇农,包括那些胆大敢为但身上多多少少有些毛病的积极分子,一下子就动员起来了。

我们大刀阔斧做动员农民的工作是从 6 月初开始的。到 1946 年年底,半年的工夫,在中央《五四指示》和东北局《七七决议》的指导下,一个大规模、轰轰烈烈的镇压叛乱、反奸清算、减租增资和分配土地的伟大群众运动,在全县范围内掀起来了。群众发动起来后,在运动中就做到了撕破脸皮,斗争地主。我们工作队的干部到村里动员以后,就完全放手由农民自己动手去干,他们主动提出缴枪、分粮、分地、分牲畜,地主富农开始软下来了。

榆树县这一段土改工作对我的锻炼成长,起的作用非常大。要在一个县里把土地改革动员、宣传和组织工作做好,领导农民通过土改,顺利实现他们求翻身、求解放的愿望,是一件十分严峻的挑战和繁重的任务。在这段时间,通过与农民群众同甘共苦、命运相连的实践,我和榆树的农民群众建立起深厚的感情,而且切身感受到,在土改运动中,我们党的干部替农民着想的真情有多重,群众心里最有数。当时,很多老实巴交的农民,一方面迫切要求翻身解放,另一方面又顾虑重重,担心遭到打击。在这种情况下,我们党的干部下到村里去,心沉下去、根扎下去,千方百计倾听民意,通过彼此的心灵交融,走进农民群众的心里,感受农民群众的冷暖和真正的想法,就能使我们党在凝心聚力中获得不竭的力量源泉。

8. 在榆树县学习贯彻《七七决议》

1946 年上半年,经过激烈争夺后,东北民主联军在 5 月中下旬退出沈阳、四平、本溪、抚顺、鞍山等大中城市。国民党军队攻取四平和长春后,曾企图强渡松花江,占领哈尔滨和齐齐哈尔。东北民主联军一路北撤,也准备把哈尔滨和齐齐哈尔都让给国民党,让杜聿明的兵力更分散。

杜聿明这个人很诡诈,占领了长春以后,他的部队就在松花江南岸停住了,没有继续渡江北上。杜聿明在松花江以南停住不过江,一个原因是惧怕我们诱敌深入的计策,另外一个原因,他要集中力量把东北民主联军留在南满的部队肃清,把国民党已占领的地方巩固下来。还有一个重要的原因,就是国共双方在 1946 年 6 月 6 日达成了东北停战 15 天的协议。后来,因为国民党军队新的进攻并没有准备好,并且受到关内战场的牵制(20 天后,6 月 26 日,国民党军队大举进攻我中原解放区,在关内挑起了全面内战),东北停战实际上延续了四个月。

形势变化后出现的新问题、新矛盾,要求我们党必须总结经验教训,重新作出部署。

6 月 3 日,中共中央为了加强对东北工作的领导,建立巩固的东北根据地,给东北局发出《关于坚持运动游击战的指示》,明确指出:"同意你们作放弃哈尔滨之准备,采取运动战与游击战方针,实行中央去年十二月对东北工作的指示(即《建立巩固的东北根据地》),作长期打算,为在中、小城市及广大乡村建立根据地而斗争。"

1946 年 7 月 3 日至 11 日,东北局在哈尔滨召开了东北局扩大会议。会前,东北局委托陈云就形势与任务问题,起草一个提交会议讨论的决议草案。7 月 7 日,会议通过了陈云起草的《东北的形势和任务》的决议。党中央 7 月 11 日批准了这个决议。

9 月,榆树县委收到了经党中央批准的《七七决议》。我拿到文件通读一遍后,对《七七决议》很赞赏,拿起来就放不下了。我所以愿意读、爱读,不仅是因为文件文字表达的清晰生动,更重要的是《七七决议》科学、准确地探讨和分析了东北的形势,归纳、概括并定下了当时我们这些干部最关心的建立东北根据地的六大任务。《七七决议》指出:"当前东北局的主要任务是:(一)扫除一切游移不定及侥幸取得和平的想法,准备自力更生,长期艰苦斗争。(二)坚持中央关于建立巩固的东北根据地的方针,肃清强调城市轻视农村的观点。(三)明确今日的东北已非抗战时期的敌后,斗争的目的是要推翻大地主大资产阶级的统治,并在此基础上结成争取和平民主独立的统一战线。(四)我军作战原则不在于城市和要点一时的得失,而是诱敌深入,待敌分散,以优势兵力消灭敌人。(五)根据具体情况规定政策,迅速交流各地经验。(六)号召共产党员走出城市,丢掉汽车,脱下皮鞋,换上农民衣服,下乡发动群众。"①这是六大任务,也可以说这是达到目的所必须解决的六个问题,或者说必须具备的六个前提。

《七七决议》的精神是发动群众。为了落实《七七决议》精神,发动广大农民群众,东北局当时有一万多名干部响应党的号召,积极下乡,集中力量发动农民群众,掀起了轰轰烈烈的土地改革运动。

(三) 亲历三下江南和四保临江

1. 北满三下江南、南满四保临江作战的意义

这里说的江南,是指松花江以南。临江是坐落在吉林省东南边境的小县城,它的南边就是鸭绿江,隔江与朝鲜相望,是东北民主联军在南满的重要根据地。为了坚持南满,从1946年12月中旬到1947年4月初,南满的部队连续进行了四保临江的战斗,而北满部队则配合南满部队进行了三下江南的作战。

四保临江、三下江南的作战,一共歼灭了杜聿明的4万余人,收复了

---

① 《陈云年谱》上卷,中央文献出版社2000年版,第465页。

11 座城市,彻底粉碎了国民党军"南攻北守、先南后北"的战略计划。而四保临江、三下江南作战,是东北整个战局扭转的关键。从此之后,东北的战略态势改变了,我们在东北的部队完全转入主动,国民党军陷入了被动地位。

2. 榆树县翻身农民踊跃支前、参军参战

北满部队三下江南作战时,位于松花江沿岸的榆树县、扶余县,成为部队进退的基地。部队从这里出发作战,撤回来又在这里休整,几进几出。三下江南战役中,榆树县为了做好支前工作,成立了战地委员会,战地支前指挥部,由我担任总指挥。我在这个岗位上看到,地方的、后勤的、机关的党员干部,都积极地工作,以无限责任心努力工作并且不断改善工作,以确保前线胜利。

更为突出的是,北满部队发动"一下江南"攻势时,距 1946 年 5 月四平撤退不过六七个月时间,可是由于有了正确的战略处置,特别是我们走家串户宣传中央的《五四指示》和东北局的《七七决议》,进行"谁养活谁"的阶级教育和诉苦斗争,并领导农民开始进行土地改革,解决了农民的土地问题,农民群众的阶级觉悟空前提高了,打破了正统观念和对蒋介石的幻想,日益转向我们。因为我们党把农民的切身利益同整个革命事业紧密地联系在一起,促使农民群众积极参加革命战争,改变了敌大我小的局势。到这个时候,不只是农村中的积极分子无所畏惧,包括老实巴交的农民也发动起来了。农民群众和我们党、我们军队的关系,以至和我们干部的关系,和战争的关系,完全改观了。

在策应和支援南满作战的"一下江南"战役中,北满翻身农民的巨大力量,就像火山从地底下爆发出来一样,一下子呈现在我们的面前。农民动员规模之广,群众热情之高,远远超过了我们榆树县领导以及各区领导的预料。"一下江南"战役发起前,北满的部队云集榆树县,县委得到通知,要求准备好充足的粮草,动员大车,组织担架队。结果,县委一下子就

动员了两千多副担架,大车好几百辆。榆树县不仅粮、草、担架等支前工作搞得红红火火,跟随部队作战的农民担架队员也非常勇敢,在前线和战士们一起冲锋陷阵,抓俘虏,缴枪支。

"二下江南"和"三下江南"战役中,榆树县的支前工作比"一下江南"时更好,我们的干部没有做不成的工作,没有克服不了的困难,群众的力量有力地支援了战争。担架队、大车和粮草,我们的部队需要多少就能动员来多少。

"二下江南"战役中,部队抓了国民党新一军50师的一个团长。包括这个团长在内的国民党军俘虏押送到榆树县时,我恰巧遇上,就和那个国民党军的团长交谈了一会儿。他对我说,你们共产党军队打仗,有老百姓支持,要粮草有粮草,要大车有大车,要担架有担架。新一军尽管是全套的美式装备,可我除了手下的几个兵,其他的什么都没有。所以跟你们共产党打仗,我们无论如何是打不赢的,因为老百姓处处向着你们。

从国民党军这个团长的话可以看出来,土地改革的开展,对于敌我优势的转换起了重要作用。随着土地改革的深入发展,充分调动了广大农民的革命积极性,有力地支援了前线,使我们的部队在战场上能够不断赢得一个又一个胜利。

翻身农民在大力开展支前的同时,农村青年开始踊跃参军。当我们的干部动员翻身农民参军时,榆树县翻身农民出现了前所未有的"参军热",一次就有七八千人报名入伍,各区、乡、屯涌现了不少父送子、妻送郎、干部带头上战场的动人事迹。当时65万人口的榆树县,前后参军、参战的(到1948年7月)共有三四万人。翻身农民积极参军参战的一个原因,是他们通过土地改革认识了我们党,明白了我们打仗是为了农民群众的利益,而且懂得了参军是为了自己,为了自己的天下,不打败国民党,穷人就不会有好日子过。

面对此情此景,我就想,没有农民的期盼,我们的规划也好,目标也罢,都是空中楼阁;没有农民的参与,我们的方针、政策就难以见到成效。

我们党在东北所以能够取得胜利,一个最基本的环节,就在于能够把大多数人民群众发动起来实行对敌斗争,大多数群众发动起来了,一切问题就可以迎刃而解。还是毛主席在《论持久战》里说得好,"只有坚决地广泛地发动全体的民众,方能在战争的一切需要上给以无穷无尽的供给"①。只要我们党的方针政策和农民群众紧密联系起来,群众起来了,就必然会凝聚成任何力量也打不破的铜墙铁壁。

3. 土地改革使共产党在农民中站住了脚

在榆树县工作期间,我留下一个很深的印象,就是从 1947 年年初开始,我们党与农民的关系、我们军队与农民的关系,完全改变了。党在群众中间的影响,我们这些干部在群众中间的影响,完全变了。

在榆树县的土改实践,让我深刻懂得并牢牢记住了一个道理,那就是,共产党的干部必须学会联系群众、宣传群众、组织群众、团结群众为实现自己的利益而奋斗,这是我们党的根本力量和优势所在,也是我们各项工作的取胜之道。

土地改革前,东北农民的力量是看不到的。经过土地改革之后,共产党在农民中站住了脚,一股巨大的力量就从土地下面爆发出来了。1947年 12 月 25 日,毛主席在《目前形势和我们的任务》的报告中说:"全党必须明白,土地制度的彻底改革,是现阶段中国革命的一项基本任务。如果我们能够普遍地彻底地解决土地问题,我们就获得了足以战胜一切敌人的最基本的条件。"②通过土地改革,得到翻身解放的东北广大贫苦农民开始一心跟着共产党,他们从土地改革中懂得了一个道理,只要跟着共产党,地主、恶霸、土匪任意奴役、欺凌他们的日子就结束了,就能靠自己的双手过上衣食无忧的富足日子。我在榆树县亲身经历的事实,足以证实

---

① 毛泽东:《论持久战》,《毛泽东选集》第二卷,人民出版社 1991 年版,第 492 页。
② 毛泽东:《目前形势和我们的任务》,《毛泽东选集》第四卷,人民出版社 1991 年版,第 1252 页。

一点,那就是谁真正解决了老百姓中绝大多数人特别是农民的问题,谁能帮助他们把多年的愿望转变为现实生活,谁就会赢得真诚的拥护,就能形成强大的凝聚力和向心力。

（四）在榆树县的战斗生活

1. 在调查研究的基础上写出《榆树县五棵树区阶级关系调查》

1946年5月底,我回五棵树区工作后,和县委委员、区委书记黄景昭（即康云）轮流下乡,我在区上,他下乡,他在区上,我就下乡。在下乡中,我们结合土地改革运动的进展,对五棵树地区的土地关系和阶级关系,做了一般的粗略的调查。同时,还选择了4个典型的屯子,做了比较周密的调查。在这个过程中,我到松花江边一个最大的屯子,当时有四五百户人家的盟温站屯,做了逐户的、细致的调查。

1946年8月,根据榆树县五棵树区的调查和在舒兰县工作时的调查,我写了《榆树县五棵树区阶级关系调查》。区委书记康云也在他负责的万发屯做了逐户调查,我写这篇调查报告时,他给我提供了万发屯的材料。后来发表时,把康云的名字也写上了。《榆树县五棵树区阶级关系调查》写好后,我寄给东北局的凯丰。凯丰后来编了一本书,叫《东北农村调查》,把我的这篇调查报告选进去了。

在榆树县五棵树区的调查和在舒兰县工作时的调查,让我明确认识到,东北农村与关内农村相比较,有共同的地方,同时又有特殊性。中国封建社会土地关系一般的特点是,土地所有权的集中与土地使用权的分散。但在东北却有着根本的不同。土地所有权高度集中在地主手中,这一点东北农村和关内是相同的。特殊性表现在土地使用权集中在富农手中。在东北,只要一提到土地所有权的集中,必然联系着的就是土地使用权的集中。我们的调查表明,东北农村土地使用权大量集中在富农手中。占总户口数百分之四十以上的农民不但没有土地所有权,而且也没有土地使用权。

东北的地主因为土地所有权的高度集中,为了便于他的经营与管理,他们通常是以十坰二十坰以至几十坰的数量集中地租给富农,而极不愿意三两坰四五坰分散地租给贫农。富农在地主面前有着租佃土地极高的能力与信用,中农贫农在地主面前租佃土地能力与信用非常低弱,这一重要事实,充分地说明了地主富农在经济上联系的密切。土地所有权的集中是地主封建剥削的基础;土地使用权的集中,则是乡村劳资剥削的基础,也就是形成东北农村占户口总数百分之四十至七八十的雇农的主要根源。①

我在调查研究中发现一个很有意思的现象,就是当问到农民种地问题时,他回答的却是有没有牲畜、农具、大车。我问富农,你为什么能种这么多地？富农回答说,我养活一套大车,有一套牛犋。我问雇农,你为什么不种点地呢？雇农回答说,我没有车马、没有牛犋。我在东北发现,农民没有牲畜就根本不要想种地,而种地时顶用的是骡子和马,而且至少要有三头骡马才能很好的种地。农具主要是犁杖和大车,这些都是在耕种和收割中离不开的。

土地使用权的集中直接联系着牲畜、农具所有权的集中,又直接联系着富农雇入大量的劳动力。有了牲畜、农具,才能租进土地,雇入了大量劳动力,才能耕种土地。土地使用权集中于富农,一方面依靠于富农与牲畜、农具发生了所有的关系,依靠于富农牲畜、农具所有权的集中;另一方面依靠于雇农与牲畜、农具脱离了所有的关系,依靠于雇农丧失了牲畜、农具的所有权,雇农与生产手段脱离了关系,除了劳动力外一无所有,完全依靠出卖劳动力来维持自己的生活。②

---

① 邓力群:《榆树县五棵树区阶级关系调查》,《延安整风以后》,当代中国出版社 1998 年版,第 240—242 页。

② 邓力群:《榆树县五棵树区阶级关系调查》,《延安整风以后》,当代中国出版社 1998 年版,第 246—247 页。

东北农村土地使用权的集中,经济上的主要原因是牲畜、农具、大车的集中。东北的中农和贫农只能租到少量的土地,雇农租不到土地,是由于中农、贫农缺少牲畜、农具、大车,雇农则根本没有牲畜农具,而且也雇不起牛犋。于是,就出现了地主把大量土地租给富农,或由地主自己雇工耕种,而不是分散地租给贫农。东北农村土地使用权的集中,其基础就是牲畜、农具所有权的集中,牲畜、农具所有权的集中必然产生土地使用权的集中,而且两者恰相适应。牲畜、农具的所有关系,决定土地使用的关系,因此也就成为东北农村阶级划分的重要标准。

在广泛调查和对盟温站屯等典型调查研究的基础上,我得出的结论是,东北农村的中农、贫农和雇农是农村生产的主力军,他们是地主富农财富的创造者。"富农是农村中的资产阶级,他们受地主的地租剥削,他们又向雇农进行资本剥削,但他们经营生产也参加生产,他们在生产中一定的重要地位也是不容否认的。只有地主阶级特别是大地主阶级是农村中最腐朽的寄生的阶级。"[1]

"土地所有权集中于地主,土地使用权集中于富农,地主富农都是农村的剥削者;因为地主的土地百分之七十以上租给富农,因为地主富农有此经济上密切的联系,所以富农土地使用权的集中又直接联系于地主土地所有权的集中。土地所有权的集中于土地使用权的集中标志着农村经济中的二个特点,没有地主土地所有权的集中,就不会产生像现在这样的富农土地使用权的集中;在东北,土地使用权的集中,不是建基于土地从地主手中的解放,而正是决定于地主对土地的垄断与霸占。"

"由于土地所有权的集中,产生了有地者和无地者,地多者和地少者之间的矛盾,其中最主要的是地主与全体农民的矛盾,其次是大地主与中小地主的矛盾,矛盾的性质基本上是封建主义的。由于土地使用权的集

---

① 邓力群:《榆树县五棵树区阶级关系调查》,《延安整风以后》,当代中国出版社 1998 年版,第 245 页。

中,产生了雇工种地者(富农)与扛活卖工者(雇农),雇工种地者(富农)与自己劳动种地者(中农及贫农),种地多者与种地少者之间的矛盾,这是富农与中农、贫农以及雇农的矛盾,其中最主要的是富农与雇农的矛盾,矛盾的性质基本上是资本主义的。封建主义的矛盾与资本主义的矛盾,是同时普遍、深刻、严重的存在于各个农村。"

"地主把他们土地的百分之七十租给富农,又把他们土地的百分之三十分租与中农与贫农,向富农、中农与贫农进行地租的剥削;中农、贫农又因为缺乏牲畜、农具必须向富农雇用牛犋,承受着富农的剥削,同时富农以其生产规模的集中,在经济上压抑和打击生产规模狭小的中农贫农;富农一方面剥削雇农,另一方面又承受地主的剥削。富农是雇农的剥削者又是地主的被剥削者。"①

根据对五棵树区的调查,我在调查报告第二部分对农村各阶级及其经济状况进行了详细的分析。

地主分为大中小三种地主,大地主占有大多数土地,他们是农村经济的统治者。大地主对农村经济的统治支配,除了拥有大量的土地外,还经过烧锅油坊去进行支配农村经济的活动。"烧锅的营业除了制造烧酒外,还买卖与存放粮食,囤积批发杂货,金融借贷,开油坊,开磨坊等等,农村经济中各主要部分都包括在内,烧锅的魔手伸进各角落,它的关系遍及整个乡村,烧锅是地主经济的堡垒,是地主统治农村经济的枢纽。"②

当时东北农村中,相当普遍地存在着经营地主的经济。而经营地主经济多半为大中地主所经营,小地主中很少有经营地主。我根据调查在报告中提出:"经营地主的经济,按其本身的性质,虽然带有资本主义的性质,但就其今天在农村经济结构中的地位说,仍是地主经济的一部分,

---

① 邓力群:《榆树县五棵树区阶级关系调查》,《延安整风以后》,当代中国出版社 1998 年版,第 247—249 页。

② 邓力群:《榆树县五棵树区阶级关系调查》,《延安整风以后》,当代中国出版社 1998 年版,第 250 页。

为地主所掌握,服务于地主经济,它没有起着摧毁与瓦解地主经济的作用,相反的帮助了地主经济,经过它使地主的地租剥削更加强化更加巩固了。"①

对于富农和富农经济,报告中强调其主要标志是:占有牲畜农具等农村生产的生产手段;主要是依靠雇用劳动力,剥削雇农,来进行其农业生产。另外,在报告中我还以具体的统计数字,突出地强调了五棵树地区富农经济的一个特别重要的特点,即其耕种土地大半以上是租入的土地。我还根据统计对富农的情况做了具体分析,"富农中的一部分,一方面雇佣雇农,进行劳资剥削,另一方面出租部分土地,进行地主地租剥削,但他们是富农中的少数。富农中的另一部分,一方面雇佣雇农,进行劳资剥削,另一方面租入大量的土地,承受地租的剥削,他们是富农中的多数。但不论前者也不论后者,都与地主经济有着联系,不同者在于前者是两重的剥削者,他们同时向别人进行资本主义性质的与封建主义性质的剥削;后者则是剥削者又是被剥削者,他们一方面向别人进行资本主义性质的剥削,另一方面又受别人封建主义性质的剥削。二者在社会经济发展中所起的不同作用,前者在于参加了封建主义对资本主义的阻碍,后者在于深受着封建主义的障碍。"②

在报告中,我对富农和富佃作了明确的界定:"耕种土地全属自有者是富农,耕种土地全是租入者是富佃,租入土地占耕种土地半数以上者和租入土地占耕种土地半数以下者虽是富农与富佃之间的中间形式,但前者可以归入富佃的范畴,后者则可以归入富农的范畴。"东北农民中的特殊情况是富佃,在做出界定的基础上,我们可以看出:"不论是经济上所占的比重,或生产规模,或占有牲畜农具,或雇入劳动力,富佃比富农都要

①　邓力群:《榆树县五棵树区阶级关系调查》,《延安整风以后》,当代中国出版社 1998 年版,第 251 页。

②　邓力群:《榆树县五棵树区阶级关系调查》,《延安整风以后》,当代中国出版社 1998 年版,第 253—254 页。

占着优势。"①

为了具体了解富农与富佃经济的状况,我们做了七户富农富佃的家庭调查,并向雇农作了核实。调查结果表明,尽管富佃比富农占有优势,"但由于富佃承受了地租与税收两种沉重的封建剥削,富佃的生活水平与经济上的富裕程度却不强于富农"。② 正因为富佃承受双重剥削,所以富佃与地主关系存在着矛盾的一面,但考察富佃还必须特别注意他们与地主关系存在着妥协的另一面。"在农村的斗争中,我们深切体验到,富佃与地主矛盾这一面虽然是两者关系的基本方面,但要破裂富佃与地主的妥协关系,则须要斗争的深入,须要某些狗腿子受到打击,须要基本群众的力量已经抬头,特别须要斗争中群众已经得到利益。"③

对于中农,我在报告中提出:"值得注意的问题是中农中的富裕中农问题,他们占有的土地不一定比中农多,但他们占有牲畜农具都比中农多,他们租入土地多于中农,雇入的劳动力比中农多,他们属于中农阶级,但接近于富农,形式上很多的地方也类似富农,有少数正向富农方向发展,并且在一定的政治条件经济条件改变以后其中还有一部分也有可能向富农方向发展。"根据我对中农阶层的调查,认为"富裕中农也是深受着地主的地租剥削,深受着封建主义对他们之阻碍"。④

在报告中,根据对贫农、雇农的情况的调查,也作了分析,特别是雇农。并且提出,无房无地的雇农容易发动和唤醒,他们既无顾虑又无恐惧。"在一切斗争中,雇农(特别是卖零工的)斗争性最强,他们是农民中

---

① 邓力群:《榆树县五棵树区阶级关系调查》,《延安整风以后》,当代中国出版社 1998 年版,第 254 页。

② 邓力群:《榆树县五棵树区阶级关系调查》,《延安整风以后》,当代中国出版社 1998 年版,第 263 页。

③ 邓力群:《榆树县五棵树区阶级关系调查》,《延安整风以后》,当代中国出版社 1998 年版,第 264 页。

④ 邓力群:《榆树县五棵树区阶级关系调查》,《延安整风以后》,当代中国出版社 1998 年版,第 264—265 页。

的先锋。"①

根据对五棵树区的调查,我在调查报告第三部分中提出了几个问题。

首先,农村各阶级当前的经济要求是什么? 他们斗争的对象是谁? 然后依次对雇农、贫农、富农(包括佃富农)和伪满时各受压迫受剥削的阶层和人民做了分析。对他们要求什么,对象是谁等问题,作了详细的分析。同时,报告还对不同阶级之间在经济要求和斗争对象的共同性作了详细的分析。

调查报告的第三部分,在报送凯丰时也一同寄去了。但在写给凯丰的信里,我告诉他,第三部分是根据初步调查提出的问题,还不成熟,希望不要公开发表。后来公开发表时,没有第三部分,但我自己留下了第三部分的稿子。

后来我又重新看了一下第三部分,提出的问题也还合乎实际。但当时这个调查报告有个缺点,即对佃富农、佃富中农或佃雇农之间的界限没有划分得很清楚。那时,我还不知道毛主席1933年写的《怎样分析农村阶级》,也不知道中央1933年在中央苏区下发的文件《土地斗争中一些问题的决定》中所讲的富农和富裕中农的区别。在中央苏区,当时规定剥削超过15%以上的是富农,不到15%的叫富裕中农。后来,1948年1月12日任弼时同志在《土地改革中的几个问题》的讲话中,谈到根据什么标准来划分农村阶级问题时说:"中央最近决定采取比1933年更宽大些的政策,即有轻微剥削(如雇人看牛或拦羊请零工、月工、甚至个把长工,或有少数土地出租,或放少量的债),而这种剥削收入不超过其总收入25%(四分之一)者,仍算为中农,或富裕中农,这比1933年规定这种剥削收入不超过其总收入15%的限度,是更宽一些了。剥削部分超过25%而且连续三年者,才算富农。"②由于我当时不知道这个界限,所以在

①　邓力群:《榆树县五棵树区阶级关系调查》,《延安整风以后》,当代中国出版社1998年版,第269页。

②　《人民日报》1948年3月28日。

调查报告里面,把相当一些佃富中农划成了富佃农(或收佃富农)。这也是后来导致侵犯中农利益的一个重要原因。

在农村基层的调查研究,让我认识到,东北农村的情况与关内是不完全相同的,就是东北地区各地也不是完全相同的,尽管东北的南部、中部和北部在土地集中程度上有一定差异,如辽宁南部的情况与吉林、黑龙江地区就有所不同。但从总体上看,松花江的江南、江北,乃至黑龙江,情况则与我们在五棵树区的调查结果是一致的。也就是说,从调查五棵树区一个典型,基本上看到了松花江南北、黑龙江地区的土地关系的特点。后来的经验也证明了这个调查结论是正确的。另外,东北的土地集中程度之高,尤其"房无一间、地无一垄"的雇农的数量之大,在农户中所占比例之高,是全国其他地区罕见的。我们在五棵树地区调查研究的结果显示,雇农一般占农村户数50%以上,有的屯达到60%,有的屯甚至占70%。从调查中了解到的这个重要情况,对榆树县委在后来的土地改革运动中,坚决依靠贫雇农,充分满足他们的要求,起到了积极的作用。

现在看《榆树县五棵树区阶级关系调查》,可以说是一篇比较系统、深入和周密的调查报告。不是只看到一般的表面的现象,而是看到了像东北榆树县这类地区的基本情况。应该说,这篇调查报告是在土地改革过程中,经过认真调查、详细占有资料之后写出来的一篇研究文章。要说这篇文章有一些价值,在实际斗争中起了一些作用,是因为它产生在解放战争时期东北农村土地改革的激烈斗争中。只有在那个时候、那个地方我才能写出来。在以前写不出来,是没有深入农村接触农民,没有在基层做过群众工作。要说这篇文章还有一些不足,是因为我还没有经过全部的、完整的东北土地改革的大风大浪,还没有充分的经验,还不能充分认识东北农村土地改革的规律。

再从发表《榆树县五棵树区阶级关系调查》的《东北农村调查》这本书看,解放战争时期在东北,有两个人做的调查比较严谨、周密,一个是我,另一个是杨英杰。杨英杰是我在延安马列学院时的同学,他那时担任黑龙江联合省人民政府的副主席。我的那篇调查报告能够从调查研究的结果中指出规律性，即从特殊性中看出规律性，从个别中看出一般，有着比较鲜明的针对性，基本上做到有的放矢，我自己比较满意。

现在想起来，最可惜的是，我在舒兰调查时做的比较详细的笔记，当时留在了县委，后来被叛乱的队伍掳去了，连我从延安带来的毛主席写的那两本书也掳去了。

2. 转入反攻后的一次支前工作

1947 年 4 月初，"四保临江、三下江南"战役结束后，林彪在一次会议上说，榆树县老百姓的酸菜缸已经底朝天了，我们必须打到外线去。林彪的意思是说，不能让国民党把我们困在内线，消耗我们的力量，而这时国民党在东北战场已经被迫转入防御，东北民主联军可以出手反击杜聿明了。这时，国民党军队为了确保已经占领的地区，继续分割我们东、西、南、北满和冀察热辽各区，等待从关内调来的增援部队，再寻找机会发动进攻。

为了打破南满、北满的分割局面，大量歼灭国民党军的有生力量，改变东北战局，5 月中旬，针对杜聿明分散守点的实际情况，东北民主联军几个纵队分头发起夏季攻势，其中北满部队以主力向长春、四平、吉林之间实施重点突击。

夏季攻势开始时，驻扎在榆树县的部队是东北民主联军六纵。部队出发作战前，要求地方政府动员担架队，随军行动。榆树的支前工作那时是做得非常出色的，从北满的部队"一下江南"开始，为了适应部队的需要，榆树县委就按上级的指示设立了兵站，以"一切为了支援前线"的实际行动，保证了数以万计的部队顺利过境，把几千名伤员安全送往后方，把各种军用物资源源运往前线。

通过榆树兵站的路线有两条：一条是榆树至拉林，另一条是双城至刘家店。榆树县设大兵站，下设运输招待股、供给管理股。秀水靠近松花江为第二兵站,向阳泡、泗河城、大岭、弓棚子、五棵树、土桥子、新立、八号设小兵站。兵站负责战勤动员、物资运输、过往部队接待和伤员护理等。由于榆树县兵站医院的医疗服务热心、周到,深得我们部队的拥护和爱戴,当时在我们部队中流传着"住医院,上榆树"的顺口溜。

这次,榆树县的老百姓积极性更加高涨,县委做动员后,各级干部包括各界群众,特别是翻身农民,在"保家保田"的口号下,个个当仁不让。我们按上级要求,一共动员了两千多人的担架队,动员到多少骡马和大车我现在记不准了。这次随军支前时,我在榆树县委任副书记,县委决定由我带队配合六纵作战。这是我在东北唯一的一次军事战争生活。

六纵和独立第三、第四师等部队,5月11日出发向拉法、吉林方向出击,横扫江密峰、乌拉街和老爷岭,接着西渡松花江,向磐石、海龙方向进攻。6月3日,把从海龙逃跑出来的国民党第60军暂编第21师歼灭在双阳以东地区。随后,乘胜又占领了双阳、伊通、桦甸、辉南。我带领支前民工一直随军行动。

6月初,为了扩大战果,进一步孤立长春、吉林的守敌,切断沈阳和长春敌人之间的联系,东北民主联军下一步的部署是攻歼四平守敌。这个时候,我带领榆树县的支前民工正驻扎在桦甸。部队领导跟我说,你们已经圆满地完成了任务,可以回去了。

在返回榆树县之前,我去看中央党校五班读书时的同学刘其仁。在交谈中,他对榆树的支前工作非常满意,为了表示对我们工作的感谢,刘其仁代表部队当场送给我们几支在战场上刚刚缴获的美制卡宾枪,还送给我个人一件披风式的美国帆布雨衣。这种雨衣在当时是很稀罕的东西,行军打仗使用起来很方便。随后,我就带着两千多人的支前队伍回到县里。这次随军行动,两千多人中只有个别人开小差,干部没有一个人离队,绝大多数人自始至终都是精神振奋、斗志昂扬。

3. 主编榆树县《工作通信》和动员农民参军

随军支前工作结束之后,我的主要精力就转到榆树县委工作中来了。

这里要回过头来讲一下东满根据地领导机构的变化情况。1946 年 7 月,东北局做战略转移后,决定将吉辽省委改为吉林省委。同月,经吉林省委决定,成立中共吉北地委、专署,中共吉南地委、专署。吉南地委设在桦甸,辖桦甸、磐石、永南、伊通、双阳。吉北地委机关仍然设在舒兰,辖舒兰、永北、榆树、德惠、九台。榆树中心县委撤销,恢复榆树县委。我留在榆树县当县委副书记兼民运部长,后来调来了范彩章,就把民运部长交给他,我专门当副书记。县委分工我兼管五棵树、弓棚子和大岭等几个区,其他的区由县委的组织部长等人分管。

我负责的各项工作同榆树县其他各项工作一样,很快就蓬勃开展起来了。这个时候,我主持编了一个榆树县的《工作通信》,是铅印的。刊登的内容主要是宣传党的政策主张,报道各个地方农民翻身的消息,榆树县各区以及各区土改工作队的经验。文章初稿由各单位自己写,经过我修改,印发给全县的工作队员。当时,在大家的努力下,《工作通信》办得有声有色。对榆树县的各项工作起了不小的指导作用。

另外,我们组织了一个动员农民参军运动。在这之前,榆树县就陆续有农民群众报名参军,这次是集中搞全县动员。经过土地改革,农民可能不会表达,但从心里面已经懂得,他自己的利益,是同共产党领导的整个革命事业紧密地联系在一起的,因此农民参军支前的革命热情有了明显的高涨。各级干部作参军动员工作时,困难比以前少多了,有时甚至出现了原计划五天完成的任务,只用三天就完成了。我同区里、乡里和村屯干部谈工作时,各级干部都对我说过,干部一动员,乡亲们就都憋不住了,在动员参军的会议上,很多翻身农民争着抢着参军。结果,一次就有两千多人报名参军。榆树县的动员农民参军工作得到了东北局和东北人民政府的嘉奖。

（五）土地改革中发生"左"的偏差及其纠正

1. 全国土地会议之后

1947 年夏，人民解放军转入战略进攻。这一新形势的出现，对土地制度的改革提出了更高的要求。1947 年 7 月 17 日至 9 月 13 日，中共中央工作委员会在河北省建屏县（今平山县）西柏坡村召开全国土地会议。会议总结了《五四指示》以来土地改革的经验，制定了《中国土地法大纲》。同年 10 月 10 日，中共中央公布了《中国土地法大纲》。

在解放战争发展的关键时刻，全国土地会议的召开和《中国土地法大纲》的公布，对于指引农民群众加入到民主革命的洪流中起到了非常积极的作用。同《五四指示》相比，《中国土地法大纲》是一个更加彻底的反封建的土地革命纲领，对土改起了重要的指导作用。但是，这次会议对于解放区的土改不彻底的情况估计得过于严重了，会议也没有做出具体的政策规定来保证《中国土地法大纲》实施过程中不侵犯中农利益的原则。《大纲》规定将一切土地加以平均分配的办法，在实际工作中容易导致侵犯中农利益。另外，会议在强调反对右倾时没有指出要注意防止"左"倾，结果就造成了土改运动广泛发动后在一个时期内发生了"左"的严重偏差。而同时期在解放区开展的整党，又以克服对地主斗争不力的右倾情绪为主。由此便在各地诱发了土改复查中出现的盲目扩大打击面的"左"倾错误，而且发展得越来越严重，直接影响到土地改革运动的健康发展。

东北局去西柏坡参加全国土地会议的是彭真和赵德尊。会议召开前，中共中央已经在 1947 年 4 月做出决定，彭真参加全国土地会议后留中央工作委员会任常委。会议结束后，由赵德尊回东北局传达全国土地会议文件，是逐字逐句向干部传达的。

这时候，吉林省委、吉北地委和榆树县委领导成员有了变化。林枫不当吉林省委书记了,张启龙也不当副书记了。榆树中心县委撤销改为县委时,王一新仍任县委书记。1947年10月,王一新调到吉北地委任副书记后,就由我主持榆树县的工作。王一新调走前,吉北地委副书记李梦龄找我谈话说,王一新不再兼县委书记了,他的职务就要你承担了。李梦龄同我谈话时,省委调来的伍晋南是吉北地委书记,他也在场。伍晋南任职时间很短,很快又由李梦龄继任书记。

因为这个缘故,吉林省委在延边召集县委书记以上干部会议,传达全国土地会议的文件和会议精神,我就到延边去开会了。在延边会议上,除各县汇报土改情况和传达全国土地会议精神外,大部分时间用于学习、认识战争和土改的新形势,整顿党员和干部队伍。

延边会议上,吉林省委书记陈正人向与会同志传达了全国土地会议制定的《中国土地法大纲》和全国土地会议精神。陈正人向与会同志传达文件的方式给我的印象不太好。他传达的方式,是读一段文件,念一段他自己过去的讲话。然后说,你们看,这个意思就是我过去在会上讲的嘛!接着再读一段文件,再念一段他自己过去的讲话。在这个过程中,他还多次不点名地批评张启龙。

当时我听出陈正人在批评人,但不知道原委,后来才了解到,前任省委中的好几个同志,都是他的批评对象,有孔原、石磊、李初黎等人。这些同志与张启龙的观点相同,而张启龙他们当时也可能确实受林枫的影响较深。正因为不知道内情,所以我对陈正人传达的会议精神,包括他的讲话内容,都是赞同的,但觉得他的传达方式不大好。

2. 榆树县土改工作中出现了"左"的偏向

全国土地会议召开前,榆树县的土改工作中已经不同程度地出现了"左"的偏向。

1947年7月,中共中央工委对东北局发出挖地窖斗争的指示,7月27日,东北局又发出《关于挖财宝的指示》。东北局指示下达后,榆树县开展了"砍挖运动"。所谓"砍挖运动",即砍倒大树(指大地主、大恶霸)挖底产(指地主浮财)。口号是:"地主就是罪恶。"在"砍挖运动"中,全县贫雇农向地主展开全面进攻,目的是从政治到经济彻底斗垮封建势力,更好更深入地进行土改。由于"砍挖运动"来得快,势头猛,加上农民群众酝酿不太充分,特别是由于过分强调彻底满足贫雇农的要求,只重视挖浮财,忽视"砍挖"斗争与土地斗争相结合,运动中普遍地发生了侵犯中农、侵犯工商业,乱打乱杀,打击面过宽和斗争方式简单化的偏向。

"砍挖"运动发展过程中,我发现了某些侵犯中农利益的做法,也曾设想要采取措施纠正。比如,有些村子不但要把中农多些、好些的土地拿出来分配,而且把他们当作"富农",把他们的浮财拿出来分配。这样,侵犯中农的问题就在不少地方反映上来。看到这些情况后,我写了题为《榆树县一区检查侵犯中农利益及其纠正的办法》的调查报告,要求纠正侵犯中农现象。调查报告最后强调:"在领导面前的任务应当是:肃清对侵犯中农利益采取麻木犹豫态度的现象,粉碎侵犯中农利益各种似是而非的理论与各色各样的藉口,使雇农、贫农与中农紧紧地团结起来,把斗争的火力引向地主。这样,只有这样,一个轰轰烈烈的群众性的运动才能发动起来;这样,只有这样,彻底消灭封建势力的目的才能达到。"①

当时,这篇调查报告在内部刊物上发表了。与此同时,榆树县其他区也在这方面作了一些工作,这本来是符合实际情况的。

从1947年10月起,《东北日报》上开始大量地、片面地宣传贯彻"贫雇农路线",简单地、孤立地强调满足贫雇农的要求。在这种潮流冲击下,我的思想动摇了。不但认为自己写那篇文章是个错误,后来甚至认为强调团结中农已经是运动向前发展的障碍。当时和后来的情况都证明,我发现的问题和调查报告中提出的纠正措施都是正确的。但是,因为思

---

① 邓力群:《榆树县一区检查侵犯中农利益及其纠正的办法》,《延安整风以后》,当代中国出版社1998年版,第290页。

想上受到了全国土地会议后掀起的平分土地高潮中"左"的潮流的影响，在延边会议讨论的发言中，我还做了自我批评。

我后来了解到，雍文涛在延边地委工作时，也发现了土改中侵犯中农利益的问题，并在实际工作中采取措施进行了纠正。延边会议上，陈正人在批评张启龙时也经常捎带着批评雍文涛。这样一来，雍文涛感到压力很大，就提出调动工作，要求换个地方。吉林省委同意并调他到吉北地委当副书记，但他不愿在地委工作，宁愿到一个只有几万人口的山河县去做县委书记。李梦龄觉得这样安排不好，从延边回吉北的路上，就和我商量雍文涛到吉北后的职务。李梦龄说，人家原来是个地委书记，现在要求当个县委书记，这个很好，但让他去一个只有四五万人口的山河县，无论怎么说，这样安排都不合适。是不是让雍文涛到榆树县委当书记，你仍当副书记。当时我很爽快地立即表示同意。不久，雍文涛就到了榆树县，名义上还兼吉北地委副书记，实际上是全力当县委书记。

1947年11月3日至21日，东北局召开了北满省委书记联席会议，讨论中央土地会议的总结和土地法大纲，并发出《东北局关于北满省委书记联席会议的通知》。会议要求各级党委必须完全按照中央土地法彻底平分土地，还决定在平分土地运动中进行整党、整编平分土地的队伍，反对右倾思想。同时决定对农会、政府、民兵队伍及其他各种组织的成分进行整理和审查。

12月1日，东北行政委员会发布了《东北解放区实行土地法大纲补充办法》，东北局发表了《告农民书》，号召农民积极起来打倒地主，平分土地，组织起来，发展生产，支援前线。东北老解放区的土地改革运动开始进入平分土地阶段。

北满省委书记联席会议结束后，关于会议精神的报道和消息就在《东北日报》陆续发表了。在平分一切土地问题上，大家的脑子开始发热，而且出现了愈来愈热的趋势。其中，所谓的"贫雇农路线"就出来了。由于《东北日报》接二连三地发表有关贯彻"贫雇农路线"的文章，"贫雇农打天下,坐天下"这些口号都陆续出来了。

我从延边开会回来后,从 11 月底开始,榆树县委组织全县各级干部深入学习和讨论《土地法大纲》,同时总结了全县贯彻《五四指示》,煮"夹生饭"和"砍挖"斗争以来土改运动的经验教训。

1948 年 1 月底,由榆树县委和各区委组织的 150 多名干部组成的土改工作队,在 27 个点同时召开贫雇农大会,向贫雇农宣讲党的土地改革新政策。大会之后,全县两千多个屯子中有的当晚就进入运动,20 余万贫雇农(占全县 65 万人口的三分之一以上)向地主、富农展开了猛烈的进攻。在全县联合大扫荡的基础上,土改工作转入了平分土地阶段。

2 月底,榆树县委召开县区委及工作队主要负责人会议,部署平分土地工作。我在这次会议上作了总结报告。为了使平分土地运动取得胜利,彻底摧毁封建势力,在报告中,我突出讲了平分土地胜利的重大意义,同时提出全县要在 3 月 20 日分完土地。到 3 月 20 日,榆树县结束了平分土地运动,实现了"耕者有其田"。

在传达、贯彻、落实全国土地会议和东北局北满省委书记联席会议的精神过程中,同全国其他解放区一样,榆树县的土地改革运动取得了很大成就。但是,由于土地改革运动是一个复杂、发展的过程,加上对具体政策掌握不准,存在片面化、简单化的问题,在斗争中出现了"左"的偏向。

当时《东北日报》在宣传土地改革运动的文章中,出现了以片面的贫雇农路线代替党的依靠贫农雇农,团结中农,限制富农,消灭地主阶级的土改路线的内容,主张群众"要怎样办就怎样办",甚至把中农同运动对立起来。有的文章还提出,中农的多余土地"应当抽出来平分",任何借口"不得侵犯中农利益"而压制群众运动,抗拒彻底平分土地的行为,是绝对不允许的,是一定要受群众制裁的。

这些文章的鼓动性很强,而且很能迎合部分农民口味。这些背离党的政策的文章所提出的口号,突出的特点是在农民群众中传播很快。这样一来,就扩大了贫雇农与中农的矛盾,纵容了严重扩大打击面的错误的蔓延,并使一部分干部放弃了对土改的领导,放弃了用党的方针政策去规范、领导农民的斗争。

另外,《土地法大纲》在规定彻底平分土地方针的同时,没有一条,甚至一句话指明要团结中农,不要侵犯中农的利益,这个在政策制定上出现的缺陷,在榆树县也导致了在实际的土改运动中侵犯中农利益的情况越来越严重。

榆树县在1947年年底到1948年年初土改中出现的严重问题,认真归纳一下,一是打击面过宽。由于"左"倾影响,一度出现了扩大化;二是侵犯了中农利益。这些错误当然也有我的份。

在这个阶段,榆树县还在另外两个问题上出现了严重偏差。

第一个是在干部队伍中"清除敌伪残余"问题。

东北局北满省委书记联席会议做出对农会、政府、民兵队伍及其他各种组织的成分进行整理和审查的决定后,《东北日报》上刊登了高岗在热河省检查工作时的一个讲话,主要是称赞热河省的工作,并提出东北各省要学习热河省"清除敌伪残余"的经验,在这次贯彻全国土地会议精神过程中,要清除干部队伍中的敌伪残余,而且讲要清除得非常彻底,一丝一毫也不留,彻底地清除干净。榆树县的干部中有一些人在敌伪时期做过小职员,他们看到高岗的讲话很惶恐,因为在高岗的讲话中,对什么人是干部队伍中的敌伪残余,并没有提出明确的判断标准。

榆树县的"清除敌伪残余"工作开始后,我和县委书记雍文涛就在敌伪残余的判断标准和清除对象问题上产生了不同意见。我认为,要正确把握整理和审查工作,必须有正确的政策和明确的判断标准。在争论中,雍文涛拿着登着高岗讲话的报纸说,高岗同志在这里说了,清除就要做到一丝一毫也不留。我就讲,不说别的,经过四平撤退,又返回来,这总算一段考验吧。在考验中表现好的人,就不应该清掉,尽管他们在伪满时当过小职员,还是应该把这些人留下来,因为他们是经过了恶劣环境考验的。雍文涛不赞成我的说法,说一丝一毫也不留是高岗同志的讲话精神。我再三陈述，说在我所分管的五棵树区、弓棚子区和大岭的几个在伪满时当过小职员的干部，经过艰难环境考验，在长春失守后的撤退过程中表现很好，我坚决不赞成把他们清掉。后来，这些人总算留了下来，但都靠边站了。而榆树县的其他几个区，凡在伪满时当过小职员的人都清掉了。而在运动中对这些人的揭发处理，缺乏足够的调查，情况一般不够切实，处分过于严重，后果很不好。所以说，一个人在遭到批评之后，仍然能够正确掌握政策界限，是非常不容易的。

第二个是出现了"大扫荡"、"扫堂子"歪风。

在平分土地高潮中，《东北日报》经常不断地介绍这个、那个地方的经验，结果使东北在1947年年底前后刮起了一股风，叫做"大扫荡"、"扫堂子"。一些地区出现的"扫荡"、"反复扫荡"、"联合扫荡"，更扩大了打击面。所谓"大扫荡"、"扫堂子"就是在一个区内，这个村的战斗队到那个村去斗去清，那个村的战斗队也可以到这个村来斗来清。甚至在一个县内，不同的区之间都可以去"扫荡"。本来，榆树县没出现过"大扫荡"。由于《东北日报》不断地介绍各地的经验，受报纸的影响，结果大家头脑都发热了，也要学习这个经验。我开始对这个问题没抵制，后来在实际行动中间才发现不对头。

榆树县"扫荡"时，我就跟着第一区的一个战斗队到第五区去"扫荡"。我去得晚了一点，他们已经在那里把他们所认定的斗争对象，扒光上衣，吊到马桩上，用皮鞭抽打。有一个不知怎么挣脱了，而且跑出去投井自杀了。我去了一看，还有几个人被扒光了上衣，吊在那里，那是东北的冬天啊！他们还说，这里"扫荡"完了之后，还要到另外几个村去"扫荡"。我看这样下去不行，就规劝他们，到此为止吧，别的村就不用"扫荡"了。天下贫雇农是一家，你们斗争的果实就不用带走了吧，就留给本村的贫雇农来享用吧。最后总算说服了他们。

后来，我又赶到这些人准备去的一个村子，看到那个村子也成立了战斗队，而且也准备去别的村子"扫荡"，其他的村也发生了这样的事。我想,这样"扫荡"下去,村与村之间肯定会互相斗起来。当时,我感觉"大扫荡"这个做法不行,但没有提出为什么不行。一方面,我在具体事情的做法上感觉到不对头,另一方面,对大规模土地改革运动起来后,群众在运动中采取的方式方法,没有因为具体的事情而发生怀疑,也是头脑发热,大家是这样,我也是如此,而且还根据雍文涛的意见,写了题为《运动起来》的文章,其中有对贫雇农"自发倾向"的崇拜。这篇文章后来没有公开发表。

3. 中共中央及时发现并纠正土改工作中出现的"左"的偏向

1947 年年底,中共中央及时发现了各个解放区土地改革运动中的"左"的偏向,并采取措施纠正运动中打击面过宽的问题。毛主席 1947 年 12 月 25 日在陕北杨家沟的讲话《目前形势和我们的任务》,即十二月会议的讲话很快发表了。接着,任弼时同志 1948 年 1 月 12 日在西北野战军前线委员会扩大会议上的讲话《土地改革中的几个问题》也发表了。根据任弼时的《土地改革中几个问题》的报告及 1 月 18 日毛主席为党内起草的《关于目前党的政策中的几个重要问题》的指示精神,东北局 2 月 1 日发布了《关于平分土地运动中的几个问题的指示》,开始对运动中出现的"左"倾偏向进行纠正。2 月 9 日,中共中央就立即纠正土地改革打击面过宽问题,向东北局发出了指示,强调必须立刻着手改变政策,将打击面大大缩小,弄错了的,必须纠正。这样一来,到 1948 年春天,整个东北解放区都开始总结检查土地改革中的偏向问题。

4. 榆树县召开第一次农民代表大会

1948 年 2 月 25 日,东北局暨东北行政委员会发出关于春耕运动的指示,指出:"今年东北解放区的春耕运动,关系全东北的解放和支援全国战争,对广大翻身农民来说,则关系今后兴家立业,发展生产与巩固土地改革的胜利,因此一切其他事务,均必须服从和配合完成春耕运动。"

"春耕的成败决定于领导,每一个党员与政府工作人员,每一农村工作者,都应积极参加这一伟大运动。"①

榆树县委充分认识到领导发展农业生产已经成为东北解放区各级党政组织的基本任务,成为我们党的农村群众工作基本内容。于是,县委把领导全县人民农业大生产的问题,提到全县工作第一位。

发展农业生产,满足前线大兵团集中作战的一切需要,改善榆树县人民的生活,在榆树县已经有了初步的基础。在土地改革的基础上,榆树县的大部乡村比较好地解决了土地改革中所遗留的问题,稳定和提高了农村各阶层群众的生产情绪,农民不但具备了发展农业生产的物质基础,而且生产情绪普遍很高。

农业生产是有季节性的。为进一步动员全县农民不误农时积极开展春耕生产,3 月 23 日,榆树县县委和县政府组织召开了榆树县第一次农民代表大会。会上提出六项任务:发展生产;按《土地法大纲》平分土地;给被斗中农"摘掉帽子",补还财物,团结中农;克服困难,搞好当前生产,要求代表和农村干部在生产中起模范带头作用;提倡贸易自由;节约备荒。会上还通过了《关于发展生产的决议》。会议精神传达下去以后,极大地激发了翻身农民春耕生产的积极性,榆树县迅速掀起了春耕生产的热潮。

这次大会过后六十多年,在整理我的回忆录期间,帮助我工作的同志从榆树党史网发表的《解放战争时期榆树大事记》上看到了这次大会的内容,于是请中央党史研究室帮忙查找有关材料。在他们和吉林省委党史研究室的帮助下,榆树市委党史研究室查找出这次会议的仅存文件——《关于发展生产的决议》,并确认文件是我写的。为了真实体现当时的历史,也为感谢这些帮忙的同志,我把这个《决议》全文照录如下:

① 《人民日报》1948 年 3 月 18 日。

榆树县第一次农民代表大会关于发展生产的决议

(民国三十七年三月二十四日通过)

咱们这次召集全县的第一次农民代表大会,到会代表三千六百多人,庆祝了咱们的翻身大胜利,讨论了今年组织农业大生产中的各种问题。代表大会一致认为:在咱们把封建地主斗倒了,翻了身以后,全县人民的头等任务,就是勤劳生产发财致富;使咱们的解放区更加兴盛,更加有力量,支援前线,早日打垮蒋介石,解放全国人民。因此代表大会特做出下面的决议,望全县农民一致努力,切实执行。

一、发展农业生产是全县农民今年的头等任务。全县今年农业大生产的目标,一定要做到不荒一亩地,不闲一个人;要多拾粪,多上粪,保证全部存粪送到地里;保证种、铲、趟、拉,不误季节,不违农时,在小满前10天种完大田;注意深耕细作,保证谷子、高粱三铲三趟,大豆两铲两趟,达到比常年产量增产20%的任务。代表大会号召全县农民和全体农民干部,加油加劲,用尽全力,把全部土地种好,把今年生产闹好。提倡大家动手,各个出力,克服困难,力求发展;打破专靠政府救济等待农贷的依赖思想。代表大会决定把发展生产作为今年全县检查工作考核干部的第一标准,发展生产有成绩的,要受到表扬,受到奖励,发展生产没有成绩的,则要受到批评,甚至受到惩罚。

二、保证农民按照《土地法大纲》,在斗争封建中得到全部的果实,均为农民合法财产,任何人不得加以侵犯,侵犯者以反把论罪。被斗错了的中农,均必须摘去帽子,补还东西,贯彻坚决团结中农,不损害中农利益的原则。地主富农和农民同样平分的一份土地,和他们余下来的财产,代表大会也一致决定给予保护,不再斗,不再分。代表大会特别决定并郑重宣布:从今往后,任何人(包括地主富农在内),勤劳生产,挣来的钱财,打下的粮食,均归个人私有,个人有自由处理的权利,不受任何侵犯。土地房屋有租佃的自由,人工、牲畜有雇佣的自由;一切租额工资和利息均由双方自愿合理商订。平分土地后的租佃雇佣和借贷关系,不能当作封建剥削,不能再斗争,不能再分劈。

三、今年农业生产有许多困难,土地分散,牲口分散,人吃马喂都不充足。但农民是好汉,咱们有信心克服困难,农民有志气,咱们有决心把今年的农业生产闹好。代表大会一致认为闹好今年生产的重要办法就是照毛主席的话:"组织起来,把全部能耕种的牲畜组织起来,把全劳动力和半劳动力高度的组织起来,换工插犋,劳动互助,把妇女组织起来,进行农业生产和副业生产。"今年组织起来的目的,一方面是提高农业生产力,增加产量;另一方面是省出人力和畜力,进行副业生产和农业生产以外的其他生产,克服人吃马喂的困难,组织起来一定要遵守个人自愿、大家有利的原则,反对强迫命令。因此必须先打通思想,反对"生产不用组织,老百姓会紧着忙"的放弃领导的自流思想,同时防止不用"官家操心,今年生产一定闹的欢"的盲目乐观的自满情绪。换工插犋必须计工算账,等价交换,里找外找,生产小组必须注重实效,定出纪律,反对强凑数字,只求表面的形式主义。生产互助组的大小和责任分担,均必须根据当地当时农业生产的条件,由农民大伙合计决定,不要死板规定,不要千篇一律。此外,农民应当监督地主富农,改造二流子,强制他们好好劳动,进行生产。代表大会号召全县各(地)区、各单位、各个人展开今年生产竞赛,人人争当劳动英雄,人人学习劳动英雄,创造生产模范组、模范屯、模范村。

四、代表大会号召每个代表和全县的农村干部,在今年的大生产中起模范的带头作用,亲自参加生产组,每个代表每个干部负责抓好一个生产组,耐心负责地把全年生产计划好,组织好,领导好。每个干部应该记住毛主席的话:"我们应该不怕风霜劳苦,夜以继日,勤恳切实地去研究人民中间的生活问题,生产问题。"这是一方面。另一方面,大会号召全体农民为了搞好生产,应一致地服从干部对生产的领导和监督。

五、贯彻贸易自由的原则。全省范围内自由贸易的号召,咱们坚决响应,首先在全县范围内,保证牲畜粮食草料等的自由买卖,禁绝一切扣留和没收阻拦封锁等坏现象,任何农会,任何干部或个人,违反这个原则者,一律以敲诈勒索犯法行为论罪,从严惩处。

六、节约备荒,组织人力畜力财力,购运调剂粮食草料,提倡省吃俭用、刻苦持家的好风俗,反对大吃大喝、好吃懒做的坏习气;严惩贪污,严禁赌博,严厉处罚吸食贩卖大烟。

七、代表大会特提出今年发展生产的口号如下:

(1)分土地,翻了身,勤劳生产扎富根。

(2)马插犋,人互助,既省畜力又省工。

(3)多种地,多打粮,支援前线抓老蒋。

(4)不荒地,不佣人,今年生产要认真。

(5)生产小组编制好,自愿两利里外找。

(6)组织起来,大家发财;劳动互助,由穷变富。

5. 在调查研究的基础上撰写《关于榆树县打击面的研究》

为了纠正榆树县土地改革运动中"左"的错误倾向,调查运动中打击面过大、过宽的问题,我带着管乐人同志(曾任榆树县一区工作队队员,后来担任过第七区工委书记),在榆树县三个区的三个村做了广泛调查。县委又指定其他同志调查了另外两个区的两个村。

在调查中,我亲自访问农民,询问他们的家庭生活和生产情况,征求他们对土地改革工作的意见。回来后,我对调查中获得的大量第一手资料进行了系统的研究,在思考运动中出现的缺点和错误的基础上,写了题为《关于榆树县打击面的研究》的调查报告。1948年7月20日,《关于榆树县打击面的研究》公开发表时,调查报告后面还附了七八份调查材料。

在调查报告中,回顾了由于我们对《五四指示》了解和掌握的片面

1948 年在东北。后排右一为邓力群

性、盲目性所带来的问题,以及对后来的思想上的影响,回顾了《土地法大纲》公布后我们执行中出现的打击面扩大化的偏向,以及 1948 年年初"大扫荡"所造成侵犯中农利益的严重现象。

我在调查报告结尾指出:"领导思想的片面盲目,政策掌握上的左右摇摆,工作中的各种错误和偏向,是从什么地方来的?基本原因就是由于我们在执行政策时,在发动每个运动时,没有了解情况,没有对当时当地的实际情况进行全面的而不是片面的,系统的而不是零碎的,亲自动手深入细致的而不是道听途说人云亦云的调查研究。不了解情况,就无法掌握政策,情况了解得不正确,政策势必发生错误。二年多的土地改革运动,在这方面给予我们的教训,实在是非常深刻和痛苦的。我们在砍挖运动中的错误,是由于情况的了解不正确;接征运动的偏向,也是由于对情况了解得不全面,到大进军时,侵犯中农的严重偏向一往而更加发展起来,仍是由于没有全面的具体的分析当时的实际情况。领导机关的基本任务是了解情况掌握政策。没有对情况的正确掌握,就无法实现正确的领导;没有对群众运动实际情况的全面的清醒的了解,就无法使党的正确领导与群众相结合。如果我们过去是牢牢地记住了这一条,并在实际工作中经常去体现这一条,我们的错误无疑地是要少犯的。如果每次运动中,我们都能根据对当时当地全面情况的了解和分析来决定我们的工作方针,工作中的错误和偏向也是可以及时地得到纠正的。"①

　　从深入村屯、细致调查、认真研究、分析原因、勇于正视、诚恳检讨、全面总结土改中出现"左"倾错误的教训,到最后写出《关于榆树县打击面的研究》的整个过程可以看出,在土地改革运动中,由于各种各样的原因,我们犯了这样或那样的错误,同时又是我们自己在斗争实践中,认识、检讨和纠正了这些错误。

（六）在中共东北局工作

1. 调东北局巡视团

　　1948年7月下旬,东北局组织部下令调我去东北局机关工作。我去信要求能够再做一两年农村工作,东北局不但没有接受我的请求,而且要我立即去报到。8月上旬,我离开榆树县到了哈尔滨。

　　从1946年4月上级调我到榆树县中心县委工作,到1948年8月调离,前后在榆树县工作了差不多两年零四个月。从深入农村、发动群众开始,到四平撤退后转移,然后又回到榆树县,贯彻《五四指示》,发动群众,开展反奸反霸、清匪斗争,实行减租减息,开展土地改革,使农民认识到解放战争是解放他们自己的战争,前方打老蒋和后方抓老财是完全一致的。后来,在土改过程中出偏差,我跟着一起犯错误;在中央和东北局的指示

---

　　①　邓力群:《关于榆树县打击面的研究》,《延安整风以后》,当代中国出版社1998年版,第330页。

下,清醒起来,认识和纠正错误,转向发展生产,其中包括开展互助合作运动。这两年多,时间虽然不长,但很多重大事情的全过程都经历过了,其间有好的工作,很大的成绩,确实也有严重的错误,自己犯错误、自己认识和纠正错误。

我在榆树县委工作期间,还有一件事值得讲一讲。就在我写《关于榆树县打击面的研究》这篇文章时,《东北日报》的记者罗立韵第二次来到榆树县采访。她第一次来榆树县大约是在 1948 年 4 月。作为记者,罗立韵在东北跑过很多县进行采访,根据她了解的情况,认为其他县的干部作风比不上榆树县的干部作风。从罗立韵这次到榆树县开始,我们相互熟悉、相知并开始恋爱。后来人家开玩笑,说这个女记者到处采访,结果采访到了一个邓力群。

邓力群与罗立韵在东北

2. 学习张闻天的《关于东北经济构成及经济建设基本方针的提纲》

我调往东北局工作之前,即 1948 年 5 月,张闻天已经从合江省委书记调任东北局常委兼组织部长。张闻天到任之后,要组织一个东北局的巡视团,并指名调一批县委书记以上的干部担任巡视团团员。东北局从吉林调去两个干部,一个是榆树县的邓力群,一个是德惠县的李正亭。

我到东北局报到后,张闻天就把他刚刚写好的《关于东北经济构成及经济建设基本方针的提纲》(以下简称《提纲》)给我看。

在《提纲》中,张闻天把解放后的东北经济规定为五种经济成分,即:国营经济、合作社经济、国家资本主义经济、私人资本主义经济、小商品经济。他在《提纲》中分析了各种经济成分及其相互关系,特别是国营经济同私人资本主义经济和农民小商品经济的关系。

看了《提纲》之后,我深受启发,一下子就看到了一个广阔的新天地。土改之后,农村怎么办,整个经济发展趋势如何,进入和平时期后国家建设的道路怎么走,《提纲》都做出了分析和回答。从东北的实际出发,张闻天在正确认识新民主主义社会本质的基础之上,提出了一条领导新民主主义经济建设的路线,即"以发展国营经济为主体,普遍发展并紧紧地依靠群众的合作社经济,扶助与改造小商品经济,容许与鼓励有利于国计民生的私人资本主义经济,尤其是国家资本主义经济,防止与反对商品的资本主义经济所固有的投机性与破坏性,禁止与打击一切有害于国计民生的投机操纵的经营。"《提纲》主张采取类似列宁的新经济政策,坚持国营经济的领导地位,发展多种形式的经济,以促进整个国民经济的繁荣发展,并逐步实现由新民主主义向社会主义的过渡。

由于张闻天领导的合江省在东北解放早、土改完成得早、转入经济建设也比较早,因而他对整个新民主主义建设问题的关注,对党的工作重点在革命胜利后如何转到经济建设方面来的思考,也就比较早。在这点上,张闻天在东北确实起了大作用。这个《提纲》是他长期深入实际,认真调查研究,把马列主义和中国革命实践相结合的产物。张闻天根据东北实际情况撰写的这个新民主主义经济建设的《提纲》，可以说是一个非常重要的文件。张闻天的这一理论贡献，是应该载入我们党的史册的。

张闻天给我看的《提纲》，经东北局通过后，1948 年 9 月 30 日报中央，立即引起了中央的高度重视。中央指出这个文件"很好"，并作了一些修改，增加了无产阶级同资产阶级的矛盾是新民主主义社会的基本矛盾等重要提法。10 月 26 日，毛主席批阅全稿，作了修改，还写了批示。刘少奇也对《提纲》作了精心修改。随后，经毛主席、刘少奇修改的提纲印发东北局、华北局和部分领导同志征求意见。11 月 6 日，中央致电东北局，肯定这份提纲，准备转发全党，进行教育，"并作为各解放区经济建设的方针"。也就是说，张闻天的这份提纲得到了中央的支持。张闻天后来和我讲，在中央没批示以前，东北局谁也看不起、谁也不看这个东西，中央批准了、并且表示了赞扬之后，东北局的其他人才跟着说好。

3. 在张闻天领导下做研究工作

1948 年 5 月，毛主席在为中共中央起草的党内指示《一九四八年的土地改革工作和整党工作》中，根据对形势和党内状况的科学分析，向全党领导干部指出，必须反对经验主义的方法。当时，忽视革命理论的经验主义倾向，已经成为党内干部思想上的主要危险。所以，毛主席提出："各中央局、中央分局、区党委、省委和地委的领导工作中，如果存在着这种有害的经验主义方法，必须注意克服。"[①]1948 年 7 月 17 日，《人民日报》发表了艾思奇题为《反对经验主义》的文章，文章说，"我们的干部必须把反对经验主义作为目前学习中的主要课题之一"。

8 月中旬的一天，张闻天找我谈话，要我认真学习中央的指示，学习延安整风文件，领会文件的精神实质，就反对经验主义问题作认真的研

---

① 毛泽东：《一九四八年的土地改革工作和整党工作》，《毛泽东选集》第四卷，人民出版社 1991 年版，第 1331 页。

究,为《东北日报》写文章。在学习的过程中,我结合自己的工作经历,先后写了两篇专论:一篇是《反对局部观点,树立全局观点》,另一篇是《经验与经验主义》。两篇文章是针对当时党内出现的经验主义错误,为宣传马列主义、毛泽东思想而写的。

在写《反对局部观点,树立全局观点》《经验与经验主义》两篇专论时,我反复学习了毛主席 1942 年 2 月 1 日在中共中央党校开学典礼上的演说(即《毛泽东选集》第三卷中《整顿党的作风》一文)。毛主席明确指出:"我们党内的主观主义有两种:一种是教条主义,一种是经验主义。他们都是只看到片面,没有看到全面。如果不注意,如果不知道这种片面性的缺点,并且力求改正,那就容易走上错误的道路。"毛主席批评党内主观主义时说:"有两种不完全的知识,一种是现成书本上的知识,一种是偏于感性和局部的知识,这二者都有片面性。只有使二者互相结合,才会产生好的比较完全的知识。"毛主席还说:"我们反对主观主义,必须使上述两种人各向自己缺乏的方面发展,必须使两种人互相结合。有书本知识的人向实际方面发展,然后才可以不停止在书本上,才可以不犯教条主义的错误。有工作经验的人,要向理论方面学习,要认真读书,然后才可以使经验带上条理性、综合性,上升成为理论,然后才可以不把局部经验误认为即是普遍真理,才可不犯经验主义的错误。"①

在写这两篇文章过程中,我感到毛主席对党内存在的主观主义一直高度重视。在反对教条主义的斗争中,他高瞻远瞩,发挥了重要作用。1948 年 5 月,在革命形势胜利发展的形势下,毛主席、党中央提出了克服经验主义的问题。现在看起来,这个问题的提出和解决,也是为迎接即将到来的革命在全国范围内的胜利创造的重要条件之一。

文章写好后,我送给张闻天看,他说《经验与经验主义》写得更好些。

---

① 毛泽东:《整顿党的作风》,《毛泽东选集》第三卷,人民出版社 1991 年版,第 818—819 页。

我后来重新看了一下这两篇文章，就《经验与经验主义》说，即使以现在的水平看，也不是等而下之的文章。

4. 关注、介绍汪清县供销合作社的经验

到东北局工作后不久，我和李正亭一起回吉林省委去开了一次总结土改运动的会议。会议期间，我有一个大的收获，就是听到了汪清县县委书记王录介绍的关于土改之后组织、发展供销合作社的经验和体会。

我当时感觉到，在加强党的领导、通过农会干部组织农民兴办供销合作社的问题上，王录比吉林省其他县的县委书记都先走了一步，汪清县的做法值得总结和推广。所以有这个想法，是因为在大规模土地改革快要结束时，我就开始思考土地改革后农村发展生产问题。1948 年春耕期间，我在榆树县下乡调查过程中发现，由于土改中不仅把地主富农的土地分配了，把他们占有的生产资料也平均分配了。地主富农的大牲口、农具分到各家各户以后，春耕时问题就出现了。前边说过，东北种地至少要有两三个大牲口，现在，一辆大车分给两家，一副牛犋也归了两三家。于是，得到土地的农民在春耕中就自动结合起来，互相帮忙种地。东北地区农业生产的特殊性，使得农民在春耕中产生了互助合作的要求。

听了王录介绍的经验，受到了很大的触动。土地改革后，我们党怎样领导农民并使他们在将来走向社会主义的前途？我们当然不能采取过去领导农民消灭封建制度的那种"直接的革命方法即行政手段"，而要采用农民能够接受的经济上的办法。王录介绍的经验和体会让我意识到，走发展农村合作社的道路，并从供销到生产，是土地改革后在经济上领导农民最好的组织形式。由于有了这样的认识，从此开始，农村供销合作社问题就成为我在东北局工作时的研究重点之一。

回到哈尔滨后，我马上做了三件事，一是向张闻天推荐汪清县的经验，二是把张闻天撰写的《关于东北经济构成及经济建设基本方针的提纲》手抄了一份送给王录，三是建议罗立韵到汪清县去调查他们搞供销

合作社的经验。

罗立韵从汪清县调查回来后,写了一篇调查报告,我帮忙做了修改、定稿,在《东北日报》上发表了。后来,王录也指定专人调查了汪清县办得比较好的几个合作社,把他们的典型经验写成调查报告。王录把调查报告送给我看,让我帮助修改。我对两篇调查报告作了全文修改,定稿以后送给《东北日报》。

1948年12月下旬,《东北日报》发表了《汪清兴塘区鸡冠村合作社》。另一篇题为《汪清兴塘区腰营屯合作社》的调查报告,1948年12月底或1949年1月初也在《东北日报》发表了。

（七）为东北农村供销合作社健康发展努力工作

1. 从东北局组织部调到财委秘书处

1948年10月,东北局撤销巡视团,并决定留我在东北局组织部工作。张闻天本来想让我任组织科科长。后来吉林省有人向东北局反映,说邓力群在土改中"左"的东西很多,在吉林省委召开的土改工作会议的发言中,强调应该侵犯中农,不应保护中农;还说我在榆树县土改中也搞了"大扫荡",而且杀人过多。

吉林省委土改工作会议和"大扫荡"的情况前面说过了,这里讲一下他们反映的杀人的事。榆树县曾发生过一起反革命团伙把我们党的一个情报人员残酷杀害的事件。后来,公安部门经过缜密侦查,发现并逮捕了这个反革命团伙的成员,根据确凿的证据,在这伙反革命分子杀害我们党情报人员的地方,把这个反革命团伙的十五六个成员都枪毙了。这件事发生在敌我斗争中你死我活的时期,即使如此,枪毙的人也可能多了一点。因为吉林省有人向东北局反映这件事,我没当成组织科科长。

1948年11月2日,人民解放军解放了沈阳、营口,辽沈战役胜利结束,东北全境解放。就在这一天,我同罗立韵结为终身伴侣。

不久，东北野战军和东北局的领导机关就分别从辽沈战役前线指挥所和哈尔滨迁入沈阳。11 月 23 日，东北野战军主力分三路入关。同一天，东北局在沈阳召开扩大会议，讨论研究东北全部解放后的形势和任务。陈云在会上发言说，今后总的任务就是支援全国的解放战争。这种形势下，张闻天自己提出要做财经工作。12 月 21 日，东北局召开会议作了两项重要决定：其一，在高岗去中央开会期间，由陈云主持东北局工作；其二，决定张闻天任东北财经委员会的副主任。①

张闻天任东北财经委员会的副主任后不久，把我从组织部调到财委秘书处。我向张闻天提议，调雍文涛来当处长，由他主持秘书处的全面工作，我任副处长，集中精力研究些问题。

到东北财经委员会秘书处工作后，我把调查研究汪清县供销合作社的经验继续作为重点工作之一。1948 年 12 月下旬，在张闻天的指导下，我起草了《中共中央东北局关于发展农村供销合作社的决议草案》；1949 年 3 月，写了题为《汪清合作社的研究》综合性文章；1949 年 4 月，起草了《东北农村合作社组织大纲》。

2. 起草《中共中央东北局关于发展农村供销合作社的决议草案》

我在张闻天的指导下起草的《中共中央东北局关于发展农村供销合作社的决议草案》(以下简称《草案》)，将近六千字。

《草案》强调："合作社经济的建设，现在已成为东北全党今后经济建设中仅次于国营经济的重要任务，而对农村的一切党组织，合作社经济的建设则是它们的头等任务。""合作社的历史任务，是在经济上巩固工农的联盟，使农民在无产阶级及其政党的领导下，经过新民主主义的道路，走上社会主义。""我们的同志应当了解供销合作社事业的巨大重要性，而不应有重农轻商的观点。应当了解在小商品经济的范围内，商业是可

---

① 参见《陈云传》(上)，中央文献出版社 2005 年版，第 582 页。

以控制农业甚至破坏农业的。只有合理的商业的发展,才能使农业有合理的发展,而这种合理的商业就是供销合作社。"

《草案》指出:"在无产阶级领导的新民主主义的国家制度下的合作社经济,是国营经济和千千万万农民小生产者经济联系的桥梁和纽带,是国营经济领导小商品经济最可靠的有力助手,是国营经济在经济战线上和一切投机操纵与经济破坏进行斗争的最可靠的同盟军。"

《草案》提出,在合作社经济建设过程中,"国家必须在资金、税收、运输以及订货诸方面,给合作社以经常的、适当的、有区别于私人资本主义经济的优待和帮助,一切国家经济机关都应当扶助合作社,特别是商业部和各地贸易局应当把扶助合作社的正常发展看作自己的基本任务"。

"合作社的一切规章制度,均应以利于群众、服务群众为依归。合作社必须深刻体会群众情绪、群众利益、群众要求,一切问题的处理都应从群众出发而又以群众为归宿。"

"为了加强党对合作社的领导,党必须把大批最好的干部和党员送到合作社去,使其在合作社内部起核心领导作用。"

3. 起草《东北农村合作社组织大纲》

1949年4月,我负责起草了《东北农村合作社组织大纲》。《大纲》共5章24条。第一章为"总则";第二章是"社员、社员的权利义务、社员的股金分红";第三章是"组织机构";第四章是"组织系统";第五章为"附则"。

在起草过程中,我重点参考了毛主席1942年12月写的《关于发展合作事业》一文中对延安县南区合作社详细的考察材料。毛主席指出,南区合作社在几年的磨练中,成了真正为群众所拥护的合作社的模范。毛主席归纳了南区合作社的四个特点:第一,冲破了教条主义、公式主义,不拘守成规。第二,打破了形式主义,认真贯彻面向群众,替人民谋利益的方针,因此逐渐为群众所爱戴。第三,以公私两利的方针,作为沟通政府与人民经济的桥梁。经过合作社,一方面贯彻政府的财政经济政策;一方面又调剂人民的负担使其更加合理化,增加人民的收入,提高人民的积极性。第四,根据人民的意见改善合作社的组织形式。南区合作社不开社员全体大会,而由社员按村选举代表到会。南区合作社不采取摊派入股的方式,而是通过社员中的积极分子去劝导人民入股。它不限制社员入股数量而照股分红,但在处理合作社的一切问题时,每一社员不管股份多少,都有平等的权利。①

参照延安县南区合作社的做法,根据汪清县供销合作社提供的新鲜经验,我在《大纲》中提出:"合作社社员得平等的享有合作社的一切权利,不论股金多少,任何社员都只享有平等的一票表决权。""合作社之红利分配,一律照股分红。"就是说,社员入股多少不限,但股再多也只有一票投票权。在这个基础上,股份可以分红。

组织农村合作社的目的,是要把千千万万的农民有步骤有计划地组织起来,所以合作社的事业是一项很大的事业。大事业就需要大家办,大家办事业就需要一个大纲,我起草的《东北农村合作社组织大纲》,算是为这个大事业做了一点工作吧!

4. 撰写《汪清合作社的研究》②,推进农村合作事业健康发展

起草《东北农村合作社组织大纲》之前,我在1949年3月时完成了近两万字的《汪清合作社的研究》。过了若干年回头再看这篇文章会发现,在全国即将解放的历史条件下,系统总结、研究汪清合作社的经验教训,对于解决土地改革后农村生产发展中存在的各种问题,应对当时出现的各种挑战,还是有些意义的。《汪清合作社的研究》当时没有公开发表,但这是我关注汪清合作社以后的一个研究成果,在这里要多讲一讲。

我撰写《汪清合作社的研究》时,汪清县的合作社已经办了两年多

---

① 参见毛泽东:《关于发展合作事业》,《党的文献》1997年第6期。
② 参见邓力群:《汪清合作社的研究》,《延安整风以后》,当代中国出版社1998年版,第380—409页。

了,有很多成功的经验值得总结、研究和加以推广。

当时,汪清县共设六个区,每个区都有了区社,而且在全县81个行政村、270多个自然屯中,已经有了72个村或屯合作社,社员达到了34600多人,占全县人口的33.5%。汪清的合作社坚持为群众服务的方针,得到了广大群众的拥护,做出了很大的成绩。当然,在发展过程中,也出现过问题,经受过考验,有些重要的教训,也是值得研究和总结的。

汪清合作社的发展和巩固经历了怎样的过程? 遵循的规律是什么? 我在文章中引用了汪清县同志们的总结,用他们的话来说明这个问题。

"首先,由供销到生产,由解决农民供销困难到组织农村生产。群众,特别是农民群众是现实主义者,贵和贱就是农民的'经济学',人人都有一个小算盘,稍差一点就来或不来,高兴或反对;合作社初成立时主要不应以赢利和分红为目的,农民向合作社平时卖东西多卖钱,买东西多省钱,这对农民却是大事。只要这点掌握住,就是说为群众减轻了商人的中间剥削,群众就一定会把合作社当成自己的,爱护它,赞成它,这样,群众的一切必需品都向你买,一切生产品都向你卖,合作社就站得住。取得了群众的信任,就可生产足够的力量,使合作社由供销问题的解决及时进到生产的组织。"

在组织生产时,汪清的经验,又是先从组织副业然后进到扶助农业。"副业搞起来了合作社就必须进一步的扶助农业,一方面解决农民春耕夏锄中种子、农具、牲畜、肥料、人吃、马喂的供给困难,另一方面又解决农民农业产品的推销要求。汪清的一切经验证明,即使是组织副业也好,扶助农业也好,合作社应当掌握的中心环节仍是供销问题的解决。"

"为着解决农民在发展副业与农业中的资金困难,合作社的信用合作事业也发展起来。""合作社供销事业与生产事业的发展,当然也就跟着要求运输合作事业的发展。总之,汪清合作社的发展因为遵循了由供销到生产的发展规律,因为供销困难的解决,大大的刺激了生产的发展,所以合作社就能很快地向着运输、信用、卫生、文化等人民需要的各方面发展起来,而使自己成为综合性的合作社。"

"其次,由群众经济生活的组织进到使人民经济与国营经济结合起来,使合作社逐渐成为国营经济的有力助手,逐渐成为人民经济与国营经济联系的桥梁和纽带。""只有经过合作社,才能真正把人民经济与国营经济结合起来,国营经济只有经过合作社,才能把千百万分散的个体的农民小生产者小商品经济和自己联系起来,并接受自己的领导,克服小商品经济的散漫性、无组织性。而合作社为了更好地起国营经济与人民经济之间的桥梁作用,则必须把自己的工作从解决群众当前的要求入手,及时与国营经济相联系,换句话说,合作社必须善于在使群众当前利益和国家利益结合起来的根本前提下,来进行自己的工作。"

"汪清县委对合作社的领导,因为大体上适应了这些规律,或者说在摸索过程中逐渐地掌握了这些规律,所以他能随着合作社工作的发展,及时的提出问题,解决问题,克服偏向,巩固成绩,使他们的工作能在逐渐增强自觉性的基础上去进行。所以能很快地把罗兴塘合作社点的成功,胜利地推向面的展开,能成功地(虽然也经过了曲折)使合作社的规模和力量,由小到大,使合作社的业务由简单到复杂,由无计划到有计划了。"

"汪清合作社已经走过的过程,是否为今后发展合作社必经的过程?汪清合作社发展的规律,是否应成为各地合作社普遍遵循的规律?汪清县委领导合作社成功的经验,是否应成为各地领导上在展开合作社工作时所必须充分考虑的经验?有的同志提出了怀疑,有的同志则提出了反对。他们不同意合作社的发展道路要遵守从'供销到生产'的规律;他们不同意的正是'为了发展生产,就必须首先解决农民小生产者的供销困难'的看法;他们认为当前农民小生产者的要求不是供销要求,而是生产要求;他们说合作社如果开始只搞供销(或消费),合作社就会同私人商业没区别,就难于使合作社的商业行为与农业生产相结合;因此他们主张,合作社必须从组织生产开始,以好的互助组作基础,发展到综合性的合作社。"

"组织起来,发展生产,这是我们党今后在农村工作的中心任务与基本方针,当然也是党对合作社的指导思想,这是没有疑问的。"

"为了实现这个基本方针,一方面把农民小生产者组织在劳动互助组一类的农业生产合作社的工作,今后必须严格根据自愿和两利的原则,使之继续发展;但另一方面把农民小生产者组织在供销合作社(进一步发展为综合性的合作社)中的工作,今天更必须引起我们的严重的注意。把毛主席已经给我们分清了的'集体互助的农业生产合作社'与今天以后要开展的'综合性合作社'(首先从供销合作社开始)加以混淆,把两件事当作一件事,这是那些同志产生怀疑的第一个原因。"

"但是产生上述怀疑和反对的最主要原因,则是由于对供销合作社在今后经济建设中的严重意义缺乏了解,因此,他们很害怕合作社只搞供销性的'商业行为',害怕合作社'做买卖',因此他们不敢正视农民当前迫切的供销要求,而这又是根源于他们对当前的经济情况缺乏了解而来的。"

"我们必须了解:只有生产合作社(或农业生产合作社),而没有供销合作社,则在小生产者(主要为农民)与国家中间,还缺少一条经济的桥梁和一根经济的纽带,把小生产者与国家在经济上结合起来,把小生产者的合作社与国家的国营经济结合起来。反之,如果我们在农村中或城市中普遍地有了供销合作社,国家就可以经过这种合作社去和小生产者在经济上直接结合起来。国营经济生产的工业品,可以经过合作社合理地销售给小生产者,农民小生产者的生产品和原料,也可以经过供销合作社去有计划的收买,然后由国家分配给各工厂或出卖出口。这样,国家经济可以得到丰富的原料与粮食,掌握充足的物资,去进行生产分配与出口,去同各种破坏新民主主义经济的投机操纵作斗争;而小生产者又可有计划地出卖他们的生产品,用他们的生产品去合理地交换他们所需用的各种必需品,免除私人资本家的中间剥削。经过供销合作社,国家同小生产者的这种经济结合,自然会刺激小生产的生产积极性,因而就能进一步地推进农民和小手工业者的生产合作社的发展。这在汪清是得到了充分实施的证明的。"

"所以，忽视供销合作社的意义，害怕合作社大力经营供销事业，实际上就是有意无意地砍断小生产者和国家经济联系的桥梁，不论其主观愿望与主观认识如何，其结果都将使小生产者与国营经济隔离开来。这样，无产阶级领导的新民主主义国家，就无法在经济上对于千百万散漫的小生产者实行有力的领导，就不能顺利地进行新民主主义国家的国民经济建设。实际上就是把无产阶级对千百万的小生产者小商品经济的领导权，送交给私人资本主义经济，就是允许长期保留私人商业资本家对农民的中间剥削，就将使私人资本经济的投机操纵无法克服，而最后私人资本主义经济则将把新民主主义经济转化为旧资本主义经济，把千百万小生产者领上资本主义社会的老路。"

"合作社问题，特别是目前的供销合作社问题，是无产阶级和资产阶级对千百万小生产者争夺领导权的斗争问题。供销合作社是无产阶级领导的国营经济在经济战线上和私人资本主义经济（特别是私人商业资本主义经济）进行经济竞争的有力助手，是国营经济反对私人商业资本主义经济投机操纵的有力武器。因为农民小商品生产者是依赖市场的，他们过去不能不依赖残酷剥削他们的商人，而今天他们则有权利指望无产阶级领导的不剥削他们的供销合作社，去进行他们的小商品生产；如果我们能把供销合作社办得好，他们自然会跟无产阶级一道继续前进，否则他们就只好依旧去依赖商人，而跟着资产阶级走。所以目前农村中的供销合作社，是经济上指挥农民小生产者的司令部，是组织农村生产与消费的中心环节，是在土地改革以后，经济上农民与小手工业者最主要的组织形式；没有它，我们就不能在经济上去组织领导和指挥千百万的农民小生产者。因此，我们必须抓住这一个中心环节，依靠供销合作社并作为我们目前的主要手段，去推进农民小生产者的生产事业，并在经济上实现对他们的领导。"

　　文章的第三部分,首先论述了汪清的经验证明了什么?"汪清合作社以全新的姿态出现于饱经商人中间剥削的群众之前,与商人的贱买贵卖完全相反。两年来,经常以低于市价百分之十五至二十的价格,把必需品卖给农民,又以高于市价的合理价格收买农民的农产品副产品,由此取得了它合理的存在和发展。两年来,在商人与合作社之间,汪清农民进行了慎重的选择,他们经过长期深受中间剥削的痛苦之后,已经看到他们面前出现了一个完全不剥削他们,而处处为他们着想为他们办事的合作社,他们终于抛弃了那些投机操纵的商人,终于自愿的选上了合作社,把他们的希望寄托于合作社,把他们的命运与合作社联结在一起。"

　　"汪清的经验证明,只要供销合作社在经营自己的业务时,不和商人一样的贱买贵卖,不单纯地以赢利及分红为目的,相反的尽可能做到:以比较低廉的价格,卖给社员必需品,又以公道的价格,收买小生产者的生产品,就有可能把千百万的小生产者与劳动人民巩固地组织到供销合作社中来,否则它就不能普遍地组织小生产者和劳动人民,并且不可避免地要走向失败。"

　　"由此我们应当懂得:合作社收买生产品出卖必需品的价格问题,不是一个技术问题,而是一个政策问题,是供销合作社存在和发展的政策问题,是供销合作社联系群众或脱离群众的政策问题,是决定供销合作社为群众服务这一根本性质的问题,是区别于合作社和贱买贵卖之商人的主要标志,是合作社和商人经济竞争上能获得胜利的根本前提,也是合作社对待私人商业资本的政策问题。"

　　随后,我用较大的篇幅论述了合作社经济与私人商业资本之间展开长期的经济竞争的问题。

　　在合作社对待私人商业的政策问题上,汪清合作社工作过程中产生了两种意见。"一种意见说:这样发展下去,合作社不就垄断了吗? 还叫私人商业发展下去吗? 这样搞同国家发展工商业的政策不是矛盾吗?""另一种意见则无区别地仇视一切商人老客,认为他们都是剥削群众投机倒把,要用各种行政的办法来排斥和限制一切私人商业。""这两种意见都是片面的,因此也是错误的。"

"我们不是无原则的发展一切私人工商业,我们在容许并保护私人工商业的发展中,必须防止与反对商品的资本主义经济所固有的投机性与破坏性,禁止与打击一切有害于国计民生的投机操纵的经营。我们也不是把发展新民主主义经济完全等同于发展资本主义经济,不是把一切希望寄托于资本主义经济的发展;我们必须发展国家商业与合作社商业,在广大的范围内去代替私人商业资本的地位,使商业资本无高额利润可图,只有这样,才能迫使私人商业资本向着农业工业生产方面转移,才能使资本主义经济向着有利于国计民生的方向发展,这样资本主义经济的发展,才有利于新民主主义经济发展的要求。因此为了引导与迫使商业资本向着生产方向发展,合作社经济就必须与私人商业资本展开长期的经济竞争,我们应当采用各种适当的政策使合作社在此经济竞争中取得胜利,应采取各种方法使合作社为农民小生产和劳动人民。首先做到减轻然后做到免除商人的中间剥削,以取得广大劳动群众对合作社的支持。经济竞争将是整个新民主主义时期中,无产阶级与资产阶级的基本矛盾,是无产阶级与资产阶级在经济战线上进行斗争的主要内容。回避这个斗争,是领导无能的表示,但企图采用行政手段去进行这个斗争,则是无用的,而且是危险的。"

文章强调:"为着展开合作社与商人之间的经济竞争,并使合作社在这种经济竞争中取得成功,首先就需要国营经济在资金、税收、运输和定货诸方面,给予合作社以经常的适当的有区别于私人商业资本的区别优待和帮助。"

为使合作社在经济竞争中取得成功,"就提出了大量与普遍成立合作社的必要,需要建立各个合作社之间的密切联系,建立合作社自上而下的系统"。

"合作社在它进行一切工作和业务时,必须掌握发展生产的方针。

一切商人特别是投机商人在此种经济竞争中将来不可避免地归于失败，将来要合理地完全为群众所抛弃，其基本原因，就是商人特别是投机商人的本质目的不是为了发展生产，相反的只是为了获取高额的利润，其结果甚至是阻碍生产的。"

"为着使合作社在经济竞争中获得胜利，合作社必须树立联系群众的作风。必须使自己在进行一切工作和业务时，做到平易近人，群众称便，克勤克俭，切实朴素；合作社的一切规章制度业务行政，均应以利于群众、服务群众为依归；合作社必须深刻体念群众情绪、群众利益、群众要求。"

文章第四部分提出的论断是："汪清合作社不只是供销合作社，而且是农村综合性的合作社。"

汪清合作社首先解决了农民小生产者的供销困难，并且办好了农民向合作社提出的各种供销业务，所以它能够做到迅速而成功地进到发展副业扶助农业，并且迅速而成功地向着信用合作、手工业合作、运输合作、卫生合作等文化事业、社会事业各个方面展开，使其成为综合性的合作社，成为指导农村经济生活的总枢纽。"照着汪清同志的说法，部分好的合作社已把自己的工作从经济合作进到使经济合作与劳力合作两相结合的地步了。就是说，集体合作互助的思想已经从供销方面开始进到生产方面了。"

"汪清的经验证明，如果合作社不从解决他们生产中的供销问题入手，合作社一开始就普遍地去领导生产小组，组织劳动互助，合作社是既无能力又无本钱，农民也必然是信不着的。"

文章的第五部分，重点论述了合作社与国营经济的关系。

通过对前面问题的研究，可以看出，"合作社从各方面提出了对国营经济的要求，合作社的发展与巩固，都要求与国营经济的密切结合，都要求国营经济的领导。"

汪清合作社的建立和发展，能够自始至终贯彻为群众服务的方针，就是因为国营经济在合作社的建立和发展的各个阶段,都及时地给予了各种极大的支持和帮助。在文章中,我用汪清县的同志 1948 年总结合作社工作的材料说明,"合作社经济和国营经济关系越密切,完成国营经济的任务做得越好,人民经济就发展得越好,合作社力量的生长也就越快"。

当时,有的同志强调,国家及国营经济机关与合作社之间的关系,不能是领导关系,只能是行政管理与业务往来的关系。我认为,国营经济机关与合作社之间应当建立健全业务关系,国家也要对合作社进行适当的行政管理,"尤其重要的是国家对合作社必须建立健全领导关系,特别是政治的领导关系。而且国家对合作社的一切财政上的援助,国营经济机关和合作社一切业务往来,都应当从政治领导关系出发。我们国家在创办与领导合作社时,不是从办企业的观点出发,不只是把合作社当作一个企业来看待,而是把合作社当作一个严肃的政治任务来看待的"。"经过它我们要实现农村生产制度上的第二个大革命,经过它我们将要改变整个农村社会制度的面貌,经过它我们将使农民经过新民主主义的道路走入社会主义。"

在文章中,我还对在合作社的某些干部中产生的错误偏向提出了批评。在处理国营经济与合作社经济的关系上,合作社的某些干部中出现了两种错误偏向,一种表现为对国营经济机关的依赖思想,另一种则以合作社和国营企业相对立,迁就片面的群众利益观点,把群众利益与国家利益对立起来。

"在无产阶级领导的新民主主义的国家制度之下的合作社经济,是国家经济的最可靠的有力助手,国营经济没有合作社的帮助,它在经济战线上就会是孤立无援的,国营经济只有与合作社经济结合起来,并领导与帮助合作社经济,它才能有可靠的经济上的同盟军,才能把千千万万的小生产者吸引到自己这方面来,去和各种私人的投机操纵的行为作斗争,同无政府无组织的经济破坏活动作斗争,使新民主主义的计划经济取得优势;而合作社也只有与无产阶级领导的国营经济结合起来,并取得国家经济机关的领导和帮助,才能使组织在合作社中的小生产者免除商业资本家的中间剥削,而大家富裕起来,才能使他们在将来从国营经济方面得到各种机器,而进一步地走上生产的集体化(合作化),才能使他们不走资本主义的道路,而是经过新民主主义道路,走上社会主义。"

文章第六部分开头鲜明地提出:"为了使合作社在贯彻为群众服务的方针下,发展和巩固起来,必须加强对合作社的思想领导,必须在合作社内部经常展开以反平均主义,反无纪律无政府状态,反经验主义为主要内容的思想斗争。"

通过调查我们了解到,在土地改革的平分运动中,汪清县原有的131个村屯社垮掉了59个。文章认为,领导放任了平均主义思想对合作社的冲击,是59个村屯社垮掉的重要原因之一。文章强调,为保证合作社得到进一步的巩固和发展,反对平均主义思想是非常必要的。汪清的经验证明,"只有当县委重新加强了对合作社的领导,特别是加强了对合作社内部反对平均主义思想斗争的领导,才使合作社重新走上恢复发展与巩固的道路"。

汪清合作社在发展过程中,曾一度发生过合作社之间,合作社与国营经济机关之间的互相竞争、互相封锁、互相垄断等无纪律无政府状态,给国家、人民与合作社都曾造成不应有的损失。文章提出:"合作社必须有从上至下的系统和组织,例如全东北,应有全东北的总社,各地方的省社、县社、市社、区社、村社和工厂机关学校的支社,及某些专业的总社和分社等。在合作社内部,必须实行严格的民主集中制,召开定期的会员大会及各级代表大会与代表会议,选举各级委员会,由各级委员会任命各级合作社的经理及其他重要的办事人,并须严格实行少数服从多数,下级服从上级。"

文章提出,进行合作社的组织建设和思想建设,必须反对经验主义。关于反对经验主义,汪清同志们的提法是反对山沟保守思想。山沟保守思想就是"只从局部观点或狭隘的地域观点出发提出问题,经营业务,坐井观天,只顾眼前"。"一切合作社工作者,都必须从全局观点出发考虑问题,必须懂得整个经济发展的规律,学习马列主义理论,必须反对死搬经验,反对保守和狭隘,必须要有眼光,多用脑筋,必须掌握合作社普遍发展的规律,而又注意当时当地的条件,而不千篇一律,死守成规。"

"贯彻合作社内部的思想领导,中心环节是加强干部,提高干部。必须使合作社的领导干部懂得马列主义理论,清楚地了解新民主主义社会经济发展的规律,精通合作社业务,并具有全心全意为人民服务的决心和忠诚。"

农村合作社当时还是在私有制基础上,把农民在自愿联合的原则下组织起来的从事生产的群众性的经济组织,是新中国五种经济成分中一个重要的组成部分。农村合作社的健康发展,是关系到农民在我们党领导下经过新民主主义的道路,走上社会主义的重大问题。

当年我撰写这篇文章,主要是为了能够正确判断农村合作社经济的性质,准确把握其发展趋势,为科学制定合作社的目标任务作些必要的理论准备。撰写文章的过程,对于我来说,既是一次把握规律、把握未来的理论学习,也是一次坚定信仰、坚定方向的党性教育。现在回过头来看这篇文章,还是有些积极意义的。

5. 起草《关于农村供销合作社赢利分红等问题的意见》

1949 年春,在我起草《东北农村合作社组织大纲》前后,吉林省商业厅副厅长杨刚毅公开提出反对农村供销合作社赢利分红。杨刚毅认为,农村供销合作社的一切毛病,都是来源于"赢利分红","赢利分红"是农村供销合作社的"万恶之源"。

接着,东北局办公厅印发了一篇《东北日报》题为《关于发展农村供销合作社的几个问题》的社论草稿。这篇社论草稿的基本观点,与1948年12月22日我在张闻天指导下为东北局起草的《中共中央东北局关于发展农村供销合作社的决议草案》是相同的,但在农村供销合作社赢利分红问题上,社论草稿不同意《决议草案》的观点,而强调供销合作社的基本方针,"就是在国营经济的领导下忠实地为社员群众消费的与生产的事业服务,而不是以分红为目的",无论对社员还是对非社员,都"不能……以分红相号召"。

张闻天和我都不同意杨刚毅和《东北日报》社论草稿的观点。我们研究之后,张闻天要我起草一封关于合作社赢利分红问题的信,系统提出我们的看法。

在反复研读毛主席在《经济问题与财政问题》一书中"关于发展合作事业"论述的基础上,参考苏联消费合作社的经验介绍材料,我起草了《关于农村供销合作社赢利分红等问题的意见》(以下简称《意见》)。

《意见》系统地阐述了应该如何正确看待供销合作社"赢利分红"问题。"关于农村供销合作社不应专以赢利分红为目的,而应把为社员群众的消费事业与生产事业服务、免除商人的中间剥削作为自己的基本方针,这似乎是没有争论的。但在'社论'的提法与解释上,却把合作社为群众服务与合作社的赢利分红对立起来,似乎为群众服务就不能赢利分红,赢利分红就不能为群众服务,因而特别强调了反对合作社的赢利分红。我认为这种提法与看法,是不妥当的。"

关于应该如何正确看待供销合作社"赢利分红"问题,《意见》分析了三种合作社:其一,确实做到了为群众服务,同时赢利分红。因为贯彻为群众服务的方针,它的赢利分红因而更多。对于这种合作社的赢利分红,是不应当反对的;其二,不为群众服务,而是学习商人,跟着商人走,或者剥削群众、或者投机倒把、或者违反政策,由此来使合作社赢利分红。对于这种合作社的赢利分红,当然是要反对的。听任这种合作社的自留发展,对国家和人民都是不利的。我们应当采取坚决的态度,改造这种合作社,使之克服错误的方针,采取正确的方针;其三,既不赢利也不分红,而是赔本垮台。这也是一种迫切需要改造的合作社。

《意见》指出,"问题的本质,不是赢利分红问题,而是合作社应当采

取一种什么方针的问题。是采取新民主主义的方针,还是采取资本主义
的方针? 是采取正当的办法赢利分红,还是采取不正当的办法赢利分红?
采取新民主主义的方针,采取正当的办法赢利分红,则这种赢利分红是不
应当反对的,即使赢利分红愈来愈多,也是应当赞成的。采取资本主义的
方针,采取不正当的办法赢利分红,则这种赢利分红是应当反对的,即使
不赢利分红,也是应当反对的"。

　　《意见》强调指出,"赢利分红的本身并不能决定问题,决定问题的是
合作社采取什么方针。单是一个赢利分红问题,不能决定合作社的好坏。
把赢利分红问题,作为区别好坏合作社的主要标准,是不符合实际的。因
为好合作社赢利分红,坏合作社也赢利分红,其现象相同,其本质则根本
相反;而另外一些坏合作社则根本不赢利不分红,同是坏合作社,其本质
相同,而现象则相反"。

　　《意见》进一步指出,"近来下面关于合作社情况的反映日渐多了,合
作社有些什么毛病,我们知道得也比较具体了。但有些同志为表面现象
所迷惑,被某些采取不正当办法赢利分红的合作社所造成的坏结果吓住
了,因而把这种现象夸大化,绝对化。认为合作社的一切毛病,都是来源
于'赢利分红',以为'赢利分红'是合作社'万恶之源'(吉林商业厅副厅
长杨刚毅同志就是代表这种意见的典型)。因此,笼统地认为合作社赢
利分红都不好,不论合作社的好坏,赢利分红都要一律反对。这是一种片
面的绝对观点,应当引起领导机关的警惕,并应在实际工作中加以防止和
纠正"。

　　《意见》认为,"我们不应当一概否定一切合作社的赢利分红,而应当
正面确定一切合作社都要在贯彻正确方针下取得合理的赢利分红。合作
社如果不贯彻为群众服务的方针,一定要脱离群众,一定不能发展,一定
要垮台,这是一切地方的经验都证明了的。但是,合作社如果把为群众服
务与赢利分红完全对立起来,如果把为群众服务的方针,了解为完全不要
赢利分红,这种不赢利分红的合作社,也同样是要脱离群众,同样不能发

展，而且也不能很好为群众服务。显然，合作社为群众服务的方针与赢利分红，不是对立的东西，而是统一的东西。只有把二者结合起来，合作社才能有很好的发展前途"。

如何正确看待供销合作社"赢利分红"问题，占了《意见》四分之一的篇幅。其余四分之三是分别论述赢利问题和分红问题，这里不详细说了。

我把《意见》起草出来后，经张闻天修改，署上他的名字，1949 年 4 月 22 日作为给东北局的意见书发出了。

张闻天把《意见》发出后不久，我出席了东北局召开的一个报告会，会上，李富春正式批评了农村供销合作社的赢利分红。这时，我已经调到辽东省委工作了。当我在沈阳东北局工作时，以为是省里的同志不赞成农村供销合作社赢利分红，出席这个报告会，我才知道在合作社赢利分红问题上东北局内部有不同意见。

后来，在东北局召开的一次扩大会议上，张闻天把这个意见书作为他发言的一部分，在会上全文念了，全面、系统地提出了他对赢利分红问题的看法。

1949 年 6 月，我奉调去北平在沈阳转车时，在沈阳火车站见到了来送高岗的李富春。李富春对我说，他对张闻天在东北局扩大会议上的发言有意见，认为张闻天不应当把东北局内部的争论拿到会上，向那么多与会的人讲。到这时，我还以为，在合作社赢利分红问题上，只是东北局内部有不同意见。

我调到北平工作之后，由于一个偶然的机会，才知道了事情的原委。

我到北平后，一天晚上，刘少奇把高岗找去汇报东北工作，作为工作人员我也在场。汇报开始后，高岗还没说几句，刘少奇就提出了东北农村供销合作社问题，并且直截了当地对赢利分红进行批评。他批评得非常尖锐，说农村供销合作社赢利分红是资本主义经营方针，是资产阶级的股份合作，总之是批得很严厉。这时，我才知道，对合作社赢利分红的不同意见不是来自省里，也不仅仅是李富春的意见，而是源自刘少奇。

　　当时,我觉得刘少奇批评合作社赢利分红,一是他对这个问题有自己的不同看法,他应该也可以有自己的看法;二是刘少奇是把合作社赢利分红当作很重要的问题来对待的,所以对刘少奇的严厉批评并没觉得怎么样。让我特别不高兴的是,在沈阳东北局时张闻天曾和我说过,高岗是赞成我们意见的,当刘少奇批评赢利分红之后,他立刻转了风头。高岗对刘少奇说,我原来也不赞成合作社赢利分红,是张闻天搬了些本本条条把我说服了。

　　我本来没打算说话,但听到高岗这种不合乎事实的、推脱责任的发言,非常不满。心里想,这样大的一个负责干部为什么对同志这样不敢负责呢？我当场就对刘少奇原原本本讲了事情的经过。我们确实是研究了毛主席对延安县南区合作社的调查,也参考了苏联消费合作社的介绍材料,但我们不是从本本条条出发,主要是根据汪清供销合作社的经验以及东北的实际情况提出的。刘少奇不听我的解释,继续严厉批评张闻天关于合作社赢利分红的意见,我就和他争了几句。当时在场的周恩来就劝阻说,邓力群同志,你不要再讲了,不要再讲了。我只好不再和刘少奇争辩了。

　　又过了一段时间,我才知道,关于东北农村供销合作社赢利分红的几个文件,是李立三从东北局调任中华全国总工会副主席时带回北平的。李立三不赞成合作社赢利分红,他和张闻天在 1948 年冬东北局会议上曾就供销社入股与分红问题有过两次争论。李立三向刘少奇反映他和张闻天的争论后,刘少奇赞成李立三的意见。

　　从此以后,我再没有同人主动谈过供销合作社问题。但是,在供销合作社赢利后是否要给社员分红的问题上,新中国成立前后一直存在争论,刘少奇、张闻天在 1948 年 9 月至 12 月间,都曾写文章提出关于发展供销合作社问题的意见。

　　认真研究这个期间刘少奇、张闻天的有关著作,做一番考察,可以看到,他们在供销合作问题上的基本观点是相同的,但刘少奇、张闻天之间存在分歧,其要点是如何看待供销合作社"赢利分红"。由于他们之间的意见分歧,又引发了党内关于这个问题的长达将近两年的争论。最后,还是毛主席下了结论,争论才停止。

据薄一波回忆:"记得有一次中央开会,讨论供销合作社可不可以给社员分红问题。闻天同志认为应当分红,少奇同志反对分红,争论得很激烈。在去吃饭的路上,毛主席对少奇同志说:'在这个问题上,我同意洛甫(张闻天)的意见,不能同意你的意见。'"[①]

毛主席确实高明,他从双方的争论中,看出了问题,得出了正确的结论。少奇同志也接受了主席的意见。这点,在他主持起草和改定的《中华人民共和国合作社法(草案)》(1950年10月24日中共中央下发征求意见)中得到体现。合作社法草案中规定:消费合作社和供销合作社的盈余,按公积金、上缴基金、公益金、教育基金、股金分红五项分配,"股金分红不超过15%"。这样看起来,合作社法草案既肯定了分红,同时又规定了比较适当的比例。

当然,这些是后话了。

(八) 从安东调北平

1. 随张闻天到辽东省委

1949年4月,东北局决定调整行政区划,并决定调张闻天到辽东省担任省委书记。张闻天的任命下来后,他找我谈话,让我随他去安东工作,做辽东省委政策研究室主任。4月下旬,我随同张闻天到达辽东省会安东市(今丹东市)。一同去的还有在此之前已经调来担任张闻天秘书的徐达深。

---

① 薄一波:《若干重大决策与事件的回顾》上卷,中共中央党校出版社1991年版,第202页。

我到安东后,参加了一些会议,听了一些汇报,还没有来得及开展像样的工作,6月初,突然接到中共中央发来的一个电报,内容是限时限刻让我到北平报到。到北平做什么工作,电报中没说。张闻天也没有对我讲。那个时候,组织上调动干部的工作,是不准讲条件、提要求的。

离开安东前夕,张闻天要我到他家里一起吃顿饭。在饭桌上他对我说,调你来省委政策研究室,本来想一起合作做点研究工作,现在中央要调,我们谁也没办法,只好让你去呀！张闻天在言语中流露出非常惋惜的心情。

2. 高岗在火车上给我的印象

我从安东到沈阳,在东北局组织部转了党的组织关系。东北局要我搭乘高岗的专列赴北平。在延安时,我就听说过高岗的名字。1943年初,西北局高干会后,听过一次他批评郭洪涛的讲话。到东北后,在沈阳听过他一次在东北局扩大会议的讲话。给我的印象是,高岗讲话内容切实,语言朴素。这次在火车上,是第一次和高岗正式谈话。一路上,他与我很随和地聊天。他说,我这个人乐于当助手,林彪同志当东北局书记,我就很乐意当他的助手,很高兴;他南下,我也想南下,继续给他当助手,可是中央不同意,要我留在东北,我很难过。继续当助手当不成了,只好勉为其难,留在东北。高岗这些话,让我对他最初的印象很好,远不是后来的印象。

（九）三年多东北工作的小结

1945年10月,我告别延安赴东北。从1946年2月上旬开始正式进入东北的工作岗位,到1949年6月初离开东北,我在东北工作了大约三年零四个月时间。时间虽不长,但参加了东北土地改革的全过程,经历了东北全境解放的全过程。对我们共产党人怎么样才能打胜仗,有了切身的体会。在这三年多时间里,工作中取得了一些成绩,同时也出现了错误。值得欣慰的是,工作中犯了错误之后,很快就认识了错误,及时纠正了错误。

我在延安整风后做研究工作那一年多,形成了一种工作方法,养成了一种思维习惯,即发现一个问题,就针对问题随时注意收集、记录和整理材料,在占有一定材料的基础上,经过分析,整理成一个比较系统的东西,最后写成文章。延安整风后一年多从事研究工作的经验,对我来讲,在东北工作期间,起到了至关重要的作用,而且一生都是值得怀念的。

现在来看,在东北这三年多时间里,留下了一点有价值的东西。当然,现在有兴趣看这些文章的人可能很少了。但敝帚自珍,对我来说,这些东西还是有价值的。

后来,我把这些文章又都找出来看了一下。主要有:《榆树县五棵树区阶级关系调查》(1946年8月)、《关于榆树县打击面的研究》(1948年7月20日)、《反对局部观点,树立全局观点》(1948年11月2日)、《经验与经验主义》(1948年11月16日)、《中共中央东北局关于发展农村供销合作社的决议草案》(1948年12月22日)、《汪清合作社的研究》(1949年3月)、《东北农村合作社组织大纲》(1949年4月)和《关于农村供销合作社赢利分红等问题的意见》(1949年4月24日)。另外,在东北财经委员会工作时,陈云同志还让我起草了一个《关于加强阶级教育密切巩固中苏友谊的宣传大纲》(1949年4月初),我也看了一下,大纲是从阶级斗争观点来宣传中苏友好的,写得也还可以。

在东北工作三年多,留下了这些东西,说明我不是一天天地忙忙碌碌过日子,时间过去了,就什么都没留下。

"三十而立",是《论语·为政》中孔子对于自己在30岁时所达到的人生状态的自我评价。在东北工作的三年多,正是我30岁挂零的壮年时期,党中央、毛主席的谆谆教诲,张闻天等老一辈革命家对我的指点、帮助,使我在马克思主义的立场、观点和方法等方面受到了很大的教育,从而使自己在东北获得了进一步的巩固和提高。至今,这些东西仍在我思想上发挥着极大的作用。

六　新疆三年

在中国人民革命即将取得全国胜利、新中国即将成立的时候,1949年6月,党中央把我从东北急调北平(今北京),随同刘少奇率领的中共中央代表团,秘密访问苏联。在莫斯科期间,中央又指示我转赴新疆,作为中共中央联络员,担负中央与新疆进步力量的联络工作。新疆和平解放后,遵照中央的决定,我继续留在新疆,担任中共中央新疆分局(以下简称"新疆分局")委员、常委、秘书长、宣传部长等职务。从1949年8月到1952年10月,在新疆工作战斗了三年多。

(一)　准备随刘少奇秘密访问苏联

1949年6月初,中共辽东省委接到中央发来的一个电报,限时限刻让邓力群到北平报到。到北平做什么工作? 电报中没说,省委书记张闻天也没有说。到北平后,我住进香山的中央机关。这是我第二次到北平。第一次是1931年"九一八"事变前夕到北平读中学。

有关部门领导同我谈话后才知道,党中央和毛主席在5月时决定组织一个以刘少奇为团长、高岗和王稼祥为成员的中共中央代表团秘密访问苏联。代表团的主要任务是向斯大林和苏共中央通报中国革命形势的发展、中共建立全国政权后准备实行的内外政策,征求斯大林和苏共中央的意见;在此基础上,争取苏联对即将取得全国胜利的中国人民革命事业在各方面的支持和援助。

刘少奇率中共中央代表团秘密访问苏联,是新中国成立前夕中国共产党的重要外事活动之一。中央决定让我做代表团政治方面的秘书,黄韦文做经济方面的秘书,戈宝权做文化方面的秘书,师哲是翻译,吴振英负责机要工作,他手底下有七八个机要人员。中央还决定,待访问结束后,代表团的工作人员将留在莫斯科,做新中国驻苏联大使馆工作。

我到北平时,刘少奇正在为秘密访问苏联做准备,其中一个重要的工作,是找各个部门向他汇报情况,收集并分析新中国经济建设的有关资料,准备同苏联交流。我旁听了一些部门的汇报,如李维汉汇报统一战线工作、罗瑞卿汇报公安部门的工作等。

(二) 由莫斯科转赴新疆

1. 在莫斯科的日子

1949 年 6 月 21 日凌晨,我们随刘少奇、王稼祥从清华园车站乘火车离开北平。经过沈阳时,高岗同我们会合,然后一起坐火车到大连。罗立韵此时还在沈阳工作,她恰巧出差了,没有见到。到了大连,代表团成员统一换上西装,这是我第一次穿西装。试装时还称了一下体重,我记得非常清楚,正好 65 公斤。代表团在大连换乘苏联飞机,中途经伯力、赤塔、新西伯利亚等地,6 月 26 日下午到达莫斯科。

在莫斯科,代表团成员都住在市区的一个公寓里。6 月 28 日,刘少奇、高岗、王稼祥被邀请到斯大林在莫斯科郊外的孔策沃别墅。这次会见除翻译师哲参加外,其他工作人员都没参加。至于具体谈了些什么,刘少奇等人也没和我们说。高岗在和我们聊天时说,斯大林这个人很幽默,说着说着就把我叫作张作霖了。高岗这话的意思大概是,斯大林把他当作"东北王"了。可以看得出来,高岗说这话时非常得意。

刘少奇向斯大林提出,想利用在莫斯科的短暂时间学习苏联经验,希望邀请苏联主要部委的领导人,向中共中央代表团介绍苏联的经济建设、国家组织、文化教育、党的组织与群众团体组织等方面的经验。可能是中共中央代表团团长刘少奇求知若渴的态度感动了斯大林,刘少奇提出的考察内容斯大林不但同意而且高度重视。按照苏联的安排,苏联财政部、国家计划委员会、商业部、国家银行、外交部等十来个部委的负责人同中共中央代表团进行了会谈。这些会谈使中共中央代表团对苏联的情况有了直接的认识。为了把这些宝贵的东西保存下来,我们几个人开始分头整理材料。

由于是秘密访问,规定不准我们上街,也没有组织参观,但我的心情还是非常激动的。与此同时,心中也常常有些不安,主要原因是不懂俄语,听不懂广播,也看不了报纸,虽然国内每天有新闻要报(即新华社的要闻)送来,但传到我们那里已经过了三四天,有时甚至是一个星期前的消息了。当时中国的革命形势瞬息万变,解放军在各个战场上势如破竹,其他各项任务也十分繁重,处在国外那样一个平静的环境中,内心感到不安。另外,就是想家庭的事。出国路过沈阳时,没有见到罗立韵,她正好出差下乡了。到莫斯科后因为要保密,不能写信,彼此的情况都不知道。当时还了解到,湖南正在酝酿起义,我非常担心大哥邓飞黄的情况,他究竟是留在大陆,还是到台湾去。总之,心里总感到不踏实吧。

2. 接受新任务

有一天,王稼祥忽然找我谈话。他说,按照党中央原来的计划,代表团的几个秘书在访问完成之后就留下来筹办中国驻苏联使馆,现在有一个紧急任务,需要派人去新疆,同在伊犁的新疆三区(伊犁、塔城、阿山(今阿勒泰)三个地区)的政权、军队和团体的领导人取得联系,把那里以及整个新疆各方面的情况系统地报告党中央和西北战场的彭德怀。从国内派人来不及了,中央和代表团决定派你带三个报务员到新疆伊宁,组建电台开展工作。

对我来讲,这个任务是生疏的,没有任何经验。尽管这样,我心里还是很高兴。因为有机会回国,可以参加解放全中国的斗争了。我当即答应王稼祥,坚决服从组织安排。

3. 新任务的背景

这里要讲一下这件事的背景。在中共中央代表团访苏时,苏联得到一个情报,美、英企图策动在甘肃、宁夏和青海的马步芳、马鸿逵等"四马"(另有马步青、马鸿宾)部队主力进入新疆,与新疆的民族分裂势力相勾结,在新疆建立所谓"东突厥斯坦伊斯兰共和国",美、英等国家再予以承认和支持。如果这个阴谋得逞,就会把新疆从中国分裂出去。苏联方面向中共中央代表团通报了这个情报,并建议我们想办法提前解放新疆。

苏联认为,如果美、英的阴谋得逞,解放军进军新疆就会遭遇重大阻碍,解放新疆的斗争有可能转变为国际问题。一旦出现这种局面,不但对我们解放新疆不利,而且对苏联也非常不利,会影响和新疆接壤的苏联中亚几个加盟共和国的安全与稳定。另外,苏联方面知道我们解放兰州后,准备到1950年再解放新疆。因为解放军进入新疆,不仅要先解决"四马"的军队,而且要经过河西走廊,那里有不少地段是荒无人烟的戈壁滩,公路状况极差,而我们的军队缺乏汽车等运输工具。为使我们尽快解放新疆,苏联方面表示愿意在各方面给我们提供支持。苏联方面还向中共中央代表团讲,新疆三区一直在与国民党进行斗争,建立了以伊宁为中心的革命根据地,并且与苏联有联系。苏联希望中共立刻派人与新疆三区联系,让其从西边配合进疆的解放军,牵制国民党的兵力,在西北战场形成一个东西夹击的形势。苏联有关方面同时表示,如果中共派人与新疆三区联络,他们可以提供帮助,进行协调。

刘少奇马上把上述情况报告了党中央和毛主席,并建议选派我作为中共中央联络员从莫斯科直接去新疆,做新疆三区的工作。中央接到刘少奇的报告后极为重视,决定把解放新疆的时间从原计划的 1950 年提前到 1949 年。为了实现这个目标,一方面,中央决定在西北战场加强打击力度,把"四马"势力全歼在甘肃、宁夏和青海境内,不让其逃往新疆;另一方面,中央电告在莫斯科的刘少奇,同意他选派邓力群去新疆的建议,任务是在那里建立和党中央的无线电联络,以便了解同解放新疆相关的重要情况。这样,刘少奇就和苏联方面商量,决定由苏联有关方面协助我去新疆,作为中共中央联络员与新疆三区建立联系。

4. 刘少奇的叮嘱

在我一切准备停当临出发前,刘少奇专门把我找到他的房间去谈了一次话。他深知此行事关重大,所以非常严肃地叮嘱我说,你这次去新疆,名义是中共中央联络员,主要任务是建立新疆三区与党中央及西北战场彭德怀司令员之间的联系。到那里以后,要详细了解新疆各方面的情况,包括政治、经济、军事、文化、民族、地理、气候、风俗人情等等,特别要注意收集军事方面的情报、资料,收集整理后要及时、系统地报告党中央。在完成这次重要任务的过程中,事无大小都必须请示,没有党中央的指示,不准自由发言,不能自作主张,这是纪律。我说,重要的问题我当然要请示报告,但是如果他们那里有干部学校或训练班之类,要我去讲讲毛泽东思想、介绍一下毛主席的著作,可以不可以去? 刘少奇说,已经正式出版的毛主席著作可以去讲,有书为证嘛!

刘少奇同我谈话后,交代有关同志给了我三四万卢布作为活动经费。临行前,苏共中央联络部的有关人员还专门向我介绍了新疆三区的一些具体情况。

5. 踏上祖国的大地

1949 年 8 月 8 日,我和三名报务员段恒德、李东祥、王乃静乘火车离

开莫斯科。路上走了五天五夜,8月13日,到达苏联中亚的一个加盟共
和国——哈萨克苏维埃社会主义共和国首都阿拉木图。苏联驻中国伊宁
领事馆的一位副领事已经先期到达迎接,有关方面人员安排我们在阿拉
木图住了一夜。到达当天,我还请苏联有关方面人员帮助,把临行前刘少
奇给我的卢布全都存进了阿拉木图的银行。

8月14日一大早,我和三名报务员在苏联那位副领事的陪同下,分
别乘坐两辆汽车(一辆吉普车和一辆小货车)从阿拉木图出发前往霍尔
果斯。霍尔果斯是蒙古语,意思是"放牧的地方",是古代丝绸之路上的
重要驿站,远在隋唐时就是东西方交通枢纽。1851年,中俄在伊犁签订
《中俄伊犁塔尔巴哈台通商章程》,霍尔果斯成为中俄通商要道。1881
年,中俄在圣彼得堡签订《中俄改订陆路通商章程》,将霍尔果斯确立为
两国间正式通商口岸。

当时,从阿拉木图到霍尔果斯公路的路况不是太好,汽车也不算好,
我们只能不停地赶路。一路上,只停车吃了两顿饭,是路边野餐。晚饭
后,汽车还是一刻不停地开,当我们赶到霍尔果斯时,夜已经很深了。

霍尔果斯当时是一个公路口岸,公路两侧很开阔。苏联那边有国
门,我们国家这边没国门。他们那边有边防站,有边防军士兵,汽车到
了那里,人得下车,经过检查,才能出关。进到我们国家这边,什么都没
有,甚至问一句话的人都没有。在苏联那边,一路上都有电灯,进入我
们的国境后,到处都是黑暗的,看不见一点灯光。霍尔果斯中苏两边的
环境对比,反差的确非常强烈。当时给我印象最深刻的,首先是苏联有
边境有国防,我们是有边境无国防;再就是中苏两国的贫富差距很
大啊!

感受虽然是强烈的,但终究踏上了自己国家的大地,可以在自己国
家的领土上和全国人民一起战斗了。就此而言,我的心情也还是很踏
实的。

（三）初到新疆的工作

1. 建立党中央和新疆三区的"桥梁"——"力群电台"

8 月 15 日凌晨,我们从霍尔果斯口岸到达了伊宁。为了保证我们在伊宁期间的安全,苏联那位副领事安排我和三个报务员住到伊斯哈克伯克·穆努诺夫①的家里。记得他家位于当时伊宁诺维古德(今西沙河子斯大林街 5 巷)一带,房子比较讲究,院子很大,院中栽有果树,还有一块小草坪,家中有电灯和电话。他一家人住在院子里东边的一排大房子,我们四个人被安排住在院子西边的一排小房子。伊斯哈克伯克是民族军②总指挥,因此他家院子大门外昼夜都有哨兵站岗,院子里也有哨兵,服务人员也都是从民族军里派来的。伊斯哈克伯克派专人为我们做饭,一天三顿把饭菜送到我们的房间。他对我们的热情款待和周到照顾,让我很感动。当时,安排我们住他家,可以说既安全也好保密。

从此开始,我以中共中央联络员的身份在新疆展开工作。

在伊斯哈克伯克家住下后,苏联驻中国伊宁领事馆有关人员协助我们的报务员在抵达伊宁当天(8 月 15 日)就架设好电台,并顺利接通了北平和莫斯科。电台发出的第一份电报是给党中央的,内容是:"中央:我们四人于八月十四日下午九时(莫斯科时间)抵伊犁。我与此间负责人尚未接上头,估计明后天当可接上。中央对我的工作有何指示? 望即电告。"③

---

① 伊斯哈克伯克·穆努诺夫:柯尔克孜族。新疆三区领导人之一,时任新疆联合省政府委员兼省保安副司令、民族军总指挥、新疆保卫和平民主同盟(简称新盟)中央组织委员会委员。

② 民族军:新疆三区的正规武装部队,因成员是新疆少数民族,故称民族军。下属各团、营、连的名称多用组建地点或民族成分来命名。

③ 《新疆和平解放》,新疆人民出版社 1990 年版,第 124 页。

第二份电报发给在莫斯科的王稼祥,内容和第一份电报相同,只是多了一句话:"今日下午四时已与北平电台取得联络,发去一报。"

我们的电台在伊宁工作一段时间后,9 月 12 日,开始联络彭德怀司令员的电台,发出的电报内容如下:"彭(德怀)张(宗逊):我台与你台今日开始联络。关于我的工作,希多给指示。"①但是不知道什么原因,直到9 月 13 日,我们的电台都没有和彭总的电台联络上。② 很快我就去了迪化(今乌鲁木齐),初期为了保密,有关电报还是请中央转给彭总。到新疆和平解放前夕,就与彭总的电台直接联系了。

我们的电台一直设在伊宁,从 8 月 15 日开通,一直工作到 11 月 22日③,前后共计 100 天。新疆的同志因此也称这部电台为"百日电台"。在此期间,中央的电文中多次称这部电台为"力群台",后来人们也通称为"力群电台"。

"力群电台"在新疆和平解放前后发给中央的电报有 150 多份,有长有短,有的只有一两句话。中共新疆维吾尔自治区委员会党史工作委员会、中国人民解放军新疆军区政治部在 1989 年选出了其中的 104 份,作为新疆和平解放的一份文献资料,在 1990 年 5 月由新疆人民出版社出版发行的《新疆和平解放》一书中公开发表了。

"力群电台"在 100 天的工作中,在伊宁接触了新疆三区的领导和骨干,在迪化接触了新疆的高层领导如陶峙岳④、包尔汉⑤等人,以及迪化地下进步组织负责人,通过各种途径对新疆地区敌、我、友三方面的情况有了切实的了解,并向中央及时报告,为中央解决新疆问题提供了较为可靠的根据。从这个意义上来说,"力群电台"在新疆和平解放过程中起了重

---

① 《新疆和平解放》,新疆人民出版社 1990 年版,第 227 页。
② 《新疆和平解放》,新疆人民出版社 1990 年版,第 228 页。
③ 《新疆和平解放》,新疆人民出版社 1990 年版,第 325 页。
④ 陶峙岳:时任国民党新疆警备总司令。
⑤ 包尔汉:即包尔汉·沙赫德拉,维吾尔族。时任国民党新疆省政府主席。

要作用。

2. 与新疆三区负责人第一次见面

8月15日,电台顺利接通北平的党中央时,我还没和新疆三区领导人接上头。离开莫斯科前,刘少奇和我谈话时,明确作出指示,要我以中共中央名义,口头邀请三区领导人派代表出席新政治协商会议。电台接通党中央以后,经过认真思考和反复斟酌,我在16日给党中央发了第二份电报,内容是:"中央:此间出席政协的代表尚未启程,明后天我可以与他们会面。我提议用政协筹备会名义来一正式邀请的电报,由我转交,以示郑重。是否有当,请指示。"①

17日上午,我们的电台收到了中央给我的指示:"邓力群同志:十五、十六日两电均悉。(一)望先以中共中央名义,向伊犁负责当局提出邀请他们派遣代表出席九月十日左右在北平开会的新政治协商会议,人数为五位,希望维吾尔族、哈萨克族均有人来,并有一位汉人同来兼做翻译。新政协筹备会邀请书另电告。(二)你应即按少奇、稼祥同志的指示进行工作,向特区②负责当局报告情况,不要发表任何意见。(三)前由董老③派去工作的彭长贵④是否已经见到,如遇到,望予以鼓励,并勉其安心工作。"⑤看完中央的电报,我非常高兴,因为下午就要与新疆三区的领导人会面,这下心中有数了。

17日下午,经苏联驻中国伊宁领事尼·波·阿里斯托夫的引荐,我和新疆三区领导人阿合买提江·哈斯木⑥、伊斯哈克伯克、阿不都克里

---

① 《新疆和平解放》,新疆人民出版社1990年版,第126页。
② 特区:指新疆三区。
③ 董老:即董必武。
④ 彭长贵:又名彭国安,朝鲜族。1947年1月,根据中共中央指示,受董必武派遣,化名王南迪,携电台随同到南京参加国民党"国大"的阿不都克里木·阿巴索夫到迪化,同年3月到达伊宁,负责与中央的电台联络。因所携电台功率不足,未能接通。
⑤ 《新疆和平解放》,新疆人民出版社1990年版,第48页。
⑥ 阿合买提江·哈斯木:维吾尔族。新疆三区领导人之一,时任新疆联合省政府副主席、新疆保卫和平民主同盟(简称"新盟")中央委员会主席兼中央组织委员会主席。

木·阿巴索夫①三人见了面。他们进门以后和我紧紧握手、热烈拥抱。看得出来，他们都很兴奋、很激动。互致问候和后来的谈话都是由阿巴索夫担任翻译，他的汉语说得很好。

落座之后，依照中央来电指示精神和刘少奇在莫斯科的叮嘱，我先向他们转达了中央对新疆三区的充分肯定、高度评价以及对新疆三区领导人的关怀，接着向他们说明了中央给我的任务，主要是和这里的政权、军队、团体及其领袖取得联络，把这里和整个新疆的政治、经济、军事、文化、民族情况、地理气候、风俗人情等情况，特别是有关军事行动的敌、我、友各方面情况系统地报告中央。我诚恳地向他们表示，请他们经常给我指示和帮助，并要求他们给我安排一个工作日程。

他们的主要发言人是阿合买提江，阿巴索夫补充，伊斯哈克伯克话不太多。他们向我表示，中共中央和毛主席在复杂和艰巨的任务中关心处在偏僻地区的新疆三区，并派人来这里联络，他们感到很兴奋，愿意真诚地服从中共中央的一切指挥和决定。他们还表示将尽一切力量来帮助我完成任务，提供材料并将介绍各方面的负责人和我谈话，阿合买提江还特意表示，这次谈话以后还要和我进行详细、全面的谈话。

3. 与新疆三区负责人商洽派代表出席新政协会议

我们的话题很快就转到了新疆派代表出席新政治协商会议问题。

根据中央 17 日上午的来电精神，我以中共中央名义向阿合买提江等人发出邀请，说中央决定新疆派五名代表出席新政治协商会议，并希望维吾尔族、哈萨克族都有代表出席。我还给他们解释说，因为交通不便，没有带来正式邀请的文件，请他们原谅。阿合买提江等当即表示，他们以前听到要召开新政治协商会议的消息时就想派人出席，现在中共中央正式

---

① 阿不都克里木·阿巴索夫：维吾尔族。新疆三区领导人之一，时任新疆联合省政府委员兼副秘书长、新疆保卫和平民主同盟中央委员兼新闻情报处处长。

邀请,并能够乘此机会去北平向毛主席和中央请示,感到非常满意和
高兴。

接着,我们又谈到了一些具体问题,主要是他们提问,我来回答。阿
合买提江等询问的问题主要是:

第一,出席会议的五名代表是全新疆的代表,还是只是新疆三区的代
表? 什么样的人适合做代表?

第二,会议代表去北平的交通问题如何解决?

第三,代表去北平途中和抵达北平后,代表的供给问题如何解决?

第四,代表出发之前需要做什么准备?

第五,代表到北平后,中央会向他们提出哪些问题? 他们应向中央及
政协会议提些什么问题?

第六,代表出席会议是采取秘密方式还是采取公开方式?

他们提出的问题,有些刘少奇在我离开莫斯科时已经做了明确的指
示,我就做了肯定的答复;有的则没预料到,我详细记录下来准备请示党
中央。

第一个问题,代表身份和条件。我答复说,五名代表是全新疆的代
表。代表中要有新疆七区①也就是国民党统治区的一个人,少数民族代
表四人,五个代表中最好有两至三个是新疆三区负责的领袖,一个汉人代
表。至于代表的具体人选请你们自己决定。

第二个问题,交通问题。我答复说,由于时间紧迫,从新疆伊犁到东
北满洲里,请苏联有关方面派飞机送,因为其他交通工具如火车已经来不
及了。从东北满洲里到北平,由我们派专人、专车迎送。

第三个问题,供给问题。我明确答复说,代表去北平途中和抵达北平
后的供给,一切由我们负责,不必带东西去。为什么我要说"不必带东西

---

①　新疆七区:指当时仍在国民党新疆当局统治下的迪化、阿克苏、喀什、和阗、焉耆、哈
密、莎车七个专区。

去"？这是因为他们很客气地对我说,他们很关心供给问题,因为这里的币制和内地不同,但他们可以带相等于货币的东西去。看得出来,我的回答让他们如释重负。

第四个问题,代表行前准备工作。我答复说,请你们带去一切有关材料,以备中央接见时参考。

第五个问题,我答复说,中央向你们提出哪些问题和你们应向中央及政协会议提些什么问题,请等待我请示中央后再答复。

第六个问题,代表公开还是秘密行动问题。按照新政治协商会议的性质,出席会议代表的活动应该是公开的,但是阿合买提江等提出这个问题时解释说,他们考虑到新疆三区曾与国民党方面订有和平协定(指1946年1月以张治中为代表的国民党中央政府和新疆三区在迪化签订的11项和平条款),虽然中间双方发生过多次激烈冲突和对立,但他们和国民党在政治上还没有公开决裂,没有在形式上公开废止这个协定,如果代表们公开行动,等于公开、正式在形式上和国民党决裂。他们提出,目前这样做是否适宜？对于他们提出的这个问题我没有表态,只是做了详细记录,决定请示中央后再答复。

此外,我请他们尽快给我一份出席新政协会议代表的名单及简历,他们提出到北平以后,希望新政协会议能指定一个了解他们民族习惯的人接待,以避免因为民族的隔阂而发生不必要的误会。最后,我们商量在出席会议的五个正式代表之外带三个工作人员一起去北平,预计8月20日从伊犁出发。

4. 电告中央和王稼祥同新疆三区负责人见面及新疆代表参加政协会议的有关问题

我和阿合买提江等人的第一次见面很愉快,交谈也很融洽。他们告别离开以后,我立刻整理谈话记录,并根据记录草拟给党中央和在莫斯科的王稼祥的电报。

　　为了迅速向中央报告交谈的情况,我给党中央的电报是在17日分为两封先后发出的。第一封电报主要是报告我们见面的情况和双方谈话内容。在报告新疆三区负责人表示全力支持我的工作后,我向党中央请示:"中央首先要我了解什么? 请电告。"第二封电报主要是报告我口头邀请新疆派代表出席政协会议后他们的表态以及他们提出的具体问题和我的答复。对于他们提出的两个重要问题,即他们到北平后党中央向他们提出哪些问题、他们应向中央及政协会议提些什么问题和新疆代表公开还是秘密行动问题,我请中央做出指示,并在最后报告说:"他们希望在二十日以前能得到中央的回答。"

　　17日发给在莫斯科的王稼祥的电报,内容与发给中央的两封电报内容基本相同,只是更精炼些。

5. 关于赠送礼物的谈话

　　在同阿合买提江等人的会谈中,我看得出来,他们对能够去北平参加新政治协商会议特别是能见到毛主席,有机会表达新疆各族人民对毛主席的敬意,表达新疆各族人民拥护祖国统一的真诚愿望特别兴奋,特别高兴。

　　我和阿合买提江等人8月17日会谈后,18日晚上又继续谈。他们说,依照民族习惯和礼节,到一个新地方应该向当地的亲戚朋友与尊敬的人赠送礼物以示自己的敬意,并问我应当准备什么礼物送给毛主席。我回答道,你们带去新疆人民的意见和要求就是最好的礼物,请不要准备别的礼物。阿合买提江说,我们百分之百地相信,贵党领袖一定会把我们带去的新疆人民的意见和要求当作最好的礼物,但抛弃民族的习惯和礼节将使我们感到很大的不安,此次有千载难逢的机会去见中国人民最伟大的领袖,心里非常高兴,很想留下一个礼物作为永远的纪念。

　　阿合买提江说完,其他人也这样说,并一再希望我提出送什么礼物为好。我说,我们党的民族政策中规定,所有共产党员都应尊重各民族的习惯和礼节,既然有必须遵守的民族礼节,自然应当尊重。至于送什么礼物好,我说希望礼物能够带有民族特点。他们很高兴听到我的这个说法,并表示他们将使这个礼物既带有民族特点,又能代表目前民族的心理和要求。

6. 面交毛主席的邀请信

8月18日,我们的电台收到了毛主席致阿合买提江的邀请信。全文如下:

新疆伊宁特别区人民政府①阿哈买提江②先生:

我国反对帝国主义、封建主义、官僚资本主义及以蒋介石为首的国民党反动统治的人民解放战争,即将取得全中国的胜利。包括全中国各民主党派、各人民团体、人民解放军各野战军、各解放区、国内各少数民族及海外华侨在内的新的全国人民政治协商会议,经过慎重筹备之后,即将在九月内召开全体会议。此届全体会议除制定全国人民政治协商会议组织法、选举自己的全国委员会外,并须制定中华人民共和国中央人民政府组织法,选举中央人民政府委员会。你们多年来的奋斗,是我全中国人民民主革命运动的一部分,随着西北人民解放战争的胜利发展,新疆的全部解放已为期不远。你们的奋斗即将获得最后的成功。我们衷心地欢迎你们派出自己的代表五人,前来参加全国人民政治协商会议的全体会议。如蒙同意,请于九月上旬到达北平。谨此电达,并希赐复。

新政治协商会议筹备会主任　毛泽东

一九四九年八月十八日　北平③

---

① 伊宁特别区人民政府:指1944年9月至1949年10月,新疆伊犁、塔城、阿山(今阿勒泰)三个地区少数民族在苏联支持和帮助下,发动反抗国民党政府统治武装斗争,建立的以伊宁为中心的新疆三区政权。

② 阿哈买提江:即阿合买提江·哈斯木。

③ 中共中央文献研究室、中共新疆维吾尔自治区委员会编:《新疆工作文献选编》(一九四九——二〇一〇年),中央文献出版社2010年版,第1页。

19日会谈时,我把毛主席的邀请信当面交给他们,阿巴索夫当即把毛主席的邀请信翻译成维吾尔文,郑重地一字一句念给在场的人听。当他念到"你们多年来的奋斗,是我全中国人民民主革命运动的一部分"时,再也按捺不住激动的心情,声音也随之颤抖起来,我看到他的眼睛里满含着泪水。阿合买提江等人对信中关于新疆三区革命的评价感到非常满意,备受鼓舞。

8月20日,阿合买提江通过我们的电台复电毛主席。全文如下:

全国人民新政治协商会议筹备会主任、敬爱的毛泽东先生:

　来信收悉。蒙你向我们提出来的问题是很久以来全省人民所期望的。我们认为人民解放战争的伟大胜利同时就是全世界和全新疆人民的胜利,所以我们以最高的热情来向敬爱的毛泽东先生表示致谢和兴奋,并派代表前往北平参加人民政治协商会议。谨此电达。

特区人民代表　阿合买提江

八月二十日　伊犁①

新疆三区负责人经过研究,决定由阿合买提江、伊斯哈克伯克、阿巴索夫和阿山专员达列力汗②代表三区,另外加上迪化的罗志③五人作为新疆各族人民的代表去北平参加新政治协商会议。

7. 阿合买提江等遇难,赛福鼎等组成代表团前往北平

8月23日下午,阿合买提江等五位代表及随行人员乘汽车离开伊宁

---

① 新疆三区革命史编纂委员会编:《新疆三区革命领导人向中共中央的报告及文选》,新疆人民出版社1995年版,第13页。

② 达列力汗:即达列力汗·苏古尔巴也夫,哈萨克族。时任新疆省联合政府委员兼卫生处处长、阿山专员、民族军副总指挥等职。

③ 罗志:时任新疆中苏文化协会宣传部副部长,迪化地下进步组织"战斗社"负责人之一。

去阿拉木图。24 日坐苏联飞机离开阿拉木图。27 日，他们所乘坐的苏联飞机飞到伊尔库茨克外贝加尔湖地区上空时，因气候恶劣，飞机失事，机上人员全部遇难。受当时交通和通讯设施的影响，直到 9 月 3 日，我和新疆三区其他领导人才从苏联驻中国伊宁领事馆得到确切消息。

新疆三区打算继续派三名代表前往北平出席新政治协商会议，我个人表示完全同意，估计中央也一定非常欢迎，请他们立刻做准备。新疆三区决定再派出的三名代表是：阿合买提江等人离开后新疆三区的实际负责人赛福鼎①，塔城副专员阿里木江②和迪化新疆学院副院长涂治③。9 月 3 日下午 4 时，我将上述情况电告党中央并请求速来指示。党中央知道阿合买提江等代表不幸全部殉难的消息后，发来了唁电，对他们表示哀悼，对他们的家属表示慰问。

党中央希望新疆继续派代表参加新政治协商会议。根据党中央的指示，9 月 7 日下午，赛福鼎、阿里木江、涂治乘坐苏联派来的飞机从伊宁出发，取道苏联赴北平，代表新疆各族人民出席新政治协商会议。赛福鼎等三人于 15 日顺利到达北平，赶上了中国人民政治协商会议第一届全体会议的召开，迎来了新中国的成立。

（四）了解新疆三区和新疆军政当局情况
并及时报告党中央

抵达伊宁后，我广泛接触了新疆三区政府和民族军的领导人，包括迪化地下进步组织的负责人，在他们的支持和帮助下，对新疆地区敌、我、友

---

① 赛福鼎：即赛福鼎·艾则孜，维吾尔族。时任新疆省联合政府委员兼教育厅厅长、新疆保卫和平民主同盟（简称"新盟"）中央组织委员会委员兼新盟中央机关报《前进报》主编。

② 阿里木江：即阿里木江·哈肯巴也夫，乌孜别克族。时任塔城副专员，新盟塔城分会主席。

③ 涂治：时任新疆学院副院长，迪化地下进步组织"战斗社"负责人之一。

三方面及新疆三区的情况有了比较切实的了解。在详细了解情况的基础上,我通过电台向党中央和毛主席反映了新疆以及新疆三区各方面的情况,新疆三区领导人的意见和要求也通过电台报告了党中央,为党中央解决新疆问题提供了比较可靠的根据。

1. 向中央报告的军事情况

在和阿合买提江等人最初三天的谈话中,他们向我全面介绍了新疆和三区的情况。我整理后第一时间(8 月 20 日)把有关军事情况电告给党中央。

报告的主要内容是:国民党在新疆的驻军马步芳部的兵力、装备、驻扎地点、部分军队已向内地和敦煌方向撤退的情况;国民党西北军政副长官兼新疆警备司令陶峙岳的情况(当时陶峙岳想起义,又怕部下不服,不敢有行动上的表示,其部下也想起义,又怕陶峙岳不听,消息没有沟通);英美势力自动从新疆撤出的可能性极小,他们正在策动一个阴谋,即在国民党马步芳的军队全部撤出新疆、人民解放军向新疆推进时,在南疆策动民族分裂分子打起"民族独立"的旗帜。

电报中还简要报告了新疆三区民族军的兵力、驻扎地点、编制、武器装备和交通运输情况。电报中我还向中央报告了新疆境内其他武装的基本情况,并特别介绍了乌斯满①的兵力数量及其动向。

8 月 20 日,罗志从迪化赶到伊宁。在 22 日我和罗志的谈话中,他谈了迪化近期军事政治情况。23 日,我把罗志谈到的军事和政治情况报告给党中央。

---

① 乌斯满:即乌斯满·斯拉木,哈萨克族。一个小部落的头目,曾拉起一股武装力量反对盛世才,1944 年曾一度表示支持新疆三区,1946 年,经新疆三区推荐,任新疆联合省政府委员兼阿山专员,后反对新疆三区。新疆和平解放后,他纠集部分土匪组织武装叛乱,1951 年 2 月 19 日,被人民解放军俘获。同年 4 月 29 日,经人民法庭审讯并举行公审后在迪化被处决。

第一,关于军事情况,罗志首先谈到,国民党政府代总统李宗仁不久前密令新疆中央军和各军事机关,由于华南战事自顾不暇,无力顾及新疆,要新疆自己计划撤退。国民党军整编 78 师已经全部撤往陇西,南疆也有部分开始撤退。我当即问罗志,这个情报是否确实?他说,有人亲自看到了李宗仁的密令。同时,国民党西北行辕命令新疆军事供应局将存在新疆的军火全部运往兰州,他们用 15—20 辆大卡车运了 10 个昼夜,已经全部运走。从这个方面也证实情报是确实的。

第二,马步芳部驻新疆的骑五军①已经有三分之二调往内地,但军长马呈祥仍在迪化,并在新疆各地拉拢国民党其他派系军事力量及其长官。在骑五军内部,马呈祥利用宗教和亲属关系进行统治,进步回族干部几次打入其内部都告失败。

第三,国民党在新疆的中央军和马家军战斗力较强,总兵力不超过 3—4 万人,且住地分散,不能集中,加上交通不便,行动迟缓。罗志还介绍了国民党军驻新疆其他的派系、战斗力及其简要历史,并谈到已经被陶峙岳调至东疆的叶成②,认为他最反动,坚决反对局部和平。罗志还介绍了他和地下进步组织在中央军士兵和下级军官中做宣传工作的情况,以及中央军"士兵厌战、士气不振,愿起义和投诚"的情况。

第四,陶峙岳和包尔汉的情况。天水解放后,陶峙岳从兰州回到迪化,曾和新疆警备副总司令兼南疆警备司令、整编 42 师师长赵锡光在焉耆见面,商讨局部和平问题,并向各方面进行工作。罗志说,陶峙岳如果能争取赵锡光,则在南疆可以争取过来两个旅。新疆省政府主席包尔汉通过新疆保安副司令张凤仪正在进行扩大力量的活动,他想扩充两到三

---

① 骑五军,当时已整编为骑一师,驻守奇台、阜康、迪化等地。师长马呈祥系马步芳的外甥。这里是邓力群当年报中央电文中使用的番号及职务。详见中共新疆维吾尔自治区委员会党史工作委员会、中国人民解放军新疆军区政治部编:《新疆和平解放》,新疆人民出版社 1990 年版,第 158—163 页。

② 叶成:时任整编 78 师师长。

个保安团,现在还没有实现。

9月2日晚,我见到了刚从迪化到伊宁的苏联驻中国迪化副总领事叶谢也夫和阿里斯托夫领事。叶谢也夫带来了一份国民党军7月以前在新疆的兵力部署和团长以上军官姓名的材料,他把这份材料给了我。这是一份比较准确、全面反映国民党在新疆驻军情况的材料。

9月4日,我把叶谢也夫带来的材料整理后电告中央。我在这封电报最后报告说,国民党军的兵力和部署"8月以后又已有新的变动,其中骑一师(即前一电报提到的马步芳部驻新疆的骑五军)大部已调进甘肃,绥来(整编78师师长叶成的部队)驻军近亦开始局部调动"。

9月4日的电报发出后,新疆国民党军的动向发生了急剧变化:一是马呈祥、叶成的军队开始撤退,并且预定9月10日撤完;二是国民党军驻南疆莎车的一个炮兵团在7日正式起义;三是包尔汉的代表在8日到了距离迪化100多公里的玛纳斯前线,并代表包尔汉正式提出要求,在国民党军撤退后的三天内,新疆三区的民族军不要进军。

新疆三区方面估计,国民党军撤退后,这些地区将出现严重的无政府状态,而各民族的反动分子和反动武装如乌斯满等将利用这个空子挑拨各民族关系,如果处置不当,可能会发生社会秩序混乱、民族之间互相抢劫与残杀的情况。无政府混乱局面如果不能迅速制止,将对人民的生产和财产产生不利影响。

为防止上述局面出现,新疆三区提出了两个方案:一是随着国民党军的撤退,命令民族军跟进接防;二是在国民党军撤退后,民族军派出少数部队和一定数量的干部去接收政权,组织临时政府,维持社会治安。他们认为,无政府状态多延长一天就多一天的坏处,因此再三迫切地要求我请示党中央采取什么妥善办法,并且希望能在10日得知中央的指示。

9月9日,我将上述情况电告中央,并把陶峙岳、包尔汉同意起义投诚这一极其重要的消息也报告了党中央。

党中央和毛主席对此迅速做出反应,10日,毛主席电告彭德怀:"陶峙岳、赵锡光等已准备与我们和平解决，新疆主席包尔汉已派人至伊犁附近接洽和平谈判，我们已令邓力群率电台日内进驻迪化。故新疆已不是战争问题，而是和平解决的问题。"①党中央和毛主席原准备派三四个军进疆，后来实际上派了两个军。人民解放军进军新疆军事部署的改变，与中央和毛主席及时准确地了解了上述军事情况有关。

2. 向中央报告的政治情况

在我和罗志8月22日的谈话中，他还谈了新疆特别是迪化的政治情况。23日，我把罗志告诉我的情况报告了中央。

主要内容是：屈武（时任新疆省政府委员兼迪化市市长）在和谈结束从北平返回新疆后，在迪化某学院所作的报告中赞同张治中一贯的和平主张，介绍了解放区的新气象，由此推动了迪化的青年知识分子关心时局、讨论时事的局面。包尔汉、刘孟纯②和陶峙岳最近曾举行会议，准备接受和平条件，估计可能会有行动。国民党中央在新疆的官员纷纷准备离开、特务大部分转入地下。罗志还介绍了麦斯武德③、艾沙④、伊敏⑤三人的政治历史情况以及他们反对包尔汉、反对新疆三区、反对共产党的行径；英美驻中国迪化领事官员的行踪及麦斯武德、艾沙与英国驻中国迪化领事接近的情况。

---

① 中共中央文献研究室、中共新疆维吾尔自治区委员会编：《新疆工作文献选编》（一九四九——二〇一〇年），中央文献出版社2010年版，第6页。
② 刘孟纯：时任国民党西北长官公署秘书长兼新疆省政府秘书长，1949年9月26日参加包尔汉领衔的通电起义。
③ 麦斯武德：即麦斯武德·沙比尔，维吾尔族。1947年5月至1948年12月任新疆省政府主席。
④ 艾沙：即艾沙伯克，维吾尔族。曾任新疆省联合政府委员，1947年5月至1948年12月任新疆省政府委员兼秘书长，时任三青团新疆分团干事长。
⑤ 伊敏：即默罕默德·伊敏，维吾尔族。曾任新疆省联合政府委员兼建设厅厅长，时任新疆省政府副主席。

　　此外，罗志还介绍了他领导的迪化地下进步组织"战斗社"①，对这个组织的由来、现状及其反对国民党反动统治的斗争情况作了说明。

　　9月2日晚，我在伊宁见到苏联驻中国迪化副总领事叶谢也夫和驻伊宁领事阿里斯托夫时，他们告诉我很多迪化的政治情况，我连夜将谈话内容报告了中央。主要是：

　　第一，新疆国民党的军政高层领导人陶峙岳、赵锡光、包尔汉、刘孟纯、刘泽荣②、屈武同意接受我方和平条件，希望新疆不再发生任何流血和牺牲。他们保证不做任何抵抗，让我方和平接收，并正在做交接的准备（马呈祥除外，他表示要退回青海、宁夏）。他们曾分别找苏联驻中国迪化总领事馆总领事萨维列夫要求向我转告他们的意见，并通过叶谢也夫副总领事与我方联络开始具体谈判。这些人中最积极的是刘孟纯，正式要求把他带到伊犁，以便与我方取得联络。

　　第二，新疆国民党的军政高层领导人之间的分歧，是有一部分人不愿向新疆三区投诚，而要向人民解放军投诚。他们认为向新疆三区投诚丢面子，迪化市现在已经公开谈论和平与投诚。英、美驻中国迪化领事馆随时准备撤退。苏方希望我们抓住这个时机，立即与新疆国民党方面开始谈判。

　　第三，叶谢也夫副总领事说目前需要注意的问题，一是要警惕马呈祥和叶成勾结发动军事阴谋，逮捕策动局部和平的国民党军政高层领导人；二是要特别注意大土耳其主义思想在新疆少数民族中的影响，警惕大土耳其主义者势力、宗教势力和封建主势力结合，再次发生民族之间的屠杀，使人民解放军进军新疆遇到阻碍和困难。

　　随后，我通过各种途径进一步了解了新疆国民党军政高层领导人的

---

① 战斗社，1947年2月，迪化地下进步组织"新疆共产主义者同盟"与新疆三区地下进步组织"人民革命党"合并，共同成立"新疆民主革命党"。省联合政府破裂后，"新疆民主革命党"领导机构撤至伊宁，1948年7月遭解散。留在迪化的成员仍坚持活动并因秘密出版《战斗》杂志，被称为"战斗社"。

② 刘泽荣：时任国民党政府驻新疆外交特派员。

情况,连续三天向中央报告。其主要内容是:

新疆国民党的军政高层领导人酝酿和平运动已有一段时间;目前,国民党军政高层中赞成和平的力量在政治上军事上都已处于优势地位;国民党军政当局最大的顾虑是叶成、马呈祥的动向,他们正在极力推动叶、马撤离新疆,因此要求新疆三区两周内不要出兵,以免发生意外;陶峙岳表示愿把新疆国民党军队全部交给人民解放军,他本人希望回家当老百姓;国民党军政高层为表示和平与投诚的诚意,准备采取行动;叶谢也夫副总领事对张治中、包尔汉的看法;新疆国民党军政当局迫切要求与我方联络。

叶谢也夫副总领事希望我方与新疆国民党军政当局尽早取得联络,他可以负责介绍并保证我方代表安全,并表示为尽快与新疆国民党军政当局接上头,最好先由我与对方接触。对于这一条,我明确告诉他,必须在我得到中央指示后才能奉告。我在 2 日、3 日与叶谢也夫副总领事和阿里斯托夫领事的谈话中,只是详细提出问题,对任何问题都没有发表意见。

9 月 5 日,涂治从迪化到伊宁后,我立即请他写了一份迪化最近政治动向的材料,当晚即报告党中央。涂治写的材料中有些情况我已经掌握,可以和从罗志、叶谢也夫副总领事那里得到的消息相互印证。

对于涂治报告中关于叶成、马呈祥、罗恕人①同意和平转变,但不愿在新疆受三区方面的改编,而要开到酒泉接受解放军改编的情况我很警觉,当即问涂治,叶成、马呈祥、罗恕人等要开往酒泉,有没有表面投降实则抵抗的阴谋。涂治认为有这种可能,但酒泉给养困难,他们即使有阴谋也难于实现。

涂治的报告中谈到麦斯武德、艾沙、伊敏时,认为他们"已经到了穷途末路","在政治上已不起作用"。涂治在报告的最后说,各族工人、学

---

① 罗恕人:时任国民党整编 179 旅旅长。

生、公教人员、士兵、中下级军官、小商人,由于吃不饱、穿不暖,都痛恨国民党的反动统治,欢迎解放军早日来解放他们。迪化市现在流行的一个口号就是"太阳快出来了!"

3. 向中央报告的财经情况

我到伊宁不久,阿合买提江和我谈了新疆三区财政经济的简要情况,8月26日,我把整理后的情况报告了中央。主要内容是:

新疆三区在行政上还没有统一的组织机构,但在经济上伊犁、塔城、阿山联合组成了一个经济委员会,全部军费由伊犁区负责支付,塔城区将牧税交给伊犁作为补助。除此之外,三区原则上规定自给自足,各有独立的财政预决算;三区有统一的银行,发行统一的货币;由于纸币价值不稳定,三区在财政预决算会议上不用纸币作为计算单位,而是采用对外贸易时土产换工业品的一定比值作为不变的计算单位,计算单位的名称叫作"索木"。三区的农业生产方式和生产工具都非常落后,农产品的产量比较低(在伊犁,水田小麦亩产约240斤,旱田小麦亩产约160斤,其他粮食亩产也大约是160斤)。伊犁地区的农民一般都是农业兼营畜牧业,单纯经营畜牧业的极少。

涂治到伊宁后,我还让他写了一份关于迪化财政经济方面的材料,于9月7日报给中央。

在关于迪化财政经济的材料中,涂治首先介绍说,1942年国民党势力进入新疆后,新疆币和国民党的法币联系起来。由于法币特别是金圆券疯狂贬值,物价飞涨,民不聊生,硬是拖垮了新疆币。新疆省政府不得已在1949年5月发行银圆券,同时铸造银元,收回原来发行的新疆币,并且和金圆券脱离关系,拒绝其入境。此举虽然在短期内收到了平抑物价的效果,终因生产停滞、对苏贸易未能恢复,国民党中央的经费来源断绝,银圆券已经贬值200%。最近,新疆省政府决定铸造金圆,但只有黄金9000多两,短期内就会耗尽。

涂治介绍说,新疆的税收已经养不活税收人员(仅够 30%),因此不仅对新疆省库无补,反而加重负担。最近新疆省政府已经裁撤了税收机关,其职责由县政府兼办。国民党政府的中央银行、农民银行在迪化的分行现在只剩下了两个空架子。

涂治还介绍说,国民党驻新疆军政机关以及军队的开支,估计每月需要银圆券 80 万元,约等于新疆全省 10 个月的开支。南京解放后,他们的经费来源断绝,军方只得强迫新疆省政府借支(长官、职员每月借支 5 元,士兵每月借支 1 元),5、6 月已经照借,7 月起已经无力供给了。由于军费无着落,马呈祥从青海运来大批烟土发给官兵当军饷,结果迪化市烟土泛滥,价格从一两黄金买一两烟土跌到一两黄金可以买五两烟土。

由于新疆财政已经到了山穷水尽的地步,张治中企图恢复对苏贸易和经济合作。1949 年春天,新疆当局开始同苏联谈判。对于新疆与苏联的贸易协定和经济合作协定,美国政府极力反对,国民党政府因此不敢批准,新疆的财政经济困难也就没有办法解决。

4. 向中央报告的其他情况

为了让党中央和毛主席系统、及时地了解和掌握新疆三区各方面的情况,我把通过各种途径了解到的其他情况,如新疆三区的历史及近期状况,他们出版、发行的报刊,我从报刊上看到的新疆三区关于民族政策的意见等情况报告给党中央。

这里要强调一下新疆的民族问题和宗教问题。在我同阿合买提江的最初会谈中,他提出了新疆的这两个基本特点和问题。在 8 月 21 日的电报中,我向党中央作了报告。

关于民族问题,阿合买提江介绍说,由于历史上压迫民族和被压迫民族多次互相屠杀,导致各民族之间产生严重的摩擦和仇恨。在压迫民族和被压迫民族之间,这种摩擦和仇恨更加严重和复杂。半个世纪以来,这里的民族运动都是在泛突厥主义的思想影响下进行,目的是把所有的突厥人联合起来组成一个国家,因此,在少数民族知识分子尤其是老知识分子中泛突厥主义的思想很深。

关于宗教问题,阿合买提江介绍说,此地少数民族绝大多数信仰伊斯兰教,因此宗教的势力非常大。伊斯兰教的信徒受宗教情绪影响容易产生盲目排外倾向,容易把非伊斯兰教的人看成敌人,对于压迫民族则更容易产生仇恨,而美英帝国主义则利用这点来策动挑拨离间的阴谋。

阿合买提江认为,新疆产生民族问题和宗教问题的基础是没有工业,是落后的封建的农业经济。社会中统治的关系是父子关系,父子之间是从属关系,因此家族观念深,地方观念深,封建势力的统治特别牢固。

为了能使党中央全面了解情况,我在很多电报中都是向党中央原原本本地报告谈话内容,包括基本观点和意见等等,对他们讲的东西不加任何修正和删节,只是对文字作了一些整理。

（五）秘密进驻迪化

1949 年 9 月初,新疆和平起义的形势逐渐成熟。随着新疆军事、政治形势的迅速发展,我到迪化对国民党新疆军政当局高层开展团结争取工作的各方面条件具备了。

9 月 2 日晚,我见到驻伊宁的阿里斯托夫领事和刚从迪化到伊宁的叶谢也夫副总领事时,叶谢也夫向我说明迪化国民党新疆军政当局高层内部主战和主和的争论情况后,还讲了陶峙岳、刘孟纯、刘泽荣、屈武等人曾分别找到他,要他向我转告他们希望和平起义的愿望,并要求通过他与共产党取得联系,开始具体谈判。国民党新疆军政当局高层中,当时担任国民党西北长官公署秘书长兼新疆省政府秘书长的刘孟纯最积极,已经做了不少有利于和平起义的工作。9 月 2 日,叶谢也夫的飞机从迪化起飞前,刘孟纯去拜访叶谢也夫,并正式要求把他带到伊犁来,以便与我取得联系。根据这些情况,叶谢也夫建议我到迪化去,做争取国民党新疆军政当局和平起义的工作。当晚,我就把谈话内容电报党中央,并希望迅速给我指示。党中央很快复电,同意我到迪化去。

9月11日下午,我与新疆三区临时负责人商量去迪化问题时,他们有些担心。因为阿合买提江等人牺牲后,赛福鼎又去了北平,留下的负责人担心自己经验不足,工作上需要得到党中央的指示才能顺利进行。如果我从此移驻迪化,新疆三区方面和中央的联络将要中断或很困难,但是为了尽快与国民党新疆军政当局接上头,新疆三区负责人同意我快去快回,以后根据工作需要,定期往返于迪化、伊宁之间。当天晚上12时,我把他们的意见报告给党中央。

9月13日,我收到党中央回电,同意我去迪化一个星期,尔后视情况往来于迪化、伊宁之间。

9月15日中午,我带着张治中致陶峙岳和包尔汉的电报,同一个译电员乘飞机从伊宁秘密抵达迪化。从飞机下来后,包尔汉第一个上来和我紧紧握手、热烈拥抱,到机场迎接我的还有刘孟纯、屈武、刘泽荣。他们也表现得非常热情。包尔汉兴奋地拉着我上了他的汽车,让我和他并排坐在一起。汽车启动后,包尔汉紧紧握住我的手说,邓力群同志,考虑到你来迪化后的安全问题,请你就住到我的家里。汽车径直开到包尔汉家时,看得出来,他家周围和院子里都明显加强了戒备。包尔汉家四周是一个很大的果园,他安排我与他住在同一栋平房里。这栋平房中间有一个大客厅,旁边是一个小会议厅,小会议厅旁边有三间房子,一间是包尔汉的卧室,卧室左手这间住着他的夫人和孩子,右手那间是他的书房,就安排我住进他的书房,译电员就住在另外一个小房间里面。他不仅让我住在他家,而且为我进行工作提供了各种方便。我同迪化许多人的接触谈话都是在他家进行的。他对我态度非常亲热、随便,不是把我当作客人招待,而是当作自己的家人。他对我说:"我们家一日三餐吃什么,你来了也吃什么。我该上班照常上班,你的安全问题我们有部署,不必担心。"为了保证我的安全,他还专门召集全家老少开会,再三叮嘱不许对外面任何人说起我来到迪化、住在这里的事。所以他家无论大人还是小孩都很守规矩，平时从不踏进我的房间半步，更不会在院里大声说话。我住在他的家中，真好像就是在自己的家里一样。我明白他这样做，是从保证我们安全考虑的。因为当时的环境还相当险恶，国民党新疆驻军的态度尚不完全明朗，有一些坚持反动立场的军官正在进行最后的挣扎，甚至企图暗杀包尔汉及其他一些进步人士。在这种情况下，包尔汉敢于让我这样一个共产党的联络员住在他家里，是需要很大勇气和胆略的。

（六）新疆和平解放

1. 陶峙岳、包尔汉通电起义

我9月15日中午秘密抵达迪化，到9月25日陶峙岳率国民党驻新疆部队通电起义，前后只有10天时间。虽然短暂，但却是令人难忘、异常繁忙的10天。10天中，我向党中央和毛主席发、转的电报共计15份，很多是和各方面人士谈话的记录，经过整理后，发给中央。每天到我住所的客人络绎不绝，他们当中有国民党新疆军政高层人士，也有在新疆受我党影响的青年，还有迪化三个地下组织的领导人。

在此期间，通过多次交谈，我同包尔汉在新疆和平起义的问题上，取得了完全一致的意见。接下来的一项主要任务，就是如何做好陶峙岳的工作。

9月16日，我找陶峙岳谈话，向他转交了张治中将军的电报。张治中在电报中说："今全局演进至此，大势已定。且兰州解放，新省孤悬，兄等为革命大义，为新省和平计，亦即为全省人民及全体官兵利害计，亟应及时表明态度，正式宣布与广州政府断绝关系，归向人民民主阵营。在中央人民政府未成立前，接受人民革命军事委员会之领导。治中深知毛主席对新省各族人民、全体官兵、军政干部，常表关切，必有妥善与满意之处理。"①

---

① 《伟业千秋——王震和新疆》，新疆人民出版社2001年版，第31页。

后来我才知道,9 月 8 日,毛主席曾将张治中请到中南海,告诉他人民解放军已经决定由兰州和青海分两路向新疆进军,希望他致电新疆,敦促新疆军政当局走和平解放的道路。毛主席对张治中说,你是前西北军政长官,新疆军政当局都是你的部下,只要你去电,新疆方面是会照办的。张治中表示,自己早有想法,只是 5 月以后音讯断绝,不知道怎样和新疆方面取得联系。毛主席告诉张治中,我们已经派邓力群先期到达伊宁,并建立了电台联系,你的电报可以发到伊宁,由邓力群转送迪化。9 月 21 日,中国人民政治协商会议第一届全体会议开幕。就在这一天,毛主席又致函张治中,委托他继续给新疆及河西的老部下做工作,并谈到:"前次先生致陶峙岳电,我在电尾加了几句话,要陶与中共联络员邓力群妥为接洽。邓力群(邓飞黄之弟)已由伊宁于十五日至迪化与陶、鲍见了面,谈得还好。"[1]

陶峙岳知道,张治中作为国民党南京政府的和谈代表在国共和谈破裂后,没有回南京而留在北平了。他看到中共中央很重视张治中,重视他在新疆的影响和作用,心头的疑虑开始消除。显然,毛主席让张治中发给他的电报,发挥了重要的作用。

虽然陶峙岳的疑虑开始消除,但是,在起义的问题上,一开始并不顺利。陶峙岳对我讲:胡宗南还有几个月的军饷未送来。只要军饷一到,马上宣布起义。当时,胡宗南在陕西还有一个军的部队,陶峙岳手下的顽固分子仍对胡宗南抱有幻想。不久,胡宗南的这支部队被我西北解放军消灭了,马呈祥、叶成、罗恕人等人才看出没有希望了。于是,包尔汉与陶峙岳紧密合作,出了一大笔收买费,终于迫使马、叶、罗同意交出兵权,尽快离开新疆出国。

9 月 18 日,陶峙岳、刘孟纯交给我一份新疆问题和平解决意见书,并要我转报中央。我看过以后问他们,这个意见书是不是新疆和平转

---

① 《毛泽东书信选集》,中央文献出版社 2003 年版,第 312 页。

变的前提条件？他们说,意见书所提不是此间实现转变的前提条件,而是实现转变后,他们对今后解决新疆问题所提的意见。何者采纳,何者不采纳,悉由我中央决定。他们肯定而明确地告诉我:这次转变是无条件的。

进入9月以来,包尔汉做了大量的工作。他邀请各族耆宿及有声望的人士30余人举行座谈会,详细阐明了省内目前形势及政府保障和平的决心。与此同时,他对亲英、亲美的泛突厥主义分子麦斯武德、艾沙、伊敏等加紧斗争,查封了他们办的反动报刊,还撤换了一批反动官员,如喀什专员乌迈尔就被撤职。包尔汉等人所做的工作和努力,为和平起义排除了障碍,准备了条件。

9月19日,包尔汉通过我给毛主席发了一个电报,表达了自己的决心。[1] 当时,包尔汉还写了一首汉文诗,我一直保存着,可惜在"文革"中遗失了。

陶峙岳在做反动分子的工作时,说过四句话,即:晓之以理,动之以情,逼之以势,诱之以利。这四句话表明,在新的形势下,陶峙岳能够适应形势的变化,发挥应有的作用。当然,如果没有兰州的解放,新疆的反动分子是绝不会投降的。9月20日以后,陶峙岳把最反动的师长马呈祥、叶成、罗恕人及省政府副主席伊敏等二十多人,分批经过南疆送往国外。至此,新疆和平解放的条件已经成熟。

在做陶、包工作的同时,根据中央的指示,我还迅速地和迪化各地下进步组织取得了联系,对他们的工作进行了指导。当时迪化的地下进步组织有战斗社、先锋社[2]、民主青年团[3]等,他们在各族群众中有一定的影

---

[1] 参见包尔汉:《新疆五十年》,文史资料出版社1984年版,第359页。

[2] 先锋社,原名"中国共产党新疆省支部",1947年11月7日成立于迪化的地下进步组织,后因出版地下刊物《先锋》,故又名"先锋社"。

[3] 民主青年团,由包尔汉之子努斯热提等一部分积极追求进步的少数民族青年建立的地下进步组织。

响,为宣传我们党的政策,扩大我们党的影响发挥了积极作用。

1949 年 9 月 25 日和 26 日,国民党新疆驻军和省政府,先后由陶峙岳、包尔汉领头,发出通电,宣布起义。① 消息一经传出,各族群众欢欣鼓舞。9 月 28 日,毛泽东主席、朱德总司令复电陶峙岳、包尔汉及新疆军政起义人员,对他们的行动表示嘉勉。②

新疆和平解放之后,迎来了 1949 年 10 月 1 日中华人民共和国宣告成立这一伟大的日子。10 月 2 日,迪化市举行了庆祝新中国成立的党政军民群众大会。我和包尔汉等人一起走上了主席台。这是我来到迪化后,第一次在公众前露面。当时,我穿着西装,戴着礼帽,虽然没向大家作介绍,但是参加大会的进步分子都看得很清楚。跟我联系过的人,都说这就是那位共产党的代表。我虽然参加了庆祝大会,但没有在会上讲话。

2. 大军进疆

陶峙岳、包尔汉宣布起义之后,出现了一个问题,这就是人民解放军何时进疆。有人认为越早越好,而陶峙岳则有自己的想法,希望由他的军队把新疆的局势稳定下来,然后,解放军从容进疆。这样,就形成了两种不同的意见:急进或者缓进。

实际上,新疆和平起义后的局势很不稳定。一些反对起义的反动军官先后在哈密、库车等地制造骚乱,抢劫银行,杀戮群众,当局无力掌控局面。对此,包尔汉作为新疆省临时人民政府主席,深感责任重大。他在 10 月 5 日致毛主席、朱总司令、彭德怀副总司令的电文中称:"本省危机四伏,情势严重。务希转饬西来之人民解放军兼程来新,以解危局,并慰人民之热望。"③

---

① 参见《中共新疆地方史》第 1 卷,新疆人民出版社 1999 年版,第 117 页。
② 参见中共中央文献研究室、中共新疆维吾尔自治区委员会编:《新疆工作文献选编》(一九四九——二〇一〇年),中央文献出版社 2010 年版,第 12 页。
③ 包尔汉:《新疆五十年》,文史资料出版社 1984 年版,第 367 页。

在这种形势下,根据中央军委的统一部署,9 月 28 日,第一野战军前委发出了进军新疆的指令。10 月 6 日,彭德怀来到刚解放的酒泉,会晤了陶峙岳,同他交谈了解放军加速进疆、起义部队接受改编等问题。

10 月 10 日前后,赛福鼎、阿里木江、涂治等从北京飞抵迪化,罗立韵也同机抵达,见面后,大家都格外高兴。

10 月 12 日,人民解放军二军四师和战车五团装甲车营作为入疆先头部队,从玉门出发,驱车西进。第二天,二军军长郭鹏、政委王恩茂率军指、五师离开酒泉向新疆进发。随后,苏联支援的运输机抵达酒泉,帮助运送入疆部队。几万部队,数路大军,犹如滚滚洪流,锐不可当,向新疆展开了气势磅礴的大进军。

10 月 20 日,解放军先头部队抵达迪化。在迪化市举行的欢迎解放军的大会上,我作了一个简短的讲话,指出:"从今以后,我们全中国和新疆进到一个新的时期,这就是建设时期,建设中国各族人民幸福生活的新时期。在建设的过程中,我们会遇到很多的困难,但我们有信心解除困难,克服困难;而克服这些困难的唯一方针与道理,仍然是毛泽东同志所讲的'团结战胜一切'。"①

党中央对解放军进军新疆非常重视。10 月 21 日,毛主席在写给胡乔木的信中指出:"我军于昨日到达迪化。请写短评一篇,能于明日见报为好。关于人民解放军入新消息及评论,不要有'占领'字样,均称到达某地;评论中并应提到得到新疆军政当局同意并欢迎人民解放军迅速开进的。"②

11 月 7 日,王震司令员及六军军长罗元发、副政委饶正锡等飞抵迪化。8 日,迪化军政各界举行盛大欢迎会。王震在讲话中宣布中共中央新疆分局成立,并向新疆各族各界人士对解放军的热烈欢迎和爱护,表示

---

① 邓力群:《延安整风以后》,当代中国出版社 1998 年版,第 442 页。
② 《建国以来毛泽东文稿》第一册,中央文献出版社 1987 年版,第 83 页。

诚挚的谢意。此后,新疆的各项工作在新疆分局的领导下全面有序地展开。

随着各路部队向新疆的大进军,到 1949 年年底,人民解放军把五星红旗插上了天山、昆仑山和帕米尔高原,从而结束了反动派对新疆各民族压迫的历史,开始了新疆各族人民平等、民主的新时代。

新疆地域辽阔,地理和民族宗教情况很复杂,严冬又将到来,近 10 万人民解放军要在短期内驻防新疆各地,面临许多困难。我根据中央的指示精神,积极进行了多方面的准备:为帮助进疆人民解放军解决交通问题,不仅把新疆各路交通、可供使用机场状况及其呼号情况及时电告即将进疆的人民解放军,以供确定进疆的计划和路线之用,同时还和包尔汉及新疆三区临时负责人分别商谈,要他们给予帮助。包尔汉答应尽最大限度调集 300 辆汽车和相应汽油供我军使用,三区方面也调动了仅有的 40 辆汽车,并提供 200 吨汽油、20 吨滑机油给我军;粮秣、被服也是人民解放军进疆面临的又一难题。因路途遥远,靠内地供给难度极大,只能在新疆就地解决。经我出面,包尔汉表示粮秣可由省政府先解决,但省政府掌握的粮食有限,又要供应数万国民党起义部队,长期供应将很困难。我请示中央后,同新疆三区临时负责人商谈,通过三区提供的农业生产盈余和向人民募捐等方式很快筹措小麦千余吨,并筹集经费在伊犁采购了一批粮食,由此基本保证了进疆大军的粮食供应。大军入疆前,正是秋冬之交,尚未换上冬装。当我得知驻疆国民党供应局库存有棉布万余匹,棉花 20 万斤、缝纫机 900 多台的情况后非常高兴,通过萨维列夫总领事,与驻疆国民党供应局商洽,把它完整地保护了下来,这在一定程度上解决了入疆部队的冬装问题。此外,解放军进疆驻防时还会遇到不懂当地少数民族语言和风俗习惯等问题,我及早向中央建议,由新疆三区各派出一个团开往迪化和阿克苏,然后分兵配合人民解放军驻防各地,同时还从伊犁挑选了一批表现好、了解和熟悉南疆各地情况的少数民族干部组成随军工作团,由赛甫拉也夫率领,前往南疆各地协助人民解放军驻防。临行前,我对他们进行了广泛深入的纪律教育、与人民解放军会师的友谊教育,如何对待国民党起义部队的政策教育,组织有关人员把人民解放军宣言、布告及三大纪律八项注意译成维文印成小册子,发给他们人手一册,还组织他们讨论。这些深入细致的思想工作,保证了抽调的民族军和工作团顺利地完成了配合解放军驻防新疆的任务。

(七) 建 党 建 政

1. 返回迪化

1949 年 11 月 12 日,王震司令员来到伊宁,同赛福鼎和我见了面。我向王震详细汇报了三区革命的历史、现状和三区领导人的主要情况。王震则兴致勃勃地向我讲述进疆一路的情况,并告诉我,中央决定留我在新疆工作。他说:你来新疆已有数月,对上层领导有很多的接触和了解,对新疆复杂的问题也有一定的认识,你留在新疆工作,会发挥很大的作用。他接着说:新疆复杂的民族宗教问题给我们的工作增加了困难,但只要我们认真宣传和执行党的民族宗教政策,积极地进行社会改革,为新疆各族人民办好事,我们就能站住脚,打开局面。

王震和我一起,同赛福鼎交谈了成立省政府以及人员安排的意见。在谈话中,还涉及到将陶峙岳起义部队改编为人民解放军 22 兵团、民族军改编为人民解放军第 5 军、派一个师去南疆、派一个团进驻迪化等重大事宜。

在此期间,我还陪同王震会见了苏联驻伊宁领事阿里斯托夫,到边境会见了苏联的边防司令。王震到伊宁以前,阿里斯托夫曾向我建议,把省政府搬到伊犁,并动员一些民族干部向我施加压力。我对他们说,建议可以报告中央,但没有得到中央指示以前,我不能发表任何意见。

王震在伊宁亲自参加了纪念三区革命 5 周年大会,到阿合买提江等遇难烈士家里进行慰问,找各界人士谈话,作调查研究。大约一个星期后,他先期返回迪化。又过了几天,我于 11 月 22 日同赛福鼎一起回到迪化。至此,我完成了中央交付的中共中央联络员的任务。

2. 建立人民政权

1949 年 10 月 12 日,还在人民解放军第一兵团进疆途中,党中央即指示成立中共中央新疆分局,王震为书记,徐立清为副书记,罗元发、张贤约、饶正锡、王恩茂、郭鹏、曾涤和我为委员。① 后经西北局批准,王震、徐立清、高锦纯、邓力群、饶正锡为分局常委。

我从伊宁返回迪化后,在中共新疆分局还兼任秘书长、宣传部部长。罗立韵分配在宣传部工作。三个报务员,即段恒德、李东祥、王乃静分配到军区机要处,转年 2 月,根据中央的指示,他们被调回莫斯科,交王稼祥大使另行分配工作。② 此外,我把我从伊宁带到迪化的三个地下组织的负责人陈锡华、李泰玉、彭长贵 3 人介绍到分局组织部,由分局组织部安排好他们的工作。这时,郁文也带了一批新闻干部到了迪化,接管了新疆日报社,由我兼任报社社长,郁文任副社长,兼分局宣传部副部长。当时分局宣传部还有一位副部长,即军区政治部宣传部部长马寒冰。

11 月 27 日,彭老总和张治中奉毛主席的指示飞抵迪化,召开了各界协商会议。应邀参加会议的有各民族、各民主党派、各阶层、驻军的代表和迪化民主人士共三十多人。彭老总在会上说:新疆已和平解放,还必须从政治上、军事上、经济上进行必要的改革,以巩固和平与团结,使各族人民获得彻底的解放。一切问题的合理解决,都必须在民族平等和民主的原则下,从长远的、全面的利益出发。

经过历时 11 天的广泛征求意见、认真讨论方案和深入协商人选之后,按实行广泛的统一战线原则,确定了省人民政府委员会组成人员名

---

① 参见《建国以来毛泽东文稿》第一册,中央文献出版社 1987 年版,第 49 页。
② 参见中央档案馆档案。

单,一致通过了改组新疆省政府、整编军队、解决财政经济困难等三个问题的方案,尔后报经政务院第十一次例会批准。

省人民政府委员会在 12 月 17 日这天正式成立。包尔汉任主席,高锦纯、赛福鼎任副主席,刘孟纯任秘书长。另有 28 人出任省人民政府委员。这些委员是王震、王恩茂、卡尤木伯克(维吾尔族,三区)、列斯肯(俄罗斯族,民族军)、阿不都拉·艾尼(维吾尔族,民族军)、安尼瓦尔·贾库林(哈萨克族,三区)、安尼瓦尔·汗巴巴(乌孜别克族,"新盟")、艾斯海提(塔塔尔族,"新盟")、阿不都克日木汗·买合苏木(维吾尔族,七区)、辛兰亭、伊不拉音·吐尔地(维吾尔族,"新盟")、屈武(国民党新疆省政府起义人员)、帕提汗·苏古尔巴也夫(哈萨克族,三区)、阿不力孜·木合买提(维吾尔族,七区)、阿不都热合满·穆义提(维吾尔族,"新盟")、禹占林(回族,七区,战斗社)、徐立清、涂治(七区,战斗社)、陶峙岳(国民党新疆部队起义人员)、舒慕同(锡伯族,民族军)、买合苏提阿洪(维吾尔族,七区)、买买提·艾沙(柯尔克孜族,七区)、达夏甫·明珠里约夫(蒙古族,三区)、刘孟纯(国民党新疆省政府起义人员)、邓力群、阿不都海依尔·吐烈(哈萨克族,三区)、韩有文(撒拉族,国民党新疆部队起义人员)。

这个名单是由王震、我和分局的同志分头去做工作,反复商量后产生的。酝酿产生省人民政府委员,这是一个细致、周到的工作。应该讲这件事做得很成功,组成了广泛的统一战线,促进了广泛的民族团结。

省人民政府成立的当日,举行了政府委员会第一次会议。会议由包尔汉主席主持,一致通过了《新疆省人民政府委员会目前施政方针》(以下简称《施政方针》)。包尔汉在会上致词说:省人民政府的成立和通过的施政方针,为全疆人民期待已久的福音,这是新疆有史以来空前的人民胜利。中央人民政府及全疆人民把这个光荣的任务交给我们,是我们最大的荣幸。赛福鼎副主席也在讲话中表示,在中国共产党和中央人民政府的正确领导下,新疆人民有充分信心,把落后的新疆建设成先进的新疆。

早在酝酿省人民政府委员人选时,彭老总就叫我起草省人民政府的《施政方针》。后经他和王震修改,在省人民政府委员会上通过,于1950年1月6日经中央人民政府政务院第14次政务会议批准后颁布实施。《施政方针》共10条,它是根据《共同纲领》,结合新疆的具体情况,经过广泛征求意见后制定的。① 在我起草《施政方针》时,彭老总特别强调了三个问题:一是要彻底实行民族政策;二是必须有步骤、有计划地进行社会改革;三是公务人员必须在思想观点和作风上来一番改造。

《施政方针》中的一些内容,在《共同纲领》的原则下,结合新疆的情况更加具体化了。譬如《共同纲领》规定"反对大民族主义和狭隘的民族主义",我就向彭老总建议:结合新疆情况,最好再加上一条,即"反对大土耳其主义"。彭老总完全同意,因此,在《施政方针》中增加了"反对英美帝国主义及其走狗所倡导的大土耳其主义"的内容。又譬如《共同纲领》规定有"宗教信仰的自由",根据新疆具体情况,《施政方针》增加了"宗教不得干涉司法行政"的内容,等等。② 《施政方针》公布后,成为新疆各级政权和各族人民的工作准则和行动纲领,对新疆解放后的发展产生了重要的影响。至今,六十多年过去了,新疆已经发生了翻天覆地的变化,但当我们再次重温《施政方针》时,仍能感受到它的强烈针对性和指导意义。

彭老总在迪化期间,除了在会上见面外,还同我有过多次交谈。在交谈中,他对我讲了新疆分局领导成员组成所根据的原则、讲了在新疆工作要注意的问题,包括王震、徐立清、高锦纯、饶正锡等几位领导人的优点和缺点,要我同他们搞好团结。这个期间,我陪他去过苏联驻中国迪化领事

---

① 参见中共中央文献研究室、中共新疆维吾尔自治区委员会编:《新疆工作文献选编》(一九四九——二〇一〇年),中央文献出版社2010年版,第45—48页。

② 参见中共中央文献研究室、中共新疆维吾尔自治区委员会编:《新疆工作文献选编》(一九四九——二〇一〇年),中央文献出版社2010年版,第46页。

馆两次,一次是礼节性的,另一次是谈成立省政府、改组国民党军队的方案。

记得有一天,彭老总在迪化观看话剧《刘胡兰》,由于导演修改了剧本原有的情节,在舞台上出现了群众打死那个杀害刘胡兰烈士的被俘军官的场面。彭老总看了很生气。演出结束后,他严厉地批评了有关部门的负责人,指出这是违反党的俘虏政策,是不符合事实的,责令他们立即改正。

新疆和平解放后,包尔汉的政治态度非常明朗。他多次表示:新疆的一切问题都听从中央的安排,全力支持新疆分局的工作。包尔汉的思想也很敏锐,他说过一句很好的话:新疆是各族人民的新疆,中国是各族人民的中国。同时,包尔汉与彭德怀、王震的关系也处得很好。因此,由他来担任省政府的主席,是完全合适和称职的。

1949 年年底,新疆各地面临着建立党的组织和人民政权的紧迫任务。部队到达南北疆各地后,立即根据中共新疆分局和新疆军区的决定,采取"包干制"形式开展地方工作,也就是说,部队驻防哪个地区,就对哪个地区的地方工作负完全责任。当时,新疆划为迪化、喀什、伊犁 3 个大区,由二军、六军和五军党委分别兼喀什、迪化和伊犁区党委的工作。此后,新疆军区陆续抽调干部初步组建了全疆 3 个大区党委、10 个地委、80 个县委机构和 500 多个区委,[1]重新任命了各级政府和各部门的负责人,同时还废除了千户长、百户长等封建制度。自上而下地初步建立了专区、县(市)和区、乡人民政府,[2]使政权产生了质的变化,成为真正的人民政权。

省人民政府成立后,我兼任文教委员会主任,郁文和伊不拉音·吐尔地、安尼瓦尔·汗巴巴两位少数民族干部为副主任;同时,我还兼任外事

---

① 参见《当代中国的新疆》,当代中国出版社 1986 年版,第 69 页。
② 参见《当代中国的新疆》,当代中国出版社 1986 年版,第 69 页。

委员会主任,刘护平、舒慕同为副主任。这个时期,我的职务很多,大致有七八个,除了新疆分局常委、分局秘书长、分局宣传部部长、研究室主任、外事处处长、省政府文教委和外事委主任外,还兼青年工作委员会主任、新疆日报社社长、广播电台台长等。虽然很多是挂名的,但终究不能一点都不过问。当然,我的工作重点还是在新疆分局。

3. 发展第一批党员

我们党的各级地方组织建立以后,从组织工作上讲,下一步最重要的任务,就是发展一批优秀分子入党,发展和壮大革命队伍。王震十分重视这件事,强调首先要做好发展新疆各民族特别是少数民族领袖人物的入党工作。他提出,由于抗战时期我们党在新疆开展工作多年,在大力宣传马列主义和党的抗日民族统一战线等政策,以及团结带领各族人民进行抗日救亡斗争的过程中,影响、教育和培养出一批有一定觉悟的骨干,具备了入党的条件,可以有步骤地分批地吸收他们入党。新疆分局成立后,他又指出,无论在三区还是七区的干部中,都有一批少数民族领袖人物。这些人在共产主义思想的影响下,参加了反对国民党反动派的斗争,经历了实际斗争的锻炼和考验,因此,可以采取"破格"的办法吸收他们入党。他所说的"破格",一是不要候补期;二是入党后可以直接进入党政的各级领导机构。

王震提出的这个颇有胆略的意见,报告中央后,很快得到了同意。新疆分局决定,这项工作先从分局开始,然后是几个区党委,再后是地委、县委,都要吸收一批优秀分子加入到党内来。王震从伊犁回到迪化后又提出,对有入党要求的民族领袖,我们要尽快吸收,尽快办手续,最好赶在1949年年底把手续办完,这样,他们就能够多一年党龄。王震让我提供了一个名单。这样,经过紧张的工作,我们终于在1949年年底前,在少数民族干部中吸收了包尔汉、赛福鼎等15人为第一批党员。[①] 他们当中既

---

①　参见《中共新疆地方史》第一卷,新疆人民出版社1999年版,第142页。

有维吾尔、哈萨克、汉、蒙古等新疆人口较多的民族,也有锡伯、塔塔尔、乌孜别克等新疆人口较少的民族。包尔汉由王震和徐立清介绍入党,赛福鼎由王震和我介绍入党。赛福鼎在新疆和平解放后不久,就在北京向毛主席递交了入党申请书,毛主席很快于 10 月 23 日做出批示:"同意赛福鼎同志入党。此信由赛本人带交彭德怀同志即存彭处。待新疆分局成立后,由赛同志向分局履行填写入党表手续。"①他们入党以后,没有候补期,随后经西北局批准,包、赛成为分局委员,参与了分局的领导工作。

1949 年 12 月 30 日,新疆分局为包尔汉、赛福鼎等新入党的同志在分局西大楼举行了庄严的宣誓仪式。王震亲自带领新党员宣读了入党誓词,并作了重要讲话。② 第一批发展的党员,成为当时新疆的骨干力量,在各项工作中发挥了重要的作用。

4. 改编起义部队

1950 年春,在王震的领导下,抽调大批干部,开展了整编和改造国民党起义部队的工作。新疆起义部队的人数很多,达八万之众,整编改造他们至为重要。新疆分局和新疆军区党委派李铨、张仲瀚等一批优秀干部到起义部队中工作。他们去了以后,模范地执行党的政策,处处以身作则,把我军官兵一致、上下一致、军民一致的优良传统带到起义部队,深入进行了路线、方针、宗旨的教育,发动起义官兵,开展了诉苦、民主运动,提高了他们的政治觉悟。在此基础上,建立了党组织和政治工作等人民军队的一整套制度。经过党的教育,起义官兵不仅在形式上,而且在思想上完全站到了人民一边。

1950 年 9 月 25 日,在新疆和平解放一周年之际,中央人民政府革命军事委员会发布命令,授予这支由起义官兵整编而来的部队"八一"军

---

① 《建国以来毛泽东文稿》第一册,中央文献出版社 1987 年版,第 86 页。
② 参见中共中央文献研究室、中共新疆维吾尔自治区委员会编:《新疆工作文献选编》(一九四九——二〇一〇年),中央文献出版社 2010 年版,第 33 页。

旗,命名为"中国人民解放军第 22 兵团",由陶峙岳任兵团司令员,王震任政治委员,正式编入我军序列。

应该指出,在对新疆起义部队进行改造的过程中,张治中做了大量工作。其中,他对起义官兵所作《怎样改造?》的长篇讲话,就是一个突出的例子。在这个讲话中,他结合自己的切身经历和思想变化,对起义部队改造的必要性和如何改造,讲了很多很好的意见,在起义部队中产生了积极的影响。[1]

就这样,经过一年多的改造,新疆起义部队发生了质的变化,改变了旧的思想、旧的制度、旧的作风,建立了新的思想、新的制度、新的作风,开始成为保卫和建设新疆的重要力量。后来,22 兵团整建制地留在新疆就地转业成为新疆生产建设兵团的重要部分,一直坚持到今天,这在全国都是唯一的一个。陶峙岳这个人不仅在和平解放新疆立了功,和平建设方面,在全国所有起义将领里,也是贡献最大的一个人。我们不要忘记这个人,不要忘记他为解放、建设和保卫新疆做出的贡献。

5. 大办干部训练班

1949 年 11 月 14 日,毛主席对西北少数民族工作发出了指示:"要彻底解决民族问题,完全孤立民族反动派,没有大批从少数民族出身的共产主义干部,是不可能的。"[2]毛主席要求新疆在三年内培养出一万名左右既懂得政策又能联系群众的忠实于人民利益的民族干部。

根据毛主席的这个指示,新疆分局立即着手开办地方民族干部训练班。王震亲自任分局干校的校长,让我抓日常工作。学员主要从少数民族中招收,利用几个月的时间,对他们进行马克思主义人生观、民族观和宗教观等教育,消除帝国主义和国民党反动派造成的影响,培养各族人民

---

[1]　参见《伟业千秋——王震和新疆》,新疆人民出版社 2001 年版,第 36—37 页。

[2]　《建国以来毛泽东文稿》第一册,中央文献出版社 1987 年版,第 138 页。

的革命干部。分局办的第一期地方民族干部训练班于 1950 年 4 月初开学。王震出席开学典礼并讲话,他把地方民族干部训练班比喻为"制造人民干部的工厂"。

这次兴办地方民族干部训练班不仅新疆分局办,区党委、地委、县委各级都要办,军队、机关团体、各行各业都要大办,时间长短不一。计划安排是:分局办的每期招收 1000 人,训练期为一年;区党委办的每期招收300 至 500 人,训练期为四个月至半年;地委办的每期招收 100 至 150 人,训练期为二至三个月;县委办的每期 30 至 50 人,时间一个半月。按此计划,就能完成毛主席提出的三年培养一万名少数民族干部的任务。果然,在庆祝新中国成立一周年的时候,已经毕业和即将毕业的民族干部已达到 3600 多人。在办干训班的过程中,我经常到班上讲课,和大家一起学习。讲课的主要内容,是讲党的历史、党的性质和宗旨,以及如何尽快地提高学员的理论水平和领导才能。

当时,为了满足建立地方党委和地方政权的需要,需要补充大量的干部。干部的来源一方面是从进疆人民解放军中抽调,另一方面则是从地方民族干部训练班中提拔。这些同志在斗争中成长,在实践中锻炼,表现好的则被吸收入党入团。就这样,我们党培养的第一代少数民族干部很快就成长起来了,这是新疆历史上从来没有过的事。经过训练班培养的民族干部,成为在各条战线上积极贯彻党的各项政策和开展各项工作的骨干。为了使新疆无产阶级迅速成长,使我们党在新疆有阶级基础,使我们的新疆少数民族干部有不竭的源泉,王震认为光大办干部训练班还不够,还要大办工业,让新疆少数民族尽快拥有自己的工人队伍。我很赞同和支持他的这一主张。从今天来看,在新疆大办工业,让尽可能多的新疆少数民族同胞进工厂上班,无论在政治上和经济上,都有很大的意义。

有件事值得一提。1950 年 7 月,我从北京开会回来,带回一份中央关于《民族区域自治试行条例》(草案),征求新疆方面的意见。在伊宁召开的 51 人征求意见座谈会上,在极少数坏人煽动下,许多不了解我们党

的政策的参会人员反对这个草案,说起码要像苏联一样,在新疆搞加盟共
和国,最差也要搞自治共和国,人民解放军撤回关内去。根据中央和西北
局的指示,新疆分局专门召开扩大会议,对这种错误言论进行了深刻剖析
和深入批评。经过训练班培养出来的少数民族干部,同党站在一个立场
上,用刚刚学习和掌握的马克思主义民族观,分析批判这些错误主张,坚
决拥护中央关于民族区域自治的政策,从而使扩大会议达到了统一思想、
提高认识的良好效果,保证了新疆的民族区域自治酝酿工作顺利健康地
进行。

6. 剿灭顽匪

1950 年 3 月,乌斯满同尧乐博斯①相勾结,纠集反动势力和散兵游勇
6000 余人,发动武装叛乱。他们裹胁了草原上的一些哈萨克部落,袭击
我人民解放军,围攻城镇,劫掠烧杀,无恶不作,并企图攻占哈密和迪化。
叛乱发生后,苏联同志曾向王震提出,愿意支援人民解放军剿匪,但王震
怀着强烈的民族自尊心,答复苏联同志:请你们相信中国人民解放军的力
量,我们有把握在短期内平息叛乱。

在王震为首的新疆军区的领导下,驻疆人民解放军对乌斯满匪帮采
取了猛打猛追和坚决消灭的方针。与此同时,根据被裹胁参加叛乱的哈
萨克部落的实际情况,王震还制定了积极争取、分化瓦解的政策。采取这
些政策后,被裹胁的绝大部分群众,包括一些部落的头头,很快返回了自
己的家乡。乌斯满被彻底孤立,只剩下几百人,逃到了山区。1951 年 2
月 19 日,在甘肃、青海两省交界的祁连山海子地区,我军骑兵大队活捉了
乌斯满。不久以后,就在迪化公审枪决了这个匪首。至 1952 年 10 月,人
民解放军在新疆全境彻底肃清了国民党反动派长期豢养的反革命力量,

---

① 尧乐博斯:维吾尔族,时任哈密专员。

巩固了地方的社会治安,巩固了祖国的神圣边防。①

（八）再访苏联

1. 见到斯大林

1949 年 12 月和次年 1 月,毛主席和周总理先后率团访苏,与斯大林商谈签署《中苏友好同盟互助条约》及双方经济合作问题。因双方的经济合作涉及新疆有关项目,需要新疆派人去莫斯科参与贸易谈判,于是,1950 年 1 月 9 日,周总理给毛主席写了一个报告,谈到:"新疆贸易谈判代表包尔汉主席因本月中旬需参加西北军政委员会开会,故改为邓力群带三人并约同在新疆的苏联商务代表同去……,他们在新疆等候,20 号后由新疆乘飞机到阿拉木图,经苏联同意后赴莫斯科。"②1950 年 2 月初,中共中央、西北局指示新疆分局,由赛福鼎和我一起去莫斯科,参加中苏贸易谈判。这是继 1949 年之后,我再次访问苏联。同行的有马寒冰、陈锡华,还有一个曾负责新疆三区财经工作,当时任省财经委员会计划室主任的乌孜别克族同志,名叫波拉提·阿力米。分局叫我们带上拟请苏联设计的建设项目的意见,以及从苏联进口一些棉织品、日用品的订货单。

抵达莫斯科后,我们在一次宴会上见到了斯大林。那是在《中苏友好同盟互助条约》签字仪式结束后,毛主席在莫斯科大都会饭店举行答谢宴会,招待苏共中央、苏联政府的领导人。斯大林应邀前来赴宴。据朋友们讲,这是斯大林战后第一次离开克里姆林宫,到外面参加宴会。我们听说后,都等着看他。他来到宴会厅后,在主宾席上和毛主席、周总理互相祝酒。斯大林的个子不高,红光满面。我不懂俄文,听不懂他讲的话。陈锡华给我翻译成汉语时,由于人很多,声音嘈杂,也听不太清楚。但不

---

① 参见《中共新疆地方史》第一卷,新疆人民出版社 1999 年版,第 161 页。
② 中央档案馆档案。

1950 年 2 月，邓力群（左二）与赛福鼎（右二）等在莫斯科参加中苏贸易谈判时合影

管怎样，总算亲眼见到了斯大林，并为他的身体健康而感到高兴。

2. 贸易谈判

　　在毛主席与斯大林的首次会谈中，毛主席就提出了必须解决贸易问题，特别是苏联和新疆之间的贸易问题。为了做好贸易谈判的准备，我按照周总理的要求，向他提交了一份详细的关于新疆财政金融情况的报告。在报告的最后，我提出："总结以上一切情况，目前新疆财政金融问题的解决，起决定作用的为：（1）中央的补助；（2）对苏贸易；（3）全疆财政的统一；（4）税收的整理。这种主要依靠中央的补助解决财政的办法，在目前是迫不得已的，将来是亟须改变的，应当改变的，而且也是可能改变的。这就是遵照毛主席的指示，发动和组织 20 万军队进行生产，使 20 万大军成为生产的劳动大军。王震同志的计划，今年部分自给，明年即可全部自给,到那时就可不要中央那样大力来补助了,新疆的财政面貌也必将为之改观了。"①这份报告使周总理对新疆的情况有了一定的了解。

我们来莫斯科前,已商定了拟请苏方帮助的项目,准备在谈判时提出来。周总理要我们参加这些项目的谈判,并把苏方起草的协议(中文译本)交给我们,让我们提意见。我当时觉得苏联是无产阶级的国家,是老大哥嘛,因此也就没提什么意见。赛福鼎也没有提。过了几天,周总理把我和赛福鼎找去,语重心长地对我们讲,作为中共党员,你们不仅要考虑苏联怎么办,还要考虑我们怎么办,这是两个国家之间的问题。既要相互尊重,也要相互平等,不能不动脑筋。周总理的这一番话,对我触动很大。

后来,经过反复谈判,1950 年 3 月 27 日,中苏两国政府代表在莫斯科签订了三个与新疆有关的协议,即:《中苏关于在新疆创办中苏石油股份公司的协定》《中苏关于在新疆创办有色及稀有金属股份公司的协定》《中苏关于建立中苏民用航空股份公司的协定》。② 协定签署后,中苏石油股份公司和中苏有色及稀有金属股份公司虽分别直属政务院燃料部和重工业部,但其工业产品主要供应新疆,有力地支援了新疆的经济建设,为发展新疆石油工业和有色及稀有金属工业打下了基础。③ 中苏民用航空股份公司成立后,开辟了由苏联阿拉木图经中国伊宁、乌鲁木齐、哈密、兰州到北京的航线,极大地方便了交通落后的新疆同内地和国外的往来。

另外,还值得一提的是,1950 年 2 月《中苏友好同盟互助条约》签订后,中断多年的对苏贸易得以恢复,重新开放了霍尔果斯、吐尔嘎特、巴克图和吉木乃等边境口岸,为新疆对苏贸易的恢复和发展奠定了基础。④

① 邓力群:《延安整风以后》,当代中国出版社 1998 年版,第 455—456 页。
② 参见《周恩来年谱》上卷,中央文献出版社 1997 年版,第 29 页。
③ 参见《中共新疆地方史》第一卷,新疆人民出版社 1999 年版,第 181 页。
④ 参见《中共新疆地方史》第一卷,新疆人民出版社 1999 年版,第 180 页。

1950 年 2 月,邓力群在莫斯科

3. 受到毛主席的接见

这次在莫斯科,我和赛福鼎有幸受到了毛主席的接见。

1950年2月初,毛主席要离开苏联回国了,他把我和赛福鼎找去谈了一次话,实际上是对赛福鼎做工作。毛主席说:我们汉族统治阶级过去在历史上欺压新疆的少数民族,欠了新疆人民的账;共产党、解放军来到新疆,就要替我们的祖宗向新疆人民还账,要多给新疆人民做好事,这是第一个意见。毛主席又说:王震这个同志,是个很好的同志,希望你们能很好地合作、团结、共事,这是第二个意见。第三,所有到新疆工作的党、军队的汉族干部,如果你们认为谁有错误,你们有意见,可随时向中央报告。毛主席还要我把这三点意见,报告给王震。回到新疆后,我按照主席的指示,向王震作了汇报。

1950年6月上旬,在北京召开了全国政协第二次会议。开会期间,毛主席在家里接见包尔汉、赛福鼎。这次我也参加了。吃饭时,赛福鼎说了几句恭维我的话。他说:力群同志到新疆,把共产主义的种子,带到了新疆。毛主席说:你这话不对,新疆早就有共产主义的种子。确切地说,是邓力群去了之后,把你们同中央联系起来了。主席讲的话完全切合新疆实际。新疆和平解放前,陈云、邓发、滕代远、陈潭秋、毛泽民、林基路等一大批共产党员都曾在新疆工作过,在那里培养干部,发动群众,发展进步团体,在少数民族当中培养出了一批共产主义分子,阿巴索夫就是其中的杰出代表。

这次对苏联的访问,大约有两个月的时间。在苏联期间,我们参观了工厂、集体农庄和学校、博物馆等,收获很大。后经塔什干、阿拉木图,于1950年4月回到新疆。

4. 运回和安葬阿合买提江等烈士遗体

在苏联期间,苏方通知我们这些从新疆来的同志,阿合买提江等烈士的遗体找到了,现已从苏联伊尔库茨克外贝加尔湖地区运出并作了整形和防腐处理,如果我们同意,这次回国就可以带回新疆去。为此,我们专门请示了毛主席和周总理。毛主席说："应该运回去，运回新疆安葬。你们要为他们修建陵墓。要让新疆人民和全国人民都记住和怀念这些为建立新中国而英勇献身的烈士们。"遵照毛主席这一指示，我们从莫斯科回新疆时在阿拉木图做了停留，苏联有关部门已将烈士们遗体运到这里等着我们，在阿拉木图和我们进行了交接。我们坐苏联飞机从阿拉木图飞伊宁，另一架苏联飞机把烈士遗体从阿拉木图空运到伊宁。烈士遗体都装在水晶棺中，棺内放有防腐药品。

4月16日，由3万多人参加的阿合买提江等烈士遗体公祭安葬仪式在伊宁举行。王震、包尔汉、赛福鼎等专程从迪化赶到伊宁参加，正在伊犁蹲点的分局副书记徐立清也参加了。他们4个人先后讲了话。我也出席了这个仪式，但没有讲话。仪式后，我们将阿合买提江等烈士的遗体安葬在伊宁市东买里（今伊犁州党校），并将迪化和伊宁的两条街道分别命名为阿合买提江路，以示纪念。由于达列力汗·苏古尔巴也夫烈士的家和家人都在承化，他又一直生活工作在那里，应他家人的要求，派专人将他的遗体从伊宁护送回承化安葬。第二天，王震带着我们又到阿合买提江等烈士家中慰问。

第二年的9月5日，包尔汉、高锦纯、赛福鼎和我又从迪化赶到伊宁，代表分局、省人民政府出席阿合买提江等烈士殉难一周年纪念大会。在这次大会上，包尔汉、赛福鼎和我都讲了话。

1959年7月，在阿合买提江等烈士牺牲10周年之际，自治区人民政府又拨专款在伊宁市人民公园内为阿合买提江等烈士专门修建了新墓和陵园，将烈士遗体移葬到那里，同时还修建了一座纪念塔，用汉文和新疆少数民族文字把毛主席撰写的碑文镌刻在上边。

（九）三上北京

北京是我熟悉的地方。自1949年6月离开北京，到1952年10月返回北京,在三年多的时间里,我曾三次到北京参加会议。

　　第一次是 1950 年 6 月上旬,我从新疆到北京旁听全国政协第二次会议。会议期间和会议结束之后,我先后到中宣部、统战部、中央政策研究室、团中央、外交部等处汇报新疆有关情况,并先后参加了全国文教委员会、国家新闻署召开的会议,还到国家出版总署谈了书刊的发行和在新疆成立新华书店分店等事宜。正是这一次在京期间,我陪同包尔汉、赛福鼎第二次受到了毛主席的接见。当时,少奇同志、朱老总和周总理也参加了接见,还在一起照了相。这张相片一直挂在我家的客厅,成为珍贵的历史纪念。

　　那时,在来往新疆和北京的航线上,飞机都要在兰州、西安停两站。这次我从北京返回,路过兰州时,专程去看了彭老总。彭老总对我讲:你

　　1950 年 6 月,全国政协一届二次会议期间,毛泽东在家中接见包尔汉、赛福鼎。图为接见时合影。左起:朱德、刘少奇、赛福鼎、毛泽东、包尔汉、周恩来、邓力群

和王震共事，要对他有所了解。王震有两大优点，一是具有无产阶级顽强的战斗精神，不怕困难，二是重视知识分子。他说：大革命失败后，王震和几个知识分子逃到武汉，要他们不要上街，自己一个人上街卖苦力，挣钱维持这些人的生活，以免他们被国民党抓去。王震自己从来不向别人讲这件事。彭老总还讲到：王震这个人有一个特点，他有了一个主意之后，就千方百计去说服你，一次说服不了，过几天又想到一个理由来说服你，仍说服不了，还要来第三次，总而言之，非要你同意他的意见不可。这个特点可以是优点，但也可以变成毛病。彭老总的话给我留下很深的印象。

第二次是 1950 年 11 月，抗美援朝开始了。中央宣传部召开各省市宣传部长开会，布置抗美援朝的宣传工作。我于 1950 年 11 月又一次到北京，向陆定一等中宣部领导汇报工作。陆定一听完我的汇报后，谈起了新疆的教育工作，并建议我回去以后，好好抓一抓新疆的师范教育。他认为，如果没有好的教师，小学是发展不起来的，即使发展的话，也很难培养出合格的学生。这样，我回去之后，就把新疆学院的办学方针改成重点培养各级、各门学科的师资。

第三次是 1951 年 4 月，我先到西北局宣传部开会，同时列席西北军政委员会的会议。月底到北京，参加第一次全国宣传工作会议。那时，批评电影《武训传》的问题出来了。少奇同志作的报告，传达了毛主席的意见。我在大会上代表西北地区作了发言，讲了新疆的宣传工作情况和出现的一些问题。在小组会上，宣传部派人征求意见，我提了一条，说现在的中国历史课本中只讲汉族的历史，没有少数民族的历史。在各民族的学校中讲这样的中国史，他们不满意，以后中国史怎么讲呢？希望有关部门研究改进。会议结束后，我返回新疆路过西安时，参加了由习仲勋主持的西北局会议，他要求多派干部去新疆，支援新疆的各项工作。这时，西北局已决定派张邦英担任新疆分局副书记，接替已于 1950 年年底调离新疆的徐立清。

（十）南疆调查

我来新疆之后，经常接触的，主要是各民族的中、上层干部，对农村、牧区和农牧民的情况了解不多。于是，从 1951 年 8 月到 1952 年 5 月，我带着研究室的谷苞和研究室、新疆日报社、团省委等有关同志，还有罗立韵，一起到南疆参加减租反霸运动，并结合运动系统地对南疆地区进行了农村调查。这期间，我参加了一期完整的减租反霸试点，一期完整的土地改革试点，还参加了南疆区党委的两次会议，写了 8 个关于工作经验和具体政策的书面报告。同时，结合减租反霸和土地改革工作，在阿克苏、喀什、莎车、和田 4 个专区的 12 个县，每县选 1 个乡或 1 个行政村做典型调查。此外，还做了十几个专题调查。后来，这些调查都写成书面报告，编成《南疆农村社会》一书，正式出版了。①

通过八个多月的调查，我们对新疆有了一个总体的了解，得到了比较多的关于封建社会发展的感性知识，充实和加深了原来从书本上得到的知识。南疆农村，可以说是一部封建社会史的缩影。调查结束以后，我感觉收获很大。经过大家的共同努力，留下了这样一份完整的材料，非常宝贵。现在再去做这样的调查已经不可能了，知道情况的人大多都不在了，年轻人对那时的情况则知之甚少。在这里，我把它概括为三个部分，作一个简要介绍。

第一，南疆 4 个专署 30 个县，除 3 个游牧县和少数半农半牧区外，其他 27 个县的全部或绝大部分地区都是农业区。这些农业区的社会情况可分为三类。第一类是封建社会初期的农村，其数量极少，我们发现的只有三个乡，分布于和田、阿克苏两个专署的 3 个县。第二类农村是封建社会中期的农村，根据我们的调查来估计，可占南疆全部农业区的百分之八

---

① 参见《南疆农村社会》，新疆人民出版社 1980 年版。

十以上。第三类农村是封建社会末期的农村,其数量在南疆也是少数,但比第一类要多。这三类农村在南疆的同时存在和交错存在,表明了南疆农村经济发展的不平衡性和复杂性,但第二类农村的占绝大多数,则表明了封建经济在南疆农村经济中占统治地位的基本情况。

第二,在这一基本情况下,南疆地主阶级对农民的剥削非常残酷,压迫特别野蛮。最基本的剥削方式一为"对分制",一为"劳役制",其中又以"劳役"最为普遍且严重。农民租得地主少量的土地,租额最少是产量的百分之五十以上,再加百分之三十的反动政权的负担,百分之十的宗教方面的负担,留给农民的往往不到百分之十。农民承担地主的劳役,每亩地少则四五天,多则一月半月。农民给地主劳役时,有的要自带牲畜农具,有的还要自备口粮,农忙时必须先把地主的地种完了才能种自己的土地,因此往往迫使农民白天在地主土地上干活,晚上才能在自己的土地上干活。南疆多数农村还没有形成完全自由的劳动市场,农民没有出卖劳动力的完全自由。雇农给地主当长工,不能自愿就业,也不能自由离开;名义工资虽有五六百斤粮食,但地主常制造各种借口进行克扣,很多雇农终身劳动,一无所得,实际上陷于半农奴的地位。

反动政权的徭役也非常苛重。国民党时期,每年要从远离迪化1200公里的阿克苏,甚至从远在1800公里的莎车向迪化运粮,为此而家破人亡、妻离子散的农民难以数计。在这种残酷的剥削下面,解放前南疆农村的生产力遭受了极其严重的摧残和阻碍,农民的生活极度贫困,中农在内的农民阶层的剩余劳动,全部被地主阶级及其反动政权所掠夺,农民最低限度的必要劳动亦受到严重的侵占。因此,绝大多数贫农和雇农每年有两三个月要靠桑子、沙枣、桃杏充饥,有的农民穷得连煮饭的锅都没有一口。农民的生产资料非常缺乏,解放前平均四家或五家才有一头耕牛。

在经济上这种残酷剥削下,地主对农民的压迫特别野蛮。我们走过的地方,地主中没有血债的是少数,有血债的占多数。恶霸一般都私设刑具,可随意监禁刑讯农民,而不受干涉。将农民拷打致死,亦无人过问。

在参加农民的诉苦会上,到处都是一片哭声,我们听到了许多闻所未闻的惨痛事实。由于南疆农民的痛苦特别深重,要求解放的心情也非常迫切。

第三,解放两年多来,南疆区党委坚决执行党的民族政策,党的人民民主统一战线政策,坚持中央慎重稳进的方针,培养和团结了大批民族干部,进行了艰苦的发动群众的工作,在农村完成了一系列包括减租反霸在内的社会改革运动。包括:

(1)废除保甲制度,彻底打掉国民党反动派的各级统治机构。建立人民政权,召开了各级人民代表会议。民族压迫的永远结束,民族平等的真正实现,给各族农民群众反对封建主义的斗争开辟了宽阔的道路。

(2)给农民调剂了大量的土地。首先把大量与宗教有关的土地,交给无地和少地的农民租种,接着又把地主一部分土地调剂给农民租种。更为重要的是,过去普遍而严重存在的劳役制,从根本上被动摇了,以至基本上被废除了。农民不再给地主做劳役,可以全力在自己的土地上劳动了。土地经营大为改善,生产得到了迅速发展。

(3)把封建的水利管理制度改变为民主的水利管理制度。

(4)实行合理负担政策。整个农村的负担比解放前减少了一半以上,农民负担则只及解放前的三分之一,甚至四分之一。因负担问题涉及的面广,所以,不管走到哪里,向任何一个农民打听,解放后得到了什么利益?他们的回答,首先就是"负担减轻了","我们从国民党反动政权苛捐杂税的沉重负担下解放出来了"。

(5)在上述主要的社会改革基础上,南疆各地普遍开展减租反霸群众运动,从根本上改变了南疆农村阶级力量的对比,基本上打垮了地主阶级当权派的政治势力,使农民在政治上获得了翻身,树立了农民群众在农村中的政治优势,建立了农民阶级对地主阶级的政治统治;削弱了地主阶级的经济势力,农民获得了减租反霸斗争的果实,解决了农民生产资料生活资料的不少困难,更进一步推进了农业生产力和生产运动的发展。

上述一系列包括减租反霸在内的伟大的社会改革运动的进行,完全改变了南疆的面貌,把解放前后的南疆,划成了两个完全不同的时代,在人民中形成了鲜明的对比。共产党赢得了劳动人民的真心拥护。当年调查中出现的一些动人的情景,至今还记忆犹新。

(十一) 几项重要工作

1. 组织翻译《毛泽东选集》

1951年10月12日,《毛泽东选集》第一卷由人民出版社正式出版。为了在各族干部群众中宣传、学习毛泽东思想,我建议翻译成少数民族的文字,并组成了《毛泽东选集》翻译出版委员会,由包尔汉、赛福鼎和我分别任正副主任,调集了最好的翻译人员,如扎克洛夫(维吾尔族)、倪华德(哈萨克族)、德林(锡伯族)、舒慕同(锡伯族)等担任翻译。经过大家不懈努力和认真细致的工作,终于在1952年4月10日正式出版并发行《毛泽东选集》第一卷的维吾尔文版、哈萨克文版。这是新疆各族人民政治、文化生活中的重大事件。当天发行的维吾尔文版计12万册,哈萨克文版2万册,后来又发行了蒙古文版。① 同时,分局还向全疆发出了学习《毛泽东选集》的指示。王震以"建立学习《毛泽东选集》的制度"为题、包尔汉以"对马克思列宁主义事业的伟大贡献"为题发表文章,号召各族干部群众认真学习毛主席的著作。

2. 帮助王震修改《新疆军队生产简短总结》

1950年1月23日,王震根据毛主席发出的军队开展生产运动的指示,向部队发出了开展大生产运动的命令,动员新疆部队在天山南北,戈壁荒滩,就地屯垦。他要求部队要有60%的人力投入生产,每人要开6亩荒地,当年要开垦荒地60万亩,并提出"只能成功,不能失败;只能超过,

① 参见《新疆日报》1952年4月11日。

不许减少"的号召。王震把军队屯垦看成是建设边疆,减轻新疆各族人民负担,加强民族团结,巩固西北边疆的战略措施。

屯垦一开始,王震和陶峙岳以及有关干部和技术人员到部队驻地,勘察土地,调查水源,制订规划,组织实施。当时的条件困难极了。戈壁沙漠,人烟稀少,冰雪封地,气候严寒。没有房子住,就挖地窝子;没有蔬菜、肉食,经常煮麦粒和包谷吃;没有种子,就用指战员每人每天节省下来的粮食到几十里、上百里外的老百姓那里换种子。那种困难的条件,是现在的人们难以想象的。

经过广大干部、战士的英勇奋斗,部队屯垦取得了丰硕的成果。当年春季共开垦荒地85.2万余亩,完成并超过预计开垦60万亩的计划。秋季又垦耕冬麦10万余亩,耕地总数超过了100万亩。修建水渠33条,共长123.5万余米,可灌溉土地127.7万余亩。当年收获粮食93.6万余石,油料540.6万公斤,蔬菜1745万公斤;养牛6200余头,羊8.29万余只,猪860万余口。

为了总结经验、鼓舞士气,进一步做好这项伟大的事业,王震要写一份工作总结,并让我和郁文帮他做文字上的修饰,程序是:他写一段,我们改一段。这样,我们两人就从早上9点开始,修改他头一天写出来的稿子,中午回去吃饭,下午又去;晚饭后再去。王震则一头扎进写总结当中,常常连吃饭都忘记了。对于我们所作的删改,他有的地方表示赞同,有的则摇头表示不满意。休息时,他曾给我们回忆当年写南泥湾生产总结的情况,说写好之后,先经一位中央领导帮助修改,然后由毛主席帮他定稿。他说,那位中央领导往往大段大段地删改,而到了毛主席那里,凡是能够保留的就留下来了,甚至于一句话,几个词在这里删掉了,又在另一个地方给补上了。王震说这件事,实际上是嫌我们删多了。就这样,改了又改,删了又加。经过一个多星期的努力,终于写出了比较满意的稿子。

王震写的《新疆军队生产简短总结》在《新疆日报》发表后,在社会上产生了极大的反响。张治中专门写来一封充满激情的信,信中说:"您那篇文章几乎可以说不是用笔墨写的,而是用驻新疆的人民解放军全军将士的血汗所写成的","我把新疆生产战线上的惊人的成果和全国财经工作上伟大的胜利,并举为现实里的奇迹之两大证明","由于您一年来的直接领导,已经以极大的规模部分地填充了新疆的地图,初步地改造了新疆的地理,再有 10 年、20 年的努力,新疆无疑将成为工农业、牧畜业高度发展的高度现代化的乐园,这美丽的远景实在令人羡慕"。

部队的大生产运动,极大地减轻了新疆各族人民的负担。事实是最有说服力的。如果人民解放军进疆以后,人民的负担比原先还重,那就会给主张民族分裂的人和反动分子以口实。现在人民解放军艰苦创业,不仅没有加重,反而大大减轻了人民的负担。1949 年人民解放军进疆前,群众交的田赋和附加负担是 70 余万石粮食,而 1950 年只交了 44 万石粮食。也就是说,新疆的部队增加了一倍,而群众的负担却减少了将近一半。新疆各族人民从这里看到了共产党领导的人民军队全心全意为人民服务的本质,这同国民党军队压迫、掠夺人民是根本不同的。

为了使屯垦战士扎根边疆,王震亲自到上海找陈毅,请他帮助动员上海男女青年支援边疆,又派人到湖南、山东等省招女兵。在生产有了一定基础后,他利用农闲时间,给部队干部、战士放假,让他们回各自的家乡找对象,使战士能够在边疆成家,生儿育女,安心创业。

到 1952 年年底,部队已建立了近 30 个大规模农场,开荒播种 160 万亩土地,超过了原先要求 1954 年达到的耕种 150 万亩的最低指标,实现了部队粮油自给有余,而且有大量棉花运到内地,支援内地轻工业的发展。这些农场,在发展生产力和建立新的生产关系方面,给新疆各族人民起了示范作用。

3. 开展宣传文教等工作

新疆分局宣传部的工作人员很少。我当部长,郁文当副部长。下面的处室也很少,其中有一个文艺处,王玉胡和罗立韵任正副处长。一直到我们下乡搞南疆调查,好像一直就是这么几个人。

在分局的日常事务中,我除了负责宣传部的工作外,一直比较注意调查研究。兰州参军的几个同志进疆后留在分局,组建了一个研究室,专门进行调查研究,这个室的主任是我,但实际负责人是谷苞,罗立韵也经常参加这个室组织的调查研究。搞调查研究这件事,我自始至终都抓得很紧。记得 1951 年五六月间,我和省劳动局安全卫生检查小组一起下到基层,检查安全生产情况,到了伊犁的一个煤矿。我很想和工人们一起下井,亲眼看一看艰苦的劳动环境,但陪同的同志为了安全,坚持不让我下井。现在想起来,真有些遗憾。

《新疆日报》汉文编辑部和维文编辑部、哈文编辑部的合并,是当时一件引人注目的事情。原来它们是分开的,相对独立的。分局宣传部成立之后,为了便于统一领导,做好舆论宣传,决定把维文、哈文和汉文的编

20 世纪 50 年代初,邓力群与罗立韵在新疆

辑部合在一起,组成一个编辑部。这一举措引起了一些有民族情绪的人的反对,但是我们坚持原则,排除干扰,进行了必要的斗争,终于使问题得到了圆满解决。

1950年5月5日,迪化市召开了各族各界第一次民主青年代表会议。我代表新疆分局到会祝贺并讲话,指出:"我们常说新疆是落后的省份。新疆为什么落后? 归根到底就是由于封建势力的存在。新疆要想进步,各民族要想发展,只有打倒封建主义才能办到。我们代表中有许多是知识分子,都是上过学的,在我们过去作文时,先生出过一个题目叫:中国为什么穷? 中国为什么弱? 或者换成文言文叫做:中国贫弱之原因何在?从小学、中学直到大学,很少人把这篇文章作好了。只有中国共产党和他的领袖毛泽东同志才真正做好了这篇文章。为什么穷? 为什么弱? 由于中国多了一个帝国主义和一个封建主义,由于中国少了一个民主和一个独立。青年朋友们,今日在新疆我们还要作这篇文章:新疆为什么穷? 为什么落后? 过去是因为汉族统治阶级的民族压迫及其与各族内部封建势力的勾结,现在是因为各族内部封建主义的继续存在。文章只有这样作,我们才算真正认识了问题的真相,我们才真正找到了奋斗的目标,青年工作也才找到了总的方向!"①

6月,我参加了在迪化省立第一师范礼堂举行的首届教师节庆祝活动。这是一次很有意义的活动。在团结、友爱、兴奋、愉快的气氛中,全市大、中、小学教职员820余人汇聚一堂,其中包括了维、汉、回等各个不同的民族。开会前,大家兴奋地鼓掌、唱歌,这是过去从没有过的团结友好的气氛。我应邀讲话,希望广大教师真正成为受学生爱戴、受人民拥护的教师,配合新疆当前的政治任务,教育培养下一代的青年成为有为的干部。

10月,召开了新疆省第一次文化教育工作会议,到会的有各区党委、

---

① 邓力群:《延安整风以后》,当代中国出版社1998年版,第458—459页。

地委宣传部长。我在会上做了新疆省文化教育工作的方针和任务的报告。这个报告根据新疆的具体情况，提出了任务和基本方针，强调全部文化教育工作，要以毛泽东思想为指导思想和指导方针。

对新疆文教工作，我提出了六项具体任务：第一个任务，是在恢复、整理和改革原有教育事业的基础上，大量培养各民族的干部。第二个任务是教育工作，主要是办好新疆学院（后发展为新疆大学）；把师范教育作为教育工作的重点，为发展新疆国民教育——小学教育大批培养师资；积极着手筹办工农速成中学与工农干部文化补习学校，有步骤有计划地逐渐整顿改革现有的中等学校；恢复和充实国民教育——小学教育；筹办工农业余补习教育，有步骤地进行减少文盲与政治教育的工作。第三个任务是做好新闻工作。第四个任务是组织翻译和出版工作。第五个任务是文化艺术工作。第六个任务是卫生和保健工作。① 担任中央文教委员会秘书长的林默涵看了我的这篇报告后很满意，写信表示赞成。

1951年五六月间，张闻天的秘书给我送来一个阿古柏②的历史材料，材料披露了英帝国主义走狗阿古柏篡夺新疆农民暴动成果，妄图把新疆从中国分裂出去的阴谋。我看过后，交给了包尔汉。他说，这个材料以前看过，讲的是事实，阿古柏确是一个外来的侵略者。包尔汉的这一观点，在民族干部中，可以说是独树一帜，因为当时确有很多的糊涂认识，错误地认为阿古柏是"民族英雄"。后来，包尔汉在《论阿古柏政权》和《再论阿古柏政权》两文中，进一步对这一问题做了科学的论证和阐述，受到毛主席的称赞。

我从苏联回国后，得知当时六军文工团编演了一个剿匪的话剧。但是，话剧中表现的，只是汉族的解放军如何消灭哈萨克族的土匪，缺少哈族群众支持解放军的场面。我批评他们没有看到新疆的全局，没有看到

---

① 邓力群：《延安整风以后》，当代中国出版社1998年版，第481—501页。
② 阿古柏：乌孜别克族，浩罕国将领，清朝年间趁新疆爆发农民起义之机，率武装入侵新疆，在新疆南疆地区建立外来侵略政权。

各族人民热烈欢迎人民解放军,各族人民支持、拥护、帮助人民解放军剿匪的现实。另有一个部队的青年文艺工作者写了一个短篇小说,名为《穷人是一家》。小说的主要内容,是写新疆部队中的一个战士大汉族主义思想很严重,怀着贪图享乐的观点进疆。我建议军区宣传部召开部队文艺工作者座谈会,进行讨论。大家一致认为,这篇小说歪曲了解放军战士的形象,歪曲了党的领导和部队的政治工作。我在会上的讲话中,除指出小说的上述缺点外,还说有一种写落后加转变的风气不对,提出部队文艺工作的主要任务是写正面人物,表现英雄形象。这篇讲话经过整理后,在新疆军区的报纸上发表了。

1951 年 7 月,我起草了《中共新疆分局关于开展减租反霸宣传与爱国主义宣传的指示》,并经新疆分局批准下达。《指示》中说:减租反霸、镇压反革命运动中政治宣传的内容,首先要依据中央、西北局和新疆分局的政策指示,结合当地群众思想状况和运动的进展阶段来确定。《指示》要求各级党委根据中央第一次宣传工作会议的决议及分局指示的精神,制定切合实际的宣传计划。

(十二) 调离新疆

我在南疆做调查时,王震几次让我回来,但因为脱不开身,直到 1952 年 5 月,我才回到迪化。王震见到我,对我讲了这几个月的形势,以及他的一些想法。当时,乌斯满匪帮虽然被解放军消灭了,但还是不断地有一些小股匪徒叛乱的消息。叛乱主要发生在牧区。由此,王震就产生了一种想法,想在农区搞土改的同时,牧区也同时进行改革,以便在全疆农牧区统一实行改革。这样,就可以使新疆再也不用应付那种局部不安定的局面。

王震想使农改、牧改全面推进,保持稳定局面,继而集中全力在新疆搞经济建设的想法,我听了很入耳,恰好和我在南疆调查时的感受很合拍。我想，只要依靠劳动人民，什么问题都可以解决。在劳动人民中间，我们有基础，劳动人民同我们是一条心的。由于我对王震的话有同感，就向他提供了在南疆调查时发现的一些情况。

我们在调查中发现，在南疆，有些地方的地主同时也是牧主，因为牧区的牲畜70%以上是归农村地主所有的，也就是说，农村地主既拥有大量的土地，还在牧区拥有70%以上的牲畜。因此，当地的劳动人民针对我们当时只分土地不分牲畜的规定，还是有想法的。他们认为地主的土地虽然没收了，可他们照样是巴依（达官贵人，老爷），因为牧区大量的牲口还是他的呀。结果呢，我们还是穷人，他们还是巴依。我向王震反映了这个情况，然后，又向王震反映了一个意见。当时二军一位负责同志也参加了减租反霸，他说：只在农区搞改革，牧区不搞，这样一来，地主在农村的土地是没有了，但牧区还有牲畜，他们就会跑到牧区或者进山，今后万一有事，我们应付起来，就更麻烦了。我们反映的情况和意见，对王震实行牧区改革，在很大程度上起了支持和帮助的作用。

1952年5月，中央在北京召开了新疆分局常委会议。我在新疆留守，没有去北京参会。会议讨论了新疆工作，对王震在新疆的牧区改革等措施进行了批判。主要是因为新疆的做法违背了中央在牧区暂不实行改革的指示精神，打乱了中央的部署。毛主席在听了大家的意见后，讲了三条意见：第一，王震同志在新疆这几年的工作，成绩是九个指头，错误是一个指头，但这个指头的错误是严重的；第二，对王震同志的错误只传达到县团一级；第三，批评王震同志的错误，不要伤害新疆各级干部的积极性。

1952年7月15日至8月5日，在新疆，先后召开了分局的扩大会和第二次党代表会议，检查分局的领导工作，讨论新疆农业区进行土地改革问题。会议批评了王震的错误，最后宣布改组新疆分局，撤销王震的分局书记职务，保留常委职务。另外也撤销了我的分局常委职务，保留分局委员、宣传部长职务。任命王恩茂为分局书记。

我在这两次会上都作了检讨，并讲了在西安时，彭老总对我讲的一些意见,让我更多地了解王震,更好地与他合作。讲到这里,我很激动,半天说不出话,感到辜负了彭老总的期望。

在开会的那些日子里,我的体重掉了10公斤。从70多公斤一下子掉到了60多公斤。尽管对有些问题并没有完全想通,但我还是服从组织的处理。思前想后,我感觉很难在新疆继续工作下去了,于是就给周总理写报告,请求调离新疆。不久,中央批准了我的请调报告。

1952年10月,我利用在新疆工作的最后时间,先后去了以前未去过的独山子和阿山,看了独山子炼油厂和阿山有色金属矿山等,还去了石河子、乌苏等地,然后就离开了新疆。10月20日前后,我抵达北京,住进了中组部翠明庄招待所,等待分配新的工作。

(十三) 心系新疆

离开新疆时,如果用一句话来形容我的心情,那就是既沉重又眷恋。讲沉重,是因为有些工作没有做好;讲眷恋,是因为我虽然在新疆工作只有三年多的时间,但与我并肩工作的战友、少数民族的朋友以及新疆的壮美河山,都给我留下了难以忘怀的记忆。新疆工作的复杂性和重要性,也成为我此后一直关注新疆的原因。

1. 和几位新疆朋友的交往与友谊

自我到新疆和阿合买提江、阿巴索夫、包尔汉、赛福鼎等朋友相识相交以来,便与他们结下了深厚的革命情谊。阿合买提江、阿巴索夫遇难后,他们的家人和我一直保持着密切的联系。我和包尔汉、赛福鼎等新疆各族朋友也是往来不断。无论是在新疆,还是后来在北京,珍贵的友谊可以说绵延达半个多世纪。

玛依努尔·哈斯木是阿合买提江烈士的妻子。当年我调离新疆时,她已是伊犁专区妇联副主任、伊宁市副市长。在党的培养教育下,再加上

邓力群在新疆

她个人的积极努力，先后担任过新疆省人民政府办公厅副主任、新疆自治区妇联主任、新疆自治区人大常委会副主任、全国妇联副主席、全国人大常委等重要职务，已成长为党的高级领导干部了。长期以来，她继承丈夫的遗志，为促进新疆的民族团结和加强妇女儿童工作做出了积极的贡献。她一家人始终与我保持着密切的联系。几十年来，只要她或者她的子女来北京，总要到家中看望我，给我带这样那样的新疆土特产。这让我既高兴又感动。玛依努尔退居二线后，萌生了两个念头。一个是编一本画册，通过回顾自己走过的道路来歌颂党的民族政策；另一个是写一本回忆自己丈夫的书，以表达自己对亲人的深切怀念之情。我立即表示赞成和支持。当画册和书要出版时，她又来找我，希望我能为之题词作序，我欣然应诺。2001 年 3 月，我给她的画册题词写道："继承先烈遗志，加强民族团结，发展新疆经济。"2006 年 9 月，我给她的书作了序，我在序中写下这样的话："他当年的音容笑貌常浮现在我眼前，使我难以忘怀。如今阿合买提江同志的夫人玛依努尔·哈斯木女士写出了《回忆阿合买提江》一书，这是值得庆贺的一件事。我作为历史的见证人感到十分欣慰。愿此书成为怀念故人、激励同仁、教育后人的一份厚礼！阿合买提江同志永垂不朽！"

无论是在新疆工作，还是在北京工作，每当阿合买提江和阿巴索夫烈士的家人在工作、生活中遇到困难找到我，我总是尽自己的能力设法帮助解决。我常对来看望的阿达来提·哈斯木①、哈吉娅·阿巴斯②说，别人家的事我可以不管，你们两家的事我一定会管，也一定要管。记得阿达来提在新疆医学院（后更名为新疆医科大学）第一附属医院工作，1983 年她参加了我国公派赴苏留学生资格考试，虽然考试成绩不错，但因她的档案材料在转往教育部的过程中不慎丢失，当年她未能如愿。我得知情况后，鼓励她不要灰心泄气，要积极复习准备，以后有机会再考。后来，她终于

①　阿合买提江·哈斯木之女。

②　阿不都克里木·阿巴索夫之女。

如愿以偿,被公派到苏联莫斯科欧洲医学科学研究院留学,获博士学位。回国后仍回原单位工作,成为那里的业务骨干,后来还当选为全国政协委员。

阿巴索夫烈士妻子吕素新和女儿哈吉娅由新疆迁居北京,几经辗转和我取得联系,从此常来我家看望我。我总是鼓励哈吉娅多参加社会活动,发挥少数民族烈士后代的作用。在我推荐下,1983年,哈吉娅应邀列席了共青团第十一次全国代表大会,当选为全国青联委员。当我得知她们母女在北京还有生活和住房上的困难,就出面找有关部门,为她们解除这些后顾之忧。1983年1月18日,我在中南海勤政殿同全国政协副秘书长杨拯民等人就征集阿巴索夫烈士的史料问题座谈。在座谈时我说,阿巴索夫烈士不仅仅是维吾尔族人中间,而且是新疆各族人民中进步分子的优秀代表,是最好的一位,是受我们党培养和教育成长起来的。我向王震提过建议,阿巴索夫在新疆还有不少朋友,我对他的妻子也讲了,让她口述,录下音来,然后帮助她整理出来。希望全国政协文史办公室抓紧做好这件事,尽快写出反映介绍阿巴索夫生平事迹的专著和回忆资料。后来,我又请赛福鼎专为他写了一本书,书名是《天山雄鹰——阿布都克力木·阿巴索夫生平》,我写了题词:"永远纪念为民族平等民族团结贡献全部身心的英雄们"。这本书翻成汉文后由中国文史出版社出版。

哈吉娅从部队转业到铁道部北京铁路总医院工作后,听说我国已开始向苏联派遣留学生,萌生了去苏联留学的念头。1984年春节,哈吉娅和她母亲来我家拜年。我见到她们非常高兴,关切地询问了解她们特别是哈吉娅的工作、生活等各方面情况。吕素新便将女儿想去苏联留学的愿望和盘托出。我很快向铁道部、教育部有关同志介绍了哈吉娅的情况,希望他们能够对少数民族烈士子女哈吉娅给予关照,满足她赴苏留学的心愿。当年9月,哈吉娅被公派到苏联留学,进入莫斯科霍尔姆赫兹眼科研究所读研究生,获副博士学位。她从苏联回北京后,首先来我家汇报了留学的情况。后来她又赴美国深造。2010年年初,哈吉娅从美国归来,到家中看望我,我很高兴。因为自从她赴美国后,我已多年没见到她了。她给我谈到想为父亲写一部传记,我表示赞同和支持。2012 年 8 月,当她完成了《大爱无疆——我的父亲阿不都克里木·阿巴索夫和他的良师益友们》一书时,她又请我为该书作序。我欣然允诺。以前,我曾多次对别人说过,我在为该书撰写的序言中依然这样说:"阿不都克里木·阿巴索夫是新疆三区革命的领导人,在我们党的影响下成长起来,是新疆少数民族同志中,维护国家统一、增强民族团结以及发展与我们党的关系方面,表现最好的一位同志。"

新疆多次举办纪念阿合买提江等烈士活动,邀我去参加,终因工作忙等各方面原因始终未能去,心中感到十分遗憾和歉意。1989 年,自治区要举行纪念阿合买提江等五烈士殉难 40 周年大会,我应约写下题词:"为民族平等、民族团结奋斗终生的烈士,是我国各族人民的光辉榜样",送交新疆有关方面,也算是我对烈士们思念和缅怀之情的一种表达。①

当年我在新疆开展革命活动和工作期间,与包尔汉、赛福鼎结下了深厚的情谊。当他们二人分别调到全国政协、全国人大工作后,我在北京始终与他们来往。除了在各种活动场合相见以外,我们三家人也不时相互串门,共叙友情。

包尔汉告诉我,他要写回忆录,我大力支持,并一直关注这件事。1982 年,在全国政协五届五次会议期间,我通过新疆社会科学院院长谷苞转告全国政协文史办公室:鉴于包尔汉同志年事已高,希望尽快把这本回忆录编辑成书,争取包老在世时出版。1984 年 2 月,包尔汉的回忆录《新疆五十年》终于出版,我当面向他道贺。1988 年 1 月 6 日,我又应包

---

① 本书编者注:2014 年 8 月 27 日,新疆维吾尔自治区党委召开纪念阿合买提江·哈斯木等五位烈士牺牲 65 周年座谈会。邓力群得悉这一消息后,心情久久不能平静,特致信自治区党委,表达对烈士们的怀念之情。信中说:我们纪念阿合买提江等同志,就是要深切缅怀他们的光辉业绩,继承和发扬他们的革命精神,维护祖国统一,维护民族团结,为实现新疆社会稳定和长治久安而奋斗。

尔汉之邀,为他即将出版的《包尔汉选集》作序,我在序中写道:"过去,包尔汉同志为维护国家的统一和民族团结,为新疆和平解放曾经作出过不懈的努力。解放后,他在中国共产党的领导下,为新疆各族人民在社会主义大道上胜利前进,贡献了自己的心力和智慧。"1989年8月27日,95岁高龄的包尔汉在北京逝世。我闻讯后专程前往他家吊唁,29日又前往总后勤部大礼堂,送了老朋友最后一程。

1994年10月3日,纪念包尔汉诞辰100周年座谈会在京举行。出席座谈会让我又一次回忆起,40多年前,为了新疆和平解放,与包尔汉在新疆相处的那一段令人难忘的岁月。会后,我提笔写下了《难忘的岁月 珍贵的友谊——回忆在新疆与包尔汉同志相处的日子》一文,发表在《人民日报》上,以释我对这位老朋友的思怀之情。

赛福鼎也是我的老朋友,我还有幸作过他的入党介绍人。多年来也一直有往来。退下来后,我俩也常在一起探讨涉及新疆的一些重大事件和问题。2003年11月24日,赛福鼎在北京因病逝世。我已届耄耋之年,不顾年迈体弱,于26日前往八宝山革命公墓,送别赛福鼎。后来,我在接受电视文献片《赛福鼎》摄制组采访时回忆了我和赛福鼎在新疆一起战斗、工作的难忘岁月和长达半个多世纪的友情,这次访谈也可以算是对我们俩友谊的最好见证。

现在,我的这几位新疆朋友都已不在人世了,可他们的夫人和子女仍不时登门看望我,令我感怀不已。我对他们的子女说,你们的父亲是我的老朋友,请你们在给你们父亲扫墓时一定要代为转达我对你们父亲的敬意。

2. 重返新疆

我再回新疆,已经是41年后的1993年。

1993年4月6日,我陪同王震的夫人王季青及子女护送王震的骨灰到新疆,将他的骨灰撒到天山。我和王震曾经有一个约定:谁若先走一步,健在者协助办理后事,并监督从简。王震生前曾多次交待,丧事一定

粉碎"四人帮"后,邓力群(右)与王震合影

要从简,并表示要把自己的骨灰撒到天山上,要跟新疆的人民、新疆的同志共同站岗、共同建设。把王震的骨灰护送到新疆并撒到天山,既实现了他生前的遗愿,也兑现了我们俩人的约定。办妥这件事情后,我在新疆又停留了一段时间,到各地去看看新疆的变化,并专门去看望了一些老朋友、老同志,了却我多年的思念之情。

我这次重返新疆,在自治区党委书记宋汉良、副书记贾那布尔、自治区人大常委会主任阿不冬尼牙孜等分别陪同下,先后到了乌鲁木齐、喀什、石河子、奎屯、独山子、博乐、伊犁等地参观考察。自治区党委还派了自治区政协副主席冯大真全程陪同我活动。在此期间,我分别与自治区宣传部门和少数民族领导干部中的部分老同志、自治区党委党史委的同志进行了座谈,了解询问他们的工作、生活等情况。在乌鲁木齐烈士陵园向陈潭秋、毛泽民、林基路等革命烈士和包尔汉主席墓敬献了花圈,缅怀他们为中国革命和新疆解放做出的光辉业绩。在伊犁三区革命烈士陵园向阿合买提江等领导人墓敬献了花圈,在烈士墓前我回忆起他们的音容笑貌,不禁流下了眼泪。在三区革命烈士纪念馆,保存着我为纪念阿合买提江等烈士遇难40周年写的题词:"为民族平等、民族团结奋斗终生的烈士,是我国各族人民的光辉榜样。"在临离开纪念馆时,当地领导让我题词,我又写了"发扬革命传统,争取更大光荣",并说:"还是用毛主席的话好。"此外,我还参观了石河子和奎屯经济技术开发区、阿拉山口和霍尔果斯口岸、喀什中西亚国际市场和一些工厂、农场,看望了玛依努尔等烈士家属及子女、部分当年的地下工作者、起义将领和老同志等。

4月7日下午,经自治区党委安排,我与当年在新疆相识相交的玛依努尔、安尼瓦尔·汗巴巴、德林、努斯热提、舒慕同、李泰玉等各族领导干部和老同志进行了座谈。

我时隔41年重返新疆这块土地,感到变化非常大。农村也好,城市也好,都完全变了样。看到石河子和奎屯的城市面貌,更是完全出乎我的意料。经过40多年的开发建设,在戈壁沙滩上出现了现代化的城市,工农业都有了飞速的发展,人们的精神面貌也有了很大的改观。看到这一切,我的内心充满了喜悦。在独山子炼油厂和乌鲁木齐乙烯工程建设工地,我看到了一派紧张、繁忙的景象,特别是看到了新疆强大的各民族的工人阶级不仅诞生了、壮大了,而且对新疆的过去、现在和将来都具有深远的意义。我对当地的同志说,要用文字、语言来表达你们的建设成就,很难表达得充分、准确。因为发展太快,每天都在进步。如果要概括的话,我想用八个字来形容:独立自主,无字丰碑。

在喀什,我了解到一件令人高兴的事情,这就是各族干部之间的语言交流加强了。民族干部学习汉语,汉族干部学习维语,与我在新疆的时候相比,这是一个很大的变化。喀什地委书记张秀明和行署专员司马义·铁力瓦尔地有一个约定,在他们之间的交流中,书记说维语,专员说汉语,互相帮助,互相监督。这对民族之间的思想、文化的相互影响和交流,是一个很大的促进,有利于工作,有利于团结,更重要的,是加深了各族干部热爱新疆,维护祖国统一这个共同的心愿。喀什地区的英吉沙县,是我当年南疆调查的一个点。在英吉沙县,我除了见到县上的领导外,还见到了当年调查过的一些村民或者他们的后代。我还找到了当年为我们赶车的马车夫,令我感到格外的高兴。我说,我41年没来了,可是一直想念大家。今天见到大家,还了我一个心愿。我希望大家生活得更好,祝大家长寿。

原来我计划在新疆再多呆上一段时间,后因糖尿病复发,又有低烧,只好于4月20日提前返京。在离开新疆前,我与宋汉良书记和其他领导进行了座谈,在听了他们的工作介绍后,我说:这次回到新疆,虽然看的地方不多,时间也很匆忙,但不论走到哪里,都与我离开时候相比,发生了很大的变化。这些变化证明了一条,正如毛主席说的,共产党到新疆是为各族人民办好事的,社会主义制度确实给各族人民带来了幸福,更坚定了我对党的领导,对社会主义道路,对国家统一和各民族团结的坚定信念。我说:这次给我印象很深的是,各族人民亲密团结,互相信任,各族干部热爱新疆,维护祖国领土的完整。这是在长期的革命和建设中形成的一种自然的而不是勉强的共同心态和共同感情。各民族之间思想的交流,文化的相互影响,会使我们共同提高,共同进步。我最后说:这次来新疆,受到了自治区党委和各级领导的热情接待,超出了我的身份,心里很不安,很感谢同志们。将来有机会我还要第二次、第三次、第四次到新疆看望大家,看看新疆的变化。

这次从新疆回到北京后,因为受中央的委托,我一直忙于中华人民共和国史的研究和编纂,直到今天也未找到机会兑现我再回新疆的承诺,这真是一个很大的遗憾。但是,长期以来,我一直保留了一个习惯,非常喜爱维吾尔族的花帽。无论是上天安门观礼,还是到人民大会堂开会;无论是外出考察调研,还是在京参加各种活动,我都把花帽戴到头上。花帽戴旧了,坏了,我就再换上一顶新的。新疆的同志知道我有这个习惯,他们到北京来看我时,除了讲些工作、生活等情况外,有的还送我做工精细的小花帽,我也把我写的书送给他们留作纪念。这些都成为我和新疆各民族朋友友谊的象征。

(十四) 与王震的关系

回忆我在新疆的岁月,有两条主线。一条是我的工作情况,再有一条就是与王震的关系。实际上,这两条主线密不可分,许多史实相互交织,构成了我对王震的认识和评价。

王震1949年11月7日抵达迪化,11月12日来到伊犁。在伊犁,我和王震见了面。这次见面后,我们便朝夕相处,在新疆度过了令人难忘的三年。

1. 初识王震

王震抵达迪化之前,我已接到中央的电报通知,说中共中央联络员的工作完成以后,要留在新疆,作为分局的委员,参加新疆的领导工作。接到中央的这个电报后,有工作人员就对我说:老邓啊,你这个顶头上司,可是很难对付啊,脾气大得很啊。

以前在延安时,我曾经见过王震,虽然没有说过话,但很早就知道他是一位战功卓著的将军,听到许多关于他的传奇故事。

王震的一生,按他的革命贡献来讲,以建立新中国为界,可以分为两个时期。前二十几年,除了很短一段时间做地下工作外,更长的时间是战场生活。他是在战争中成长起来的一位英雄。早在抗战时期,毛主席就说过,王震已经是名将了。他打了很多漂亮仗,做出了很多重要的贡献。最突出的战役就是南下北返。那时毛主席给他下命令、派任务的时候就讲,你要准备回不来。因此,王震带兵从延安出发时,真可谓"风萧萧兮易水寒,壮士一去兮不复还",很有一种悲壮的气氛。王震就是这样一个人,他乐于接受命令,即使牺牲也在所不辞。很多人都讲,若不是他,部队可能就带不回来了。毛主席高度评价南下北返,说等于是第二次长征。而王震自己却有意识地把南下北返的时间和路程说得短一点。有人曾把王震比成苏联的夏伯阳,但照我看,王震比夏伯阳要高得多。

我想起 1940 年在延安马列学院的时候,总支书记叫张启龙,是从湘赣过来的领导者之一。他曾经请王震到马列学院做报告,并给我介绍说,王震这个人在军队的将领中政治上很强。这句话给我留下了很深的印象。

延安整风开始的时候,王实味在党校贴出大字报,在青年学生中掀起了一股极端民主化、绝对平均主义的思潮,许多老干部看了很不满意。这时王震去看大字报,看完后就大骂王实味,说我们在前方打仗,你王实味在后方这样干,你是什么意思? 不久,中外记者团来延安访问,中央安排王震去接待。我记得,在一次会上,周总理说,你们有些知识青年对王震不满意,可是你们知道不知道,中外记者团来咱们这儿,王震去接待他们,又打了一次胜仗。你们有人说他文化水平不高、鲁莽,可记者团中的许多人都不能不被他折服而钦佩他。当时,王震和中外记者会见的情节,我感触最深的,是王震的那种坦诚相见的态度。人家问,你这个部队有逃兵吗? 他回答:有。到哪儿去了? 答:到国民党那里去了。为什么去呢? 答:国民党用官衔和金钱勾引他们。王震不是把这种事情看成一种丑事、一种见不得人的事情,而是怎么回事就怎么讲,实事求是。

还有一件事情。二方面军和张国焘见面的时候,张国焘派人把反对以毛泽东为实际领导核心的一大堆材料拿出来做宣传。王震看了以后,马上把它烧掉了,气得眼睛都红了。当时,张国焘的力量大,二方面军的力量小。有些人被表面现象所迷惑,认为张国焘的力量大,因而是正确的,跟着力量大的人走有前途。王震与这些人不同,他看到了本质,看到了正义的力量,看到了正确的路线即使一时受到挫折,最终仍然会取得胜利。

有一个广为流传的关于王震的真实故事。大概是在武威战役以后,部队在进军新疆的路上,快到酒泉了,越走越荒凉,到处都是沙漠和戈壁滩。这个时候,一些人产生了埋怨情绪,认为其他部队都往好的地方走,而我们跟着王胡子,却来到了这个数百里不见人烟的地方。听到这个反映后,王震就召集干部、战士开会。在会场的主席台上,挂起了一幅老的中国地图。王震指着地图说,这是我国原来的地图,像一片桑叶,前几年,国民党同意外蒙古独立了,被挖去了一大块。王震又一指说,新疆占我国现在版图的六分之一。美帝国主义、新疆的民族反动派一直在策划,要把这块地方分裂出去。如果他们的阴谋得逞了,我们的国家还像个什么样子! 王震用这样一种方式,震撼了所有到会的指战员。听完以后,大家的内心都迸发出强烈的使命感,纷纷表示:作为军人,一定要尽到守土卫国的责任,而要维护祖国的统一和完整,就必须尽快开进新疆!

2. 战略眼光

我和王震在新疆共事期间,深感王震有许多高明的地方,显示出他具有与众不同的战略眼光。我在这里举几个例子。一、派政治工作人员到起义部队。开始时,这个消息一传出来,那些当官的,不论大小,都很不安。他们认为,政工人员一来,肯定要深入部队访贫问苦,要算账,诉苦;一诉苦、一算账,他们每个人屁股上都一堆屎,不会有好的结果。这个情况反映到王震那里,他便发了一个通知,通告全体官兵,说起义以前的账一概不算。这个政策一颁布,起义部队很快就稳定下来了。二、就地垦荒戍边。陶峙岳当时有两个心愿:第一是"守土有责",不能把中国这块领土让人拿去;第二是"袍泽情深",要对十万官兵负责,不能叫他们流离失所。他说,只要这两条做到了,我什么都可以去办。改编起义部队的消息传出以后,他有一个担心,怕部队被遣散。他想,解放军都要复员,我的部队不是更要遣散回家吗? 结果王震的决策,并不是遣散,而是成建制地转向生产,一手拿锄,一手拿枪,保卫边疆、建设边疆。有老婆的一起参加;没带老婆的,可以回家把老婆接来;没有结婚的,可以回家结婚,再把新婚妻子带来。这些做法立刻赢得了陶峙岳部队这些旧军人的心。所以,陶峙岳与王震结下了莫逆之交。他说:共产党以王震为代表,诚实待人,不分彼此。三、前面谈到,王震在新疆对发展党员的工作非常重视,而且由他亲自来抓这项工作。当时,王震提出对新疆各民族中的优秀分子入党不要候补期,我觉得可以,但入党以后,有的领导人就直接进入新疆分局,当分局委员,这我就想不通了。这样做合适吗? 这时,王震给我讲了一个道理,把我说服了。他说:这些同志,我们是要经常给他们做工作的,包括工作交流、个别谈话,还有各种谈心活动。在这个过程中,有可能出现工作做不通的时候。如果你发展他入党了,又是分局委员,工作做不通了,可以用党的纪律来约束他,这不是很好嘛。四、在消灭乌斯满匪徒上,我们也看到了王震的厉害。对付这样狡猾的匪徒,苏联红军都很难做到彻底消灭,而王震来了以后,依靠人民解放军的力量,既坚决打击,又分化瓦解,仅仅用了几个月的时间,就把他们消灭干净了。这样一来,各族人民无不拍手称快,对其他不甘心失败的匪徒也起到了极大的震慑作用。剿匪斗争的胜利,大大提高了共产党、解放军在各族人民心目中的地位,对巩固新生的人民政权和新疆社会秩序的安定,都产生了深远的影响。五、1951 年年初,按照中央的部署,新疆同全国一样,开展了镇反运动。在如何处理反革命分子的问题上,王震提出,处以极刑的,只是极少数罪大恶极分子。其他的人,即使是判处死刑的,有的也可暂不执行,送去劳改,表现好的还可以免去死刑;多数反革命分子应判长期徒刑,进行劳改,表现好的可以减刑。王震的这些办法对于改造罪犯,发挥了积极的作用。

3. 屯垦戍边

　　杨尚昆同志曾经讲过,王震这个人很了不起。过去战争时期的很多痕迹,现在都看不到了,但解放以后王震做的大事,至少可以说出七八件来。这些事不但存在,而且还在发展,比如新疆生产建设兵团的农垦事业、北大荒的开发、海南岛的橡胶生产,还有两条铁路(黎湛铁路、鹰厦铁路)的修建等。

在新疆开创屯垦戍边的事业,是王震建树的丰功伟绩,值得后人认真地总结。根据我在新疆的接触和了解,这项事业的意义,主要包括以下四个方面:

第一,保卫边疆,建设边疆。屯垦戍边在中国有几千年的历史。历史上每个朝代的屯垦戍边都是在一段时间内,在中央王朝感到边疆吃紧的时候,搞一下屯垦,然后慢慢地就自然消亡了,即所谓的一代而终。而王震则结束了一代而终的历史,开创了代代相传的新的篇章。在这个历史转变过程中,最重要的一点,就是在王震的领导下,屯垦由人民解放军成建制地转业来完成。我们的子弟兵发扬光荣传统,过去是拿着枪,现在是既拿着枪还拿着锄头。只有这样,才能创造出今天的辉煌业绩。

王震开创的屯垦事业,除了经济建设的意义外,还关系到新疆的安全和国家的长治久安。我开始时没有想到这一点。部队刚开进新疆时,他注意在和田部署部队,并开辟从和田到西藏阿里地区的公路通道。他不仅想到新疆的问题,还想到了西藏的安全问题。这条公路后来在中印边界自卫反击战中发挥了重要的作用。因此说,王震这个人有全局观点和战略眼光。

第二,农牧工商联合体。实际上,这种经济形式从南泥湾时期就开始了,在新疆的实践中,得到了进一步的发展和扩大。王震对新疆农垦事业的贡献,不仅仅在于开荒种地,发展农牧业,更重要的,是促进了工业发展和整个新疆面貌的改变。一开始被列上建设日程的,有七八个与国计民生紧密相关的企业。在王震的号召下,解放军指战员节衣缩食,艰苦奋斗,把津贴节省下来购买机器设备。当时还没有铁路,只能用汽车把设备运到新疆。这样,只用了短短两年多时间,到1952年,就建起了钢铁厂、纺织厂、面粉厂、发电厂、汽车修配厂、煤矿等一批工业企业,培养了新疆的第一代工人阶级,为今后新疆工业的发展打下了基础。

王震历来尊重知识,尊重人才。为了办好这些企业,他四处找专家、挖人才,经多方努力,最终聚拢了一批技术人才。纺织厂的刘仲奇是总工程师。钢铁厂的余铭钰,是当时转炉炼钢的领头人。建煤矿发现了王恒升,搞水利找到了王鹤亭,办农学院请到了涂治。这些事情要是换成别的人,自己没有钱,也没有人,那就慢慢搞吧,一拖就可能拖10年、20年。中央没有拨款,中央也没有给我们这些任务,何必自找麻烦呢。但王震的想法不同。决心一下,他就勇往直前,绝不中途退缩。

第三,新社会雏形。在新疆,有很多地方原来荒无人烟,还有的不过三户两户,像石河子、奎屯,都是这种情况。解放军开进去以后,随着事业的发展,家属来了,儿女来了,由这些人组成了一个新的社会。在这个社会里,衣食住行都要管。一开始有了点工业,有了点商业,再往后就不能不建小学、中学,不能不建医院,不能不建其他文化方面的设施。就这样,一步一步地搞成了一个小的社会,出现了新社会的雏形,而且一代一代传下去了。

第四,示范作用。农垦部队在生产、建设、政治思想等各方面,对于新疆各个地区,主要是对少数民族地区起到了积极的示范作用。

新疆刚解放时,生产力水平非常低下。那时,老百姓主要用毛驴驮东西,犁地也犁得很浅,更多的是用砍土镘,一镢头一镢头地去挖。有水的地方可以种地,无水的地方,则完全靠天吃饭。农垦部队进去以后,向当地的老百姓传授先进的生产经验,特别是在合作化以后,逐渐地兴修水利,搞机械化生产,施用化肥,培育品种,进行农产品的深加工,生产力有了很大发展。新疆刚解放时,一亩地只能收七八十斤粮食,棉花只能收十几斤。1993年粮食一亩地的产量已经能够达到六七百斤,棉花一亩地也可以达到一百斤以上了。

4. 良师益友

王震在战争年代的业绩,可以说有口皆碑。全国解放以后,这样一位战功显赫的将军,完全可以继续在部队里从事国防建设,穿起将军服,戴上将军牌,享受功臣的优越条件。但王震却不是这样一种心情和想法。新疆和平解放后,他首先考虑的,是如何从事农业建设和经济建设,并且身体力行,带头苦干,取得了许多成功的经验。1952 年 5、6 月间,我国驻苏联大使张闻天来乌鲁木齐办公务,特意在新疆多停留了几天,参观各项建设工程。他看到新疆出现的欣欣向荣的景象,心情极为兴奋,为此专门给中央写了一封信,赞扬了新疆的工作。张闻天在信中说:"我这次去新疆,看了那里的实际情况,很感满意。新疆党三年来的工作,成绩很大。或许可以说,它今天已是各少数民族地区比较先进的地区了。我觉得这主要是由于新疆分局在政策上执行了稳重而又大胆的方针。它既坚持了民族统一战线,同时又进行了一系列的政治社会改革,发动了广大群众。"①

王震是 1952 年年底离开新疆的。后来他去苏联治病。回国后给我讲了一个故事,说他在苏联的黑海附近,遇到很多恢复了名誉的老布尔什维克。这些人在斯大林时代被当作肃反对象,遭到流放、劳改。他们谈起自己的遭遇时,认为革命队伍内部发现了反革命,就等于一个人身上长了恶瘤,不实行手术,就救不了命。做手术时坏死的细胞要割掉,周围好的细胞也不能不被割掉,这样才能把这个人救活。我们这些人就是那些好细胞,在手术时被一起割掉了,对此,我们毫无怨言。王震讲到这里很动感情,连称:伟大、伟大啊。

毛主席很关心王震。记得王震对我说过,毛主席曾经给他讲故事,说《三国志》里写关羽和张飞各有优点,也各有缺点。关羽这个人和士兵的关系搞得很好,但同士大夫的关系没搞好,结果败走麦城时,士大夫打起了吴国旗帜,不接受他。张飞恰恰相反,他和士大夫的关系很好,礼贤纳士,其中包括重视庞统,礼遇庞统,但他对士兵非常粗暴,后来被士兵砍了

---

① 中央档案馆档案。

脑袋。最后,毛主席对王震说,你要吸取他们两个人的长处,避免他们的缺点。

王震从新疆回到北京后,有一次,毛主席对他说:从阶级斗争的观点出发,你提出牧区改革和农区改革毕其功于一役,这个没错。从新疆内部的力量对比来看,一定要搞,也可能搞成。但是,你应该站得更高一点,不能只看到新疆,还要关注全国的局势。中央的整个部署,是先农改、后牧改。你在新疆搞牧区改革,就会影响青海牧区和西藏,还可能影响宁夏、内蒙古,那不就乱了吗? 毛主席这样一讲,王震的思想也就通了。

王震是一位带有传奇色彩的无产阶级革命家,他在新疆建树的丰功伟绩,需要通过各种形式,包括艺术的形式,如小说、诗歌、电影、戏剧等加以反映,加以塑造。这不仅对新疆各族人民,而且对全国各族人民来说,都是很有意义的。

我的这个想法,在 1993 年重返新疆时,得到了新疆宋汉良书记和区党委的支持。最后决定由中华人民共和国国史学会和新疆维吾尔自治区党委合作,共同拍摄一部反映新疆和平解放的电视片。在反复修改剧本的基础上,经过王好为、李晨声两位导演的精心组织和摄制,终于在 2000 年 2 月摄制完成了 12 集电视剧,定名为《红旗漫卷西风》。这部电视剧真实地反映了历史面貌,有一定的艺术性,在新疆和全国放映后反响很好。

我还有一个心愿,就是编写和出版《王震传》。早在 1980 年,叶剑英就曾经让人转告我,说:"王胡子是我党我军的有功之臣。要找几个人,把他的一生写出来,以教育激励后人。"叶帅还几次当面对王震说:"这主要不是写你个人,是写中国革命的历史。"我和其他许多老同志都曾给王震做过说服工作,但他总说:"不要写我。"这样,这件事就一拖再拖,直到 1994 年春,王震逝世一年以后,报经中共中央和中央军委批准,正式成立《王震传》编写组,才开始王震传记的编写工作。为了完成这一重要的工作,我详细地向传记组的同志回忆和讲述王震的光辉历史,并多次组织研讨会,对书稿进行研究,提出修改意见。全书完成以后,我又进行了最后的审核。经过大家的共同努力，终于在 1999 年和 2001 年，由当代中国出版社出版了《王震传》上、下卷。这部传记不仅在当年跟随王震南征北战的老同志中产生了强烈的反响，在广大青年中也收到了良好的效果，激励他们向老一代革命家学习，继承他们开创的革命事业。2008 年，在王震诞辰 100 周年的日子里，人民出版社又再版了《王震传》，并在中央电视台的《新闻联播》中作了精彩的报道。

回忆起王震，我的心情总不能平静。我们虽然在一起共事只有短短的三年，但是，许多思想却是连在一起的。在"新疆三年"这一章的最后，我还是要谈到他在新疆第二次党代会上的发言。当时，与会者要互相批评。轮到他批评我的时候，他说：邓力群嘛，是共产主义知识分子！就这么一句话，前无开头，后无结尾，这就是他对我的评价。这句话虽然只有十几个字，但是，在当时的情况下，对我邓力群有这么一个评价，或者说有这么一个期望，确实是对我极大的安慰和鼓励，对此我一辈子都不会忘记。

新疆是我曾经战斗、工作过的地方，虽然我在新疆只有三年多时间，但我一直以新疆人自居，始终思念着新疆、热爱着新疆、关注着新疆，2010 年中央召开新疆工作座谈会令我感到高兴和振奋。在新一轮对口援疆工作的强力推动下，新疆经济社会正在发生着翻天覆地的巨变，与新疆和平解放时的一穷二白面貌相比，有如天壤之别。抚今追昔，令我不胜感慨！2011 年 10 月 14 日，我曾致信自治区党委张春贤书记，表达对新疆的关切之情，并在信中写下了这样一段对新疆、对新疆各族人民充满感情的话："新疆的情况，是我非常惦念的，每一次见到杜鹰[1]，我都会告诉他，做好援助新疆的工作，是我们一家几代人的使命！"

---

[1]　杜鹰：时任国家发展和改革委员会副主任，国家对口支援新疆工作部际联席会议召集人。邓力群的女婿。

七 在中央办公厅

（一）等 待 分 配

1952 年 10 月 24 日到北京,安排我们暂住中组部翠明庄招待所,等待分配工作。

我调北京,是得到周总理同意的。总理知道我到了北京,批示我到民委工作,因为我是从新疆调来的。汪锋同志要我当国务院宗教事务管理局局长。当时,我对在新疆挨批抱屈,不愿意做民族工作和外事工作,更不想做宗教工作,婉言谢绝了汪锋。这时,国家计委刚成立,高岗当主任,气势很盛,人称"经济内阁",大有压倒国务院之势。马洪在那里当秘书长,希望我到那里去。周太和也跟我说,计委很重要,需要人,是不是和他们说说,到计委去吧。

我对高岗的看法,有一个从好到坏的变化过程。

1949 年我从东北到北平,同高岗坐一节车厢。与他聊天,他说:他同林彪合作得很好。给林彪当助手,他很高兴。林南下,要他一起走,他乐意,想继续给林当助手。中央没有同意,让他留在东北当头头。他说,自己当头头不行。显得很谦虚。

到北平后,住在香山。少奇同志为访苏做准备,听各方面汇报。在听高岗汇报时,谈到供销合作社赢利分红问题,少奇同志批了一通。在东北,高岗是赞成赢利分红的。听刘少奇一批,他就把责任全推给张闻天,还同教条主义挂上钩。我感到这么说太不公平了,当场忍不住作了解释,说明我们供销合作社的赢利分红是对头的,同美国的不是一回事。

这次谈话,我给少奇同志留下一个印象:邓力群这个人是喜欢说话的。

因为这个缘故,对到计委去,我没有动心,更不想主动要求去那里。

那时,高岗住在东交民巷8号院。他那儿可是个热门,热闹得很。有人跟我说,高岗那里每个星期开舞会,你没去那儿吗? 你那儿熟人不少呀!

我接到过高岗那里的邀请,可是我没有去。他对不起朋友,他的门再热,我不去走。

(二) 初 到 中 办

在我等待分配的时候,彭达彰从东北调到了北京。他是我在延安时的老朋友,分配在毛主席的那个信访办公室工作。田家英是组长,彭达彰是副组长。他来看我,知道我不愿意去民委,也不愿意去计委,就说:正巧,中央办公厅正在筹备一个研究室,叫第一办公室,简称一办。主要管研究国内各方面的情况,由办公厅主任杨尚昆兼管。彭达彰说:一办需要人,你到那里去吧。

我同尚昆同志在延安时很熟,延安整风时他是中办整风领导小组的副组长。他听彭达彰讲这个情况,就说:好啊。

尚昆同志找我谈了一次话。他半开玩笑地说:欢迎你来,来了可不要变卦哟,要铁板钉钉子。我很认真地回答:不会变卦,我准备长期在研究室工作。就这样,我到了中央办公厅第一办公室。后来,有一次李富春同志到尚昆同志那里,见到我,说:我想要你到我那儿当计委委员。杨尚昆连说不要、不要。我没有说话。

一办里面分了好几个组,有综合组、工业组、财贸组、党建组、政法组。当时最吃香的是搞工业,我没有选。我选的是财贸组。因为当时陈云同志分管财贸,负责国务院财贸办公室。陈云同志在东北主持财经委员会,工作做得非常好。我很钦佩他。想利用这个机会向陈云同志学习经济观点和工作方法。

一办成立时只十几个人。成立不久,刘少奇同志召集全体人员讲过一次话。他说:研究室的工作是秘书性的工作,但没有秘书的名义。这也是少奇同志同研究室同志唯一的一次谈话。

一办的工作的确如少奇同志所说,是秘书性的。主要是联系各自相应的部门和地方,管外交、军事、国防之外的地方和部门的工作。每天上午在办公室集体办公,分头看相应部门和各省、市、自治区送来的相关的电报和报告,以及有关的材料,从中选出重要的,报送中央领导。报送的材料,认为需要中央领导同志阅读的,搞一个提要;需要转发的,代为起草一个转发的指示。同时,参加相应部门的党组会议。有时也向他们要些材料,同他们一起研究一些问题。

(三) 财贸组的工作

我当了一办财贸组的组长。财贸组连我三个人,其中一个是上海调来的萧化光,还有一个是西北调来的王纲。李智盛那时在朱总司令那里当秘书,常来财贸组看材料、听会。

开始在财贸组工作,感到很生疏。那些个电报,内容差不多,哪个重要,哪个不重要,看不准,分不清。以往做实际工作,一个问题接着一个问题,很具体,很清楚。现在要从材料里看问题,这个本事还没有,不会。

当时的工作,半天也就做完了。我就利用下午和晚上读点书。一般晚上要读三个小时左右。读马列和毛主席的书,主要是哲学方面的,与思想方法有关的。我联系新疆这一段工作中的问题,思考、总结,认识自己也是有错误和不足的,应自觉地接受经验教训。这一段读书、总结,确有一些收获。

记得第一次到陈云同志的财贸办公室开会,遇到了邓小平同志。这是我同邓小平第一次见面。陈云同志向他介绍:这是我们党的大秀才。现在委屈他当个财贸组组长。

我选财贸组的主要原因,就是想有机会直接同陈云同志接触,向他学做经济工作。由于工作的关系,我到财贸组后,就参加了陈云同志主持的二办(财贸办公室)的会议,陈云同志的一些重要讲话,我都听了。我还同他们那里经常联系工作,研究问题。我预先设想的目的是达到了。

(四) 为饶漱石整理材料

1952 年 12 月,饶漱石从苏联考察工厂回来。那时,根据刘少奇提名,中央准备让饶漱石当组织部部长,同时分管工青妇。到苏联考察,就是为这项任命做准备的。他当时带的翻译是从全总借调的阎明复。阎明复那时才二十一二岁。

阎明复回来以后,把口头翻译做了整理,加上苏联方面送的一些材料,如工厂管理的条例,厂长、党委和工会如何工作的规程之类,搞了一个考察报告。饶漱石对这个报告不满意,请杨尚昆找人帮助整理。尚昆同志就把这个差事交给了我。

这是我同阎明复第一次合作,花了一个多月,整理好了一个"苏联工厂考察报告",约有四五万字,装订成册,饶把它送给中央领导同志参阅。

饶漱石觉得我整理的东西还顺当吧,接下来青联开会,廖承志是全国青年联合会会长,要讲话,让我替他搞一个。廖公非常满意,一字未改,照本念了。接着青年团开全国代表大会,又要我替胡耀邦起草一个讲话稿。

我搞好以后送给饶漱石和陈伯达。在青年人要加强学习,共青团尤其要重视组织青年学习这个问题上,陈伯达对这个稿子作了较大的修改。

由于这几件事对饶漱石有些帮助吧,饶漱石就对杨尚昆讲,是不是把邓力群调到我们组织部去啊。尚昆同志没有放。不久,就发生"高饶事件"了。

(五) 毛主席提出过渡时期总路线

1952年9月,毛主席就提出了"一化三改造"的过渡时期总路线。毛主席说,土地改革完成,标志着民主革命的任务完成了,接下来要向社会主义过渡,主体是工业化,两翼是三大改造,即对农业、手工业的社会主义改造和对资本主义工商业的社会主义改造。他说,要十年到十五年基本上完成社会主义,不是十年以后才过渡到社会主义。当时听了口头传达。毛主席在提出总路线时批评了两个观点:一个是巩固新民主主义秩序,据说是刘少奇的观点,后来薄一波说不是刘本人的话,在起草共同纲领时有这样的提法;另一个是邓子恢的四大自由,即土改后在农村中允许农民有借贷、租佃、雇工、贸易的自由。

在1952年秋刚刚有口头说明,还没有经过正式讨论形成文件的时候,毛主席就叫刘少奇到苏联去向斯大林通报,说我们进入向社会主义过渡的时期了。少奇同志1952年10月2日到达莫斯科,参加了苏共十九大。10月20日,给斯大林写信,通报了中共中央关于对农业、手工业和资本主义工商业进行社会主义改造,使中国逐步过渡到社会主义的一些设想。[①] 10月下旬,又同斯大林会谈了两次。

1953年6月15日,毛主席在中央政治局会议上,第一次比较完整地讲了党在过渡时期的总路线和总任务的内容。接着,在8月,写下了一段

---

① 参见《建国以来刘少奇文稿》第4册,中央文献出版社2005年版,第525—528页。

完整的文字:"从中华人民共和国成立,到社会主义改造基本完成,这是一个过渡时期。党在这个过渡时期的总路线和总任务,是要在一个相当长的时期内,基本上实现国家工业化和对农业、手工业、资本主义工商业的社会主义改造。这条总路线,应是照耀我们各项工作的灯塔,各项工作离开它,就要犯右倾或'左'倾的错误。"

在6月中央政治局会议以后,中宣部即着手起草关于总路线的宣传提纲。1953年12月7日,毛主席催促胡乔木于数日内写好,并经乔木、凯丰、陈伯达几位阅改,最好座谈一下,于12月11日前交给他。大约就在这时,我看到了这个《关于党在过渡时期总路线的学习和宣传提纲》。这个提纲的总论是毛主席写的。分论是中宣部许立群、于光远等起草,毛主席改定的。提纲由中宣部编写,由中共中央批准并转发。加了一个正标题:《为动员一切力量把我国建设成为一个伟大的社会主义国家而奋斗》。上面引的毛主席关于总路线的完整文字表述,我第一次看到,就是在这个提纲中。

后来听说,这时进入过渡时期早了一点。按照实际情况,晚两年转到过渡时期最好。为什么提早呢? 一个重要的原因是要解除斯大林对我们的怀疑,斯大林不是怀疑我们是铁托吗! 要让他知道,我们是坚决走社会主义道路的。所以,过渡时期总路线还没有形成文件,就让刘少奇到莫斯科去通报了。

(六) 毛主席让陈伯达修改第一个关于 农业生产互助合作的决议

"一化三改造"的任务提出来以后,我接触到的有两件大事。一件是农业生产互助合作,毛主席要陈伯达修改一个中央文件;另一件是陈云同志提出统购统销,解决粮食问题。先讲修改农业生产互助合作的决议。

1. 毛主席交代修改文件的任务

少奇同志在给斯大林通报我们准备过渡到社会主义的设想时,就讲了在土改后我们在农村中发展互助合作运动的情况,说我们准备在今后大力地稳步地发展这个运动,准备在今后十年至十五年内将中国多数农民组织起来,基本上实现中国农业经济集体化。

早在1951年12月,中共中央发出了一个《关于农业生产互助合作的决议(草案)》。1953年2月,中央发出《关于印行农业生产互助合作正式决议的通知》,指出1951年12月的决议草案"经一年多的实施证明是正确的,应即作为正式决议,将'草案'二字删去"。同时,毛主席要陈伯达对这个文件进一步修改、充实、完善。

2. 对陈伯达说来,这是一个大难题

陈伯达大革命时期入党,后到莫斯科中山大学学习。理论学习显得好一些,回国后在北方局宣传部,当一名理论工作人员,没有头衔。抗战爆发,到延安,帮助张闻天整理《中国现代革命运动史》讲稿。我在党校时,陈曾去讲过一次课,讲中国封建社会为什么停滞那么长久,比原来讲中国历史的教员讲得好得多。后来,也到马列学院讲过,专题讲座性质,不定时。毛主席看中了他,让他到身边做秘书。在几位秘书中间,他位列第一,胡乔木第二,田家英第三。

陈伯达没有学习和研究过农民问题,也没有做过农村工作,没有搞过农民运动,要他来修改这个互助合作运动文件,实在是个大难题。

3. 陈伯达向赵树理请教

这时,赵树理调到了中宣部,也在中南海办公。

赵树理是有名的了解农民、懂得农村的作家。我读过他的所有小说,非常佩服。在榆树工作时,我在农民中读他的小说,深受欢迎,有时效果比我的口头宣传还强。

陈伯达亲自找赵树理请教,说你对农民有深刻理解,中央的这个互助合作文件该怎么写,请提意见。完全出乎陈伯达的意料,赵树理说:互助合作运动,我提不出意见。我所知道的农民的理想是:十五亩地一头牛,老婆孩子热炕头。别的没有了。

赵树理对互助合作一句话也说不出来,这对于陈伯达说来,等于当头泼了一瓢冷水。陈伯达苦闷得很,很快向毛主席汇报。

4. 毛主席提出具体办法并作出理论概括

毛主席听了赵树理的那个话,说:好啊,就这么办。组织互助合作,无地、无牛(耕畜)的,按劳分配;有地、有牛的,入股分红,又按劳分配。毛主席还说,这是初级社,性质是半社会主义。这是毛主席第一次作出的理论概括,提出的具体办法。实际上为陈伯达提供了一个高明的、完善的文件提纲。

5. 毛主席的主意不是凭空想出来的

按照毛主席的主意,《中共中央关于农业生产互助合作决议》很快修改出来。3月24日,毛主席作了修改,改写和加写了三段文字,并写了简短说明,即在3月26日的《人民日报》上公开发表,同时发表了社论《领导农业生产的关键所在》。这个决议发出以后,受到农村积极分子和广大农民的欢迎,农业生产合作社在全国普遍组织发展起来。

毛主席的主意为什么受欢迎?因为它不是凭空想出来的,是从实践中来的。

在延安的时候,开展大生产运动,组织了互助组。丁冬放经过调查研究在《解放日报》上发表了介绍青城互助组的典型经验,它的分配办法就是没有土地的按劳分配,有土地的除按劳之外还按地。毛主席看到了这个经验,说为互助合作开辟了一条新路子。那时成立中央政治研究室,毛主席当主任,陈伯达当副主任,把丁冬放调了去,当中国经济研究组的组长。50 年代《红旗》创刊,有个编委会的大名单,第一个就是丁冬放。那个名单,各大区的书记,主要的部长,都在里面。丁冬放那时好像是中国人民银行的副行长。

延安时期还有一个经验,就是延安运输队。延安那个运输队,有马,有胶轮大车。驾车的马夫,本来同普通干部的待遇一样,即无津贴费,穿土布服。王实味、李锐这些人不是特别不满意延安"服分三等"吗!当时是有土布服、干部服、呢子服的区别,总不能绝对平均主义吧。毛主席要运输队组织起来,互助合作,干得多就多分配,多劳多得嘛。结果积极性调动起来,自己揽活,搞得很红火。

另外,毛主席还亲自进行调查研究,写文章,系统总结了延安南区合作社的经验。

毛主席听了赵树理的话后对陈伯达出的主意,是有延安的实践经验做基础的,是根据延安初级互助合作经验总结提高出来的。

6. 我的体会:互助合作是土改后农村经济发展的必然要求

在实际工作中,我个人的体会,土改以后搞互助合作是农村经济发展的必然要求。

在东北,土改以后农民就提出这个要求。东北的地,垄很长,所谓三马一犁,不然没有办法耕种。土改中把地主、富农的牲口分了,一户分一头牲口,有的两户分一头牲口,犁杖也是,要不联合起来,谁也翻不了地,种不成庄稼。所以,东北土改一完,要发展生产,就要提倡互助合作,农民要求共产党把他们组织起来,首先是在牲口、农具上互助,跟着在劳动上互助。

后来我在新疆工作。东北是农业上比较发达的地区,新疆相对落后,很贫困,是贫困地区。那里的特点是,有地没有水就什么收成也没有。水利的管理离不开互相合作,至少是初级的合作。

我在农村搞了几年,从东北到新疆,经验证明,土改以后必然要搞互助合作。

（七）陈云同志提出用统购统销的办法解决粮食问题

在毛主席提出过渡时期总路线以后,陈云同志就提出要搞统购统销,粮、棉、油统购统销,以解决粮食等问题,得到毛主席的支持。

这时,少奇同志就约见苏联驻华大使尤金,向他请教:苏联在搞工业化的时候是怎样解决粮食问题的。了解他们的粮食政策。

苏联向农民征购粮食,实行义务交售,价格很低。国家只解决城市居民的口粮,牧区、林区、渔民以及搞运输的流动人口,他们的口粮都上市场购买,国家不管。拖拉机不卖给农民,由国家的拖拉机站代耕,农民付费。

少奇同志听后说,我们可以吸收其理论,具体的措施应该不同。我们从农民那里征购来的粮食,除管城市居民以外,还管缺粮区的农民,种经济作物的农民,满足全民的需要。我们管得更全面。我们向农民购买粮食的价格尽管存在工农业的剪刀差,但农民终究还是可以得到一些微薄的利润,不像苏联那样成本都不够。我们的拖拉机主要有国家的拖拉机站,但也允许集体和个人购买,不像苏联那样由国家垄断。

粮棉油和农产品的统购统销,可以说是第一个实行全行业公私合营的。它是在过渡时期总路线制定过程中搞起来的,很有中国特色。对促进农业合作化的发展,起了很大作用;对加快私营工商业的社会主义改造,起了决定作用。实行粮棉油和农产品的统购统销以后,经营粮棉油和农产品的私商没有办法到农村去收购了,以粮棉油和农产品为原料的私营工业,只能从国家得到原料,因而也不得不接受国家的条件。工厂的管理由工人(通过工会)和公家派去的代表参加。也就是说,纺织、粮油加工等轻工业开始纳入社会主义的轨道。在当时中国的工业中,占了很大的份额。

统购统销的明显作用,使我产生了研究这个问题的兴趣。由于陈云同志在讲这个问题时引用了苏联的材料,又听说少奇同志向苏联大使了解过情况,我就注意收集苏联有关粮食问题的理论与政策的文献资料。这时中央编译局把苏联从斯大林当政直到中苏建交期间关于经济工作的文献资料翻译过来,编辑了三大本书,其中有一本很厚。我从中选编了一本《苏联粮食问题的理论和政策文献》,由人民出版社正式出版。

(八) 到少奇同志楼下办公

1953年秋天,少奇同志叫我和动态组的组长李波人(华东来的)两个人,晚上到他住的甲楼去办公。看各地各部门发给中央的电报,写提要,拟批示。他交待我们,有话就上楼同他说,不讲礼数,不讲客套。我们上去,他不站起来迎,我们谈完,他也不送。这样,有事就来,说完就走,来去方便,节省时间。他说:你们在我这里做秘书工作,但不给秘书的名义。

在少奇同志楼底下办了三个月公,一直干到1953年年底。

(九) 起草加强团结的文件

1. 毛主席退居二线引发的问题

1954年年初,毛主席到杭州起草宪法。临走前,开了一次政治局扩大会议。当时我无从知道,后来听说,毛主席在会上提出,我现在年纪大了,有个想法,要退居二线,希望有同志在第一线主持中央日常工作,遇到没有把握的事,到他那儿谈,帮助做决定。谁在第一线,不知道说明叫刘少奇,还是没有说。

讨论的时候,高岗说,条件不成熟吧! 意思是刘少奇主持第一线工作不成熟。高岗还提出,是不是轮流主持。也就是说,他要轮流坐庄。

会散了以后,高岗和陈云走在一起。上汽车前,他对陈云说:是不是设几个副主席啊,你一个,我一个。

高岗的汽车开走,陈云从车上下来,回到主席那儿,向毛主席汇报。引起毛主席的警觉。

2. 高岗在全国财经会议期间就掀起风浪,搞"随波(薄一波)逐流(刘)"

联系 1953 年全国财经工作会议期间高岗兴风作浪,搞分裂活动,高岗要夺取最高领导权的野心就非常明显了。

1953 年夏天,在北京召开全国财经会议。我只是旁听了这个大会,还不是会议的正式人员,所以小会一般没有参加。会上,周总理批评"新税制",批评关于公私企业收税一视同仁的主张,指出这个主张实际上是减轻资本家的税收负担。周总理传达毛主席的话说,这是资产阶级思想在党内的影响。很严肃,一点不客气,但没有斥责的味道。会上也没有组织讨论。

可是,高岗乘机活动,掀起风浪。用他自己的话说,叫"随波逐流"。这个流,是刘少奇的刘的谐音。他鼓动随波逐刘,就是要把矛头指向刘少奇,随批薄一波,赶刘少奇。

高岗了解毛主席在一些问题上不赞成刘少奇的意见,对刘有所批评。东北有一段时间发展富农经济,这是少奇同志的意见,毛主席曾有批评;供销合作社赢利分红,毛主席赞成张闻天的意见,不同意刘少奇的意见;刘少奇在天津讲话,说资产阶级剥削有功,毛主席说这个话不妥;还有在合作化问题上,刘主张先机械化后合作化,毛则认为首先合作化无需以机械化为先决条件;等等。

高岗就在会上散布这些东西。不仅如此,他还在会上提出"两个摊摊,两个圈圈"的说法。说刘少奇和白区工作的干部是一个摊摊,周总理及其办事处的干部是一个摊摊。这两个摊摊两个圈圈掌握了我们的党政大权。他还鼓吹所谓"军党论",说什么我们党是军队创造的,军队的党是党的主体,而他自己就是这个主体的代表人物。意为刘少奇、薄一波等白区工作的干部不是正统。他捧林彪和陈云,贬刘少奇、薄一波。乘机搞"随波逐流"。这时高岗当国家计委主席还不到一年。这些事情我当时都不知道,在会上,也只知道毛主席批评了薄一波。

3. 少奇同志要我协助起草"增强党的团结"的文件

1953年12月下旬政治局扩大会议以后,毛主席警觉高岗有野心,在临去杭州之前,即要求起草一份加强党的团结的决议。他要刘少奇办这件事。

刘少奇让凯丰负责,凯丰说要有人帮他,刘就指定我来帮他起草这个决议。少奇同志对我说,有这样一件事,由凯丰负责,你帮他的忙。你去找他,当他的助手,把这个文件搞出来。至于为什么要做这个决议,这个决议要讲些什么内容,怎样写法,刘少奇都没有说。

我就去找凯丰。他说,是,有这么回事。你去搞吧,把稿子搞出来,给我看。他也什么话都没有交代,这任务一股脑都落在我身上。

这真是一个难题。为什么要搞这么一个决议,刘少奇没有说,凯丰也没有说,而我当时对中央发生的情况又一点都不知道。这个决议有什么针对性,要解决什么问题,茫茫然没有头绪。怎么办呢,只好去读书了。

我找来列宁、斯大林的著作,特别是读十月革命胜利之后关于党内团结、分裂方面的论述。在联共党内,也确有这种经验,有这一类文章、决议。于是我就从这些本本出发,勉为其难,搞出了一个三千字的稿子,送了上去。

从刘少奇到凯丰,当时恐怕也不知道毛主席有什么想法,毛主席当时恐怕也还没有拿定主意,而凯丰又是卷到高岗集团里面的人,他看了我送去的稿子,一字未改,送给了刘少奇。少奇同志看完后,把总理、小平找到他的楼上,说决议初稿有了,你们看看,还有什么意见。他们先后说:很好,送杭州主席那儿吧。他们没有提什么原则性的意见。那场景至今历历在目。这样,稿子就送到杭州毛主席那里去了。

4. 毛主席对我起草的决议稿不满意, 要胡乔木重写

田家英告诉我主席看过这份决议草稿后的评价。毛主席说:这个稿子不能用。看起来,做这个决议是列宁的书上早就规定好的。是因为列宁的书上说我们党胜利之后要分裂,因此我们要做这个加强团结的决议。

主席的批评很准确,虽然有点挖苦。我心里服。这个决议草稿确实是照搬列宁的书本搞出来的。

后来,毛主席亲自指导胡乔木重新写了一个《关于增强党的团结的决议》,一万多字。我们那个草稿留下的大概只有几十个字吧,是关于党员权利义务方面的。与此同时,毛主席还要胡乔木为少奇同志起草了一个说明这个决议的口头报告。

胡乔木起草的决议和口头报告,1954 年 1 月 20 日送回北京。少奇同志交给我看。我看了,深深佩服,没有反感。我非常客观地自我反省,显然我那稿子远远不如乔木同志起草的稿子,确实不能用。

5. 亲历党的七届四中全会

少奇同志把《关于增强党的团结的决议》稿印发出席七届四中全会的中央委员,包括高岗、饶漱石在内。

1954 年 2 月 6 日,召开四中全会,刘少奇作了口头报告。我在四中全会上当记录,也算亲历了这次全会。会上有四十多人发言。报告和发言都没有点名。

我事先同张闻天说了高岗在刘少奇面前谈赢利分红问题时说的话,所以,张闻天发言中说高岗口是心非,搞两面派,不是老实人。

高岗上来作自我批评。往日气势昂扬的姿态没有了。面无血色,无精打采,委靡无力。完全成了两个人。由此估计,他出了问题。

会后,我根据邓小平同志的要求,把刘少奇同志的口头报告摘要搞成一个新闻稿,供新华社发表。后来,还写了一篇宣传文章在刊物上发表,没有什么新意。

关于"高饶事件"的处理,是过了一年后在 1955 年 3 月召开的全国党代表会议上作出的。那次会议通过了《关于高岗饶漱石反党联盟的决议》,开除高饶的党籍,撤销他们所担任的一切职务。在这之前,1954 年 8 月 17 日高自杀。饶后来在狱中去世。

(十) 参与起草关于第一个五年计划的报告

1. 1955 年春天政治局扩大会议的讨论

1955 年春,在全国党代表会议前,在怀仁堂开了一次中央政治局扩大会议。我列席了这次会议。这次会议除通过关于高饶反党联盟的决议之外,着重讨论了第一个五年计划(1953—1957)。

在制订"一五"计划之前,1952 年 8 月,周总理率领中国政府代表团(成员有陈云、李富春、张闻天等)访问苏联,带去我国试编的《五年计划轮廓草案》,向斯大林和苏联政府通报、请教,征询他们的意见,并商谈苏联援助建设的具体项目。回来讲,斯大林听了很高兴,很重视,高度评价,说这是继苏联之后,在世界东方,实行计划经济的第一个国家。他提出,五年计划的指标要恰当,留有余地,到时超额完成。他答应,现代化设备由苏联供应,专家、顾问由苏联派,满足需要,特别是军事方面,原子能方面。还借给我们三亿美元贷款。1953 年签订协定,苏联对我国的援建项目由原定的 50 项,增加到 141 项。①

陈云同志在政治局扩大会议上作了关于"一五"计划要点的报告。陈云的报告很扼要。第一个五年计划已经搞了两年多了,有了不少成绩和经验。整个五年计划的轮廓,在他的报告里面都有了。听了充满信心。

毛主席在会上有一篇讲话,非常深刻。对高岗问题只概括地说了两句。他同意五年计划的要点,强调要学习,要有高度的学习精神,思想上、

① 1954 年又增加 15 项,成为 156 项。

物质上凝聚成一股力量,在我们的这股力量面前,高山也要低头,河水也要让路。这两句话,很鼓舞人心。还有,毛主席讲,要通过学习,成为内行。打了生动的比方。他举护士的工作做例子,说护士打针,会皮下注射,还不能算内行,要会静脉注射,会抽血,会输液,这才算内行。我们各级干部都要达到抽血、输液的水平。

2. 参与起草李富春在全国人大关于第一个五年计划的报告

这次会议确定由李富春向全国人大作"一五"计划报告。刘少奇指定陈伯达负责起草。

起草这个文件又难又不难。说不难,是已经有了陈云同志的"一五"计划要点报告,有了纲目;材料准备也比较充分,编译局编译了三厚本苏联的资料,从他们1928年10月开始的第一个五年计划直到当前经济工作的主要文献,包括斯大林等人的报告,各种计划,经验总结,都在里面。说难呢,要写出既切实可行,能够指导实际工作,又有理论水平和一定的鼓动性,能够武装大家头脑、鼓舞大家斗志的报告,确实很不容易。

陈伯达自己先拟了一个提纲。找我和梅行、房维中、何均参加,在中南海中办楼上办公室集中办公,住在中南海,不回家。按陈伯达的提纲,我们几个人分工,一部分一部分整理材料,交给陈伯达。他看过以后,有的退回重搞,有的按他的要求补充,有的由他口授,我们笔录。那些日子非常紧张,上午、下午、晚上都干。

这样搞了五个月,到6月份,报少奇同志和毛主席,得到他们的同意以后,就开全国人大了。

在1955年7月5日开幕的全国人大一届二次会议上,邓子恢同志作的《关于根治黄河水害和开发黄河水利的综合规划的报告》,引起强烈反响,多次热烈鼓掌。这个报告是胡乔木起草的,有不少鼓舞人心的具体内容。好比说,自古以来,年年治黄,年年黄灾,在三门峡建了大坝,就不至于再有黄祸了。还说到,三门峡南边,有一个石柱子,挺立在黄河的激流中间,世代没有淹没过,叫中流砥柱。黄河水冲击这个中流砥柱,溅起几层楼高的浪花。修了三门峡大坝,中流砥柱就平平静静地站在那里了,黄河水缓缓流淌,看不到浪花了。说到这些地方,都赢得全场热烈的掌声。

可是,三门峡工程却没有成功,主要是泥沙淤积的问题,到1972年只得重新整修。

3. 胡乔木与陈伯达起草文件方法的比较

说到这里,要讲一讲胡乔木和陈伯达。胡乔木和陈伯达这两个大秀才有根本的不同。胡乔木政治品质好,是忠于马克思列宁主义、毛泽东思想的理论家,而陈伯达,后来变成为假马克思主义的政治骗子。我这里只讲他们两个起草文件不同的工作方法。

陈伯达接受了任务之后,找助手,说要完成一个什么任务,你们分头去看点书,看点材料,提供一些意见,交给他。不行,就再来一次;还不行,又再来。怎么不行,他也不讲。到最后,他觉得哪个人搞得有点基础,就一边改,一边谈。不满意的,就由他口述,我们笔录。陈伯达就这样反复推敲,直到满意为止,一点也不含糊。

胡乔木与他相反。他要你帮助他做事,一开始就和你讲清楚是什么题目,要讲哪几个问题,第一个问题讲什么,第二个问题讲什么,文章的要点给你讲了一遍。你根据这个要点起草,交给他之后,他就再不找你了。要改,要重写,都是他自己干了。而陈伯达这个人非常麻烦,一而再,再而三,要你反复改,也不说应该怎样改。这个办法当然也有好处,就是逼着你认真思考。胡乔木的做法是什么都给你想好了,按照他的意思整理出来,交给他,就完事了。

这几个月,我协助他们两个人起草文件,确有收获。他们两个起草文件的态度都很好,按照中央精神,一点不含糊,一遍一遍地改。在这个过程中,我懂得了怎样为中央写文件,知道要经过什么过程,注意什么问题。对以后进一步为中央做一些事,打下了一个好的基础。

八 八大前后

（一）少奇同志向三十多个部委做调查

1955 年年底，我国农业合作化已经基本完成，手工业合作化和资本主义工商业的社会主义改造也接近完成。这时，少奇同志找在供销合作总社的苏联专家谈过一次话。少奇同志说，在资本主义条件下，由于自由竞争，经营得好的企业能够生存和发展，经营得不好的企业则破产、倒闭。这就使得资本家不能不千方百计地改进自己的经营管理。社会主义制度下，所有制都变成了公有制，企业管理得好或者不好，赚钱或者赔钱，同企业管理干部都没有什么直接的利害关系。在企业管理不好造成损失时，好的干部还做些检讨，不好的干部无动于衷，漠不关心。少奇同志说，为了改变这种情况，我们是不是也可以实行淘汰的办法，让那些经营不好的企业倒闭，让那些企业的职工失业一段时间。那个苏联顾问说，企业管理不好，责任主要在干部，工人不能负责，不好用淘汰、倒闭的办法使工人受到失业的痛苦。少奇同志说，在战争年代，有些部队打仗老打不好。为了解决这个问题，常把差的部队和好的部队合编。这样一来，很快就改变了面貌。我们也可以用同样的办法,把差的企业同好的企业合并起来。

在这次谈话以前,我参加第一个五年计划文件的修改,接触到非生产性的基本建设中标准过高造成浪费的问题。听了少奇同志的这一番话,觉得正是我遇到的问题。他提出的改编、合并的办法是一个解决问题的可行的办法。

三大改造完成以后,我国面临社会主义事业怎样继续前进的问题。从1955年年底起,少奇同志即向党中央、国务院各部委做调查。办法是听他们汇报。一个部一个部谈。他听的过程中或听完后都谈一些意见。一般一个部委用半天,多的用两个半天以至三个半天。持续了三个多月。听了三十多个部、委、局的汇报。每次都要我和胡绳参加。什么事情都要有比较,一比较就看出高低了。从听各部委汇报时少奇同志发表的意见,非常明显,他确实比各个部委的负责人要高出一大截。

在此过程中,少奇同志出了一些题目,胡绳和我分别按他的意见写成文章,在《人民日报》上发表。记得我根据少奇同志在几次调查会上讲的意见写了一篇社论《加强整体观念,反对本位主义》,在1956年2月26日《人民日报》上发表。

少奇同志开始调查以后不久,毛主席听说了,也用同样的方法做调查,听取各部委的汇报。大概比刘少奇晚开始一个多月,听的部委差不多,都是三十多个。

(二) 准备八大报告

1.陈伯达起草的初稿不行,少奇同志要胡乔木也起草一个

少奇同志听完各部委汇报以后,就开始准备八大的报告。他要陈伯达负责起草。陈伯达找田家英、何均和我几个人给他帮忙。

陈伯达带我们几个人搞了一个多月,写出了一个报告初稿。刘少奇同志转给胡乔木同志,让他提意见。乔木看后说:这不是一个政治报告,

而是一个学术报告。少奇同志就说:你说不像一个政治报告,那好,你来起草一个吧。

2. 毛主席论十大关系

乔木正在犯愁的时候,毛主席听取党中央、国务院经济财政方面三十四个部门汇报结束后,在家里召集了一次中央政治局常委会议,讲了一篇意见,即《论十大关系》。

刘少奇同志非常推崇毛主席关于十大关系的讲话。当天晚上听了主席的讲话,十点多钟了,把我和陈伯达找去,说:毛主席听了各部委的汇报以后,在政治局常委会上讲了一篇话,讲十大关系,讲得非常好。少奇同志说:这十大关系就可以作为八大报告的总纲。八大报告就把这个作为纲要,要体现主席讲的十大关系。体现好了,这个报告也就有水平、有质量了。

过不几天,1956 年 4 月 25 日,毛主席在政治局扩大会议上作口头报告,还是讲十大关系。当时,主席不准录音,杨尚昆同志要我做笔记。我做记录比较快,记性也好。听完讲话,当天就开始整理记录。主席十大关系口头讲话的记录稿,我在第二天或第三天就整理出来了。内容不用说,完全忠实于主席的讲话,记得全,没有遗漏。就是语言风格也都记下来了,一些问题的提法都保持了主席当时说话的口气。我这篇口头报告的记录整理稿(以下称"记录整理稿"),后来有一个铅印稿,留下来了。

后来,毛主席在 5 月 2 日的最高国务会议上又讲了一次。那次有录音。以后田家英整理了一个稿子。1975 年,胡乔木又整理了一遍。那是在小平同志主持下搞的。这个整理稿报毛主席审阅,后来正式发表了(以下称"正式发表稿")。从讲话的风格和语气来讲,我那篇记录整理稿有它的特点。主席讲的不少话,富有个人风格,很有意思。公开发表稿,出于种种考虑,有的话没有照原话用上去。现在离开主席讲话的时间已经过去了半个多世纪,我想,看看主席当时讲过的那些话,对理解《论十大关系》这篇重要著作会有些帮助。下面顺着这篇讲话的次序,举一些我那篇记录整理稿上保存下来的主席的话。凡正式发表稿上没有的话用宋体加粗表示。

关于"沿海工业和内地工业的关系",毛主席说:

在这两者的关系问题上,我们也没有犯大的错误,只是有些缺点,这就是对于沿海工业占全国工业的百分之七十这个事实有些估计不足。

……从现有材料看来,有些轻工业工厂建设很快,投入生产并全部发挥生产能力以后,一年就可以赚回全部投资。那末,四年之内除本厂以外,就可以赚三个厂。有的四年可以赚二个,有的可以赚一个,至少可以赚半个。这就说明,充分地利用沿海工业的设备能力和技术力量,好好地发展沿海的工业,可以使我们更有力量来发展内地工业,来支持内地工业。认为原子弹已经在我们头上,几秒钟就要掉下来,这种形势估计是不合乎事实的,由此而对沿海工业采取消极态度是不对的。**因为这种消极态度不但妨害沿海工业的充分利用,而且也阻碍内地工业的迅速发展。**

这不是说新的工厂都建在沿海。新的工业大部分应当摆在内地,使工业布局逐步平衡,并且利于备战,这是毫无疑义的。但是沿海也可以建立一些新的厂矿,有些也可以是大型的。至于沿海原有的轻重工业的扩建和改建,过去已经作了一些,以后还要大大发展。**鞍山钢铁厂,抚顺煤矿,石景山炼铁厂,天津拖拉机厂,上海发电机厂,大连和上海等地的造船厂,这些都是大扩建和大改建,都是必要的。我们还准备在山东建立钢铁厂,在广东建立油母页岩炼油厂;同时在沿海某些省份新建少数轻工业工厂,以平衡当地的供产销。**

沿海工业基础大,很有必要加以充分的利用。对沿海工业的利用和发展缺少积极性,是不利于内地工业的发展的。我们都想发展内地的工业,问题在于你是真想还是假想。……

关于"经济建设和国防建设的关系",主席有一段话,以中国人民解放军同苏联红军比较:

经过朝鲜战争的锻炼,几年的整编和训练,我们的军队比第二次世界大战前的苏联红军要更强些了。那时的红军,由于肃反扩大化削弱了干部,由于战略指导思想是要御敌于国门之外,国内不修工事,有攻无守。结果希特勒打进来,抵抗不住,只好按照孙子兵法,三十六计,走为上计,一直退下来。在这些方面我们都比他们那个时候强。

关于"国家、生产单位和生产者个人的关系",这一节的第二段讲到增加工人工资的问题,主席说:

一九五四年和一九五五年工业方面的劳动生产率提高了很多,但工人工资没有增加,而且由于副食品涨价,有些工人的实际工资反而降低了,这是不好的。形式上看,国家节省了一部分支出,实际上国家却因此减少了收入,单是从财政的观点来看,这也是不合算的。今年准备用十三亿元来增加工资,我们想这样做了以后,工人的劳动生产率会更加提高,国家的收入也会随着增加起来。

在讲到 1954 年全国水灾减产,我们多购了七十亿斤粮食,这样一减一多,党内党外,有很多意见。并由此谈到我们的农村政策。毛主席讲:

不能认为这些意见全部不对,不能认为我们一点缺点也没有。……共产党有两怕,一怕老百姓哇哇叫,二怕民主人士发议论,他们讲得有理,你怎能不听?

国家和合作社,合作社和农民,是两种关系,但是性质上是一种关系,即集体和个人的关系。集体要积累,但必须注意不向农民要得太多,不能够像苏联那样把农民挖得太苦。

……去年十一月以前我们谈农业合作化问题,今年一月前后谈增产问题,从现在开始要谈分配问题。所谓分配问题,就是:(一)国家拿多少?(二)合作社拿多少?(三)农民拿多少?以及都是怎样拿法的问题。苏联的办法主要不是经过税收,而是经过价格,他们的税收不重,但是在价格政策上把农民挖得很苦。……

我们对农民不能采取这样的政策,必须采取两头兼顾的政策——既要马儿跑得好，又要马儿多吃草。国家要有积累，合作社也要有积累，但都不能过多。国家的积累，我们主要是经过税收，而不是经过价格。……工农业产品的交换，在我们这里是采取缩小剪刀差、等价交换或者近乎等价交换、薄利多销的政策，是采取稳定物价的政策。我们的工资不高，但是因为物价低和稳，工人是吃得饱的，人民生活也是比较稳定的。合作社积累的办法是公积金和公益金，这些积累在农业总收入中所占的比重同样也不能太大。……我们必须让个人吃饱，必须在个人增加收入、人民增加福利的基础上来搞国家和合作社的积累，在满足人民生活需要的基础上来搞积累。

毛主席在谈每个工厂在统一领导下的独立性问题时说：

从原则上说，统一性和独立性是对立的统一，要有统一性，也要有独立性，比如我们现在开会是统一性，散会以后是独立性，有人散步，有人读书，有人吃饭，各人都有各人的就是独立性。纪律性和无纪律性是相对立的东西，要有纪律性，也要有无纪律性，要有集体主义，也要有"自由主义"。如果我们不给每个人散会后的独立性，无纪律性、"自由主义"，一直把会开下去，无休止地开下去，不是所有的人都要死光吗？

在讲完前面四个关系之后，和讲第五个关系"中央和地方的关系"前面，各有一段总括性的、过渡性的话。毛主席说：

上面讲的是调动轻工业来发展重工业，调动农业来发展工业，调动沿海工业来发展内地工业，调动经济建设来巩固国防建设，调动六亿人民来加强集体。下面我们来谈谈调动地方的积极性来巩固中央和加强统一的问题。

上面讲的各方面的相互关系的问题，也就是讲各方面的矛盾问题。重工业和轻工业，工业和农业，沿海工业和内地工业，经济建设和国防建设，国家和合作社，合作社和个人，集体和个人，都是矛盾。世界是由矛盾组成的，世界即矛盾。

在讲"中央和地方的关系"时，毛主席又举例说明要正确处理统一性与独立性的关系。他说：

……中央要注意发挥省市的积极性，省市也**必须注意发挥地、县、区、乡的积极性。都不能够框得太死**。当然，也要告诉下面的同志哪些事必须统一，不能乱来。**去年南方海防部队打掉一个英国运输机，就是一些同志在无组织无纪律的"干掉它"的思想指导下闯出来的乱子。据说今年也有些地方在"干掉它"的想法下，"干掉"了一些古迹古墓。这都是不好的，这些方面是必须谨慎的**。但是，正当的积极性，正当的独立性应当有，省、市、地、县、区、乡都应当有。**中央对省市，省市对地、县、区、乡，都不能够也不应当框得太死。**

关于"汉族和少数民族的关系"，主席具体分析了基本状况，说明必须搞好两者的关系。毛主席说：

我国少数民族人数少，占的地方大，人口三千六百万，只占全国总人口的百分之六，土地占全国总面积的百分之六十；汉族人数多，占的地方小，人口占全国总人口的百分之九十四，土地占全国总面积的百分之四十。我们常说中国地大物博，实际上是少数民族地大物博。汉族人口多，是长期内混血形成的。到清朝有一个大发展。清朝在中国历史上做了两件大好事，一是人口众多，二是地大物博。清朝的版图比秦、汉、唐、宋、明都要大。要反对大汉族主义，要帮助少数民族进行经济建设和文化建设。金银财宝大部在他们那里，只有搞好同少数民族的关系，才能把这些资源充分地动员起来。……

关于"党和非党的关系"，记录整理稿上有一些说得很透彻的话。毛主席说：

我们的方针是要把民主党派、资产阶级都调动起来。要有两个万岁，一个是共产党万岁，另一个是民主党派万岁，资产阶级不要万岁，再有两三岁就行了。在我们国内是民主党派林立，有意识地养一批骂我们的人。龙云天天骂我们，梁漱溟过去著书立说反对共产党，后来说"九天九地"，现在对我们也还有很多意见。所有这些人我们都养起来，采取又团结又

斗争的方针,把他们调动起来为社会主义服务。卫立煌、翁文灏现在已经被调动起来了,类似的人我们要想办法把他们调动起来。……

党和无产阶级专政在将来都是要消灭的,但是,现在非搞不可,否则不能够镇压反革命,不能建设社会主义。为了实现这些任务,无产阶级专政必须有很大的强制性,但是,由此也就产生了它自己的一定的阴暗面,官僚主义,机构庞大,办事没有资本主义效率高,都是具体的表现。在一不死人二不废事的条件下,我建议党政机构进行大精简,砍掉它三分之二。

话说回来,党政机构要精简,不是说不要民主党派。我们有意识地留下民主党派,不打倒民主党派,不打倒梁漱溟、彭一湖,团结所有的人在我们的周围,让他们骂我们,反对我们,只要骂得有理,不管谁说的,我们都接受,这对党、对人民、对社会主义很有利。在这点上我们同苏联不同。他们是打倒一切,把其他党派搞得光光的,只剩下布尔什维克的办法,使同志中很少不同意见,弄得大家有所顾忌,这样作很不好。希望你们抓一下统一战线工作,省委书记一定时间内只要抽出一小时来检查一下部署一下,就可以把这个工作推动起来。现在民主人士对中央满意,但对地方有意见,认为地方太简单,这种情况应当改变。

关于"是非关系"这一部分,在讲了对犯错误的同志要一看二帮以后,有一段评论高岗的话,主席说:

人家犯了错误,你去幸灾乐祸,这就是宗派主义。高岗跌跟头就是跌在这上面,他无中生有地说什么四人圈圈,两个摊摊。就算有吧,也应当是一看二帮。但是,高岗不愿意这样做,结果跌倒了爬不起来。

关于"中国和外国的关系",记录整理稿上关于学习外国经验的态度和方法有些透辟的分析,举了一些具体的例子。毛主席说:

调动国际力量,必须区别积极因素和消极因素。资本主义的一切腐败制度都不要,但是资本主义的一切优良的科学技术和管理方法,全都想办法学过来。资本主义会做生意,用人少,办事效率高,这些都应当好好学习。

对社会主义阵营各国的经验,要有批判地接受,不要不加分析地盲从。这里举三个例子。第一个例子,胡先骕不赞成李森科的学说,苏联一些同志要我们批评他,刚刚把人组织起来要批评,李森科倒台了。第二个例子,三年前苏联有一个杂志说,只能吃蛋白,不能吃蛋黄,理由据说是蛋黄里面有胆固醇;又说鸡汤喝了会促成血管硬化。最近他们的杂志全部翻了案。第三个例子,我们设了文化部、电影局,苏联过去设电影部、文化局,有人说我们犯了原则错误,但是后来苏联也改设文化部,和我们一样。

……我们认为斯大林是三分错误,七分成绩,总起来还是一个伟大的马克思主义者,按照这个分寸,写了《关于无产阶级专政的历史经验》。现在如果说他二分错误八分成绩,左派不满意;如果说四分错误六分成绩,另一派人也不满意;来一个三七开,比较合适和公正。斯大林对中国作了一些错事。……一九四九、一九五〇两年对我们的压力很大。那个时候,除了党内同志以外,全世界只有蒋介石一个人天天替我们辩护,不用工资,替我们做义务宣传,说我们不是铁托。讲起斯大林,我们有三肚子火。可是,我们还认为他是三分错误,七分成绩。这是公正的。

我们公开提出学习外国的口号,学习一切先进的优良的东西,而且永远地学下去。我们公开地承认本民族的缺点,别民族的优点,不学习他们的缺点。

……我们的方针是,一切外国人的长处都学,政治、经济、科学、技术,以至风俗习惯里面的一切好东西都要学,例如握手就比打拱好,西装也比中装好;但是,必须是有批评有分析地学,特别在行政措施上不能盲目地学,不能一切照抄,不能机械搬运。

我把记录整理稿上的这些话留下来,只是觉得对了解主席讲话的情景,领悟主席讲话的精神、风格,会有助益,埋没掉的话太可惜了。应该说,这些话的意思在公开发表稿中都包含进去了,并没有什么缺损;公开发表稿在保持毛主席讲话的风格,传达毛主席讲话时的情绪、气派方面,做得是很好的。

（三）八大的召开与关于八大决议争议的一些情况

1956 年 4 月间，集中修改八大报告，主要由胡乔木负责，陈伯达也参加了。

9 月举行中国共产党第八次全国代表大会，我作为正式代表参加。八大会上有两个发言受到主席称赞。一个是陈云同志的发言，讲三个主体三个补充；①一个是薄一波同志的发言，讲二三四。②

陈云同志指出："采取上述措施的结果，在我国出现的绝不会是资本主义的市场，而是适合于我国情况和人民需要的社会主义的市场。我们的社会主义经济的情况将是这样：在工商业经营方面，国家经营和集体经营是工商业的主体，但是附有一定数量的个体经营。这种个体经营是国家经营和集体经营的补充。至于生产计划方面，全国工农业产品的主要部分是按照计划生产的，但是同时有一部分产品是按照市场变化而在国家计划许可范围内自由生产的。计划生产是工农业生产的主体，按照市场变化而在国家计划许可范围内的自由生产是计划生产的补充。因此，我国的市场，绝不会是资本主义的自由市场，而是社会主义的统一市场。在社会主义的统一市场里，国家市场是它的主体，但是附有一定范围内国家领导的自由市场。这种自由市场，是在国家领导之下，作为国家市场的补充，因此它是社会主义统一市场的组成部分。"

薄一波同志说："在今后若干年内，在通常的情况下，我国国民收入

---

① 陈云的发言以《社会主义改造基本完成以后的新问题》为题收入《陈云文选》第三卷。以下引文引自《陈云文选》第三卷，人民出版社 1995 年版，第 13 页。

② 薄一波于 1956 年 9 月 18 日在大会上就正确处理经济建设中具有全局性意义的积累和消费的关系问题发言，探讨了若干重要数量界限即比例关系问题。简称二三四或四三二。根据毛泽东的提议，会议将这一认识成果写进了八大决议。

中积累部分的比重,不低于百分之二十,或者略高一点;我国国民收入中国家预算收入的比重,不低于百分之三十,或者略高一点;我国国家预算支出中基本建设支出的比重,不低于百分之四十,或者略高一点。"简称二三四或四三二。

八大之后引起争议的问题,是八大决议的政治部分。八大决议是由胡乔木和陈伯达两人负责起草的。胡乔木负责政治部分,陈伯达负责经济部分。经济部分主要讲用几个五年计划建成一个独立的完整的工业体系,为此要提出和决定的有关问题。政治部分讲现在面临的政治形势,主要矛盾是什么。其中有一句话,讲三大改造完成以后的中国,主要矛盾是先进的生产关系和落后的生产力的矛盾。这个提法是陈伯达同康生按毛主席"要把矛盾突出一下。现在主要是先进和落后"的要求①提出的,胡乔木表示赞成。陈还说:这样的意思,列宁在十月革命胜利后也曾讲过。列宁说:先进的俄国,落后的欧洲。说经过十月革命,俄国建立起来的社会制度比西欧先进得多,可是俄国的生产力比西欧落后得多。所以这个提法与列宁的提法能够衔接,没有矛盾。

决议稿由胡乔木、陈伯达送给主席看。主席正在游泳。看了以后当场表示同意。过了不久,是一个礼拜还是两个礼拜,毛主席说他当时看这个决议稿很匆忙,没有仔细推敲,现在看来,主要矛盾的这个提法不妥当。列宁是拿俄国和外国比,不是讲内部的矛盾;决议所说是国内的矛盾,这个不妥当。主席对形成这样一种看法的原因做了解释。他说,之所以产生这样一个提法,因为经过三大改造,资产阶级和无产阶级在生产资料所有制方面的矛盾已经解决了,因此,阶级关系比较缓和。人家敲锣打鼓,要搞公私合营,你还说我们和他们的矛盾很紧张,这当然不合乎当时情况。所以,这也不能责怪起草人。意思是说,尽管提法不妥当,但也有当

---

① 据薄一波在 1956 年 9 月 24 日华北代表团讨论决议草案时传达毛泽东指示的记录。存中央档案馆。

时阶级斗争形势在人们头脑中反映和作用的关系。当时阶级斗争缓和,反映在我们头脑里,认为阶级和阶级的矛盾已经解决了。

后来,有很多人讲,毛主席把生产不能满足需要这个主要矛盾否定了,用阶级和阶级斗争来代替。我的印象是找不到这样的说法。能够找到的,是毛主席认为政治决议里的那句话不妥当。他没有否定生产满足不了需要这个矛盾。没有说过生产满足不了需要这个矛盾要否定或者不正确。

(四) 毛主席论正确处理人民内部矛盾

1956 年 11 月,发生"波匈事件"。党中央写《再论无产阶级专政的历史经验》,毛主席主持讨论,胡乔木执笔。我参加了此文的讨论。这篇文章于 12 月 29 日以人民日报编辑部名义发表,按照毛主席的意见,第一次提出社会主义社会存在两类不同性质的矛盾:敌我矛盾和人民内部矛盾。这段文字是这样的:

> 在我们面前有两种性质不同的矛盾:第一种是敌我之间的矛盾(在帝国主义阵营和社会主义阵营之间,帝国主义同全世界人民和被压迫民族之间,帝国主义国家的资产阶级同无产阶级之间,等等)。这是根本的矛盾,它的基础是敌对阶级之间的利害冲突。第二种是人民内部的矛盾(在这一部分人民和那一部分人民之间,共产党内这一部分同志和那一部分同志之间,社会主义国家的政府的人民之间,社会主义国家相互之间,共产党和共产党之间,等等)。这是非根本的矛盾,它的发生不是由于阶级利害的根本冲突,而是由于正确意见和错误意见的矛盾,或者由于局部性质的利害矛盾。它的解决首先必须服从于对敌斗争的总的利益。人民内部的矛盾可以而且应该从团结的愿望出发,经过批评或者斗争获得解决,从而在新

的条件下得到新的团结。当然,实际生活的情况是复杂的。有时为了对付主要的共同的敌人,利害根本冲突的阶级也可以联合起来。反之,在特定情况下,人民内部的某种矛盾,由于矛盾的一方逐步转到敌人方面,也可以逐步转化成为对抗性的矛盾。到了最后,这种矛盾也就完全变质,不再属于人民内部矛盾的范围,而成为敌我矛盾的一部分了。这种现象,在苏联共产党和中国共产党的历史上,都曾经出现过。总之,一个人只要站在人民的立场上,就决不应该把人民内部的矛盾同敌我之间的矛盾等量齐观,或者互相混淆,更不应该把人民内部的矛盾放在敌我矛盾之上。否认阶级斗争、不分敌我的人,决不是共产主义者,决不是马克思列宁主义者。

在开始谈到我们所要讨论的问题之前,我们认为必须首先解决这个根本立场问题。否则,我们就必然会迷失方向,就不可能对国际现象作出正确的解释。

1957 年 2 月 27 日,毛主席在最高国务会议上专门讲两类不同性质的矛盾的问题,做了论述区分两类矛盾、正确处理人民内部矛盾问题的报告。

(五) 随少奇同志南下调查

1. 少奇同志南下调查的目的和概况

少奇同志听了主席论述两类矛盾的报告以后,第二天,就找我和张黎群、王录、李波人、罗毅(共青团的)等十几个人上火车往南走。

一上火车,少奇同志就同我们说,毛主席刚刚讲了正确处理人民内部矛盾问题。主席说:经过三大改造,无产阶级和资产阶级的矛盾解决了,剥削消灭了,无产阶级和资产阶级的斗争还有没有? 现在的性质变了。那么现在的性质是什么呢? 在全国范围里,是各种不同情况的人民内部矛盾。我们这次出来,就是要了解人民内部矛盾的情况和解决的办法。

　　一路上,走到哪里,火车停下来,就在哪里听汇报,做调查。少奇同志和我们随行的人不到地方上住,就住在火车上。到了石家庄,听汇报,做调查。到新乡、郑州、开封,也是这样。然后到武汉、长沙,最后到广州。一路上,找学生、教员、工人和干部开座谈会,调查了解当时当地人民内部有些什么样的矛盾,什么地方,在什么事情上闹事了。同时也做农村调查。

　　记得到保定后,去满城做了调查,我和一些同志到村里去。村干部反映:现在的社搞得太大了,每个生产队的情况不一样。像我们这个队,地好,劳力也强,种得好,收成也好,亩产和总产量都比人家高。邻村的队,土地不好,灌溉条件也不够,种得也差一点。同样一亩地,产量比我们少得多。可是我们村和邻村是一个大社,搞统一分配,就把我们村的粮食一车一车往外拉。大家看着心疼,还不敢提意见。后来,又到县城开座谈会。县委书记讲,合作化后民主问题成为一个最严重的问题。过去各家干各家的,有无民主,关系不大。自己管自己,意见听不听,不碍事。现在搞了合作化,如果没有民主,非出毛病不可。所以,在合作化以后,怎样发扬民主,听大家的意见,就成为一个非常重要和非常尖锐的问题。这个情况向少奇同志反映了,引起了他的注意。

　　一路往南走,都讲公社太大了不好。有的农民还说,我们这个社大得不得了,要找社干部谈事情,还得打火车票。

　　到了新乡,这里有平原,也有丘陵地。听到反映说,平原与丘陵情况不同,应该有不同的办法,要有分级管理。

2. 关注中小学毕业生问题,写《关于中小学毕业生参加农业生产问题》的社论

　　一路听,一路讲,引起少奇同志更多注意的是学生的升学问题:中小学生毕业以后好多人升不了学,小学生升不了初中,初中生升不了高中,高中生升不了大专。这个问题引起了他的重视。一方面是好现象，农民翻身了，希望自己的子女能够上学；另一方面，我们的经济基础差，义务教育还不能普及，初中、高中也少，一个乡有一个中学就了不起了，甚至一个县只有一个中学。这是一个矛盾，解决的办法只有一个，就是毕业以后参加农业生产劳动。一路上少奇同志都讲这个问题，一直讲到武汉。我根据他讲的意见整理了一篇《关于中小学毕业生参加农业生产问题》的稿子。听取了武汉市委和湖北省委的意见。到了长沙，少奇同志又开座谈会，又讲话，又作报告，又听湖南省委的意见，对文章做了一次大的修改。到广州后又改了一次。发回北京，1957年4月8日作为《人民日报》社论发表了，引起全国的重视。

这篇文章得到毛主席的称赞。我亲耳听他夸这篇文章有两次。1958年三四月在广州，主席对少奇等几个领导同志说：都说长文章没有人看，邓力群起草的这篇文章有一万多字，可还是有人看，写得好啊！我说：我只是根据少奇同志的讲话加以整理。主席说：你总是做了调查嘛！

主席讲得很有道理。我自己写的东西就有一个对比。起草那个关于团结问题的决议稿，对党内生活里面有什么问题不清楚，眼前一抹黑，光靠读书，靠书里面的说法来写，那当然不行。写这篇文章，一路走了一个多月，参加了各种座谈会，听取了各种意见，少奇同志对各种问题作了回答，在这个基础上，也读了一些必要的参考书，才写这篇文章。文章的内容是从实际生活中来的，这样写出来的东西就站得住。这两篇东西是一个鲜明的对照。

后来，我又写了一篇较长的文章，题为《知识青年为什么要参加劳动生产进行劳动锻炼》，对原来的那篇文章加以发挥，在1957年12月16日出版的《中国青年》第24期上发表。①

那篇作为4月8日《人民日报》社论发表的《关于中小学毕业生参加

---

① 该文收入邓力群编：《〈红旗〉岁月》，当代中国出版社1998年版。

农业生产问题》,后来收入了《刘少奇选集》。

（六）在反右派斗争中

1. 中央作出整风决议

1957 年三四月间,我随少奇同志从南方返回北京。这时中央已经做了整风决议。中央的意思是欢迎民主党派、党外人士帮助中国共产党整顿作风。作出这样的决定,同对当时阶级斗争的认识有关。认为阶级斗争问题解决了,阶级矛盾解决了,都是人民内部矛盾了。现在看来,那时太乐观了。

党中央、毛主席当时担心的不是人家进攻,而是人家不讲话。所以,毛主席本人一路上动员,从北京讲到天津、讲到济南、上海,要民主党派帮助共产党整风,要又鸣又放。民主党派有人讲要大鸣大放。好啊,大鸣大放也可以,只要你讲话就好。

2. 所谓"引蛇出洞"

这样一放,结果什么东西都放出来了。这才引起毛主席的警觉。后来说引蛇出洞。实际上是蛇出洞咬了我们几口,这才想到这些蛇不是那么老实。"引蛇出洞"的说法,有点自我解嘲的意味。

面对这些蛇出洞,主席和中央的方针是让他们出来,让他们讲话,会上讲,报上登。特别有一条,凡是骂共产党的话,都不扣住,在报纸上发表。很多报纸都如此。《人民日报》对这条想不通,毛主席派胡乔木去整顿。不论那些人讲什么,都在报上登,激发了工人和农民对右派分子的不满:你们这样骂共产党,不公平。同时,也出了一点问题。有些人的发言经过记者整理、加工,与人家的原意不一样了。当时影响大的如葛佩琦,他是我北大同学,秘密党员,在敌人军队里做过工作,后来到了人民大学。在大鸣大放时,他说了这样的话:如果共产党这样或那样的话,人家就要杀共产党。报上登出来,被说成他主张要杀共产党。那还不是大右派!

在一段时间里,除了在报上公开登载他们的不满意见外,还有一个小刊物——《内部参考》,一本一本地登这些东西。我那时看这些东西,确实是越看越生气,越看越忍不住,希望党中央赶快下命令进行反击。这种情绪,在党内,在工农群众中,是普遍存在的。

等到 6 月 8 号《这是为什么》这篇社论一发表,全国就很自然地形成反右派斗争的热潮。以后连续发表《工人说话了》《事情正在起变化》《文汇报的资产阶级方向必须批判》《一九五七年的夏季形势》。在思想感情上,我都跟主席的指示是一致的。

毛主席采取的办法是,凡是反对共产党的话,不要替他保密,公之于众,让群众来辨别,相信群众会作出正确的判断。应该讲,这是一个很高明的策略。这是建立在这样一个基础之上的:在广大工人、农民、知识分子中间,中国共产党有几十年的雄厚的基础,右派翻不了天。

3. 关于反右斗争扩大化

在大鸣大放中,党内外有许多人讲话。很多是对本单位领导处理各种问题不妥当有意见。后来,发展到把对单位领导有意见同反对党的领导划上等号。这样,反右斗争自然就扩大化了。再加上当时还下达要划多少右派的指标。后来对反右派斗争的结论是:反右斗争是必要的,问题是扩大化了。扩大得太厉害了,打了 50 多万右派,其中大多数是对本单位的领导有意见而被看作反对党的领导,戴上右派帽子的。这就伤害了知识分子里的不少人。

4. 毛主席对社会主义认识的突破

但是,由此也得出一个很好的结果,即对三大改造以后的阶级关系、阶级矛盾和阶级斗争,经过毛主席的总结,有了一个比马、恩、列、斯大进一步的认识。在反右斗争前,苏联的领导和学者说,社会主义社会没有阶级矛盾。我们不一样,讲社会主义社会也还有矛盾,有两类不同性质的矛盾。但在阶级斗争的观点上,还是延续马克思、列宁的提法,即推翻资产阶级的统治,剥夺他们的财产,消灭资产阶级对无产阶级的剥削,阶级矛盾问题就解决了。经过反右斗争,在这个问题上有很重要的突破。毛主席公开发表了《关于正确处理人民内部矛盾的问题》,还发表了《一九五七年夏季的形势》。那里面讲,光有生产资料所有制的革命还是不巩固的。在生产资料所有制问题上,谁战胜谁的问题解决了,但在思想战线和政治战线上谁战胜谁的问题还没有解决,还需要很长时间才能解决。小资产阶级思想、资产阶级思想还要顽强地表现自己,还要用自己的世界观来改造世界,以至于复辟资本主义。后来毛主席又讲:社会主义是一个很长的历史阶段,资产阶级和无产阶级的斗争,资本主义和社会主义两条道路的斗争,还要长期存在。要反对和平演变,要反对资本主义复辟,要巩固无产阶级专政。这套理论,这套学说,特别是经过苏联的解体和东欧的剧变,很明显地证明了它的正确性。

1957年夏季之后,主席叫胡乔木帮助修改柯庆施的那个讲话,反右斗争就告一段落了。

(七) 毛主席批评1956年的"反冒进"

1956年"反冒进"以后,毛主席很不高兴。我听周总理传达,大约是1957年6月份,毛主席在杭州找总理、彭真和胡乔木三个人谈话,说:因为反冒进,我在将近一年的时间里精神受到压抑,很不舒畅。在这次谈话中,他提出要批评"反冒进"。

总理回来后好像是在政治局会议上传达了主席的这个意见。但没有马上展开对"反冒进"的批判。

在三大改造完成以后,特别是对苏关系逆转以后,毛主席的着眼点是弘扬中华民族、中国人民的志气,发挥他们的社会主义积极性。他对此特别关注、重视、爱护。在毛看来,"反冒进"同他的这种着眼点不一致。1956年提出"反冒进"时毛主席并没有怎么注意,起码没有认真对待吧。到1957年夏,他重视这个问题了。

被毛主席抓住的"反冒进"的问题是这样的:1956年夏天,经过酝酿和政治局讨论,6月20日《人民日报》发表了一篇社论:《要反对保守主义,也要反对急躁情绪》。这篇社论引了毛主席在《中国农村的社会主义高潮》一书"序言"中的话。毛主席在"序言"中讲到:经过三大改造,对农村合作化的速度方面的右倾保守问题,已经解决了;对资本主义工商业按行业实行全面公私合营的速度方面的问题,也已经解决了。现在的问题是在其他方面,这里有农业的生产,工业和手工业的生产,工业和交通运输的基本建设的规模和速度,商业同其他经济部门的配合,科学、文化、教育、卫生等项工作同各种经济事业的配合等等方面。在这些方面,都是存在着对于情况估计不足的缺点,都应当加以批判和克服,使之适应整个情况的发展。也就是说,现在在这个方面还存在右倾保守的思想,现在的重点是转过来解决这些方面的问题。接着,主席讲了一段理论概括的话:

> 人们的思想必须适应已经变化了的情况。当然,任何人不可以无根据地胡思乱想,不可以超越客观情况所许可的条件去计划自己的行动,不要勉强地去做那些实在做不到的事情。但是现在的问题,还是右倾保守的思想在许多方面作怪,使许多方面的工作不能适应客观情况的发展。现在是经过努力本来可以做到的事情,却有很多人认为做不到。因此,不断地批判那些确实存在的右倾保守思想,就有完全的必要了。

毛主席的这番话指出,能做的事不做,这是右倾保守;不能做的事勉强去做,就是急躁冒进。现在在农业、工业、交通、商业等方面的问题,还是右倾保守的思想在许多方面作怪,经过努力本来可以做到的事情,却有很多人认为做不到,使许多方面的工作不能适应客观情况的发展。因此,主席提出,不断地批判那些确实存在的右倾保守思想,完全必要。

但此后在反对右倾保守的指导思想下,在工业、交通的基本建设方面,多搞了几十个亿,赤字也有几十个亿,冒进了。从这个具体情况出发,总理、陈云同志提出"反冒进"。冒进要纠正,这是对的。

1956年6月20日那篇社论,根据当时的需要只引了主席的前半句话,"任何人不可以无根据地胡思乱想,不可以超越客观情况所许可的条件去计划自己的行动,不要勉强地去做那些实在做不到的事情",说"现在的情况正是有些同志违背了毛主席的这一指示,超越了客观情况所允许的条件去计划自己的行动,去硬办一些一时还办不到的事情",因而急躁冒进成为现实生活里面的重要问题,要加以反对。而对主席的后半句话,"经过努力本来可以做到的事情,却有很多人认为做不到",却没有引用。也就是说,社论标题上所说的"要反对保守主义",没有强调。主席呢,认为具体计划安排过头了,做调整,他不反对,但由此提出要"反冒进",在他看来,与他的思路完全相反。当时也没有同他商量,就发表这样的社论,而且片面地引用他的话,只说不能做的事勉强去做,就是急躁冒进,不说能做的事不做,这是右倾保守;还说现在的情况是"违背了毛主席这一指示",有点以子之矛、攻子之盾的味道。因此,主席对那个社论特别反感。送他看,他批"不看了"。在南宁会议期间,对这篇社论加批语,说是"庸俗辩证法"、"庸俗马克思主义",说是"尖锐地针对我",发出"批了右没有"的质问。还有,他发现总理在一次批文件时把"多快好省"这四个字勾掉了,特别不舒服。

这篇社论的问题被毛主席抓住了,联系"反冒进",进行批评。在党内正式批评是在1958年春节前的南宁会议(1958年1月11日至22日)上,主席点名批评了周总理、陈云同志,附带也批评了薄一波同志和李先念同志。批评很严厉,说:1956年"反冒进",反掉了三个东西(即反掉了"多、快、好、省"、"农业发展纲要四十条"和"促进委员会"),把一些同志抛到同右派似乎相近的地位。

南宁会议期间,我是工作人员。正式的会议没有参加,只是帮助整理了一些材料。同时,我同梅行、马洪等一起起草一届全国人大五次会议上关于年度计划的报告,直到正式发表。后来,帮助薄一波同志整理了一个讲话,多少把南宁会议的精神在薄的讲话里透露了一点。

主席在南宁会议批评"反冒进"以后,接下来,在成都会议(1958年3月8日至26日,中央工作会议)上继续批评,一直到武昌会议(1958年11月28日至12月10日,中共八届六中全会)。总理、陈云他们几个做了检讨。在武昌会议上,主席说:以后不要批评"反冒进"了,到此为止。

(八)　提出社会主义建设总路线的经过

成都会议之后,酝酿起草八大二次会议(1958年5月5日至23日)报告。这个报告是乔木负责起草的。其中关于总路线的基本点是陈伯达整理的。我参加了起草,直到文件正式发表,但只是做部分技术性的工作。

"鼓足干劲,力争上游,多快好省地建设社会主义"这条社会主义建设总路线,是适应社会主义改造完成以后的历史任务而提出的,其表述也是逐渐形成,逐步完整的,可以说集中了党内外的智慧。

社会主义制度建立起来以后,要以经济建设为中心,要发展生产力。对此,大家的看法是一致的。就是在"文化大革命"中间,毛主席也没有改变。过去是解放生产力,社会主义改造完成、社会主义制度确立以后,就要保卫新的生产关系、大力发展生产力。新的形势向我们党提出新的任务,要求我们确定新的方针、路线,要制定进行建设的总路线。应该承认,包括毛主席在内,对全力搞建设,把经济建设放在第一位是缺乏经验的。不可能有一个人一下子就能提出一条完整的建设路线,总是要经过一个过程。"多、快、好、省"的提法是逐渐形成的。开始没有"省"字,这个"省"字是后来加进去的。"多快好省"是 1956 年春毛主席讲十大关系时提出来的。中间经过了一个"跃进"到"反冒进"的曲折。1957 年 9 月八届三中全会恢复多快好省的提法。

莫斯科会议(1957 年 11 月)期间,《人民日报》11 月 13 日社论指出,有人把全国农业生产的高潮看成"冒进",他们害了右倾保守的毛病,不了解在农业合作化以后,我们就有条件也有必要在生产战线上来一个大的跃进。在参加莫斯科会议之前,《人民日报》写了一篇社论稿,提出"鼓起干劲,多快好省地建设社会主义"。带到莫斯科,毛主席看了,回来跟复旦大学教授周谷城讲。周谷城说,"鼓起"的"起"字不好,要改成"足"。这篇题为《必须坚持多快好省的建设方针》的社论在 12 月 12 日发表,提出"鼓足干劲,多快好省地建设社会主义"。广大农村在 1957 年冬掀起了农田水利建设的高潮。

然后,就是刚才讲到的 1958 年 1 月的南宁会议,毛主席严厉批评 1956 年的"反冒进"。接下来,就是 1958 年 3 月的成都会议(3 月 8 日至 26 日,中央工作会议)。成都在长江上游,把全国的省、市委书记都召集到长江的上游成都来开会,主席是要让大家有一个强烈的形象的感受:我们在上游。这时就给总路线加上了四个字:力争上游。会议确定把"鼓足干劲,力争上游,多快好省"的口号作为党的建设社会主义总路线的基本内容。

接着是党的八大二次会议(5 月 5 日至 23 日),少奇同志代表中央委员会作工作报告。会议正式通过中共中央根据毛主席倡议提出的总路线:"鼓足干劲,力争上游,多快好省地建设社会主义。"不到两年时间就提出和形成了一条社会主义建设的总路线,不能不说是我们全党在毛主席领导下总结经验(包括吸取苏联的经验教训)取得的一个成就。

九　担任《红旗》杂志副总编

　　《红旗》杂志 1958 年 6 月 1 日创刊。我 5 月从南宁回到北京，就调到那里工作，担任副总编辑。到 1964 年下乡搞"四清"，实际做了六年编辑工作。1966 年"文革"开始，在那里挨批斗，以后到《红旗》的五七干校，直到 1975 年复出，都在《红旗》。在下去搞"四清"之前，实际上也不完全在杂志编辑部做事，参加了中央的一些活动，如：陪毛主席读书（1959 年 12 月至 1960 年 2 月），参加毛主席组织的农村调查和人民公社六十条的起草（1961 年），参加工业七十条的起草（1961 年 7、8 月），参加编辑《刘少奇选集》（1961 年至 1962 年），参加七千人大会和西楼会议（1962 年），为陈云同志起草重要文章，等等。这些都是在《红旗》期间做的工作。时间跨度很大，做的事情不少，性质也不一样，所以，我想这一部分专讲在《红旗》做编辑工作六年的概况，其他事情分别单独去讲，这样脉络可能清楚一些。

（一）《红旗》的创办和调我去《红旗》的经过

　　要办《红旗》这样的一个党刊，是毛主席多年的愿望。1955 年，党中央成立中央政治研究室，就是为创办中央的理论刊物做准备的。主任是陈伯达，副主任是胡绳和田家英。中央政治研究室聚集了当时北京一些搞理论研究的人，如黎澍、关锋，还有一些年轻的大学生，后来比较突出的是王忍之，还有丁伟志。1958 年 1 月 16 日，毛主席在南宁会议上讲话，把"办刊物"再次提了出来；在 21 日的结论中，又明确讲了"考虑出刊物的问题"。

南宁会议后，中央在成都会议期间，创办中央理论刊物的事已着手筹划落实，接着于 5 月 25 日党的八届五中全会上正式作出创办《红旗》的决定。决定 6 月 1 日创刊，出创刊号。按陈伯达本人的意愿，不想办刊物。但毛主席下了决心，不办不行。1958 年 5 月，八大二次会议期间，决定我到《红旗》工作。

《红旗》杂志有一个大的编委会，包括各大区的书记，还有中央一些重要部门的头。邓小平于 1958 年 5 月 24 日主持召开第一次编委会，会上决定陈伯达、胡绳、田家英、李友九、邓力群为常任编辑。陈伯达为总编辑，实际主持这个刊物。

田家英不愿意到《红旗》去。那时毛主席正在抓那个"八司马事件"①。这是中南海内部一件很大的事。听说，毛主席同田家英讲过，八司马这件事，最好要邓力群来管，他超脱一点。我呢，不想管"八司马事件"，田家英不想管《红旗》的经常工作。这样，我们两人有一个君子协定，他管"八司马事件"，我就去《红旗》。

说心里话，陈伯达动员我到《红旗》去，我当时也不想去。《红旗》一个月两期，非常紧张。我没有办过刊物，怕应付不了，不想缠到那里面去。曾给杨尚昆同志说过，他说已经做了决定，不好不去。

---

① 八司马事件：中央办公厅秘书室有八位骨干，在 1957 年整风运动中，他们同田家英一起受到攻击，被打成"反党小集团"。毛泽东批评攻击他们的人是举起黑旗，反对左派，还用唐朝历史故事作比拟，称八个人是"八司马"。此事遂被称为"八司马事件"，亦称"黑旗事件"。

　　因大编委会成员多而分散,召集开会非常困难,对日常编务工作更无从关照,到1959年5月,陈伯达为了工作方便,写信给毛主席,提议胡绳、邓力群为副总编辑。6月中办通知:中央决定胡、邓担任《红旗》杂志副总编辑。9月,《红旗》请示中办主任杨尚昆转中央书记处,提议任命关锋、陈茂仪、吴江、吴介民、张先畴为编委。10月,中央批准此任命。这样,《红旗》内部就有了一个小编委会,领导《红旗》的管理和出版事宜。到1961年,又从新调来的干部中提议徐荇、杜敬、海波为编委,也经中央批准。

（二）我到《红旗》时的状态

　　我被调到《红旗》之前,从1952年到1958年在中办工作了六年。这六年里帮助做的事情都属于技术性的工作,很难说起什么作用。帮助中央领导同志做一点文字整理工作,只能说是开始介入和切入中央的工作吧。如果说中央需要助手,我们这几个人也只是大助手的小助手。大助手是陈伯达、胡乔木。小助手帮助大助手也还是做些技术性的工作,跑跑颠颠,抄抄写写,有时提供一些材料或者写那么几段,供他们参考。

　　应该说,这几年对我自己来说是一个重要的转折。作为中央机关的工作人员,接近了中央领导层,直接听到毛主席、少奇同志和党中央的指示,知道或与闻中央对于一些重大问题的决策。对于一个党员干部来说,这是非常重要的,也是非常难得的。经过这六年,我的眼界比较宽广了,知识和能力有提高,党性修养也大大增强了。

　　这几年,国际、国内处在一个重大的历史转折时期。全世界的共产主义运动,经历了社会主义阵营从形成到瓦解的过程。中国革命胜利以后,确实形成了一个社会主义阵营。斯大林对此评价很高。他曾经和少奇同志及中国代表团讲,革命的中心向东方转移,后来居上,中国党超过老大哥,符合普遍规律。斯大林向中国党做自我批评,说:过去妨碍过中国革命,为此感到内疚。寄希望于中共,对国际共产主义运动起更好的作用。

为此,斯大林提议:"欧洲有个情报局,希望在远东或亚洲也成立个情报局,由中共负责。"毛主席不赞成。后来搞了个亚澳工会。抗美援朝打消了苏联包括斯大林的错误观念,即怀疑中共的胜利是铁托式的胜利。中国革命刚刚胜利,就敢于同世界第一号帝国主义较量,而且至少打了个平手。这是很好的形势。但是没有想到斯大林去世以后,形势发生了变化。斯大林原来也担心他的接班人怕美国,顶不住美国的压力。斯大林去世以后,上来个赫鲁晓夫,开了个二十大,引发出波匈事件。我们发表《论无产阶级专政的历史经验》《再论无产阶级专政的历史经验》,加上莫斯科会议,总算把反苏反共的浪潮压住了,守住了阵脚。社会主义阵营总算稳定了下来。可是,没想到赫鲁晓夫后来搞全民党和全民国家,搞三和两全,美苏主宰世界。他要我们同莫斯科对表,压我们跟他们走。开布加勒斯特会议,对我们搞突然袭击。我们抵抗,他就来一个撕毁合同,撤退专家,并一再孤立我们。美国在新中国成立以后就从经济上封锁我们。1960年以后,赫鲁晓夫和一些社会主义国家又封锁中国。赫鲁晓夫下台后,勃列日涅夫上台,还是搞那一套,搞没有赫鲁晓夫的赫鲁晓夫主义,在中国边境陈兵百万。美国又进兵越南。美苏还联合起来帮助尼赫鲁反华,在中国周围形成一个战略包围的态势。在这种国际形势底下,中国共产党没有被压垮。在国内,我们完成了三大改造。在四面包围和封锁之下,我们实行独立自主、自力更生,度过了难关。这不仅是我们一个国家、一个党的事,是关系到世界命运的大事。这些事,我经历了,更确切地说,是听说了,看到了。

在中办的这六年,总而言之,是知道了、经历了很多大事。对于我自己的思想来讲作用很大。为到《红旗》工作,为后来做些事情,做了必要的准备。至于说对党做了什么工作,作出什么贡献,还说不上,做的事还很少。

这几年另一个收获是交了一些朋友。有些是老朋友,在延安时就认识的,如:田家英、彭达彰、周太和、詹武、马洪、许立群。有些是在后来工作中新结识的,如:王力、熊复、姚溱、胡绳、乔冠华、何均。当时我和这些人都是小助手,经常来往。我在办公厅当过财经组长,写过一些政策宣传性的文章,分别在《时事手册》《学习》《计划经济》《中国青年报》上发表。得了稿费,就下馆子互相请客。当时稿费不高,一千字也就十元钱吧,六七千字的稿子,六七十元钱。朋友们就你请我我请你,新开路的"康乐",沙滩的小馆子,经常光顾。稿费多一点时,就轮流请吃谭家菜。那时谭家菜最好的是120元钱一桌,二等的100元,三等的80元,那是北京最好的饭菜了。

（三）　在《红旗》杂志的工作

1.《红旗》初创时的概况

（1）　编发稿件与组稿的情况

《红旗》创办时,从党校和政治研究室各调来五个人。主持经常工作的就是我和胡绳。过了一阵,陈伯达同陆定一商量好,《学习》杂志停办,其编辑人员统统合并到《红旗》来。其中有:陈茂仪、张先畴等人。包括出版发行的工作人员有二十多人。这样两边合起来有三十来人。开头相当正规,每期刊物的篇目都报送政治局常委,特别是报送毛主席。他们看没看,不知道,反正也没有退回来。

第一、二期,主要是靠八大二次会上的发言。如张闻天的,薄一波的,周扬的,还有些地区负责人的发言。初期影响很大的一个东西,是李友九搞来的一个调查材料,就是河南省遂平县嵖岈山人民公社的条例,提倡半工资半供给,受到毛主席的重视。大约在八九月间,主席收到张春桥破除资产阶级法权的文章,很重视,亲自以自己的名义写了一个按语,推崇,并提出要进行广泛的讨论。陈伯达对主席说:以你的名义写按语,实际上等于敲定了,谁也不好再说什么意见了,还是改成《人民日报》编辑部的按语,以引起讨论。这点,应该说陈伯达做了好事。陈伯达大概是得到了主席的同意,让张春桥来北京参加讨论,并根据讨论为《红旗》写关于资产阶级法权的文章。

后来,可能是遂平那个人民公社的条例引起了主席的注意,他要陈伯达和张春桥到下面去做调查。开头,主席也相信那些高产的胡吹,大家都发愁,产量这么高,怎么办啊?毛主席说,可以实行轮作制。当时我们接到山西来的一篇文章,是搞浮夸的,说这个县实现高产了,发愁产量这么高怎么办。正不知如何处理,听说毛主席有这话,找到了出路。我把这篇文章修改后发表了。这是我在《红旗》发的为当时的高产浮夸添油加醋的一篇文章。

当时我们在《红旗》组稿、编稿,就是学习中央搞文件的办法。选题定了,有了稿子后,几个人分一篇。我和胡绳各抓几篇,同编辑人员一起读、一起讨论、修改。每篇稿子都认真对待,搞到七稿、八稿。这种办法对那些青年人学习中央搞文件的做法,起了很好的作用。

(2)《红旗》的三个评论组

当时,《红旗》杂志有三个评论组。一个是胡绳负责的思想评论组,笔名"施东向";一个是姚溱负责的,加上王力和乔冠华,搞国际评论,笔名是"于兆力",用乔冠华的笔名于怀的姓,兆字是姚溱的姚去掉女字旁,力是王力的力;还有一个经济评论组,是我、马洪和梅行,用虚心学的谐音"许辛学"做笔名。这三个评论组一直坚持下来,每期都争取有一篇评论。读者对这三个评论组还比较满意。那时,最吃得开的还是国际评论,他们把毛主席、周总理关于外交、国际共运的重大问题的看法,通过评论文章传达给读者,文字比较活泼,这主要应归功于王力。

我和马洪、梅行合作撰写,用许辛学的笔名发表的评论有十来篇,收到我的文集《〈红旗〉岁月》第三编中。这些文章是:

必须优质高产(1959 年 6 月 1 日)

一切经过试验(1959 年 6 月 1 日)

指标要切合实际(1959 年 6 月 16 日)

学会更好地计算经济效果(1959 年 7 月 1 日)

工业生产中的节约(1959 年 7 月 16 日)

更大规模地开展技术革新运动(1959 年 11 月 16 日)

保持工业生产在高速度发展中均衡地上升(1959 年 12 月 16 日)

全面安排,综合平衡(1960 年 12 月 1 日)

进一步加强企业的经济核算(1961 年 9 月 16 日)

进一步健全工业企业的责任制(1961 年 10 月 16 日)

把工业支持农业的工作提到更高的水平(1963 年 1 月 23 日)

好中求多,好中求快,好中求省(1964 年 8 月 31 日)

(3)　发行情况和经济收入

《红旗》创办时,因为当时全党办刊物,声势很大。出刊之后,也给人一种与一般的理论刊物不太一样的印象。发表的文章与实际联系得比较密切,大体上都是讲大家关心的事。记得第一期发行数达到 1700 万份。这当然不可能长期持续,后来逐步往下降,至 200 多万份稳定下来。本来《红旗》属于国营企事业单位,当时财政部给予优待,没搞利润上交,只交 5.5% 的税。交了税后,收入都是杂志的。在一千多万份时,赚的钱很多。陈伯达为了表示对党中央尊重,说我们除了留一点福利费外,其他的收入都交给中办特别会计室。在一段时期里,这成为特会室的一大财源。

2. 陈伯达否定商品生产受到毛主席批评

陈伯达和张春桥到山东做调查后,他就提出不要商品生产,只搞调拨,①要废除货币,还有范县两年进入共产主义、全县一个人民公社的典

---

①　对此,陈伯达在他的遗稿中说,他向毛主席汇报调查情况时谈到,当地一个会计说他们用沙子到武汉交换机器。毛主席说,你主张产品交换。陈伯达说,其实我没有主张什么。

型。那时大家头脑发热,陈伯达热得厉害。

在1958年11月第一次郑州会议上,陈伯达的那一套受到毛主席严厉批评。主席在读斯大林《苏联社会主义经济问题》的谈话中说:"现在我们有些人大有消灭商品生产之势,一提商品生产就发愁,觉得这是资本主义的东西。他们向往共产主义,倾向不要商业了,至少有几十万人想不要商业了。我们有些号称马克思主义的经济学家表现得更'左',主张现在就消灭商品生产,实行产品调拨。这种观点是错误的,是违反客观规律的。他们没有区分社会主义商品生产和资本主义商品生产的本质差别,不懂得在社会主义制度下利用商品生产的重要性,不懂得社会主义的现阶段,价值、价格和货币在商品生产和商品流通中的积极作用。这些表明,他们根本不认识无产阶级对五亿农民应该采取什么态度。"主席说:"现在我们有些同志怕商品,无非是怕资本主义。怕商品干什么? 不要怕。因为我们有共产党的领导,有马克思列宁主义路线,有工人阶级领导的无产阶级专政的政权,有各级党组织,有成千成万的党员,有广大的贫下中农作为我们的依靠,我们可以发展商品生产为社会主义建设服务。"还说,"中国是一个商品生产很不发达的国家,比印度、巴西还落后","很需要有一个发展商品生产的阶段"。毛主席在11月9日给中央、省市自治区、地、县四级党委委员的信中,建议读两本书,一本是斯大林的《苏联社会主义经济问题》,一本是《马恩列斯论共产主义》,指出:"要联系中国社会主义经济革命和经济建设去读这两本书,使自己获得一个清醒的头脑,以利指导我们伟大的经济工作。"他批评陈伯达说:"现在很多人有一大堆混乱思想,读这两本书就有可能给以澄清。有些号称马克思主义经济学家的同志,在最近几个月内,就是如此。他们在读马克思主义政治经济学的时候是马克思主义者,一临到目前经济实践中某些具体问题,他们的马克思主义就打了折扣了。"

本来,陈伯达办《红旗》还是认真负责的,每期稿子都看。郑州会议出了事,挨了毛主席的批评,就没有精神了。他趁此机会出去搞调查,不再管《红旗》了。他让乔木来替他管《红旗》，直到庐山会议。

陈伯达走时向我们交了个底，说：毛主席说，刊物办起来了，一年有一篇好文章就行了。当然，这种好文章要毛主席认可才行。实际上，我们想每期应有一篇在当时来讲的好文章，有两篇就更好。

3. 小平同志重视《红旗》，编辑人员进一步充实

小平同志对《红旗》很重视。1960 年前后，他说：《红旗》光靠现在的编辑人员，人手不够。要从全国各地选人。你们去选，提出名单来，由中央调。这样就调来一批人，有：吴江、吴介民、苏星、姚锡华、张云声，还有蒋振云、卢之超等同志。有林也是那时从黑龙江调来的。这批增加了十几二十人。

对于这个班子的写作水平、理论根底、文字能力，小平同志是知道的，因为这些人都是参加中央文件起草的。他后来出了一个主意，说军队里

20 世纪 60 年代前期，邓力群（左一）、罗立韵（左二）与吴介民（右二）等合影

的笔杆子不行，为学会写文章，各总部和各军兵种派一点准备培养的人到《红旗》实习。也不用讲课，就是同《红旗》的编辑一起写文章、改文章，一起讨论。前后来过两批，每批七八人。

编辑部人员增多以后，就采取两班制，一班编辑，另一班学习。胡绳和我各领一班。这个办法很好。因为人多了，都挤在编辑部，也用不上。分成两班后，不当班搞编辑的人可以出去做点调查，可以读点书，研究些问题。大体上是三个月一班，轮换。

后来，兼任秘书长的李友九离开《红旗》，不久，调来天津市委秘书长郑季翘接任。这个人那时写过一篇思想解放的文章，写得比较好。但他不愿意做编辑工作。原天津市委书记吴德到吉林当了省委书记，郑季翘就调到吉林去了。此后，秘书长的工作就由我兼，一直到下乡搞"四清"，约有四年多。

4. 整理陈云同志的《当前基本建设中的几个重要问题》，起草关于化肥工业的决定

乔木同志管《红旗》也就一年多，在此期间一件重要的事是发表陈云同志的《当前基本建设中的几个重要问题》。

大约在1959年2、3月，那时陈云同志已不管全面的经济工作，只让他管基本建设。当时全国上下一股风，都要大干快上，大家头脑发热啊。陈云同志很冷静，顶住了那股风。他在他管的基建这个范围里提出一系列与当时潮流不同的看法，可以说是反潮流的。一个是质量问题，必须重视基本建设的质量，不能只看数量没有质量。一个是规模问题，一定要量力而行，在力所能及的范围里搞。建立独立完整的工业体系的工作只能有步骤地进行，首先把全国的工业体系建立起来，在此基础上，才能有条件地一个大区一个大区建立各有自己特点的工业体系。至于省，陈云说，起码现在不能每个省都建立一个独立的工业体系。道理很简单，你那里没有煤，却一定要发展煤炭工业，用什么办法都搞不成。只能按当地的资源和条件,能搞什么工业,就搞什么工业。还有一点,当时不是搞大规模的群众运动吗,陈云提出,群众运动一定要有领导,大搞群众运动一定要和集中领导相结合。

我和周太和根据陈云的几次讲话整理了一个他关于基本建设问题的文章。这时,乔木同志代替陈伯达当总编辑,主持《红旗》工作。我们把稿子交给他。乔木很重视,认为谈的这些问题很重要,就在1959年3月《红旗》第5期上发表了。这和毛主席写给生产队的信大体同时。

在此期间,我还帮助陈云同志搞了一个关于化肥工业的决定。陈云这个人的特点就是不人云亦云。当时贯彻总路线,提出大中小结合的方针。很多地方不顾自己的条件,也不做调查,不搞核算,不论搞什么都要大中小结合。对化肥工业问题,陈云同志经过调查研究,认为小化肥浪费太大,大化肥成本低,效率高,小化肥无法与之相比。他为此算了几笔账。说明化肥工业就是要搞大的,不能搞小的。陈云这个人善于独立思考,就是与众不同。

5. 开展关于真理标准问题的讨论

大体说来,1961年到1964年,以《红旗》为主要阵地,开展了实践是检验真理的标准问题的讨论,着重从自然科学的角度来讨论真理标准。其背景为了配合批判修正主义。这件事主要是范若愚(副总编)组织的。他是搞哲学的,在1961年第13期上发表了他写的《理论与实践相结合是马克思列宁主义的根本要求》。接着,编发了《自然科学与世界观》(龚育之)、《真理的全面性》(关锋)、《论真理发展过程》(申集)、《真理是具体的》(张世英)等文。1962年第2期发表的《论自然科学研究中有关实践标准的若干问题》(何祚庥),谈到实践标准的绝对性和相对性问题,引起学术界对这个问题的讨论。此后两年间,《学术研究》《新建设》等报刊都发表文章,就实践标准的绝对性与相对性、绝对真理与相对真理等问题展开了讨论。在此过程中,给人留下较深印象的文章有龚育之的《认识发展中的肯定否定问题——谈太阳系学说的一段历史》(《红旗》1962年第5期),从太阳系学说的发展历史说明必须继承、扬弃而不能全盘否定,有力地批判了赫鲁晓夫"丢刀子"的背叛行径。《红旗》1964年第10期发表《关于实践标准问题讨论的情况》(综述)和《实践是检验真理的唯一客观标准》(杜雷、吴俊光)、《再谈自然科学研究中的实践标准问题》(何祚庥),第11期、12期又接连发表了讨论实践标准的文章。应该说,这次真理标准问题的讨论,是贯彻了双百方针的。从学术讨论来说,相当深入;从政治影响来说,也是好的。

6.《红旗》编发了好文章,培养了人才

庐山会议以后,陈伯达又回来管《红旗》。他除了抓一下重点文章,整个版面和一般文章都不管。不过,他对《红旗》的意见还顶大,经常对《红旗》提出各种批评。问他看过这些文章没有,他又说没看过。他甚至常常讲,你们打着中央主办的牌子搞这样那样的文章,我要向中央提议,把"中共中央主办"这个牌子去掉。可是他又没有这样做,事实上也办不到。他是兴趣来了,就到《红旗》来一下,没兴趣就不来。不过,话说回来,陈伯达还是抓了几篇重要文章的。其中最得意的文章,就是《论陶里亚蒂同志和我们的分歧》。还有就是帮助刘少奇同志写了几篇文章。所以,就主席提出的一年有一篇好文章这个标准来衡量,《红旗》办了五六年,还是可以交得了差的。特别是后来发了九评苏共中央公开信,光这就有九篇嘛!

到了1964年,毛主席提出培养革命事业接班人。我们响应,要调一些青年人到《红旗》来,作为培养对象。小平同志支持我们的想法,给了我们一个权力,可以到各个大学里去挑学生。在统一分配之前,由我们先挑,把最优秀的学生挑来。当时政策研究室和中宣部也跟着沾光。滕文生、卫建林、谢宏、王梦奎等,都是这时调来的。

到1964、1965年,毛主席提出,经常工作他不管了,抓抓理论问题。

这时,《红旗》出了个《未定稿》,增加许立群为副主编,来管这个《未定稿》,并带这批新来的年轻人。

现在五十多岁,在理论战线上写文章,起作用,为中央写文件,不少是这批人。彭真说过一句公道话:《红旗》培养了一批干部。这倒是事实。有人算过,不那么周全,到现在为止,在《红旗》待过,后来出去,到目前,副部级以上的干部有十五六个吧。1975 年成立国务院政治研究室,以后成立书记处研究室,又重新把其中一些人集中起来,搞了几年。到 1987 年,赵紫阳把书记处研究室解散了。这些干部分到了中央机关的 22 个单位。赵紫阳这一手,却对这些人的提升起了很好的作用。原来挤在一个单位,那时我就发愁,曾设想搞双轨制,提倡可以当"长",也可以当"员"。但实际上解决不了问题。解散之后,这些人分到各个单位,同那里的同级干部一比,高出一等。解散提供了机遇,这是没有想到的。这些人讲到自己的成长,都讲《红旗》这一段。

我和胡绳就是起了这么一个作用,用搞文件的方法,通过写稿、改稿,而不是用嘴巴说道理,来培养这批年轻人。用了几年工夫,一个字、一个字地斟酌,把这套方法传授给了他们。

还有一条也很重要,经我向尚昆同志请求,由他向中央提出,希望让我和胡绳两个轮流列席书记处、政治局和中央召开的各种会议。有了这个条件,就使编辑部的工作能和中央的决策紧密联系。原来,陈伯达这个人从来不传达中央的指示。我们列席中央的会议以后,中央讨论和决定什么问题,就及时传达,加以讨论,组织稿件,进行加工修改。当时宣传部都没有这个条件,只有《人民日报》的总编辑能列席上述会议。这是那时一报一刊享受的"特权"吧。

7. 编辑部建设的十条经验

在我下去搞"四清"之前,在《红旗》的六年里,经过实际工作和编辑工作的锻炼,经过讨论、研究,1964 年搞了一个"增强党性和思想建设"的总结。概括了十条,也可算是经验总结吧。一个单位如果真能把这套东西付诸实施,对干部、对集体、对工作,肯定都会起好的作用。这里只说一下这十条的题目:

(1)关心国际国内的阶级斗争;

(2)参加实际锻炼;

(3)做好编辑(业务)工作;

(4)学会做调查研究;

(5)要重视积累材料;

(6)要认真读书,读马恩列斯毛的书;

(7)要学会写文章;

(8)要善于思索;

(9)要加强思想意识锻炼;

(10)加强思想政治工作,党委要做、机关要做、大家也要做人的工作。

那时,在《红旗》确实形成一种风气。虽然是八小时工作制,但无论是当班的还是不当班的,实际上都是上午下午上班,晚上也在办公室读书、看稿。《红旗》的大楼,晚上灯火通明。所以能培养出一批人来,确实有一套办法。

到1964年10月,我就到通县搞"四清"了。在这之前,把范若愚调来,增加了一个副总编。我走之后,就由范若愚管事,时间不长,只一年多,"文化大革命"就开始了。

十　陪毛主席读书

（一）毛主席在郑州会议、庐山会议上提倡读书

1958 年 11 月 9 日至 10 日，毛主席在第一次郑州会议上，与到会同志一起读斯大林的《苏联社会主义经济问题》，边读边议，发表了很多重要意见。他说："斯大林写的《苏联社会主义经济问题》，要好好读，要多读几遍。过去看这本书，不感兴趣，现在不同了。为了我们的事业，结合当前的实际问题，学习经济理论著作，比脱离实际专门读书，要好得多，容易懂。目前研究政治经济学问题，有很大的理论意义和现实意义。省委常委、地委常委以上干部都要研究，花几个月时间，好好组织一下这个学习。"11 月 9 日，毛主席给中央、省市自治区、地、县四级党委委员写信。他说，写这封信，"不为别的，单为一件事：向同志们建议读两本书。一本，斯大林著《苏联社会主义经济问题》；一本，《马恩列斯论共产主义社会》。每人每本用心读三遍，随读随想，加以分析，哪些是正确的（我以为这是主要的）；哪些说得不正确，或者不大正确，或者模糊影响，作者对于所要说的问题，在某些点上，自己并不甚清楚。读时，三五个人为一组，逐章逐节加以讨论，有两至三个月，也就可能读通了。要联系中国社会主义

经济革命和经济建设去读这两本书,使自己获得一个清醒的头脑,以利指导我们伟大的经济工作。现在很多人有一大堆混乱思想,读这两本书就有可能给以澄清。"

1959 年 8 月 15 日庐山会议期间,毛主席印发了《哲学小辞典》中的一部分:《经验主义,还是马克思列宁主义》,并就此致参加庐山会议各位同志一封信。信中说:"建议读两本书。一本,《哲学小辞典》(第三版)。一本,《政治经济学教科书》(第三版)。两本都在半年读完。""为了从理论上批判经验主义,我们必须读哲学。"印发这一部分,"以期引起大家读哲学的兴趣"。还说:"我们现在必须作战。从三方面打败反党的反马克思主义的思潮:思想方面、政治方面、经济方面。思想方面,即理论方面。建议从哲学、经济学两门入手。连类而及其他部门。"主席信中建议读的这两本书,《哲学小辞典》(第三版)是苏联哲学家编写的,《政治经济学教科书》(第三版)是苏联科学院经济研究所编写的。

(二) 在杭州,陪毛主席读《政治经济学教科书》

1959 年夏天的庐山会议以后,毛主席觉得国内、党内的问题解决了,有条件读书了。1959 年 10 月 31 日,主席到杭州。住在里西湖金沙港南端的刘庄招待所(现名杭州西湖国宾馆)。12 月上旬,他指定陈伯达、胡绳、田家英和我同他一起读苏联《政治经济学教科书》(第三版)社会主义部分。接到通知,我们几个就一起到了杭州。

刘庄三面傍湖,北面倚山。这山名叫丁家山,也叫康山。因戊戌变法的领袖康有为晚年曾在这里隐居而闻名。丁家山是一个四十多米高的小山。山上有三间宽敞的平房,砖木结构,四壁摆放书橱,古朴典雅,名为"蕉古山房",也叫"康庄"。这里树木葱茏,幽静,清爽。山石上镌刻着康有为庚申(1920 年)三月的题词"蕉石鸣琴",点出了这里的雅趣。主席喜欢,读书就在这所平房里头。

1959年12月10日至1960年2月9日,在杭州陪同毛泽东读苏联科学院经济研究所编写的《政治经济学教科书》(第三版)下册。图为(*右起*)毛泽东与邓力群、胡绳、陈伯达、田家英一起读书

　　苏联科学院经济研究所编写的《政治经济学教科书》(第三版)分上下两册。上册共十九章,主要讲资本主义部分。下册自第二十章起,至第三十六章,共十七章,连同"结束语",讲社会主义部分。这次读的是下册。

　　毛主席对这次读书活动亲自安排,规定每天下午一起读书,吩咐胡绳、田家英和我轮流诵读,边读边议。我们三个人商量了一下,作了分工:他俩轮流念,我专门记。12月10日读书开始,边读边议,主席随时发些议论,大家有时也插上几句。起初主席没有注意,后来发现我不读,专门在那儿记,就问:你怎么不读? 我说:我的口音重,不标准。毛主席看看我,知道我在做记录,没有再说什么。

　　在杭州前后二十五天,除去三个星期天和1960年元旦,实际读书二十一天。时间抓得比较紧。每天下午读,一般从四点左右开始,一直到九点左右吃晚饭为止。也有从三点、五点、六点开始读,到七点、七点半、十点结束的。

记得 12 月 19 日是个星期六,晚上九点读书结束,宣布星期日放假一天。胡绳、田家英和我就利用假期到苏州去逛一逛。当晚出发,夜半到达。星期天白天在苏州活动了一天。为了不耽误读书,星期天又坐夜车,星期一早晨就回到杭州了。

12 月 26 日,是毛主席六十六岁生日,读书也没有中断。只是主席要我们读书小组的几个同志同他一起吃晚饭。客人只请了当时在浙江工作的江华及其夫人吴仲廉。江华是毛主席在井冈山时期的老战友和老部下。饭后,主席赠给每人一册线装本《毛泽东诗词集》和他当时写的两首词,作为纪念。

上丁家山那所平房只能步行。12 月 30 日下雨,主席依然挂着手杖登上丁家山读书。这天从下午六点读到晚上十点,读了二十页,是读得最多的一天。

1960 年 1 月 3 日,是星期天,照常读书。

在杭州这段时间,读完了第三十二章,第三十三章开了头。我每天下午做记录,当天晚上和第二天上午就整理一遍。梅行同志帮助我一起整理。离开杭州前,将已读部分的谈话记录整理成册,加上了一个标题:《读〈政治经济学教科书〉(社会主义部分)笔记》。经胡绳、田家英看过,做了个别文字改动。

1 月 4 日,我们随主席离开杭州,去上海准备参加 1 月 7 日至 17 日在那里举行的政治局扩大会议。5 日下午,在停靠上海站的火车上,把第三十三章读完。我即把整理好的记录交给中央办公厅,请他们打印,分送政治局常委。

（三）上海会议期间的传达和胡乔木的反应

在上海会议期间,大家知道主席领着几个人在读书,也听说主席发表了很多议论,都想知道主席发表了些什么议论。各个组纷纷要求传达。我所在的那个组有朱总司令、小平同志。胡绳同志那个组、田家英同志那个组也都要求传达。我问:主席没说让我们传达,可以传达吗?小平同志说:可以,可以。于是我就按整理的记录一段一段地详细传达,用了两三个半天。胡绳、田家英和陈伯达在他们所在的小组里也传达了。主席也知道。

胡乔木同志在上海听我传达毛主席的谈话后,觉得主席对《政治经济学教科书》否定太多,肯定太少。问我,记录整理是不是还有漏掉的?是不是还有没有整理进去的?我说有。毛主席读书很认真。一边听朗读,一边看书本,还不时在一些提法下面划横道,或者在旁边划竖道,打记号。当时我坐在主席身旁,也跟着他在我读的那本书上照样划。从头至尾都这样做。有的段落,毛主席划了以后接着就发表议论,或长或短。我把毛主席的这些议论记录在自己的笔记本上。有些段落,毛主席没有发表议论,只是说"对"、"好"、"正确"、"赞成"、"同意",或者"不对"、"不正确"、"不赞成"、"不同意",或者只是一两句话。这类肯定或否定的评语,我就记在自己读的那本教科书上。也有的段落,毛主席划了道道,既没有议论,也没有说对还是不对。这些没有整理到谈话记录中去,没有传达。

乔木同志把我的那本书拿去翻了一遍,对我说,他自己听传达后的印象不准确,你传达的也不全面。他说:你那本书上有跟着主席划了道道的地方,有主席简要的旁批。这些内容记录里面没有整理进去。整理的谈话内容,批评教科书的居多,肯定的偏少;而旁批肯定教科书的是多数,批评的是少数。只有把这两部分合起来,才能够全面地、完整地反映主席读书的见解。

(四) 在广州读完全书

上海会议后,主席又带我们到广州,在白云山把余下的部分,第三十四章至第三十六章,还有结束语,全部读完。这时已是 1960 年 2 月 9 日。

陶铸同志、胡乔木同志参加了广州的这段读书活动。

在读书的整个过程中,毛主席的心情好像很平静。给我的印象是,庐山会议的问题解决了,中国就没有什么问题了,可以放心了。其实,庐山会议决议往下传达后,下面出现的一些问题,谁也不往上报。给主席造成一种错觉,好像是天下太平了。

(五) 毛主席读《政治经济学教科书》涉及的问题

毛主席读《政治经济学教科书》(第三版)下册的谈话和批注,涉及两个大问题:一个是苏联四十二年的历史和现实,一个是新中国十年的历史和现实。他提出了许多重要的问题,发表了一系列真知灼见。当然,受当时国内经验和个人认识的局限,有些观点也未必妥当。但无疑的,毛主席读《政治经济学教科书》(第三版)下册的谈话和批注,是毛泽东思想的组成部分,是一份宝贵的精神遗产。要接受这份遗产,需要认真阅读、研究,还要实践、总结。在这里,我不想来详细介绍它的内容,只想举几段谈话做例子,看出主席思想的深邃和见解的精辟。

例如,毛主席结合苏联和中国的经验讲生产资料优先增长的规律。他说:"生产资料优先增长的规律,是一切社会扩大再生产的共同规律。斯大林把这个规律具体化为优先发展重工业。斯大林的缺点是过分强调了重工业的优先增长,结果在计划中把农业忽略了。我们把这个规律具体化为:在优先发展重工业的条件下,工农业同时并举。我们实行的几个同时并举,以工农业同时并举为最重要。"

毛主席在社会主义国家间的关系问题上批评教科书的观点。他说:"教科书说,世界社会主义体系'没有一个参与国强迫对方接受他所不要的商品','不会有任何歧视和不等价交换'。不是那么一回事。事实上有卖肉带骨头的贸易,这是一种政治性的交易。"他又说:"在国与国的关系上,我们主张,各国尽量多搞,以自力更生、不依赖外援为原则。自己尽可能独立地搞,凡是自己能办的,必须尽量地多搞。只有自己实在不能办的才不办。特别是农业,更应当搞好。吃饭靠外国,危险得很,打起仗来更加危险。他们和我们相反,不提倡各国尽量搞,而提倡'可以不必生产能靠其他国家供应来满足需要的产品'。似乎想用经济力量来控制别的国家。"

再如,毛主席论述社会主义民主和人民的权利问题,指出:"我们不能够把人民的权利问题,了解为国家只由一部分人管理,人民在这些人的管理下享受劳动、教育、社会保险等等权利。"他说:"劳动者管理国家、管理军队、管理各种企业、管理文化教育的权利,实际上这是社会主义制度下劳动者最大的权利,最根本的权利。没有这种权利,劳动者的工作权、休息权、受教育权等等权利,就没有保证。""社会主义民主的问题,首先就是劳动者有没有权利来克服各种敌对势力和它们的影响的问题。像报纸刊物、广播、电影这类东西,掌握在谁手里,由谁来发议论,都是属于权利的问题。人民内部有各个派别,有党派性。一切国家机关、一切部队、一切企业、一切文化教育事业掌握在哪一派手里,对于保证人民的权利问题,关系极大。掌握在马克思列宁主义者手里,绝大多数人民的权利就有保证了;掌握在右倾机会主义分子或者右派分子手里,它们就可能变质,人民的权利就不能保证。总之,人民必须自己管理上层建筑,不管理上层建筑是不行的。"

三如,主席从批评《政治经济学教科书》的缺点谈到科学著作的问题,非常精辟。他说:"教科书对问题不是从分析入手,总是从规律、原则、定义出发。这是马克思主义从来反对的方法。""这本书虽然有些地方也承认矛盾,但不过是附带地提起。说明问题不从分析矛盾出发,是这本书的一个特点,一个最大的缺点。当作一门科学,应当从分析矛盾出发,否则就不能成其为科学。""分工合作,集体写书,可以是一种方法。看起来,这本书是几个人分工写的,你写你的,我写我的,缺少统一,缺少集中。因此，同样的话反复多次讲，而且常常前后互相矛盾，自己跟自己打架，没有一个完整的科学的体系。要写一本科学的书，最好的方法，是以一个人为主，带几个助手。像马克思写《资本论》、列宁写《帝国主义论》那样，才是完整、严密、系统的科学著作。"他又指出："规律存在于历史发展的过程中。应当从历史发展过程的分析中来发现和证明规律。不从历史发展过程的分析下手，规律是说不清楚的。"他还批评说："教科书的写法，不是高屋建瓴，势如破竹，没有说服力，没有吸引力，读起来没有兴趣，一看就可以知道是一些只写文章、没有实际经验的书生写的。这本书说的是书生的话，不是革命家的话。他们做实际工作的人没有概括能力，不善于运用概念、逻辑这一套东西；而做理论工作的人又没有实际经验，不懂得经济实践。两种人，两方面——理论和实践没有结合起来。"他认为："政治经济学研究的主要对象是生产关系，但是，政治经济学和唯物史观难得分家。不涉及上层建筑方面的问题，经济基础即生产关系的问题不容易说得清楚。"他指出："没有哲学家头脑的作家，要写出好的政治经济学来是不可能的。马克思能够写出《资本论》，列宁能够写出《帝国主义论》，因为他们同是哲学家，有哲学家的头脑，有辩证法这个武器。"

在读书过程中，主席还不时对一些人物和著作进行评论，臧否褒贬，精彩纷呈。他说："屈原如果继续做官，他的文章就没有了。正是因为开除'官籍'、'下放劳动'，才有可能接近社会生活，才有可能产生像《离骚》这样好的文学作品。"他又说："三国时吴国的张昭，是一个经学家，在吴国是一个读书多、有学问的人，可是在曹操打到面前的时候，就动摇，就主和。周瑜读书比他少，吕蒙是老粗，这些人就主战。鲁肃是个读书人，当时也主战。可见，光是从读书不读书、有没有文化来判断问题，是不行的。"主席还谈到《红楼梦》，说："《红楼梦》里有这样的话：'陋室空堂，当年笏满床。衰草枯杨，曾为歌舞场。蛛丝儿结满雕梁，绿纱今又在蓬窗上。'这段话说明了在封建社会里，社会的兴衰变化，家族的瓦解和崩溃。"《红楼梦》中就可以看出家长制度是在不断分裂中。贾琏是贾赦的儿子,不听贾赦的话。王夫人把凤姐笼络过去,可是凤姐想各种办法来积攒自己的私房。荣国府的最高家长是贾母,可是贾赦、贾政各人有各人的打算。"

（六）对毛主席谈话的整理和传达、学习

在广州读书期间,周总理向毛主席报告,说读了主席关于教科书的谈话,认为很好。他想组织国务院各个部委的负责同志一起读书,一起学习毛主席谈话记录。主席表示同意。总理把送给他的那本谈话记录交给胡绳,要胡绳编一选本,印发给国务院各部委、全国各省、市、自治区。"文化大革命"期间到处翻印的就是这个本子。

春节以后,我们回到北京。我到公安部党组传达了毛主席在上海和广州读书的谈话内容。随后,我同梅行把主席在广州读书的谈话记录整理了一遍。至此,毛主席读政治经济学的谈话记录整理全了。

胡绳编的那个选本印发以后,中央各部门、国务院各部委都组织领导同志读书和学习毛主席的谈话记录。大约在 1960 年三四月间,陆定一同志组织宣传文教部门的负责同志读书,要我去传达。除了传达整理出来的内容外,我还补充了一些没有整理进那个本子里面的内容。与会同志有的做了详细笔记。

接着,在中央党校向全国各省、市、自治区参加政治经济学教科书编写组的全体同志又做了一次详细传达。由于毛主席在读书过程中说苏联科学院"这本教科书有严重缺点,有原则错误,这本书的架子也不太高明",对写出一本较为成熟的社会主义政治经济学有所期望,所以,国内也着手编写政治经济学教科书。在毛主席的带动下,读政治经济学在党内蔚然成风。在这方面,孙冶方同志主持、经济研究所集体编写的《社会主义经济论》是那一时期的代表性著作,张闻天同志写下的大量政治经

济学笔记在理论探索方面最有成绩。

（七）毛主席读《政治经济学教科书》谈话和
批注的重新整理和编辑

1974年10月,我从五七干校解放,回到北京,即着手做一项工作,就是按照1960年乔木同志在上海时的意见,对毛主席读《政治经济学教科书》的谈话和批注重新整理一遍。我在原记录整理稿的基础上,把书上划了杠的,批注一两个字的,谈话时表示肯定或否定的评语,统统加了上去,成为一个新的整理本。这个本子,把毛主席发表的议论,分别放在教科书有关的段落后面,用不同的字体排印,以示区别。毛主席表示肯定、否定意见的简短评语,也都按次序把原文排出来,把毛主席的话印在各该段原文的旁边,作为旁批。这个本子,对毛主席读《政治经济学教科书》,从头到尾,是全面、忠实的记录。我用了将近三个月的时间,才整理完毕。

刚刚整理完,当时在国家计委的房维中和王忍之来看我,把这个重新整理出来的本子拿回去,复印了几份。

不久,国家计委把我和胡绳、吴冷西、于光远找去。当时主持计委经常工作的是林乎加同志。他对我们说:国务院纪登奎副总理传来话说,周总理讲,毛主席的三项指示,其中有一项是"把国民经济搞上去",要计委把邓力群、胡绳等人找来,对毛主席读《政治经济学教科书》的谈话记录再认真看一遍,认真整理一遍。于是,我们四个人把国家计委复制的我重新整理过的记录稿,从头至尾,边看、边议、边整理,搞了一遍。其间,又依据我在宣传文教部门传达时的记录,增加了一些内容。我们紧张地工作了十来天,完成了任务。题目改为《读〈政治经济学教科书〉(社会主义部分)的谈话记录》,印成十六开的四大本,共四十套,送了上去。

1977年春,根据上述本子编了一本《读苏联〈政治经济学教科书〉下册谈话记录论点索引》,又把毛主席在郑州会议上《读斯大林〈苏联社会主义经济问题〉谈话记录》整理了一份稿子。七八月间,我把这两份稿子送给当时在中央党校主持常务工作的胡耀邦同志。他批准印发全校师生员工参阅,印发的份数不少。印发时《读苏联〈政治经济学教科书〉下册谈话记录论点索引》改为《读苏联〈政治经济学教科书〉下册谈话记录论点汇编》。

1986 年 8 月,我把划有道道、记有旁批的教科书,原始的笔记本,谈话记录全部整理稿,都送交中央文献研究室。他们都复印了。那书和笔记本留下存档,复印件退我一份。谈话记录整理稿退还给我,他们留下了复印件。

1991 年秋到 1992 年,我抽时间陆续把上送的本子按照论点索引的顺序,分别把旁批、谈话记录按问题分类整理了一个本子。这个本子的好处是,把先后几次讲的有关同一个问题的内容集中在一起,可以看出毛主席在这一个问题上先后发表过一些什么意见。不过,谈话是针对原著有感而发的,只有追踪整个读书过程,联系触动主席发生感想、发表议论的原著内容,才能完整把握他谈话的要旨。按照问题归类,观点虽然是毛主席的,但这些观点得以发生的过程不见了。当然,这个本子对研究谈话记录的人还是有参考价值的,至少可作索引。

1991 年年底到 1992 年年初,《党的文献》编辑部从《读苏联〈政治经济学教科书〉下册谈话记录论点汇编》中选取了绝大部分内容,经我过目,以《读苏联〈政治经济学教科书〉下册谈话记录论点汇编选载》为题,分三期在《党的文献》上连续发表。

1995 年夏,我在北戴河期间,完成了《毛泽东读社会主义政治经济学批注和谈话》一书的编辑工作。此次编辑所做的主要工作是:一、从《建国以来毛泽东文稿》(第七册)中收进了毛主席《关于读书的建议》和《读斯大林〈苏联社会主义经济问题〉批注》;二、对原来由我整理的《读斯大林〈苏联社会主义经济问题〉谈话记录》,根据中央文献研究室提供的一份郑州会议的谈话记录,又进行了细心的核校,增加了一些遗漏的内容;

三、对《读苏联〈政治经济学教科书〉下册谈话记录稿》，从头到尾仔细地阅读了一遍，作了若干校正，加了一个注释，在每章后面加了相应的读书时间；四、送到中央党校印发的"论点汇编"仍改为"论点索引"，校订了页码。这本书分为上下两册，作为"国史研究学习资料"，由中华人民共和国国史学会于1998年1月印了一个清样本。

在这个清样本付印的时候，我在《后记》中写道："从毛主席提出读书建议开始，到《毛泽东读社会主义政治经济学批注和谈话》付印，历时已经三十九年。""我有幸聆听毛主席的谈话，一直在考虑怎样整理、编辑、出版《批注和谈话》，供今人和后人阅读、研究、分析、评说，魂牵梦绕，三十多年来没有放下。现在，这部较全的书稿总算付印了。此时心情，深感欣慰。"

（八）对毛主席读《政治经济学教科书》 谈话和批注的简要评价

我为什么对毛主席的读书笔记如此重视？因为这中间饱含着毛主席独创性的理论成果，主要是政治经济学，同时也涉及哲学、科学社会主义以及历史科学等诸多学科，是毛泽东思想的重要组成部分。我认为，1959年至1960年毛主席先后读斯大林的《苏联社会主义经济问题》和苏联科学院的《政治经济学教科书（社会主义部分）》的谈话和批注，是继《论十大关系》《关于正确处理人民内部矛盾的问题》之后，对社会主义革命和建设规律的又一次重要的探索。结合苏联四十二年的历史和现实，新中国十年的历史和现实，提出了许多重要的问题，发表了一系列超越前人、启迪后人的卓越见解。我们应该结合1959年以后的实践和现实的情况进行检验，看毛主席那时讲的这一套，哪些讲得对，哪些讲错了，哪些站得住，哪些站不住，给我们揭示了哪些问题，值得长期思索、考虑。同时，他联系历史和现实，总结经验，探索规律的方法，也值得我们学习、继承和发扬。

十一　参加广州调查和起草
《人民公社六十条》

（一）60 年代初的严重困难

庐山会议后,反右倾,继续大跃进。有些地方,正如火上加油,搞得更"左"了。几个月后,到 1959 年 11 月、12 月,河南的问题、安徽的问题,开始暴露出来。但还没有反映到中央,也没有反映到毛、刘、周、朱他们耳朵里。1959 年 12 月,我们陪同毛主席读书,毛主席心情很平静,好像天下太平,没有什么着急的事情。这时,严重的问题还没有反映到他那个层次。

到 1960 年春天,河南"信阳事件"暴露出来了。群众来信,人民来访,越来越多,反映的问题越来越严重。中南海秘书室应接不暇。于是便派人下去调查。我的一个老朋友彭达彰,是秘书室的负责人之一。他去信阳调查、考察了。回来后跟我讲:老邓,问题真是严重啊!说的时候,神色惨然,声音都变了。

后来,李先念同志也去了。回来讲,整个村庄,妇女没有一个不穿白鞋的。

　　怎么会造成这么严重的状况呢？就是因为不许农民逃荒。旧社会，农民没有饭吃，村子里能够吃的东西都吃光了，再也找不到吃的东西了，没有办法的办法，是出去逃荒。过去历朝历代，都是这个办法。解放以后，遇到天灾，也是这个办法。可是，信阳那个地方，高指标，高估产，高征购，严重的浮夸，征了过头粮，弄得没有饭吃。但干部为了保住他那个浮夸的成绩，竟不让逃荒。民兵把着路口，不让出去逃荒。搞强迫命令，叫人无路可走。本来逃出去，可以活下来的，结果封死在那里，饿死了。

　　这些骇人听闻的情况反映到毛主席那里，简直不可思议啊！我们的党员，我们的农村干部，怎么会干出这样的事情来呢？不可能！主席说：这些事实证明民主革命不彻底。只能是那里的地主、富农和反动势力进行阶级报复，对我们的基本群众实行阶级报复。我记得当时甘肃陇东有一个什么大案，贵州什么地方也有一个什么大案，都是作为阶级敌人进行阶级报复的典型来查处的。少奇同志要一位老大姐去信阳调查，回来也说信阳那里问题严重，其性质属于阶级敌人报复。在这样的认识下，1961年元旦中央发了一个文件，批转河南信阳地委关于"信阳事件"的报告，把农村出现大量饿、病、死人现象，一概归之于坏人当权和地主封建势力的破坏。

　　事情都有个认识过程。没过多少时间，经过进一步调查说明，事实上不是那么回事，主席最初的判断站不住。事情确实是我们的干部干的。

　　这时，中南局的第一书记是陶铸同志。他亲自到信阳考察。结果发现，派民兵把守、不准群众外出逃荒，干这些事的统统是贫雇农出身的干部。本来认为是地主、要枪毙的那个干部，证实是贫农。刀下留人，救了下来。怎么会出现这种情况？上面要怪吴芝圃(河南省委第一书记)，从他开始一级一级往下压，这些农村干部本来作风就不好，上下造势，互相促进，就形成了那么严重的局面。

　　这时，存在这类问题的地区暴露得越来越多了。中央感到农村问题非常严重。并且认识到，根子在"左"。当然，问题不仅仅是农村，到1960

年中,整个国民经济比例失调的问题也突出地显现出来了。上半年,工业生产逐月下降,粮食供应非常紧张。

就在国内局势极其困难的情况下,国际环境也变得很坏。

1960年6月24日至26日,社会主义国家共产党和工人党代表在布加勒斯特开会,赫鲁晓夫对我们搞突然袭击。会前,苏共代表团突然散发苏共6月21日致中共中央的通知书,对我们进行全面攻击。在会议中,赫鲁晓夫又带头对中国党进行围攻。要我们跟莫斯科"对表",屈服于它,跟随它走。这次会议是彭真同志还有康生一起去的。他们顶住了压力,没有屈服。后来,小平同志在中苏会谈时,讲起布加勒斯特会议那段历史,说俏皮话批苏方:亏得我们的彭真同志是大块头,那么大的压力没把他压倒,要是我参加那个会,可能就被压垮了。

在7月5日开始的北戴河会议(中央工作会议)上,汇报了布加勒斯特会议上发生的一切,大家都非常气愤。经研究给赫鲁晓夫发了一封信,答复他们对我们的攻击。赫鲁晓夫不顾国际信誉。7月16日,苏联政府突然照会我国政府,片面决定撤走全部在华苏联专家,撕毁几百个协定和合同,停止供应重要设备,进一步向我们施加压力。小平同志告诉苏方,你们给我们制造这么大困难,"我们准备吞下去!"

1960年,内忧加上外患,真是困难到了极点啊!

(二) 周总理起草"农村工作十二条"

在1960年七八月的北戴河中央工作会议上,廖鲁言对农村工作情况作了汇报。我的印象,反映农村的问题还是比较肤浅的,但听起来已经够严重的了。毛主席在会上讲,要抓粮食,秋种要尽可能多种一点,种好一点。农村以队为基本核算单位的三级所有制,至少五年不变,死死规定下来。在集体所有制占优势的前提下,要有部分的个人所有制,总要给每个社员留点自留地。只有大集体,没有小自由,不行。这次中央工作会议开到 8 月 10 日结束，中共中央发出了《关于全党动手，大办农业，大办粮食的指示》。

周总理、陈云同志、李富春同志、薄一波同志都主张，为了摆脱困难局面，经济战线要进行调整。在国家计委党组《关于一九六一年国民经济计划控制数字的报告》中，第一次把李富春提出的"调整、巩固、充实、提高"的八字方针写进去。这个报告经总理审定，9 月 30 日，由中央批转。八字方针的基本要求是从一切不切实际的经济指标退下来。由于农村问题最先暴露，矛盾最突出，农业的调整就成为贯彻八字方针首先要解决的中心问题。

差不多就在这个时候，周总理主持起草了一个农村整风、整社的文件。

周总理在 1958 年南宁会议上受到毛主席批评以后，处境一直非常困难。据他身边的人后来跟我讲，不要说党中央各部委，就是国务院各部委，谁也不找总理报告和请示工作，都怕沾"右倾"的边。这个时候最大的问题是粮食问题，最难管，谁也不愿沾手。周总理就亲自来管粮食。那个时候真是难啊，调几万斤粮食都不容易，要靠总理打电话、发电报找人来解决。1959 年到 1960 年这两年，周总理花很多精力管粮食。

周总理起草的这个文件，就是有名的"农村工作十二条"。它的正式名称叫《关于农村人民公社当前政策问题的紧急指示信》。目的是为了进一步全面纠正"共产风"，扭转农村工作的被动局面，改变农村形势。这个"十二条"，是周总理自告奋勇，还是毛主席委托他的，我记不准了。总之，搞"十二条"，对于周总理来说，是一个转机。从此，总理又负责重要工作了。

"农村工作十二条"明确指出："在农村人民公社初期产生的一平二调的'共产风'，是违背人民公社现阶段政策的，是破坏生产力的，并且妨碍了人民公社优越性的更好发挥，中央和毛主席从 1958 年冬季以来再三再四地指示，必须坚决纠正。一部分地方和社队确实纠正了，基本上没有再犯;大部分地方和社队纠正得不彻底,有遗留问题,或者在去年冬季以后又刮起'共产风';还有一部分地方和社队,'共产风'一直没有认真地纠正,继续刮,严重地破坏生产力。"因此,"'共产风'必须坚决反对,彻底纠正。必须把当前农村中迫切需要解决的一系列问题,向各级党组织讲清楚。"做到使这封指示信"家喻户晓"。指示信规定十二条政策措施,包括:人民公社实行三级所有,队为基础,从1961年算起,至少七年不变;坚决反对和彻底纠正一平二调的错误,凡平调的各种财物,必须认真清理,坚决退还,无偿调用的劳动力,必须彻底清算,给以补偿;加强生产队的所有制,坚持生产小队的小部分所有制;允许社员经营少量的自留地和小规模的家庭副业;少扣多分,尽力做到百分之九十的社员增加收入;坚持按劳分配原则;从各方面节约劳动力,加强农业第一线;安排好粮食,办好公共食堂;有领导有计划地恢复农村集市,活跃农村经济;认真实行劳逸结合;放手发动群众,整风整社;坚决反对贪污、浪费、官僚主义,彻底纠正"共产风"、"浮夸风"、"命令风"。

记得少奇同志在审改"十二条"草案时,加了这样一些话:"一切干部群众都必须了解,所有制是生产关系的决定环节,目前我们规定的以队为基础的公社三级所有制,必须在一定的时期内固定下来。绝不允许对它有任何侵犯,特别是从上面来的侵犯。已侵犯了的必须赔偿,否则,就要破坏生产力,破坏群众的生产积极性。"说明少奇同志在农村问题上是比较清醒的。

11月3日"十二条"发下去。紧跟着,11月15日,中央又发了一个《关于彻底纠正"五风"问题的指示》。要求在几个月内下决心彻底纠正共产风、浮夸风、命令风、干部特殊风和生产瞎指挥风这五种歪风。这个指示是毛主席起草的。

农村贯彻"十二条",纠正"五风",搞了两三个月,开始见效,农村情况开始好转了。

（三）毛主席号召大兴调查研究之风

1960 年年底到 1961 年年初,中央在北京开工作会议,讨论 1961 年国民经济计划,产生了一个《关于农村整风整社和若干政策问题的讨论纪要》。毛主席在会上讲:社会主义建设不能急,要搞它半个世纪,要搞几年慢腾腾,不要务虚名而遭实祸。主席批评"一平二调"、"共产风"是人祸。要求大家勇于承认错误,有多少错误就说多少,有"左"反"左",有右反右,有什么反什么。就在这个会上,主席提出要大兴调查研究之风,1961 年要成为实事求是年。

中央工作会议从 1960 年 12 月 24 日开到 1961 年 1 月 13 日。紧接着,1 月 14 日至 18 日,就开八届九中全会。

党的八届九中全会决定几件大事:一件是正式通过对国民经济实行"调整、巩固、充实、提高"的八字方针;一件是贯彻实行国民经济以农业为基础,全党全民大办农业、大办粮食的方针,决定在农村深入贯彻"十二条",继续进行整风整社;还有一件就是主席号召全党大兴调查研究之风,一切从实际出发。

这时,毛主席已经认识到必须认真对待农村问题。虽然贯彻"十二条"收到了好的效果,但农村问题还需要进一步调查了解,才能完全解决。恰好当时找到了主席 1930 年写的那篇文章《调查工作》(1964 年编入《毛泽东著作选读》甲种本时题目改为《反对本本主义》),印发给了到会的同志。主席就此在会上讲,全党要大兴调查研究之风,要进一步了解农村的情况。1961 年要成为调查研究年。他要求每个省、市、自治区的第一书记最少要对两个公社进行周密系统的调查研究。他还讲,自己也要到农村去做调查,看看农村哪些问题解决了,哪些问题还没有解决。

（四）我参加了毛主席亲自率领的广东调查组

主席说干就干。八届九中全会 1 月 18 号开完，20 号他就亲自给陈伯达、胡乔木、田家英三个人分别下达指示，作出进行调查的部署。毛泽东要他们三个人，分别担任三个调查组的组长，各带一个调查组，去搞农村调查。每组组员六人，在三天内组成。成员都要是高级水平的，低级的不要。每人都发一份新发现的主席在 1930 年春季写的《调查工作》，学习讨论。三个组的分工：陈伯达跟毛主席去广东，胡乔木去湖南，田家英去浙江。六个组员分成两个小组，一人为组长，二人为组员。陈、胡、田为大组长。一个小组（三人）调查一个最坏的生产队，另一个小组调查一个最好的生产队。中间队不要搞。时间十天至十五天。然后去广东，三组同去，与他会合，向他报告。然后，转入广州市，作工业调查一个月。都到广州过春节。

陈伯达找我参加广东组。他找了这么几个人：邓力群、许立群、梅行、王录。要我和许立群参加广东调查，同康生要我们参加的编《刘少奇选集》的任务发生了矛盾。陈伯达讲：毛主席要我作调查，我没有人不行啊！康生讲：你把这些人都调走了，我这个《刘选》的编辑工作怎么办？《刘选》的事也是你陈伯达的事啊！你不能不管啊！陈伯达讲：要管，要管，可是现在我得听毛主席调动，他调我去调查，不能没有人帮忙。下去调查是有时间性的。我跟你保证，几个月调查完了以后，不但他们全力以赴干《刘选》的事，我也一定参加。这么说，康生也顶不住，只好让我们跟着陈伯达到广州去了。

1961 年 1 月，我们这个组跟随毛主席到了广州。

（五）抓住了这次调查研究的纲

我们刚在广州小岛宾馆住下，广东省委的负责人陶铸、赵紫阳、安平生就到宾馆来看我们。当时,广东省的五级干部会快开完,人都还没有走。这个会就是为进一步贯彻周总理起草的"农村十二条"而开的。

他们讲,对"十二条",大家反映很好。从去年11月初发下来,只两个多月,农村情况明显好转。大家都认为继续贯彻"十二条",农村就没有问题了。会上只有一个公社书记,和大家的意见不一致,而且非常坚持自己的意见。这位公社书记讲,"农村十二条"确实很好,解决了一个从上而下刮共产风的问题。有了这个"十二条",县里向农民刮共产风,不行了;公社向大队、生产队刮共产风,也不行。这是"十二条"的好处。但是,农村的共产风问题还没有完全解决。农村还存在两种共产风:一种是大队内部生产队与生产队之间的共产风,那时基本核算单位是大队,几个生产队之间平调;一种是生产队内部社员与社员之间的共产风,大家都吃大锅饭。这两个问题不解决,农村状况的根本好转还是没有希望。只有把包括这两种共产风在内的四种共产风都解决了,农村状况才有可能根本好转。这位公社书记还在会上打保票说:如果省委允许我们这个公社解决那两个共产风的问题,保证几年之内,我们这个公社的生产会有大的发展。

赵紫阳、安平生说:这个人的意见与众不同啊。对他的意见,全体参加会的人都反对。他一再坚持讲自己的意见。大家说:这个家伙骄傲得不得了,省委不放在眼里,中央也不放在眼里,好像就他一个人正确。大家批他,驳他,他都不服,不退。在会上就一个人,很孤立。

我们听后,感到很受启发。问:这个人还在不在?说:还在。我们就约这位公社书记第二天来同我们调查组谈谈。第二天他来了。小个子,长得一点不起眼。他把他的那些意见,他的那些道理,说了一遍。头头是道,理直气壮。

听完之后,陈伯达立即向毛主席汇报。说广东省委开五级干部会,有个公社书记讲了这么一番话,我们认为很重要,找他来谈,讲得更细一点。陈伯达表示,公社书记的这个意见值得重视。毛主席说:这个意见好啊!

我们这次调查研究就是要以这个为纲。通过这个调查，就是要制定政策，解决大队内部生产队与生产队之间、生产队内部社员与社员之间的平均主义。这是一个纲。

应该说，这位公社书记的意见起了大作用！毛主席亲自把他的说法理论化了，也更准确了。

我们把主席讲的这次调查研究的纲那些话，传给了胡乔木那个组，也传给了田家英那个组。他们都非常重视。

（六）在番禺县大石公社西二大队深入调查

接下来，我们就按照抓住解决平均主义这个纲的指导思想下去调查。

我们这个组分成两个小组，到番禺县的大石公社深入调查。许立群带一个组到沙西大队，我带一个组到西二大队。陈伯达住在公社，带几个人在面上跑，超脱一点，面广一点。

下去一看，确实有一片新的气象。广东气候比北方暖热，"十二条"贯彻下去，恢复了自留地，恢复了自由市场。农民自己种些蔬菜，从 11 月至 1 月，经过两三个月，长成了。自由市场非常兴旺，什么菜都有了。看得出来，农民兴高采烈，欢迎新的农村政策。

陈伯达每天出去转，碰到群众、干部就谈一谈，问问情况。有一天早晨，在路上碰到一个农民挑一担萝卜到集镇上去卖。陈伯达问他：这担萝卜能卖多少钱啊？那个农民笑着说：相当地委书记一个月的工资！陈伯达听了很高兴，跟我们讲这件事，说明贯彻"十二条"，恢复自留地，恢复自由市场这些政策对头，有效。

我们经过差不多一个月的调查，明显看出，以大队为核算单位严重妨碍生产队积极性的发挥。核算单位是大队，在大队范围里统一进行计划、调拨、分配和指挥。可是土地、农具、牲口、劳动力都在生产队，农业生产的全过程都在生产队内进行，但又必须按大队的计划执行，最终在大队内核算。每个生产队几乎都处于这样一种状态:你给我的计划完成了,种多少粮食作物、多少经济作物,完成了,就算完事了。农具用完了以后,也不搞维修,放在院子里风吹日晒。牲口归生产队饲养,也不精心照管。

广东番禺那个地方是水网地带,道路和河流两旁可以种树,可以种果树,但谁都不去种,没有积极性,因为即使种上了,有了收成,也都归大队调拨。不同的生产队有不同的特点,但都不去想怎样按照自身条件独立自主地发展自己的农林牧副渔产品。广东有所谓"三鸟":鸡、鸭、鹅。农民跟我们讲:难忘的1956年,那个时候的日子真是好,三鸟自己吃不完,拿到自由市场上也卖不掉。后来广东省委提倡干部买"爱国三鸟"。多买、多吃三鸟就是多爱国。农民的意见是现在比去年好,但比1956年还是差。通过调查,我们感到,确实像那位公社书记所说,生产队的积极性没有调动起来。这就提出了一个扩大生产队权限的问题。

我们还对一个生产队做了逐户调查。这个生产队有70户,我们对每户的家计情况作了调查。那时农民家庭收入比较单纯。集体收入多少,其中又细分粮食多少、经济作物多少;副业收入多少;出工多少,分配多少;供给部分多少。总算下来,年终能分得多少。每户都调查了一笔细账。这个生产队的逐户调查和比较分析很有用,为找出解决克服平均主义、贯彻按劳分配原则的办法提供了依据。

(七) 起草《人民公社六十条》

我们在下面调查的时候,毛主席到浙江去了一趟。回来以后不久,毛主席把胡乔木、田家英都叫到广州来,汇报情况。这时,我们的调查进行了有一个多月。

毛主席听了汇报和讨论后说,现在有必要再搞一个农村的文件,把公社各级组织的职权讲清楚。这就是后来的《人民公社六十条》(通称《农业六十条》)。于是,三个组各分工写几段。初稿写出来,先由乔木统改一遍,后由陈伯达统改一遍。

在讨论、修改的过程中,我反映,在生产大队内部,如那位公社书记讲的,生产队与生产队之间,确实还存在平均主义,而且确实阻碍生产力的发展。文件应该规定生产队的任务、职权、责任,解决队与队之间的共产风问题。怎样规定呢? 当时定下来的解决办法好像叫"四固定、四奖励",具体的记不准了,主要意思是:给生产队多少任务,定下来,超过部分多留少上交,并给予一定的奖励。我的马列学院的老同学安平生(广东省委书记)说这套办法如何如何好,是他们根据调查研究得来的,而且推广过,行之有效。我当时对这个办法表示有点怀疑,但也没有太坚持自己的意见。文件对生产队之间的平均主义问题,是以广东方式来解决的。

至于大队方面的问题,陈伯达提出,规定一条,即公社是大队的联合,即不是核算单位,而是各个核算单位的统一联合体,这就剥夺了公社对大队刮共产风的权利。陈伯达认为,有这一条就够了,就可以解决公社刮共产风的问题了。

(八)"三南"、"三北"会议合到广州一起开

《人民公社六十条》起草出来以后,毛主席布置:"三南"(中南、华南、西南)的省委书记在广州开会,"三北"(西北、东北、华北)的省委书记在北京开会,讨论"六十条"(草案)。

毛主席对解决公社内部两个平均主义的问题十分重视。3月13日,他给刘少奇、周恩来、陈云、邓小平、彭真以及参加"三北"会议的与会者写信,专门谈这个问题。

毛主席指出,大队内部生产队与生产队之间的平均主义问题,生产队内部人与人之间的平均主义问题,是两个极端严重的大问题,希望在北京的会议上讨论一下,以便各人回去后,自己并指导各级第一书记认真切实调查一下。不亲身调查是不会懂得的,是不能解决这两个重大问题的,是

不能真正地全部地调动群众的积极性的。主席还指出,一些领导同志对于上述两个平均主义问题,至今还是不甚了了。其原因是忙于事务工作,不作亲身的典型调查,满足于在会议上听或者看地、县两级的报告,满足于走马观花的调查。他说:我希望同志们从此改正,我自己的毛病当然要坚决改正。

过了一天,不知什么原因,主席叫把"三北"的人都调到广州来开会。这样,"三北"与"三南"分开开的两个会,就合到一起,变成中共中央工作会议。

广州会议从1961年3月15日开到23日,讨论修改了"六十条",这个草案得到充实和提高。

在这个会上,主席批评说:九中全会,我说光有"十二条"还不够,还要进一步了解农村情况,还要出去做调查,提出一些新办法。你们就是不赞成,说有了"十二条"就够了。现在这个调查证明了什么? 你们不做调查,当然就提不出好的意见啰! 好的意见,新的意见,只有深入调查了才能得出。

少奇同志主持了几天会议。他在会上讲的一些话是很有道理的。他说,调查研究,为的是弄清情况,决定政策,解决问题。首先是提出问题。我们提不出,群众是可以提出问题的。经过调查,决定了政策,解决了问题,然后还要检查。我们决定的政策是否正确,是否需要补充,还得到群众中去考验。

"六十条"经过修改以后,毛主席讲:现在有了初步的调查成果了。从群众中来,根据群众的意见搞了这么个东西。现在还需要到群众中去。把这个东西带回去,每个省、地区都到生产队去征求农民的意见。向群众宣读,一条一条地讲,逐条征求群众意见,是同意还是不同意,是基本同意还是部分同意,还有什么新的意见。

(九)广州会议后的继续调查

广州会议以后,大家都下去调查。小平同志、彭真同志到北京郊区大兴、顺义调查。总理利用陪同外宾到各地的机会,在湖北、广西、云南、四川等地向省委、县委负责人进行了调查。后来又到河北武安县一个公社作深入调查。少奇同志到湖南调查,先到长沙县广福公社天华大队调查,后来又回老家宁乡县花明楼公社住下来,蹲点调查。在湖南调查了四十多天。乡亲们对他说,这几年共产党睡着了吧!一直等你们快点醒过来。你们下乡,说明你们睡醒了。你们再不醒,我们就要拿起扁担上街了。毛主席带领的三个调查组,原来在哪里调查的,就带着草案,还回到哪里征求意见,继续调查。

刚过了春节,我带的这个小组,就又回到番禺县大石公社西二大队征求农民的意见。按劳分配问题是一个焦点。原来起草的条例规定,半供给、半按劳;现在新的规定是三七开,三分供给、七分按劳。有的农民说:新规定也还有平均主义。

前次调查时,我们在这个大队做过 70 多户的逐户调查。一位姓刘的同志在我们参加"三南"会议期间把调查材料作了整理,各种数据都有。提出三分供给、七分按劳有没有平均主义这个问题以后,从 3 月 30 日到 4 月 9 日,搞了《关于分配问题的几个参考材料》,于 4 月 14 日印出,受到重视。接着,又搞了《关于分配问题的两个材料》,于 5 月 16 日印出。

4 月 14 日那份,共有五个关于分配问题的典型材料。有的是在西二大队原来挨户调查的材料基础上搞的,有的是新做的调查。方法是用劳力相同、人口不等的几家农户进行比较,研究供给部分和按劳分配部分的比例问题。这五个材料是:

(1)番禺县大石公社西二大队第一生产队四户,1960 年实际分配的收入,同假定按三七开分配的收入的比较。比较的结果是(原件为列表):

这四户劳动力都是 2 个,人口不等,各户 1960 年实际分配(按供给部分和工分报酬部分倒四六开)收入为:

郭润松,2 口,分得金额 267 元,工分报酬占 58%,供给占 42%。

郭 杰,4 口,分得金额 346 元,工分报酬占 49%,供给占 51%。

梁　耀,6 口,分得金额 414 元,工分报酬占 39%,供给占 61%。

陈　佐,8 口,分得金额 492 元,工分报酬占 31%,供给占 69%。

假定按三七开,各户收入为:

郭润松,2 口,分得金额 303 元,工分报酬占 84%,供给占 16%。

郭　杰,4 口,分得金额 374 元,工分报酬占 74%,供给占 26%。

梁　耀,6 口,分得金额 410 元,工分报酬占 64%,供给占 36%。

陈　佐,8 口,分得金额 445 元,工分报酬占 56%,供给占 44%。

另外四个材料大致相同,具体情况就不列举了。这四个材料分别是:

(2)番禺县大石公社涌口大队四户,1960 年的供给和工分报酬按五五开分配的收入情况比较;

(3)番禺县大石公社东乡大队第九生产队三户,假定 1961 年按三七开分配的收入情况比较;

(4)番禺县大石公社沙溪大队六户,1960 年实际收入的比较;

(5)新兴县里洞公社蒙坑大队蒙坑生产队五户,1960 年实际收入的比较。

通过对五个典型材料的比较分析,我们提出带有结论性的看法,写在这份材料首页的"说明"中。我们的看法是:

这些材料,虽然仅是几个乡村的,但是,"三七开"办法所形成的一种客观趋势,却带有普遍性,很值得注意。

从材料看来,"三七开"中,供给部分按人定等、平均分配的办法,不能体现按劳分配、多劳多得、不劳动者不得食的原则,它的结果,是农户人多多得,人少少得。

如下表所列,有些地方,在实际上不是"三七开",而是"四六开","五五开",甚至是"倒四六开",这就比"三七开"更不能体现按劳付酬的原则。

因为三成供给部分是按人定等、平均分配的,所以,"三七开"的办法,在某些地方,也许不能真正解决困难户的生活问题。

供给部分按人定等、平均分配的办法,在不同程度上,影响了社员的劳动积极性,影响了农业劳动生产率,也似乎带有普遍性。

提高劳动生产率,是保证人民公社制度胜利和迅速发展社会主义生产的头等重要的事情。因此,在谈到分配问题的时候,我们不能不考虑这一点。

现在有些社队,经过群众反复讨论,对供给部分的分配办法,业已加以适当的调剂,供给部分只限在五保户和补助困难户。

同等的劳力,同样的贡献,人口多的就分得多,人口少的就分得少。说明没有真正实现多劳多得,少劳少得;变成人口多多得,人口少少得。这样来分配显然存在共产风和平均主义。本来,这是一个很普通的道理。我们整理的材料,由于有逐户调查所得的数据做根据,进行比较分析,所以很有说服力。

5月16日印出的《关于分配问题的两个材料》,其一是《番禺县大石公社东乡大队第九生产队按三七开分配的典型户调查》,对三户劳动力相同(都是2个)、人口不同(分别是2、4、8人)的分配情况调查分析,说明:"这三户做的工分相差不大(最多的和最少的相差12%),而收入相差很大(最多的和最少的相差40%),实际上是农户人多多得,人少少得,而不是多劳多得,少劳少得。显然,供给部分占百分之三十还是高了。"

这两个材料受到陈伯达的高度重视。他要广东省委加以重视,并印发征求意见。同时,他又报给了毛主席。大家都认为,现在这个三分供给、七分按劳的办法,还没有解决队内社员与社员之间的平均主义问题。

胡乔木回到湖南,在湘潭毛主席老家征求农民的意见。关于公共食堂,"六十条"草案还是主张办,但留了一个活口,即农民不愿意办食堂,也不要勉强,没有说要解散食堂。韶山的农民反映办食堂有多少条坏处,说公共食堂不解散不行,要求条例里头写上解散公共食堂。

（十）五月中央工作会议及其后对"六十条"的修改

带着"六十条"草案下去调查、征求意见以后,1961年5月,毛主席在北京召开中央工作会议。汇总大家对"六十条"草案的意见,进行讨论。按照广东、湖南两个调查组的调研结果,把"六十条"草案留的两个尾巴去掉了:一个是三分供给,不再保留,分配完全按劳;一个是公共食堂,解散,不办了。这是五月工作会议的成果。

（十一）问题的彻底解决——把基本核算单位放到生产队

五月会议以后,还有一个问题没有解决,这就是基本核算单位问题:是大队核算还是小队核算? 经过调查,我是主张小队核算的。陈伯达也赞成。具体的办法,他讲过,大队内部队与队的关系,按照广东"四固定"的办法就可以解决。对此我有保留。后来,1961年9月,王任重(时任湖北省委书记)在湖北同农村工作的同志搞调查,发现有的地方把核算单位放到生产队,效果比不放到生产队的明显要好得多。王任重给毛主席写报告,说核算单位留在大队一级不好,还是要下放到生产队。毛主席立即表示完全同意。条例又作第二次修改,明确核算单位下放到生产队。党中央于1961年10月7日发出《中央关于农村基本核算单位问题,给各中央局、各省、市、区党委的指示》,指出:"就大多数的情况来说,以生产队为基本核算单位,是比较好的。它最大的好处,是可以改变生产的基本单位是生产队、而统一分配单位却是生产大队的不合理状态,解决集体经济中长期以来存在的这种生产和分配不相适应的矛盾。"

从1959年郑州会议就提出"三级所有,队为基础",但"队为基础"是大队为基础还是小队为基础,意见不一,没有真正落实到小队。到这时,1961年10月,明确了队为基础是以生产队亦即生产小队为基础,核算单位下放到生产队,这才真正落实了。所谓"三级所有"是什么所有,也就明确了。1962年9月27日,党的八届十中全会通过《农村人民公社工作条例修正草案》,第二十条明确规定:"生产队是人民公社中的基本核算单位。它实行独立核算,自负盈亏,直接组织生产,组织收益分配。这种制度定下来以后,至少三十年不变。"

有了完整的"六十条",毛主席很欣慰,在一次会上感叹:我们在基本核算单位这个问题上糊里糊涂过了七年,过了七年糊涂日子,现在总算清醒了。

以生产队所有为基础,原来说七年不变,这回说三十年不变。从此以后,一直稳定下来,没有变。1975年,陈永贵提出要实行大队核算,给毛主席写报告说,"农业要大干快上,要缩小队与队之间的差别,实行大队核算势在必行"。主席没有同意。以生产队为基本核算单位的制度,一直稳定到党的十一届三中全会以后人民公社解体,一直没有改变。

十二　编辑《刘少奇选集》

（一）毛主席提议编《刘选》

编辑出版少奇同志的选集,是毛主席提议的。早在 1951 年《毛泽东选集》第一卷出版以后,毛主席就提议,在《毛选》第二、三卷出版的同时,出版《刘少奇选集》。1960 年春天,我们陪毛主席在广州读完了《政治经济学教科书》。这时,胡乔木负责编选的《毛泽东选集》第四卷编完。过了春节向毛主席汇报第四卷编辑情况。汇报了差不多一个来礼拜,得到主席肯定,说:好,可以出版了。主席还讲:我的选集出到四卷就行了,出到新中国成立之前为止。新中国成立后的以后再说。他又说:过去,我说过多次,要出刘少奇的文选,可是一直到现在没有出。现在,我的选集出完了,应该把出少奇同志的文选列上日程。胡乔木回来传达了主席的意见。

（二）中央书记处正式作出决定

对主席的提议,少奇同志总是表示,党的领导人中间,除《毛泽东选集》之外，不要再编个人的选集了，可以考虑编辑出版中共中央文集，其中收中央可以公开发表的文件，也收毛泽东同志之外其他领导人的一些讲话、文章，比如恩来等同志的一些讲话、文章。这次，少奇同志也还是说不要出他个人的文选，要出就出中央的文件和其他同志的好文章，合起来搞一个文件选集。但毛主席坚持要出《刘选》。

　　当时事情很多，一个民主革命补课的问题，一个对苏谈判的问题，一个应付布加勒斯特会议的问题，小平同志忙得不可开交，顾不上《刘选》的事。好像是到1960年八九月间的一次中央书记处会议上才认真地讨论了这件事，正式做了决议：编辑出版《刘少奇选集》。把这件事列为1961—1962年中央书记处的重要任务之一。指定负责人是康生、陈伯达。

（三）最初的编辑情况

　　当时中央有个理论组，组长是康生。出版《毛选》第四卷，宣传《毛选》第四卷，编《刘选》，都由康生带领这个理论组具体负责。康生组织队伍，要我和许立群，还有熊复、王力等人参加。康生准备从1961年春天开始进行《刘选》的编辑工作。上面已经讲了，那时我和许立群要参加广东农村调查，康生与陈伯达说好，调查回来，让我们全力以赴干《刘选》的事。

　　我们去广东后，《刘选》的事也没有停。康生组织熊复、姚溱、范若愚、李鑫、王宗一等人，查阅刘少奇的档案，搜集刘少奇的文章、讲话，把刘少奇入党以后，直到新中国成立前的文章、讲话，都翻了一遍，收集了起来，有五百多件。当时的方针是按《毛选》的规格，下限划到1949年新中国成立前。他们从中挑选，搞出了一个目录。康生说：选的、不选的，都要让少奇同志认可。再做下一步的工作。

　　这样，在我们1961年4月回北京以后不久，康生就到湖南向少奇同志汇报。

在这之前,康生几次同少奇同志联系,说中央决定要编《刘选》,我们做了初步的工作,看了档案,查了资料,有了一个初步的选目,今后工作应该怎样做,希望向他汇报,听取他的指示。当时,刘少奇正在湖南农村做调查。他是在开完广州会议以后,从4月1日起,到湖南长沙的。康生联系了几次,少奇同志表示不能回北京。如需要听意见和请示,你们就到湖南来。这样,康生就带着李鑫、熊复几个人去了湖南。我没有去。我说,我得补课,利用你们去汇报的这段时间,把选出来的有关文章看一遍。这时,已经决定我担任《刘少奇选集》编辑组的组长了。

少奇同志在长沙耐心听取康生等人的汇报,提出哪些篇目可以删去,还可以增加哪些篇目,并反复表示:现在党、国家、人民正处在困难时期,工作这么紧张,自己的脑筋想着当前农村的事情,考虑怎么样解决当前的问题,实在没有心情回过头去看多少年前的文章。不过,既然中央已经作出了决定,工作照常进行就是了。

(四) 我担任《刘选》编辑组组长

康生等人从湖南回来,传达了少奇同志的上述意见。编辑组就按照选目分了三四个组,有"白区工作"组、"敌后根据地"组、"党建"组等,着手做工作。作为编辑组组长,我除全面负责之外,参加了"党建"组,和范若愚一起,主要负责建国前刘少奇有关党的建设的文章。

关于党建方面的文章约有八篇。其中最重要的一篇是《论共产党员的修养》。这是少奇同志1939年7月在延安马列学院的讲演。我当时在马列学院被任命为教育科长,一边工作,一边学习。我奉院长张闻天之命去邀请少奇同志到马列学院来讲党建。他前后来讲了两次,每次三四个钟点。《论共产党员的修养》这一篇,整理的时候把少奇同志后来在华东补充讲的《组织问题上的修养》包括在内。此外有:1941年7月在华中局党校的讲演《论党内斗争》;1943 年 7 月为纪念建党 22 周年在延安《解放日报》上发表的《清算党内的孟什维主义思想》;七大的两篇报告:《党的组织工作报告》和《修改党章的报告》。《刘选》的编辑工作一直延续到1962 年 8 月 1 日《论共产党员的修养》在《红旗》上发表为止。

（五）少奇同志听汇报、谈意见

少奇同志这次在湖南到长沙县广福公社天华大队和他老家宁乡县花明楼公社调查了四十多天,到 5 月 16 日结束。回到北京以后,他召集参加《刘选》编辑工作的同志见了一个面,听我们的汇报,谈他的意见。可以说是开了一个汇报会吧。

汇报中说到,文章中的个别提法现在看来需要作必要的修改。比如《清算党内的孟什维主义思想》这篇文章,提出党的斗争经验中最重要的一条经验是区别真假马克思主义者,非常重要。但是把陈独秀、彭述之和中国的托洛茨基主义,把李立三路线,把内战时期的几次"左"倾错误,统统概括为中国的孟什维主义,需要斟酌。孟什维主义用于陈独秀是可以的,用于内战时期的三次"左"倾错误,特别是用于王明,就同《关于党的若干历史问题的决议》中王明犯教条主义错误的提法不一致了。少奇同志说:1943 年 7 月发表的这篇文章是为批评王明的投降主义而写的。王明的投降主义作为孟什维主义来批是不错的,但王明在抗战以前的"左"倾教条主义不好说是孟什维主义。三次"左"倾路线都不好叫这个名词。这个题目和文章里的内容的确需要改一下。当时有当时的条件,当时有当时的对象,现在看,有不准确的地方。题目是不是索性改成《区别真假马克思主义》? 后来文章的内容作了改动,题目没有改。

我们又提出,《论共产党员的修养》中理论修养这部分讲得不够充实,是不是需要作点补充。少奇同志表示同意。他还指出,对"做马克思、恩格斯、列宁、斯大林的好学生"这个提法,也要进行恰当的修改。

在这次会上,少奇同志讲了两条主要意见。一条是,主席提出要编他的文选,他一直不赞成,可是主席坚持要编,他只好服从。另一条是,他的文章发表以后,国内外记得的,受欢迎的,是《论共产党员的修养》。翻译成各种文字,兄弟党一些同志也说好。这是他自己都没有想到的。1939年的这篇讲演,为什么到现在国内外的人还记得它,认为这篇文章有可取之处呢?想来想去,原因在于:过去马、恩、列、斯讲共产党员的修养,就是讲党订了规矩,党员应该按这些规矩办事。他们解决的是党的思想路线、政治路线、组织路线,是从党的建设的总体上讲的。至于思想路线、政治路线、组织路线问题解决以后,还要提高每个党员的修养,要解决党员个人利益与党的利益的矛盾问题,共产党员个人还要进行党性锻炼,确立共产主义的理想信念,培养共产主义道德品质,注意这方面那方面的修养。这个问题从来没有人讲过。我们党在毛泽东同志领导下一贯重视这一方面,积累了丰富经验。在这方面,我们有新东西,有创造。可能就是在这一点上有特色,对党员有帮助,能起点作用,所以人们记住了这篇文章。

(六) 对《论共产党员的修养》的整理补充

1. 少奇同志关于怎样进行整理补充的意见

我分工负责的关于党建方面的文章,花了三个多月时间进行整理。其中最费工夫的就是《论共产党员的修养》。这篇讲演原来由"导言"和三章组成,这三章分别讲理论修养,思想意识修养,组织生活方面的修养。改来改去,感觉到最薄弱的还是理论方面的修养那一章。我向少奇同志提出这个问题。

少奇同志看了经初步补充的这一部分,也不大满意。他自己动笔写了书面要点,把我找去,专门同我谈这一部分需要补充些什么内容。他觉得1939年的本子只引用了列宁的话和外国党的经验,没有阐述我们党怎样根据马克思列宁主义的基本原理,结合中国革命的实际,在毛泽东同志的领导下,创造的许多新鲜经验。少奇同志结合我党斗争的历史和党内一些同志的具体情况,深刻地、循循善诱地阐述了掌握马克思列宁主义理论的极端重要性。他还从理论与实际结合的高度,特别提到需要补充战略策略方面的内容。他说:团结谁,依靠谁,打击谁,中立谁,在不同时期,有不同的对象,不同的内容。从第二次国内革命战争到抗日战争,民族矛盾上升为主要矛盾,阶级矛盾变为次要矛盾,党根据马列主义理论,从这个实际出发,及时改变战略策略,制定和实行了抗日民族统一战线。我作了详细记录,经整理后,交给他,他又反复进行修改,最后写到稿子中去。

2. 对《论共产党员的修养》第四节的增补

经过补充,"理论学习和思想意识修养是统一的"这一部分,增加了大约两三千字。就是现在《刘少奇选集》上卷第 116 页第 5 行起到第 119 页第 4 行那四个自然段:

马克思列宁主义的理论,是我们观察一切现象、处理一切问题的武器,特别是观察一切社会现象、处理一切社会问题的武器。如果我们不能掌握马克思列宁主义的理论武器,我们就不能正确地认识和处理在革命斗争中所遇到的各种问题,就有迷失方向、背离无产阶级革命立场的危险,甚至可能自觉地或者不自觉地成为各种机会主义者,成为资产阶级的俘虏和应声虫。

革命坚决、斗争勇敢,是每一个共产党员必须具备的宝贵品质。共产党员有了这样的品质,还必须在不同的历史时期,在不同的斗争条件下,正确地解决如何革命、如何斗争的问题,才能争取革命的胜利,实现共产主义的最高理想。在进行革命斗争的时候,依靠谁、团结谁、打倒谁的问题;谁是直接的同盟军、谁是间接的同盟军、谁是主要敌人、谁是次要敌人的问题;联合一切可能联合的同盟军,在一定条件下甚至联合次要的敌人,去打倒主要的敌人的问题;在情况发生变化的时候,及时地改变战略和策略的问题,等等,都是必须运用马克思列宁主义才能解决的重要问题。如果不掌握马克思列宁主义这个武器,如果没有马克思列宁主义理论的高度修养,要在革命斗争的一切重要问题上,站稳无产阶级的正确立场;要在情况复杂和变化剧烈的环境下,在需要走迂回曲折道路的时候,都能够确定对无产阶级革命事业最有利的方针政策,都能够代表无产阶级革命斗争的整体利益和长远利益,是根本无法做到的。

拿我们党实行抗日民族统一战线的经验来说,在"七七"事变以前,有一些同志由于不了解当时中国民族和日本帝国主义的矛盾,已经上升为主要的矛盾,国内各阶级之间、各政治集团之间的矛盾,已经降低为次要的矛盾,曾经反对建立全民族抗日统一战线的政策,反对我们党联合一切爱国的阶级、阶层、党派和社会集团一致抗日的政策,特别反对我们党联合国民党一致抗日的政策。这些同志在反对党的正确政策的时候,自以为是站在无产阶级的坚定立场上,但是,在实际上,他们背离了无产阶级的立场,完全陷入一种关门主义、宗派主义的立场。如果我们按照他们的这种错误主张去做,无产阶级和它的政党就不但不能团结和领导全国一切抗日爱国的阶级、阶层、党派和社会集团,战胜日本帝国主义,相反地,会削弱抗日民族统一战线的力量,使无产阶级和它的政党孤立起来,不利于抗日救国的斗争。在"七七"事变以后,当我们党同国民党建立了抗日民族统一战线以后,又有一些同志走到了另一个极端,他们以为国民党参加了抗日,就和共产党没有什么区别了。他们采取迁就大地主大资产阶级、迁就国民党的投降主义的政策,而反对党在统一战线中的独立自主的政策;他们过高地估计了国民党的力量,过分地信任国民党,把抗日救国的希望完全寄托于国民党,而不相信共产党和人民的力量,不把希望寄托于共产党,因而不敢放手发展自己,放手发展人民的抗日革命势力,不敢对国民党的反共限共政策作坚决斗争。主张这样做的同志虽然把自己标榜为无产阶级的真正代表,但是他们这种政策的实质是要使无产阶级成为资产阶级的附庸和尾巴,要使无产阶级丧失抗日民族统一战线的领导权。上面所说的这种左的错误和右的错误,都是在政治形势发生重大变化的时候,不能坚定地站在无产阶级立场上辨别革命事业发展道路的显著例证。

无产阶级不能只是自己解放自己,它必须争取一切劳动人民的解放,争取自己民族的解放,争取人类的解放,才能实现自己的彻底解放。无产阶级必须使整个社会永远摆脱剥削、压迫和阶级斗争,才能使自己获得真正的最后的解放。因此,无产阶级的坚定立场,必须同关门主义、宗派主义严格区别开来。无产阶级和它的政党在进行斗争的时候,必须同广大劳动人民建立密切的联系,同各革命阶级和革命党派建立革命联盟,领导广大劳动群众和一切同盟者同自己一道前进;必须代表广大劳动人民的利益,代表一切革命阶级的利益,代表自己民族的利益,也就是说要代表占本国人口百分之九十几的人民的利益。无产阶级的坚定立场,就是要在任何时候、任何情况下,都代表最大多数人民的最大利益,我们并且要了解这也就是无产阶级的最大的阶级利益。无产阶级的坚定立场,又必须同迁就主义、投降主义严格区别开来。无产阶级和它的政党在进行革命斗争的时候,不但要同地主阶级、资产阶级分清界限,而且要同小资产阶级的革命民主派分清界限,甚至要同劳动群众有所区别;要在革命斗争中始终坚持自己的独立性,不受资产阶级和其他非无产阶级的各种影响;要在革命发展的每个阶段,都把局部利益和整体利益结合起来,把当前利益和长远利益结合起来;要像马克思和恩格斯所说的:"一方面,在各国无产者的斗争中,共产党人强调和坚持整个无产阶级不分民族的共同利益;另一方面,在无产阶级和资产阶级的斗争所经历的各个发展阶段上,共产党人始终代表整个运动的利益。"

3. 对《论共产党员的修养》结构的调整

第四节增加了这些内容,是对《论共产党员的修养》的重要补充。但同其他两节摆到一起,仍然感到不够充实。当时没有想出一个好的办法来。后来还是陈伯达出了一个好主意。

认真说起来,对《论共产党员的修养》进行修改加工这件事,陈伯达是欠了少奇同志账的。

在解放初期,新华书店出版了一种《论共产党员的修养》的本子,完全是按照延安《解放》周刊上发表的本子排印的。书出来以后,在读者中引起好评,也提出一些意见。新华书店把读者的意见转给了少奇同志。刘少奇就和陈伯达商量,说:想不到这本书出来之后能引起这么多人关注,现在有不少来信,也提出了一些好的意见,读者希望再版。如果再版,必须重新修改。刘要陈负责此事。陈对领导同志交办的事是乐于接受的,特别是毛、刘交给他的任务更不用说。他就是吃这个饭的嘛。于是,陈伯达应承下来,连说:好,好。

陈伯达先让田家英改一遍。田家英只是做了一点技术性的修改,内容上没有什么改动,就交还给陈伯达。陈伯达看后不满意,觉得有点敷衍应付的味道,表示要做些大的修改。但一直没有动手。放在他的抽屉里,一放就是多少年。少奇同志也不好意思催他。等到要编《刘选》了,他才想起,欠少奇同志这笔账还没有还呢。但田家英改过的那个本子,却找不到了。就在前面说到的他同康生争要我们跟他去广州调查的那次会上,陈伯达讲了这个事,表示:我一定要还这笔账,一定要参加《刘选》的工作,特别是要把《论共产党员的修养》好好地改出来。还对康生说:你原谅我一下,等到调查回来之后,不单邓力群他们参加编《刘选》,我也参加。

到1961年2月从广州调查回来后,陈伯达确实想要还这个账了。

正当我改了多少遍,关于理论修养这一部分想不出一个好办法的时候,陈伯达出了一个好主意。他说:索性不要再分章了,把这几个大题目都去掉,不再去说理论修养、思想意识修养……,就是按着原来每章里面的前后次序分节,顺着讲下来就行了。按陈伯达的这个办法,不再去专讲理论修养,也就用不到再做大的增补了。

后来,跟少奇同志汇报了这个办法。少奇同志表示同意。不再分章,这是对《论共产党员的修养》所作的一个大的改动。

按照这个办法,整理后的《论共产党员的修养》分为九节:一、共产党员为什么要进行修养;二、做马克思和列宁的好学生;三、共产党员的修养和群众的革命实践;四、理论学习和思想意识修养是统一的;五、共产主义事业是人类历史上空前伟大而艰难的事业;六、党员个人利益无条件地服从党的利益;七、党内各种错误思想意识的举例;八、党内各种错误思想意识的来源;九、对待党内各种错误思想意识的态度,对待党内斗争的态度。

4. 对《论共产党员的修养》第二节小标题的修改

对第二节小标题,按照少奇同志的意见作了修改,这是又一个较大的改动。原来这一节的标题是"做马克思、恩格斯、列宁、斯大林的好学生"。那时已经对斯大林进行批评了,尽管我们对斯大林是三七开,作出了"七分成绩,三分错误"的评价,但继续维持"做斯大林的好学生"这一提法,在国际上不好讲。怎么改呢?改来改去,这个标题改成"做马克思和列宁的好学生"。具体的处理办法是:标题上去掉两个名字,内容上删掉恩格斯论马克思的两段话和斯大林论列宁的两段话。在这一节文字里,马恩列斯的名字和"马克思列宁主义创始人"的提法还是保留。在"文革"中批判《论共产党员的修养》,说删改了马恩列斯,因为斯大林有问题,把恩格斯拿来陪绑。平心而论,这样的处理,还是比较妥帖的。

（七）七千人大会前后的编辑工作

1. 在广州初步完成《刘选》上卷的编辑工作

1961 年 11 月,少奇同志因到东北林区调查,旅途劳顿,中央批准他到广东短期休息,原定一个月左右。康生提议趁少奇在广东,把《刘选》编辑组搬到那里去。康生就带我们几个到广州。向少奇同志汇报《刘选》的情况,继续进行《刘选》的修改工作。不几天,少奇同志接到中央要在北京召开七千人大会的通知,并由他作报告。本来他正在过问《刘选》的事,这时坐不住了。他马上就回北京,主持起草七千人大会的工作报告。把我们撂在了广州。

在康生主持下,我们在广州从 11 月一直干到 1962 年的春节,很紧张地搞了两三个月,对所选文章从头至尾又修改了一遍。初步完成了《刘选》上卷的校正、修改、补充工作。以后就是交给少奇同志审阅了。我们很希望少奇同志能够一篇一篇看,一篇一篇提意见,好按照他的要求再修改加工。

2. 党内要求重新出版《论共产党员的修养》的呼声

在广州过了春节后,参加《刘选》工作的同志全部回到北京,正赶上七千人大会的尾声。

1962 年七千人大会,党内的问题暴露得很多。大家都感到党内有进行整顿的必要。很多与会的同志反映,"大跃进"以来犯错误,除了政治上、思想上的原因以外,一个重要的原因是,作为一个共产党员,缺乏党性,放松了思想意识的修养和理论修养。七千人大会总结了过去的经验,其中一条就是要加强共产党员的党性锻炼和修养。共产党员应该怎样来检讨"大跃进"以来的错误呢? 认为应该借鉴《论共产党员的修养》,以那样的精神来总结我们的经验教训。不少同志希望少奇同志讲一篇社会主义建设时期共产党员的修养问题。在这篇新的文章做出来之前,党内有很高的呼声,把少奇同志的《论共产党员的修养》以及《论党内斗争》等党建方面的文章,先以小册子的方式出版。

3. 对《论共产党员的修养》的继续修改和重新发表

（1）少奇同志的意见

七千人大会以后,少奇同志感到,不仅毛主席,而且很多负责同志都希望出版他的文章。对他来说不能不说是一种压力。这次大会之后,他才真正着手这方面的工作。首先还是准备《论共产党员的修养》的修改、再版。他说,《论共产党员的修养》1939 年初次发表的时候,限于当时的条件,没有引证毛泽东同志关于党员修养、党性锻炼方面的意见。而我们党在这方面的经验,首先是由毛泽东同志很好地总结了的。他要编写小组充分引证毛泽东同志的意见。

（2）最后修改和重新发表

我们又忙了几个月。陈伯达同我们一起,一边读,一边改。少奇同志对《论共产党员的修养》全文进行过三次修改,才交代编辑小组报送中央书记处审查批准。书记处同志同意后,1962 年 8 月 1 日,《论共产党员的修养》在《红旗》杂志 1962 年第 15—16 期重新发表,《人民日报》同时刊载。《红旗》编辑部加了一个简短的按语:"本文这次发表以前,由作者又校阅了一次,作了一些文字上的修改和内容上的补充。"

（3）一个大的疏忽

总的说来,《论共产党员的修养》1962 年再版的工作,做得是很认真的。但是,在这次修改中也存在一个大的疏忽。刘少奇在 1939 年讲共产党员修养,引证了列宁的一段话,这段话中讲到无产阶级专政。当时,毛主席在《新民主主义论》里说,在民主革命的任务完成之前,我们不能搞无产阶级专政。所以,刘少奇在引用列宁那段话时把提及无产阶级专政的那几句话删节了。刘少奇这样做,与当时的具体情况有关,我想并没有什么原则性的问题。我们的疏忽之处在于:我们来回修改,谁也没有想到把这段引文同列宁的原话核对一下,看看删节的是什么,推敲一下当时为什么删节,现在再版时是否应该补上,还是保持原状。当时谁也没有用这个心思,还是照原来的样子,没有关于无产阶级专政的那句话。

"文化大革命"中,刘少奇的问题出来,删节列宁说过的有关无产阶级专政的话这一点被抓住,无限上纲,成为《论共产党员的修养》的一大罪状。说是篡改列宁著作,阉割列宁的无产阶级专政思想,反对无产阶级专政。刘少奇被批判,我们这些人当然也被整,你们在再版时也没有补充啊。这从工作上来说是一大疏忽,但从原则上讲很难说是什么了不起的错误。删节了,也不是什么了不起的问题。凡是能够看懂这段文字的真实意义的人,都会明白这种罪名是完全不能成立的。更何况当年毛主席在《新民主主义论》里还驳了在完成民主革命任务之前就要搞无产阶级专政的"左"倾空谈呢!至于"文革"中,王力、关锋写了一篇所谓批"黑修养"的大文章,说《论共产党员的修养》不讲阶级斗争。这完全是歪曲,《论共产党员的修养》里明确讲了党内各种不正确的思想是党外阶级斗争的反映。那时流行背"老三篇",我当时看了这篇批《论共产党员的修养》的文章,很不服,心里嘀咕,《论修养》没有讲阶级斗争这个字眼,"老三篇"里有阶级斗争这句话么? 也没有啊!

(八) 笑到最后的是我

至于康生、陈伯达,编《刘选》,修改再版《论共产党员的修养》,他们积极得不得了,也出过好主意。但在"文化大革命"中,他们推得干干净净。陈伯达说,这完全是邓力群搞的。康生也批"黑《修养》"。我被隔离起来。陈伯达不把我送进监狱,也不让外单位群众批斗我。送进监狱的话,他就不能直接控制我;一出去挨批,难免被迫说出《论修养》再版的经过。所以,他们就把我软禁在《红旗》杂志社,一天三班,派人监护。外面来调查的人,不能同我直接见面,通过监护的人把外调的题目交给我,我写的材料通过机关文革小组审查后交出去。这都是为了保护陈伯达、康生他们自己。

当时,"邓力群专案组"提出问题要我回答:"黑《修养》是怎样出笼的?"我如实地把情况写清楚了,陈伯达、康生如何如何也写了进去。陈伯达、康生原形毕露,恨得要死。就说我是利用交待放毒,是"现行反革命",专案组也成了"黑专案组"。他们这种伎俩,真叫人觉得又气愤又可笑!

1980年2月党的十一届五中全会为少奇同志平反以后,我写了《真理的声音是窒息不了的——驳〈《修养》的要害是背叛无产阶级专政〉》。1982年1月《刘少奇选集》(上卷)出版的时候,我又写了《逝者和生者的欣慰》。还了历史的本来面目。在编辑《刘选》、再版《修养》这件事上,历经曲折磨难,但笑到最后的是我!

十三 七千人大会前后

（一）参加《工业七十条》的起草

1. 起草任务的提出

1961 年 7 月中旬,我们到了北戴河。康生等人也来了。本想在这里继续做《刘选》的工作,但来了新的任务,就是准备"七千人大会"的文件。《工业七十条》是三个主要文件之一。另外两个文件是少奇同志的报告和《人民公社六十条》。当时还没有确定七千人的规模,只是讲开中央工作会议。

毛主席在八届九中全会上号召"大兴调查研究之风",提出"1961 年是调查研究年",并亲自带领三个调查组进行农村调查。领导工业工作的负责同志也积极响应,进一步搞调查研究。还在 1960 年年底,李富春同志就根据中央书记处的意见,组织国家计委、经委等单位的同志,成立调查组,到北京第一机床厂进行系统的调查研究。1961 年 3 月,响应毛主席的号召,计委、经委又组织人力到北京、天津、山西、山东等地的一些单位调查。①

---

① 调查的单位有:石景山钢铁公司、城子煤矿、华北无线电厂、天津永利久大化工厂、太原钢铁厂、济南钢铁厂等。

李富春同志还亲自带领一个工作组到北京西城区调查城市工作。中央政治研究室也对天津第一钢厂和天津机床厂做了调查。薄一波同志于5月上旬在北京主持国家经委召集工业座谈会。出席座谈会的有:各中央局经委主任,北京、天津、辽宁、黑龙江、江苏等十一个省市主管工业的党委书记。调查材料和座谈会材料集中地说明了当时工业战线存在的问题,形势严峻,迫切要求中央采取重大措施,贯彻落实八字方针,扭转困难局面。

早在5月广州会议之前,中央书记处就酝酿要搞一个工业文件。5月20日,中央书记处会议听取薄一波同志汇报工业座谈会的情况后,又谈到了搞工业文件的事。这时,《人民公社六十条》草案已发到党内讨论。6月12日,以修改《人民公社六十条》为主要议题的中央工作会议开到最后一天,毛主席在全体会议上讲话中指出:城市也要搞几十条。接着,6月17日,邓小平主持召开中央书记处会议,落实主席的指示,正式安排了起草工业条例的工作,确定由薄一波主持此事。鉴于当时钢煤产量下降,富春同志提出要由负责同志分头调查,解决重点企业的问题。邓小平同意李富春的意见,认为只有结合调查研究,条例才能搞得出来。

2. 边调查边起草

这次书记处会议后,薄一波同志亲自组织一个组到沈阳调查,成员有马洪、梅行、房维中,人民日报的张沛,还有计委的廖季立等人。在那里一边调查研究,一边起草条例。7月初,草拟出了一个比较简单的稿子。这个稿子题为《国营工业企业管理条例》。这时,中央书记处要求早些拿出初稿,以便大家酝酿、讨论、修改。薄一波同志又到哈尔滨、长春征求意见,经过修改,改题为《国营工业管理工作条例(草案)》,于7月16日报送中央书记处。7月下旬,薄一波同志等到北戴河,向邓小平作了汇报。

3. 小平同志主持书记处会议的讨论及会后的修改

邓小平很重视,说要交书记处讨论,把这个条例确定下来。7月29

日,在北戴河召开中央书记处会议,我也被吸收参加。大家认为,现在搞工业管理条例,为时尚早,条件不成熟。还是只搞工业企业的管理条例,着重讲企业内部的问题,有关国家与企业、企业与企业、人民公社与企业等外部关系问题,也可以涉及一点,但不在这个文件里解决。我建议在条例中加上一段"序言"。小平同志赞成。

书记处会议之后,指定由我主持序言(定稿称"总则")的起草和整个条例文字的修改工作。原来参加起草的人,马洪、梅行、房维中和张沛等人,继续参加。还找田家英、胡绳、吴冷西和王力来一起搞"总则"。我们就讨论一章,修改一章。经讨论修改,形成一个稿子,题目为《国营工业企业管理工作条例》,共十章六十五条,于8月10日送中央书记处。

4. 小平同志同意陶铸的一条好意见

我们在对《国营工业企业管理工作条例》草案讨论、修改的时候,收到几个大区寄来的意见。计委在对国营工业企业做调查研究的时候,大约也给六个大区发了通知,要求他们同样进行国营工业企业调查,并总结经验,提出意见。各大区送来的意见中,陶铸那里(中南区)有一条意见很有价值。这条意见说,根据以往的经验,看来党委领导下的厂长负责制还要坚持,但要增加一个新内容,即:对于党委的意见,如果厂长不赞成,可以请示报告上级,由上级来裁决;在此期间,厂长不同意党委意见,可以暂不执行。我们几个人觉得,这一条对减少由于党委的过分干预而使厂长无法负责,可能会起好作用。认为这条可以加进"加强党委对企业的集体领导"这一章里去。大家推我去向小平同志汇报。

我到小平同志那里去,他问我:有什么事啊? 我说:有一点意见,大家让我来向你汇报一下。我就把情况向他讲了。小平同志这个人处理事情真有一种举重若轻的气派,听我讲完,就说:看来,也只好如此。

得到小平同志同意,我们就把这一条写上了。

5. 关于"党委领导下的厂长负责制"产生分歧

修改过的稿子印发给了书记处诸同志。8 月 11 日起,小平同志主持中央书记处会议,讨论这个条例稿。逐条讨论,边议边改。没有想到,加写上去的关于加强党委对企业的领导那些内容,在讨论时引起轩然大波。有人质问:这不是推翻了党委领导的原则吗? 这不是复辟一长制吗? 还有好几个人发言,一致攻这一章,调子相当高,攻得小平同志都有点狼狈。最后,小平同志说:"党委领导下的厂长负责制"这一章由我来修改和构思,我先好好考虑一下。

6. 小平同志口授"党委领导下的厂长负责制"这一章

在讨论工业条例的第二次书记处会议上,关于"党委领导下的厂长负责制"这一章,就由邓小平同志在会上口授,我们记录。在文字上当然没有出现厂长有否决权的字眼。会上,大家听小平同志这么一讲,也就没有什么意见,都表示赞成。

小平同志讲这一章怎么修改,对企业中党委的工作确实提出了很好的意见。他还指出:党委要把反映群众意见,了解实际情况作为经常工作。党委的经常工作,就是加强调查研究工作,要向上下左右做调查,要进行深入的、系统的、周密的调查研究。通过这些调查研究来考虑党委应该做些什么工作,怎样做工作。对厂里的日常工作,不应过多干预。

按照小平同志口授写成并讨论通过的这一章——"第八章　党委领导下的厂长负责制",可以说是邓小平的手笔。这一章共有四条,即五十四、五十五、五十六、五十七条,全文如下:

五十四、在企业的生产行政上,实行党委领导下的厂长负责制,实行集体领导和个人负责相结合的制度。

企业党委对于生产行政工作的领导责任是:

（1）贯彻执行党的路线、方针、政策，保证全面完成和超额完成国家计划，保证实现上级行政主管机关布置的任务。

（2）讨论和决定企业工作中各项重大问题。

（3）检查和督促各级行政领导人员对国家计划、上级指示、企业党委决定的执行。

在企业党委的领导下，企业生产行政工作的指挥，由厂长负责。

五十五、企业生产行政中的下列重大问题，必须由企业党委讨论和决定。（1）企业的年度计划、月度计划和实现计划的主要措施，（2）企业的扩建、改建和综合利用、多种经营的方案，（3）生产、技术、供销、运输、财务方面的重大问题，（4）劳动、工资、奖励、生活福利方面的重大问题，（5）重要的规章制度的建立、修改、废除，（6）企业主要机构的调整，（7）车间、科室以上行政干部和工程师以上技术干部的任免、奖惩，职工的开除，（8）企业奖励基金的使用，（9）企业工作中的其他重大问题。

企业党委无权改变国家计划。企业党委的决定，不能同中央决定、指示和企业上级行政主管机关布置的任务和下达的指示相抵触。

企业党委对生产、技术、财务、生活等重大问题作出决定以后，应当由厂长下达，并且由厂长负责组织执行。

五十六、企业党委应当支持以厂长为首的全厂统一的行政指挥系统行使职权，应当认真维护各级的和各方面的责任制。

五十七、车间、工段和专职机构的党总支委员会、支部委员会的主要任务，是做好思想政治工作和党的建设工作，团结全体工人、技术人员和职员，贯彻执行企业党委员会的决议，贯彻执行厂部的指示、命令。如果对上级行政的决议、指示、命令有不同意见，应当请示企业党委员会处理，不能自行决定。

车间、工段党总支委员会、支部委员会，对本单位生产行政工作的完成，起保证和监督作用。在车间、工段，不应当实行党总支委员会、支部委员会领导下的车间主任、工段长负责制。

专职机构的党支部委员会的作用，相当于机关党支部委员会的作用。在专职机构中，不应当实行党支部委员会领导下的科长、室主任负责制。

此外，关于"党委领导下的厂长负责制"及党委的工作、厂长的权力，在条例的总则和各章中还有明确的规定。如："总则"第六条规定："在国营工业企业中，实行党委领导下的行政管理上的厂长负责制，是我国企业管理的根本制度。""企业内的一切重大问题，必须经过党委讨论决定。"第七章"责任制度"中第四十九条规定："每个企业，都应当在党委领导下建立以厂长为首的全厂统一的生产行政指挥系统，集中领导企业的生产、技术、财务等活动，保证全厂生产有秩序地进行。"第十章"党的工作"中第六十九条规定："企业党委的主要领导干部，应当用主要精力和大部分时间进行调查研究工作，努力发现企业管理工作中的关键性问题，认真研究解决的办法，提交党委会讨论和决定。"

7. 毛主席看了《工业七十条》，表示满意

北戴河会议一个来月，差不多就是搞这一个条例。8月中旬，经过邓小平主持下中央书记处会议四天逐条讨论修改，这个文件已经同最初的面目大不相同了。小平同志很满意。书记处会议下来，薄一波又同李雪峰和我一起，将整个文件的文字从头至尾推敲了一遍。

8月15日，邓小平、彭真、李富春、薄一波四位联名向毛主席和政治局常委写了一封信，送上这个工业条例草案。这时，文件的名称是《国营工业企业管理工作条例（草案）》，共七十条，故简称《工业七十条》。整个文件前面是"总则"（1—6条），后为十章：第一章，计划管理（7—11条）；第二章，技术管理（12—19条）；第三章，劳动管理（20—24条）；第四章，工资、奖励、生活福利（25—31条）；第五章，经济核算和财务管理（32—41

条);第六章,协作(42—47条);第七章,责任制度(48—53条);第八章,党委领导下的厂长负责制(54—57条);第九章,工会和职工代表大会(58—61条);第十章,党的工作(62—70条)。

据说,毛主席看了,表示满意,说:我们终究有了一个自己的管理工业的条例,有了我们自己的东西。

8月15日当天,中办就将《工业七十条(草案)》和邓小平、彭真、李富春、薄一波等四人的联名信印发给即将参加中央工作会议的各同志,要他们提意见。

8. 庐山会议上的风波

1961年8月23日,中央工作会议在庐山开幕。薄一波同志就条例的起草经过和主要内容,特别是它的针对性,作了说明。小平同志在讲话时说,这个《工业七十条(草案)》提交会议讨论,将采用《人民公社六十条》的办法,会后发下去试行,在试行中再修改。

没有想到,在庐山会议上又引起了风波。上海的柯庆施,还有北京的什么人,在小组会上发难。指责这个条例总结总路线、大跃进的正面经验不够,大搞群众运动不突出,没有提解放思想,破除迷信,敢想敢说敢干,对政治是统帅是灵魂阐述不够,对党委领导写得不鲜明,等等。总之,是否定大跃进的成绩,否定群众运动,否定党的一系列正确主张,照这个条例办,就要回到大跃进以前的老路上去了。还有人说了一句很尖刻的话:看来看去,这个条例是刚从苏联回来的人起草的。

9. 关于"工业八条指示"

在中央工作会议上通不过,会上的这些议论可能汇报到主席那里了。主席呢,作为领导人,兼听则明吧,我原来满意的这个条例,既然有不同意见,那好啊,想办法弥补吧。就责成彭真主持起草一个执行这个条例的党中央指示,把人家攻的那些问题,大跃进时代的语言,解放思想,群众运动那些话,都写到指示里面去。这样,就形成了《中共中央关于当前工业问题的指示》(1961 年 9 月 15 日),通称"工业八条指示"。① 仔细看,它同《国营工业企业工作条例(草案)》和为试行这个条例而发的《中共中央关于讨论和试行〈国营工业企业工作条例(草案)〉的指示》(1961 年 9 月 16 日),完全是两个调子。

1961 年 9 月 16 日,彭真同志将指示信和修改后的《工业七十条》报送政治局常委,附信说明:"六个大区的同志已阅,均无意见,认为很好。" 17 日凌晨,毛主席批示:"指示及总则已阅,很好"。主席和总理审阅时都把原来题目上的"管理"二字圈掉。七十条最后定稿的题目是《国营工业企业工作条例(草案)》。

10. 小平同志对庐山风波的反应

庐山中央工作会议上发生风波的时候,小平同志不在,他到朝鲜访问去了。《红旗》是胡绳去参加的。我在北京看家,也没有上庐山。马洪、梅行去了庐山,回来一肚子意见。

后来,在酝酿开七千人大会的一次书记处会上,说起上述情况,邓小平才听到那些批评得很尖锐的话。那句有代表性的话:看来,这个条例是刚从苏联回来的人起草的,小平同志听了很反感,立即说:我倒是留过苏,但不是刚从苏联回来的。

邓小平没有改变他的观点,也没有放松责任。这是他一贯的硬朗作风。

---

① 这八条指示是:一、切实地执行调整、巩固、充实、提高的方针;二、在工业管理中实行高度集中统一的领导;三、在全面安排的基础上,抓住中心环节,集中力量,解决问题;四、努力增产日用品和农业生产资料,稳定市场;五、加强经济协作;六、切实整顿企业的管理工作,从"五定"着手,严格实行责任制和经济核算制;七、坚持群众路线,改进工作作风;八、加强纪律性。

（二）为七千人大会做准备

1. 建议大中型国营企业党委书记参加会议

为进一步贯彻《人民公社六十条》和《工业七十条》，有必要开一个政治局扩大会议。当时确定的主题是反对分散主义，强调集中统一。小平同志主张让全国的县委书记都到会，这就有两千多人，加上省级干部就有三千多人了。我建议：是否让大中型国营企业的党委书记也参加这个会？因为这个会既要贯彻《人民公社六十条》，又要贯彻《工业七十条》。邓小平同意，于是就成为中国共产党历史上没有过的七千人的扩大会议。会议的正式名称叫"扩大的中央工作会议"，参加这次会议的有中共中央、各中央局、各省市自治区党委、地委、县委、重要厂矿党委及军队的负责干部，共七千多人，通称"七千人大会"。

2. 整理《毛泽东同志论社会主义建设的总路线和在两条战线上的斗争》

为会议做准备，最重要的是准备会议的报告和文件。

会议的正式文件有三个：一个是《人民公社六十条》；一个是《工业七十条》，会上就发邓小平主持定的那个七十条，小平同志也没有反对；一个是后来定名为《毛泽东同志论社会主义建设的总路线和在两条战线上的斗争》的文件。

《毛泽东同志论社会主义建设的总路线和在两条战线上的斗争》这个文件，是把毛主席1958年以来关于总路线、大跃进、人民公社的指示，包括开展两条战线斗争的指示，整理到一起，统一大家的思想。这个文件是由我主持整理的，马洪、梅行等参加。把主席《关于正确处理人民内部矛盾的问题》《论十大关系》的要点都编进去了，总共有三万多字。编好之后，陈伯达读改了一遍。他把我们从《论十大关系》中选编的内容删掉了一些,每个关系列举若干条。

这个材料先送给邓小平他们看,没提什么意见。然后送给毛主席。他看了之后,总体上没有提不赞成的意见,但对用这种摘编的方法来表述"十大关系"不赞成,说:哎呀,"十大关系"被你们这样一摘,就变成一些破烂的布条了。就是说,他感到这样一搞,把他的完整的思想肢解了。但他没说不让印发。这份材料还是印了八千份,发给出席七千人大会的同志。

3. 关于会议报告的起草

我参加了会议报告起草的准备工作。会议报告的起草人包括了各大区的书记。1961 年 11 月,我离开北京到广州搞《刘选》的事,会议报告的准备就由吴冷西、王力、胡绳、姚溱他们继续进行。12 月初,在邓小平同志主持下开始工作报告的起草工作。

前面已经说过,中央确定由少奇同志作工作报告。他在广州知道以后,就撇下关于《刘选》的事回北京准备这个报告了。因此,这个工作报告后来是由少奇同志亲自主持起草的。

(三) 听了最后三天大会的讲话

七千人大会从 1962 年 1 月 11 日开到 2 月 8 日。我们在春节前才从广州回到北京。这时,大会已经接近尾声了。所幸听到了小平同志、朱老总、周总理的讲话和少奇同志在 2 月 8 日中央工作会议上的讲话。

1. 小平同志讲话给我的深刻印象

2 月 6 日(年初二)下午,在人民大会堂听了小平同志和朱老总在全体会议上的讲话。小平同志讲群众路线的一番话,给我很深印象。他讲:从群众中来,到群众中去,这是我们党的根本路线。各个时期、各个方面工作,都要贯彻群众路线这条根本路线。大跃进时期贯彻这条路线的错误或偏向,是把大搞群众运动作为贯彻群众路线的唯一办法,而且搞成一种形式。这种认识和做法,实践已经证明不对。他讲:贯彻群众路线有多种多样的形式,其中最基本、最起码的工作,就是日常地、细致地、深入地联系群众,听取群众意见,向群众做宣传、解释,做艰苦复杂的工作。有了这个基础,在这个基础上形成的群众运动,才是真正的、有意义的群众运动。没有这种笨功夫,没有这种基础工作,你天天搞群众运动,就只能是大呼隆,是形式主义。

2. 周总理的自我批评精神令人感动

2月7日下午,在闭幕会上听了周总理的讲话。周总理的自我批评精神令人感动。他结合实际检查了大跃进高指标及权力下放过多、一些政策性文件未经中央审批就由相关部门发布等分散主义的错误。还有一点印象特别深刻,就是总理讲困难还很严重,特别是粮食问题非常紧张。他还根据少奇同志提出的"精兵简政,增产节约"的克服困难的办法,提出了具体措施。包括精简机构、压缩城镇人口、精简职工人数,争取农业增产,增加工业生产,缩短基建战线,搞好市场供应,争取财政收支平衡等。

这些讲话,调子都一样,总起来说就是总结工作,批评缺点,克服困难。

3. 林彪与众不同

只有林彪与众不同,他在会上大讲毛泽东思想,大讲主席正确。说:毛泽东思想总是正确的,这几年发生错误和困难,恰恰是由于我们有许多事情没有照着毛主席的指示去做,或者用"左"的思想或者用右的思想干扰了他的缘故。如果听毛主席的话,困难会小得多,弯路也会少走得多。各种各样的正反面的经验都证明,只有学习毛泽东思想是唯一正确的方针。

这个人真会抓旗帜啊!

4. 陈云没有在大会上发言

政治局常委中间,陈云同志没有在大会上发言。本来,毛主席让他在会上发言,陈云同志说:我正在搞工业调查,还没有搞完,在大会上不好讲。对此,主席不高兴。不过,陈云同志2月8日在陕西省全体干部会上有一个讲话。他肯定这次大会取得了非常大的胜利,强调"只有通气,才能团结;只有民主,才能集中";"只要有勇于开展批评和自我批评这一条,坚持真理,改正错误,我们共产党就将无敌于天下。"他还着重讲了"怎样使我们的认识更正确些",提出和解释了"交换、比较、反复"的方法。

5. 少奇同志在中央工作会议上讲话,强调发扬民主、加强民主集中制

2月7日闭幕会后,8日,又召开中央工作会议。少奇同志讲他的书面报告的修改意见,小平同志讲会议精神的传达和文件阅读问题。

前面说过,在准备工作报告的时候,原定七千人大会的主题是加强集中统一,反对分散主义。会议开始以后,毛主席在1月30日讲话,要发扬民主,让大家把意见都讲出来,所谓"两干一稀,白天出气,晚上看戏"。会议的主题变为总结经验,批评缺点,而民主集中制的问题成为主要问题了。于是,少奇同志在2月8日的讲话中提出把毛主席讲的关于民主集中制的意思加到他的书面报告中去。少奇同志说:起草书面报告时,把分散主义作为主要问题来批评,忽略了民主集中制方面存在的问题,建议把第二部分"关于集中统一"改为"加强民主集中制,加强集中统一",把毛主席讲的内容加进去。少奇同志并强调说:这几年我们吃了不调查研究的亏,吃了不讲民主的亏。我们不发扬民主,不善于听人家的意见,不充分在人民中间讨论,不认真取得他们同意,这是一条很大的经验教训。要形成一种能够畅所欲言的空气。党内如此,党外更应如此。无论如何不

能以党代替政府，不能以党代替工会，因为党员总是少数。要充分发挥人民代表大会制度的作用，通过这种制度去实行人民的民主。

（四）协助整理少奇同志的口头讲话

七千人大会结束以后，要整理少奇同志的口头讲话。这个任务落到了我的头上。

上面讲过，会前，少奇同志就主持起草了一个工作报告。毛主席说：工作报告整理出来，发给大家讨论，大家提意见，修改后再正式印发。少奇同志就不要在大会上照稿子念了，自己还想说些什么，解释、发挥或强调什么，可另做口头说明。主席自己就不习惯念稿子。延安开的七大，后来的许多全国会议，大都是稿子搞了七八遍，印发给大家，他在会上讲他自己还想讲的，发挥一下、解释一下正式稿子上说得不透彻的东西，没有写上去的东西。他希望少奇同志也这么办。这样，少奇同志在七千人大会上有一个 1 月 27 日印发的正式报告（称"报告"），在同一天的会上有一个口头讲话，整理时把后来做的总结包括在内。

他在"口头讲话"中讲的一些话，感受深切，随口而出，难免不大中听。对三面红旗，讲：三面红旗还要看历史的考验，现在暂时不提三面红旗了吧。这些话显然不够策略。"三分天灾，七分人祸"，是农民的语言，也在大会上讲了。在整理、修改的过程中，少奇同志在他家一楼会议室召集我们开了一个会。在谈到"大跃进"后困难时期饿死人，他很激动。当时讲的几句话，给我印象很深刻。他说：人吃人，历史上发生这样的事是要在史书上记载的。没有想到我当国家主席的时候，竟也发生了这样悲惨的景象！我们发生这样的事，也要在史书上记下！还说：我们犯了那么大的错误，给人民带来那么大的损失，我们这是第一次总结。总结一次还不够，以后每年都要回过头来总结，总结第二次、第三次，第四、五、六、七次，一直总结他十年，搞清楚究竟我们的错误在哪里，教训在哪里，做到这个总结符合实际,真正接受教训,不再犯大跃进错误为止。

作为国家主席,在人民遭受灾难时,有这种感情,非常可贵! 但不清楚这些话是否会传到毛主席的耳朵里。主席听了,再有人添油加醋,会不会产生一些负面影响?

（五）对毛主席讲话的认识过程

接下来,我又参与刘少奇在七千人大会上的书面报告的修改。少奇同志在 2 月 8 日的总结中讲了要吸取毛主席 1 月 30 日讲话的思想,来修改他的书面报告。要把发扬民主、加强民主集中制方面的内容加进去。

这里有必要谈一谈我对毛主席 1 月 30 日讲话的认识过程。

对主席的讲话,有些同志评价不高。说老实话,我当时也觉得不过瘾。但事过几十年后,感觉他的讲话确实深刻,经得起时间的考验,实践的检验。

主席在会上讲了六点:一、这次会议的开会方法;二、民主集中制问题;三、根本立场问题;四、关于认识客观世界的问题;五、关于国际共产主义运动;六、要团结全党和全体人民。讲话的"中心,是讲了一个实行民主集中制的问题,在党内党外发扬民主的问题"。

关于民主集中制问题,主席从十个方面作了细致的分析。他讲,列宁说:无产阶级的武器只有一个,就是按照民主集中制,把自己的队伍组织起来,除此以外,没有别的武器。在社会主义建立起来以后,这个民主集中制、党内生活怎么适应新的情况,今天还没有解决。并说,没有民主的集中,只能是修正主义的集中,法西斯的集中。主席还说:党内要允许有公开的反对派,只是不允许秘密的反对派存在。

在社会主义建设问题上,毛主席说:搞革命要有一个认识过程,失败,胜利,再失败,再胜利,要反复多次;社会主义建设我们也没有经验,也不能一搞就成功,也要经过反复的比较。人们的认识由必然王国到自由王国是个过程。对社会主义建设的认识也有一个从必然王国到自由王国的过程。这个过程还没有完结。我们还没有进到自由王国。必须在总结正反两方面的经验的基础上,加深对社会主义建设规律的认识。他说,他在今天以前,只关心和努力从生产关系的变革来考虑问题,对制度方面、生产关系方面注意较多,而对生产力和对生产力的发展方面知识较少,做得不够,不知谁谁。在国内,在世界,我们必须坚定地站在人口95%以上的人民大众这一边。

在毛主席亲自领导制定的《人民公社六十条》影响下,1961年各部门总结自己正反两方面的经验,纷纷制定条例。产生了《工业七十条》《商业四十条》《手工业三十五条》《高教六十条》《中学五十条》《科技十四条》《文艺八条》等。应该讲,我们的社会主义建设经过总结犯错误的经验教训以后,认识前进了一大步。毛主席在讲话中肯定我们已经制定的各种条例,说:总之,工、农、商、学、兵、政、党这七个方面的工作,都应当好好地总结经验,制定一整套的方针、政策和办法,使它们在正确的轨道上前进。他再一次强调:有了总路线还不够,还必须在总路线指导之下,在工、农、商、学、兵、政、党各个方面,有一整套适合情况的具体的方针、政策和办法,才有可能说服群众和干部,并且把这些当作教材去教育他们,使他们有一个统一的认识和统一的行动,然后才有可能取得革命事业和建设事业的胜利,否则是不可能的。主席这一番话,是带有规律性的总结。

主席还讲到犯错误以后,应该怎样正确对待,受到错误的处分,应该怎样对待。他引用司马迁的话,讲了孔子遭厄运而作《春秋》、左丘失明而写《国语》、孙膑被废了双膝而修兵法这些故事,还说到屈原要不是贬官下乡,也不会有《离骚》。

当时觉得毛主席讲的不如少奇同志那么有切肤之痛。过后看,主席讲话非常重要,十分深刻。

（六）毛主席到外地了解情况

　　主席的习惯,开会做了决定以后,就到各地跑,了解贯彻执行的情况。在七千人大会之后,也是这样。他离开北京,到外地去,了解执行情况,了解各地对七千人大会的反映。

十四　西楼会议和1962年调整

（一）西楼会议的召开

在七千人大会以后，1962年2月中旬，为制订1962年年度计划，少奇同志听了财政部的汇报。从中了解到：中央工作会议期间财贸办公室所作的关于1961年财政信贷执行情况和1962年如何实现中央"当年平衡，略有回笼"方针的报告并没有揭露矛盾，没有解决问题。实际上，1961年有50亿赤字，财政收支不能平衡；1962年的财政预算和信贷计划也存在很大的赤字，商品供应同社会购买力之间有很大的逆差。这引起刘少奇的高度重视，决定召开中央政治局常委扩大会议，讨论经济工作，分析经济形势，讨论1962年国家预算。

会议在1962年2月21日至23日举行，由少奇同志主持。会议的地点在中南海西楼，所以后来称为"西楼会议"。我列席了这次会议。

少奇同志在会上讲话。他说：中央工作会议（即七千人大会）对困难情况透底不够，有问题不愿揭，怕说漆黑一团！还它个本来面目，怕什么？说漆黑一团，可以让人悲观，也可以激发人们向困难作斗争的勇气！对当前形势的估计，少奇同志说：现在我们的困难还没有过去，困难还大，还没有到谷底。他用了一个触目惊心的字眼：非常时期。他说："现在处于恢复时期,但和一九四九年后的三年情况不一样,是个不正常的时期,带有非常时期的性质,不能用平常的办法,要用非常的办法,把调整经济的措施贯彻下去。"

在讨论中,陈云同志对当时的经济形势和克服困难的办法作了一个重要讲话。他对经济形势的看法、对困难的估计,同少奇同志是一致的。陈云的讲话得到少奇同志的肯定和支持,其他同志也都赞成。少奇同志确定,要陈云同志把他的意见在国务院全体会议上讲一讲。

会后,我回到钓鱼台住地,向马洪、梅行、王力、何均、房维中等秀才们讲了刚刚听过的陈云同志西楼讲话,以及要专门召开国务院全体会议请陈云讲一讲的信息。还商量这个会我们都去,不要坐在一起,坐到会场的各个方位,听到讲得好的地方,就带头鼓掌,形成一种对陈云同志讲话热烈拥护的气氛。

(二) 陈云同志在国务院各部委党组成员会议上的报告

1962 年 2 月 26 日,在国务院小礼堂召开国务院各部、委党组成员会议。先由李富春、李先念同志作报告,富春同志讲工业情况、建设速度问题,先念同志讲财政、信贷、市场问题,接着是陈云同志的报告,讲的题目是《目前财政经济的情况和克服困难的若干办法》。

陈云同志指出,"目前的处境是困难的","目前的困难是相当严重的"。目前财政经济方面的困难表现在五个方面:一、农业在近几年有很大的减产;二、已经摆开的基本建设规模,超过了国家财力物力的可能性,同现在的农业生产水平不相适应;三、钞票发得太多,通货膨胀;四、城市的钞票大量向乡村转移,一部分农民手里的钞票很多,投机倒把在发展;五、城市人民的生活水平下降。吃的、穿的、用的都不够,物价上涨,实际工资下降很多。陈云同志讲了困难,也讲了克服困难的有利条件。对采取哪些办法来克服困难,陈云同志提出六点意见:一、把十年经济规划分为两个阶段,前一阶段是恢复阶段,后一阶段是发展阶段;二、减少城市人口,"精兵简政";三、要采取一切办法制止通货膨胀;四、尽力保证城市人民的最低生活需要;五、把一切可能的力量用于农业增产;六、计划机关的主要注意力应该转移到农业增产和制止通货膨胀方面来。

陈云同志的讲话受到大家热烈的欢迎。讲到那种谁都了解,但谁都不敢讲的看法;还有那些大家都觉得是个问题,但谁也没有本事讲清楚,谁也拿不出解决办法,而陈云同志讲得清清楚楚,拿出具体切实的办法。全场报以热烈的掌声。用不着秀才们带什么头,我们的掌声早已被大家的掌声淹没了。会场上的那种气氛真是感人啊!

陈云同志真是有高招。比如,用卖高价商品的办法,来回笼钞票,制止通货膨胀,就是在这个报告中提出来的。再如,关于保证城市人民最低生活需要,他提出,"分几步做到城市每人每月供应三斤大豆"。他算了两笔细账:一亿城市人口,实行这个办法,每年需要三十亿斤大豆。我国这两年的大豆产量是一百二十亿斤,拿出三十亿斤来供应城市是可能的;据计算,每人每天最低需要七十克蛋白质,一斤粮食含蛋白质四十五克,一斤蔬菜含五克,一两大豆含二十克。在缺少肉类和蛋品的情况下,用大豆来补充营养,是一个比较可靠的办法。

听了陈云同志的报告,我和大家的感受是一样的,都觉得,这下困难总算估计够了,这才真是唯物主义啊!困难讲清楚了,跟着解决的办法也有了,这就有希望了。

(三) 关于传达办法的讨论和中央批转陈云等报告的指示

国务院报告会后,书记处开会研究怎么传达。当时好像有一种意见,只传达陈云同志的讲话。彭真同志说:三个人讲话,只传达陈云同志一个人的,不好吧。小平同志立即作出决断:这个事简单,三个人的讲话,一起都传达。

报到少奇同志那里。少奇同志提出:陈云同志讲话,大家很欢迎,恐怕要转发全国。这样就要起草一个中央《关于批转陈云等同志讲话的指示》(以下简称《指示》)。于是,少奇同志又在西楼召集会议,讨论《指示》涉及的有关问题。我列席了这个会议。

会上在几个重要问题上有一些不同意见,展开了讨论,达成了共识。

第一个问题,是关于形势问题。有人提出:这同七千人大会上对形势的估计不同。主席在七千人大会上讲:最困难的时期已经过去。现在把陈云同志的意见转发出去,就成了一种新的情况、新的分析,这样好不好?少奇同志回答:一个会议做一种估计,后来认识发展了,情况变化了,又做一种估计,在党的历史上不乏其例,有的是啊!问题是这个意见、这个判断符合不符合实际。对当前形势总的判断的提法问题,会议肯定少奇同志的判断,并采用"非常时期"的提法。《指示》开头就指出:"在扩大的中央工作会议以后,中央政治局常委扩大会议于二十一日至二十三日开会讨论了财政、金融、市场以及目前整个经济形势的问题,认为目前财政经济的困难是很严重的。"《指示》说:"这次常委扩大会议,检查了财贸办公室在一九六二年一月中央工作会议期间向中央所作的关于一九六一年财政信贷执行情况和一九六二年如何实现中央'当年平衡,略有回笼'方针的报告,认为这个报告并没有揭露矛盾,没有解决问题。实际上,一九六二年的财政预算和信贷计划有很大的赤字,商品供应同社会购买力之间有很大的逆差。"如果不正视这种情况,立即采取有力措施,坚决扭转这种局面,财政经济的困难还会更加严重。《指示》指出:"应当说,我们现在在经济上是处在一种很不平常的时期,即非常时期。"

第二个问题,关于十年规划两个阶段的提法问题。关于非常时期的主要任务①,没有不同意见。陈云同志把十年规划分为两个阶段,也都赞成。但这两个阶段的目标、任务的提法,有不同意见。

---

① 非常时期的主要任务是:"大力恢复农业,稳定市场,争取财政经济状况的基本好转。也就是说,目前全党必须集中力量,增加农业生产和日用品生产,解决吃、穿、用问题,保证市场供应,制止通货膨胀。至于基本建设,除了维持简单再生产的工程和十分必要的扩大再生产的某些工程以外,其他都要一律停止。今年内年度计划,必须根据上述原则迅速进行调整。"

陈云同志讲话中说："前一阶段是恢复经济的阶段,后一阶段是发展阶段。"他还讲,我们现在进入了一个恢复时期,恢复时期要准备长,争取快。准备四五年,争取快一点,少一两年更好。是用恢复时期呢,还是用调整时期? 彭真同志不赞成用恢复时期。小平同志做了一个折衷,说:对外讲调整时期,对内讲我们进入一个恢复时期。《指示》作了这样的表述:"为了语言上的一致,中央认为,今后十年,应当分为两个阶段:前一个阶段,是调整阶段,主要是恢复,部分有发展;后一阶段,是发展阶段,主要是发展,也还有部分的恢复。有了前一个阶段的调整,才能有后一阶段的发展。只有这样划分两个阶段,才能使任务明确,步调一致。"特别说明:"前一阶段主要是恢复这一点,一律不要向外讲,在党内和党外,仍然一律称为调整阶段。"

第三个问题,是指标问题。计划指标、基建指标等各项指标制定的原则,陈云同志讲平衡。少奇同志讲,多年来我们都是讲高指标,以为这样可以激发群众的积极性,结果不能实现,反而挫伤了群众的积极性。我们如果定一个低的指标,多少年后超额完成,不但不会伤害群众的积极性,反而会激发群众的积极性。他赞成订一个低指标。大家都同意。因此,《指示》强调要缩小基建规模,降低生产指标,指出,只有划分两个阶段,才能使任务明确,步调一致,"否则,大家就还只想着发展,而且只想着重工业的发展,硬撑着架子,不愿意缩小基本建设的规模,不愿意降低某些重工业的生产指标。这就不能真正体现农轻重的方针,不能真正体现从六亿多人口出发的方针,不能完成首先解决吃穿用的任务;这对于克服目前的严重困难,争取财政经济状况的基本好转,是极为不利的"。

会上确定,这个指示由我执笔起草。我起草好后交给刘少奇。他做了一点修改。3 月 12 日,刘少奇又在西楼主持召开了中央常委扩大会议,讨论和通过了《中共中央关于批发陈云等同志讲话的指示》。

（四）向毛主席请示

中央常委扩大会议一致通过以后，刘少奇很慎重，说：我们这个会对形势的估计，解决问题的办法，确实与七千人大会有所不同。主席在外地，这个会没有参加，我们大家同意的这些新的意见，需要送给他看，征得他的同意。他同意了，我们就发；他不同意，我们再议，再讨论。大家都赞成少奇同志的意见。

那时，毛主席在武汉。3 月 16 日，刘少奇、周恩来、邓小平就从北京飞到武汉，带去了文件。17 日，向主席作了汇报。汇报以后，少奇同志他们就回来了。回来的当天晚上，少奇同志给我打电话，说：文件送给主席看了，口头上也向他汇报了，主席同意我们的意见，主席同意了。电话里听得出来，少奇同志非常高兴。他要我明天到他那里去，对这个批语再斟酌一下。

原来《指示》里有这样的话：对陈云等三人的报告进行讨论时，有些部门、有些同志有不同意见，这是一种正常现象。少奇同志说：对于提出不同意见的人，是不是要把名字写上？我说：这样恐怕不好吧，不加为好。少奇同志说：好，不加。这样，3 月 18 日，这个《指示》就发出去了。

（五）成立中央财经领导小组

就在讨论、确定要转发国务院会上陈云等三人报告的时候，中央常委提出：现在看来有必要重新成立中央财经小组。3 月 13 日的常委扩大会议决定，财经小组组长由李富春担任，成员有陈云、总理和其他一些人。

我们这些集中在钓鱼台的秀才平时议论，形成一种看法：经济工作需要组织一个司令部，司令员最好是陈云，政委最好是邓小平。听说现在要成立财经小组，由李富春当组长，大家不满意，认为还是陈云当组长好。我当然也非常赞成这种意见。大家就鼓动：你去提意见啊，你代表我们去提啊。他们要我去向少奇同志反映这个意见。

为慎重起见,我先去找康生商量,看可以不可以去提。那天怎么也找不到康生。于是只好找陈伯达。电话打过去,陈伯达要我立即到他那里去。我把秀才们的意见说了。他表示完全赞成,说:你现在就去找少奇同志,我给你打电话联系。说着,就拿起电话来,那时已经快晚上十点钟了。王光美同志接的电话。陈伯达说:邓力群同志找少奇同志,有点意见要反映,是否现在能够就去?王光美转身问刘少奇,刘说:可以来,现在就来。

当天晚上,我到少奇同志那里把意见讲了。我说这些话是代表大家的意见。当时,我很激动,说:搞不好,我们可能还要陷入更大的困难。说着说着,我掉了眼泪。我说:对富春同志,我一向很尊敬,但根据以往的观察,由他来承担这个任务,我认为有困难,还是由陈云同志来当组长好。少奇同志赞成我的建议,对我表示鼓励。

第二天,少奇同志即找陈云谈话。开始陈云不愿意,理由是:富春同志当组长合适,自己作为一个成员,也不妨碍把意见讲出来,这样与富春同志的关系好处。后来,周总理告诉我,刘少奇当时跟陈云说:我支持你,一直支持你到底。总理说:没想到刘少奇下这么大的决心。

4月19日,经刘少奇提议,中央决定,由陈云担任中央财经小组组长,李富春、李先念为副组长,周恩来、谭震林、薄一波、罗瑞卿、程子华、谷牧、姚依林、薛暮桥为成员。

(六) 选编《陈云同志几年来有关经济建设的一些意见》

决定由陈云同志担任财经小组组长以后,刘少奇出了一个主意:你们去把陈云同志关于经济工作的意见选编一下,印发给大家学习参考。政治局会议同意刘少奇的意见。

会后,少奇同志让我主持这件事。秀才们都很积极,选编了十几篇陈云同志新中国成立后至1961年以前的文章和讲话,都是同当前工作关系比较密切的。先起了一个总题目,叫"陈云论经济工作"。何均表示异议,他说：七千人大会已经发了一个《毛泽东同志论社会主义建设的总路线和在两条战线上的斗争》，现在又来一个《陈云同志论经济建设》，把陈毛并列，两论并提，不好。这样，就改成《陈云同志几年来有关经济建设的一些意见》。

在选编的过程中，找了周太和同志。他当时是陈云同志的秘书。周太和回话说，把中央选编陈云同志关于经济工作文章、讲话的这个决定报告了陈云同志，他不赞成。我把陈云的意见又向刘少奇报告。刘说：印发的份数少一点，只印发政治局常委、书记处各同志和财经小组成员。这样，总算编成了。文章和讲话一共 15 篇，① 大概十来万字。另外搞了一

---

① 15 篇文章和讲话目录如下：

《关于全国农业发展纲要草案》（1956 年 1 月 25 日在最高国务会议上的发言）

《在资本主义工商业的社会主义改造完成以后应当采取的几项经济措施》（摘自 1956 年 9 月 20 日在党的八届一次会议上的发言）

《猪肉供应紧张和猪的增产问题》（1956 年 11 月 11 日在八届二中全会上关于粮食、副食问题报告中的第二个问题）

《财政收支平衡和市场供应的关系》（摘自 1956 年 11 月 27 日关于商业工作的讲话纪要）

《国力和建设问题——国家的财力、物力和建设的规模问题》（1957 年 1 月 18 日在全国省市委书记会议上关于财政经济问题发言中的第三个问题）

《必须研究各种经济之间的比例关系》（1957 年 1 月 18 日在全国省市委书记会议上关于财政经济问题发言中的第四个问题）

《关于解决吃、穿问题的主要办法》（1957 年 9 月 24 日在八届三中全会上关于体制、物资安排、农业生产问题报告中的第三个问题）

《在西北协作区基本建设工作会议上的发言（摘要）》（1958 年 10 月 21 日）

《建立完整的工业体系，从什么范围开始？》（摘自 1959 年 3 月 1 日在《红旗》刊登的《当前基本建设中的几个重大问题》）

《速度和质量》（摘自 1959 年 3 月 1 日在《红旗》刊登的《当前基本建设中的几个重大问题》）

《关于钢铁指标问题》（1959 年 5 月 11 日在中央政治局会议上的报告）

《冀、鲁、豫、皖、苏五省的农业问题》（1961 年 1 月 18 日在八届九中全会上讲话中的第三个问题）

《安排市场的一项措施》（摘自 1961 年 1 月 19 日在中央工作会议上的讲话）

《关于减人和城市人口下乡的问题》（1961 年 5 月 31 日在中央工作会议上的讲话）

《作物安排必须因地制宜》（1961 年 8 月 8 日，上海市青浦县小蒸人民公社调查报告之二）

个提要,大约一万多字。共印了 30 份,于 1962 年 4 月 17 日发出。

4 月 16 日,刘少奇专门给毛主席写了一封信,信中说:

> 最近,我要邓力群找陈云同志几年来有关经济工作的一些意见来看,他找来了,并搞了一个摘要。我只看了这个摘要。现特送上,请主席看看。此外,陈云同志在今年三月七日财经小组会上的讲话,也提出了一些很重要的意见,很值得一看。以上几个文件,已要办公厅发给中央常委、书记处和中央财经小组各同志。是否还要发给其他同志?请主席阅后酌定。再征求陈云同志意见。

这个材料,主席看了没有,搞不清楚。一直到这年的七八月间,在北戴河,田家英到毛主席办公室去,看到还摆在桌子上。其时,陈云同志已提出分田到户的意见。田家英对主席的机要秘书说,把那份东西撤下来吧。

(七) 陈云在第一次财经小组会上的讲话

1962 年 3 月 7 日,召开第一次财经小组会议,陈云同志在会上讲话。事先准备这篇讲话,陈云同志讲,我记录、整理。这篇讲话已经收在《陈云文选》里面。重要的那些话,都是陈云同志讲的。

陈云同志讲了七个问题,着重讲的是计划(长远计划、年度计划)和平衡问题。他讲:自己多年负责管计划工作,在计划工作方面主要抓两个要点,第一个是基本建设规模的大小,第二个是职工人数和工资总额。他说:基本建设投资和劳动力这两条管住了,计划大体上也就管住了,就不至于出乱子。

关于基本建设。他强调综合平衡。他认为综合平衡必须从现在开始,今年的年度计划就要搞综合平衡,开步走就要搞综合平衡。他说,建设规模的大小,不取决于我们的主观愿望,而决定于我们现有的物资、材料。他说,在财经委员会的时候,采取的办法就是"砍","砍"到国家财力、物力特别是农业生产所能承担的程度才定下来。

至于按什么"线"搞平衡,陈云同志主张短线平衡。他说,过去几年,基本上是按长线搞平衡。这样做,最大的教训就是不能平衡。结果,建设项目长期拖延,工厂半成品大量积压,造成严重浪费。在这方面,这几年的教训已经够多了。按短线搞综合平衡,才能有真正的综合平衡。所谓按短线平衡,就是当年能够生产的东西,加上动用必要的库存,再加上切实可靠的进口,使供求相适应。一定要从短线出发搞综合平衡,这样做,生产就能协调,生产出来的东西就能够配套。配了套才能做大事情,不配套就只是一堆半成品,浪费资金。针对有些人说陈云的综合平衡是消极的平衡,陈云同志说:我与那些人的不同之处在于:他们搞长线平衡,我是搞短线平衡。这个短线也不是只考虑现有材料和物资,而是考虑了各种可能的因素:能增产多少,能动用库存多少,能从外国进口多少,等等。这已经考虑到各种可能性了,因此它才是一种可估的平衡,也就是一种可能实现的平衡,所以不能叫做消极的平衡,而是积极的平衡。

关于掌握职工人数和工资总额。陈云同志说:每年大家都要求增加人,我卡得很紧。人进来容易,出去很困难。进来了,就得发工资,供应吃、穿、日用品。因此就要考虑多发钞票,而后又考虑能否买到等量的物品,购买力同我们库存商品的供应能否平衡。职工总数不仅是生产单位增加的职工,还包括基建规模扩大增加的职工,他们的工资、待遇很多都可转化为购买力。所以,职工总数和工资总额所形成的购买力,同我们商品供应的实际情况能否平衡十分重要。能够平衡,物价才能稳定,不能平衡,物价一定会发生波动。

陈云同志的这次讲话,不长,但抓住了要领,即所谓抓住了牛鼻子。过去的、后来的经验,都证明他这篇讲话的观点是完全正确的,他的办法是切实有效的。他的这篇讲话是经得起实践检验的。

周总理出席了这次会议。在陈云讲到"今年的年度计划要做相当的调整。准备对重工业、基本建设'伤筋动骨'"时,总理插话说:"可以写一副对联,上联是'先抓吃穿用',下联是'实现农轻重',横批是'综合平衡'。"

（八）关于以农轻重为序的指导思想

说到这里,要讲一讲关于制订国民经济计划、发展国民经济应该以农、轻、重为序的指导思想问题。这是毛主席领导中国社会主义建设的一个创造。

1. 毛主席关于正确处理重工业和轻工业、农业关系的思想

早在 1956 年春天,毛主席在《论十大关系》中就提出:"重工业和轻工业、农业的关系,必须处理好。"他指出,苏联和一些东欧国家"片面地注重重工业,忽视农业和轻工业,因而市场上的货物不够,货币不稳定。我们对于农业轻工业是比较注重的。""我们现在的问题,就是还要适当地调整重工业和农业、轻工业的投资比例,更多地发展农业、轻工业。"还说:注重农业、轻工业,多发展一些农业、轻工业,采取这一种办法,"会使重工业发展得多些和快些,而且由于保障了人民生活的需要,会使它发展的基础更加稳固。"

2. 毛主席提出"以农业为基础"

大约是在八大二次会议(1958 年 5 月 5 日至 23 日)前的一次书记处会议上,我记得很清楚,讲到工业和农业的关系,传达主席的话说,我们的工农关系要以农业为基础。参加这次书记处会议的有周总理,他当时说:恐怕还要加一句,以工业为主导。后来,对工业和农业的关系就形成了比较规范的两句话:"以农业为基础,以工业为主导"。

3. 毛主席提出以农轻重为序

到 1959 年 7 月上旬,庐山会议前期,毛主席着意纠"左",他总结社会主义建设正反两方面的经验,在指出经济工作还是要搞综合平衡的同时,提出计划安排要以农轻重为序。他说:过去计划安排以重、轻、农为序,证明是不正确的。现在要改为以农、轻、重为序,重工业要为农业、轻工业服务。

毛主席讲了这一重要指导思想以后,叫陈伯达通过《红旗》杂志编选了一个"马克思论农业为基础"的材料。

4. 陈云探索怎样以农轻重为序

毛主席关于以农轻重为序的指导思想传达以后,很多经济部门及其领导干部都照本宣科传达、宣讲了一遍。但究竟如何实现农、轻、重为序没有什么具体的路数。只有陈云与众不同。在毛主席讲了要以农、轻、重为序安排工作以后,陈云同志用了几年时间在中南几个省进行经济调查,解决怎样以农、轻、重为序的问题。

关于调查的情况,我听说是这样的——

陈云同志主要到河南等省调查,着重调查一个问题,即城市与农村人口的粮食分配问题。

陈云同志首先问:以农业为基础,就是以一半为基础。全年全省粮食生产总量是多少? 农民口粮、牲口用粮以及种子粮一共需要多少? 扣除这些以后,农村中真正剩余的粮食,即可供城市人口吃用的粮食究竟有多少? 然后他再问:河南全省人口,包括城市人口,究竟有多少? 包括副食品在内,需要多少粮食? 这样一算账,河南城市人口所需要的粮食远远超过农村所能供应的水平。怎么办呢? 一个办法是降低城市人口的粮食供应水平。那几年城里人也出现浮肿病,就是这种做法的结果。另一个办法是加重农民的负担,即从农民口粮、饲料粮、种子粮中挤出一部分去供应城市人口,那样势必造成农村人瘦、地瘦、牲口瘦。这两个办法都不是办法。陈云同志提出,唯一可靠的办法就是减少城市人口,让他们下乡。就当时中国的生产力而言,这些人起码可以种几亩地,自己管住自己这张嘴巴,不会增加别人的负担。这样,陈云同志 1961 年 5 月 31 日在中央工作会议提出一个建议:精简职工和动员城市人口下乡。第一次提出是减少七百万人。实际上最后是减少了二千万人。

陈云同志从这样一个角度来搞清楚怎样以农轻重为序,寻找到了出路和办法,把实际工作与理论结合起来了。后来,周总理作关于 1962 年计划调整的讲话,就是陈云同志这个思路的发展。一旦找到了解决问题的办法,说起来也并不复杂,就是用缩短工业和基本建设战线,精简职工和减少城市人口,来加强农业建设和发展农业生产。当然,做起来很不容易,要克服许多困难。

(九) 周总理关于 1962 年计划调整的讲话和 财经小组关于调整计划的报告

1. 周总理关于 1962 年计划调整的讲话

陈云同志在财经领导小组会上讲话以后,到上海休息去了。实际他也没有怎么休息,利用这段间歇,到青浦老家,找大革命时期的老战友调查了解情况。周总理也是财经小组成员。陈云去上海后,即由总理领导财经小组,按照中央要求抓 1962 年计划的调整。

总理的作风与陈云明显不同。陈云善于抓住要点,总理则周密严谨。可以说,需要想到的事,他都想到;需要安排的事,他都处处顾到。

总理经过了解各方面的情况,包括召开计划会议,听计委汇报,找各部门听取意见,在 3 月 28 日向二届全国人大三次会议讲政府工作报告的国内部分,着重讲了"国内形势和我们的任务"。后来,总理于 4 月 2 日至 4 日召开中央财经小组会议,这是财经小组的第二次会议。规模比前一次大得多,财经各部委党组负责人都参加了。会议听取国家计委党组

《关于调整 1962 年国民经济的问题的汇报》,进行了三天的讨论。

在这个会上,总理就 1962 年计划的调整讲了一篇话。总理讲话只有一个提纲,没有讲稿。讲了三四个小时。

总理指出:目前国民经济存在着严重的不平衡。对于这一点,现在认识是不够的。这种不平衡现象集中表现在财政、信贷、物资等方面。总理提出,计委要组织人专门研究,摸情况、材料,把问题揭发出来,然后才能解决。要求下三个决心:一、不仅要争取快,准备慢,还得要争取好,准备差一点;二、要作大幅度的调整;三、情况如果确实弄清楚了,就要断然处置。在原有措施的基础上,要补充一些新内容,即:精兵简政要同拆庙、拆架子结合起来,投资亏损的工厂拆下来以后实行南泥湾的政策,与其允许亏损,不如拿出来搞农业;在有效地支援农业、保证商品粮基地的恢复方面,应该把材料分配给地方,由地方因地制宜安排;企业要关一批,并一批,转化一批,缩小一批;基本建设要排队,要有先后次序,要循序渐进,不能撒胡椒面;稳定市场总的任务是弥补差额,合理地控制投放,坚决地控制外汇,有意识地抽紧银根;紧缩文教、科研部门;等等。

总理讲过以后,指名要我们负责整理讲话记录,加以修改、补充。我和梅行、马洪、房维中、何均、吴俊扬,加上总理那里的许明,一起整理。先对总理的讲话录音稿逐章逐节讨论,然后分工各负责一段进行整理,各人整理出稿子以后,又一起边读边改。在总理讲话的基础上作了不少发挥,篇幅增加了一倍。全文达到三万多字。整理出来以后,我们自己感到满意,许明也很满意。送给总理看了,总理也很满意。总理叫薛暮桥送到上海给陈云看。薛暮桥在去上海前到钓鱼台来,跟我们见面,夸我们整理得好,还引了一段,说这一段写得特别好。

对总理的讲话,财经小组成员又继续讨论了两天。

2. 财经小组《关于讨论 1962 年调整计划的报告》

中央财经小组四月会议以后,周总理和李先念主持起草了一个报告:

《中央财经小组关于讨论 1962 年调整计划的报告》。这个《报告》的基础主要是总理的讲话,还有会上的讨论。我们几个人参加了起草工作,先分头整理,后统一修改,报总理亲自审阅改定。4 月 24 日晚,中央政治局常委会进行了讨论。25 日,总理根据常委会讨论的意见又亲自作了修改。4 月 28 日,周总理主持财经小组会议(邀请各大区经委主任参加)对这个《报告》进行讨论和最后修改。4 月 30 日,正式上报,"请中央、主席审查。"毛主席阅后批示:"退总理。此件更切实际一些,可以供 5 月上旬有各大区书记参加的中央小型会议讨论的基础。"

这个《报告》,可以说是对七千人大会后财经工作的一个全面总结,也是对 1962 年财经工作的全面安排,是 1962 年开始进行的国民经济调整的一个总的纲领。《报告》全文 59 页,约四万字,共分四个部分。

第一部分,首先,提出今年计划的调整方案着重注意的四个重点并分析预期的调整结果。

四个重点是:第一,尽可能地挤出一部分材料来增产农业所需要的生产资料。第二,尽可能地安排较多的原料、材料和燃料,增加日用品的生产。第三,根据农轻重的方针和实际的可能,降低绝大多数重工业产品的指标,比原计划分别降低了百分之五到百分之二十。第四,进一步缩小基本建设的规模,工作量从原计划的六十亿七千万元降低为四十六亿元。这样进行调整的结果,1962 年的工农业总产值从原计划的一千四百亿元降为一千三百亿元。指出今后制定计划的时候,必须坚持主要依靠自力更生、按短线材料安排和不留缺口并且留有余地的方针。

同时,又分析了 1962 年调整计划中存在的问题。

一是就当年的平衡来说,调整计划还有不少的缺口。报告列举了存在的缺口:(1)粮食收支有很大差额;(2)国内材料供应存在不少问题,商品供应量和社会购买力之间有较大差额;(3)因为各种原因,财政赤字还要增加;(4)全国煤炭生产和分配之间的缺口可能扩大,主要原材料不能满足需求;(5)短途运输能力严重不足。

二是就今年计划同明后年调整任务的衔接来说,也还有不少重大问题没有解决。这些问题是:(1)今年国家掌握的粮食不可能增加多少,明年的粮食情况仍然很紧张,至少需要进口四百万吨,这种情况还会继续几年;(2)今年棉花、油料等经济作物的播种面积还在继续缩小,达不到原定计划的要求。今年挖了库存,明年没有这么多库存可挖。明年棉布、食油消费水平可能比今年还低。今明两年除努力增产粮食外,必须大力增产棉花和油料,同时要使其他经济作物和家畜、家禽、水产有所增加;(3)今年对资本主义国家的外汇收入不可能比计划数字增加,而黄金、白银、外汇的少量储备也不能再动用。如果按现在的调整计划满足今年外汇支出需要,就不可能支付明年上半年偿还欠款和进口粮食的需要,多减少一些今年的外汇支出,今年轻、重工业生产的安排势必受到影响。两者利害相权,只有把今年外汇支出控制在六亿至七亿美元之间。今后几年也不能超过此数;(4)今年计划安排中准备动用的国家储备和企业库存物资较多,明年这些物资的生产和进口不可能有多大增长,可动用的也不可能像今年这样多。因此,迫使我们考虑少动用一些国家储备,以利以后几年工业生产的安排;(5)今年基本建设投资用于工业和交通运输业扩大再生产的资金有限,工业、交通运输业的一些薄弱环节明后年不可能增强多少,因而明后年的工业生产,除某些项目外,也不可能有什么增长。针对这种情况必须继续抓紧工业的调整工作。

报告在此基础上提出解决问题、克服困难的办法。报告说:"面对上述当年计划平衡中的问题,今年计划和明后年调整任务衔接的问题,出路何在呢? 总的说来,就是要坚决执行农轻重的方针,采取切实有效的措施,使农业的情况一年比一年好起来,使农业提供的粮食和工业原料一年比一年多起来。而要做到这一点,必须首先通过一系列的调整工作,来减轻工业生产建设规模过大、职工人数和城镇人口过多所加给农村的过重负担。这也就是说要做到生产建设排队,精简节约当先。"

关于生产建设排队,报告提出进行五个排队,即厂矿排队,生产排队,维修排队,基建排队,进出口排队,对工业生产指标和基本建设项目再进行必要的合理的调整。

关于精简节约,提出应该根据严格控制货币发行和财政开支的要求,根据严格控制职工人数和工资总额的要求,根据清仓核资和改善经营管理的要求,从中央到地方,从部门到单位,采取七项紧急措施:(1)大量裁并企业、事业单位和机关学校;(2)更多地减少职工人数,减少城镇人口;(3)继续压缩城乡粮食销量;(4)更多地压缩集团购买力;(5)消灭特殊化;(6)彻底停止楼、堂、馆、所的建设,坚决关掉一批楼、堂、馆、所;(7)提倡个人节约和储蓄。加上再安排某些高价商品下乡和合理调整物价,务必做到企业不再亏损,粮食紧张的情况能够减轻,主要商品的库存不再下降,财政收支真正实现平衡。

报告的第二部分,在对当前的政治、经济形势作出总的估计的基础上,具体分析了国民经济几个主要方面的一些重要情况。

报告说:"在这次讨论1962年调整计划的时候,财经小组的同志认为,当前的政治形势,包括方针政策的贯彻,干部经验的积累,党和人民的团结经受住了考验,等等,都是好的;在财政经济方面,经过近一年的调整,粮食、家禽、猪的产量大部分地区已经开始回升,主要重工业生产指标已经调低,基本建设规模已经缩小,职工人数和城镇人口有所减少。有了这些因素,就使我们争取财政经济状况根本好转有了可能。因此,我们说最困难的时期基本上过去了。但是,正如中央关于批发陈云等同志讲话的指示中所说的,"目前财政经济的困难还是很严重的,我们现在在经济上是处在一种很不平常的时期,即非常时期"。

报告指出,经过这次财经小组会议的讨论,进一步认识到,目前国民经济存在着严重的不平衡。这种不平衡的表现是:工业和农业之间、工业内部各个部门和各个环节之间、城市和乡村之间的关系都很不适应;文教事业的规模、行政管理的机构同目前经济水平之间的关系,积累和消费之间的关系,也很不适应。经过近一年的调整,上述几方面的关系开始有了一定程度的改善。但是,按照 1962 年的调整计划,同 1957 年比较,农业总产值仍将减少百分之二十二,主要农畜产品的产量,绝大多数还将低于 1952 年的水平;轻工业总产值将增长百分之九点六,而其中 6 种吃的将减少百分之三十七,14 种穿的将减少百分之三十九;重工业总产值将增长百分之四十二。目前农业生产提供的农副产品,无论如何也供养不起现在这么多的城镇人口,农轻重之间的矛盾还很尖锐。当前我们在国民经济各方面所遇到的种种困难,就是过去几年农轻重比例关系的严重失调所造成的后果。

报告具体分析了国民经济几个主要方面的一些重要情况,都有具体详细的数据。这些方面的情况是:第一,粮食供应还很紧张,经济作物还在继续减产,整个农业经济的恢复,不可能很快。第二,工业生产要上去,没有农业的恢复不行,没有工业内部的大调整也不行。第三,基本建设缩小以后,必须踏步两三年,做好调整工作,才能创造条件,继续前进。第四,货物运输量减少了,铁路运输的紧张状况暂时缓和下来,目前突出的问题是短途运输的能力严重不足。第五,职工人数大大超过了目前的经济水平,特别是农业的生产水平。第六,市场的供应情况,特别是吃的和穿的,在今后三五年内很难有大的改善。第七,对资本主义国家外汇的收入不可能再增加,支出的一半左右必须用于进口粮食。第八,财政严重亏空,货币发行过多,主要商品挖了库存,生产资料大量积压。上述国民经济八个方面的困难情况,集中反映为国民收入的显著下降。据国家统计局估算,1961 年的国民收入总额比 1957 年减少 142 亿元。如不加以扭转,就不可能增加积累基金来扩大再生产,也不可能增加消费基金来改善人民生活。

报告的第三部分,提出解决困难的方针、政策和办法。

报告说,从以上情况分析中可以看出:

一、整个国民经济需要大幅度的调整。这就是说,要按照农轻重次序进行综合平衡的方针,把建设的规模调整到同经济的可能性相适应、同工农业生产水平相适应的程度;把工业生产战线调整到同农业提供粮食和原料的可能性相适应,同工业本身提供原料、材料、燃料和动力的可能性相适应的程度;把文教事业的规模和行政管理的机构,缩小、精简到同经济水平相适应的程度;把城镇人口减少到同农村提供商品粮食、副食品的可能性相适应的程度,使工农关系和城乡关系不像现在绷得这样紧。

二、财政经济情况的根本好转,要争取快,准备慢。我们的工作要争取做得更好一些,同时也要准备出一些岔子,遇到一些现在还估计不到的困难,发生一些新的问题,需要我们去解决。凡是情况已经摸清楚的事情,就要断然处置,不要优柔寡断,不要因为会出一些岔子而不下决心。

三、要解决今年计划平衡中的问题,要解决今年计划同明后年调整任务衔接的问题,我们的出路和方针,就是要大力加强农业生产战线,努力恢复农业生产,在工业生产建设方面要进行五个排队,在精简节约方面要实行七项措施。而继续缩短工业生产建设战线,继续大量减少城镇人口和减少职工,是在重工业生产指标和基本建设规模作了幅度较大的调整后,继续进行调整工作的最关重要的一个步骤。

报告用较多的篇幅着重谈了缩短工业生产建设战线、减少职工和城镇人口的问题。报告具体分析了工业战线和职工的情况,指出解决困难的办法是:"下最大决心,坚决拆掉那些用不着的架子,收掉那些用不着的摊子,进一步精减职工","必须下定决心,有计划地保住一批工厂,缩小一批工厂,合并一批工厂,关掉一批工厂,并且改变一批工厂的生产任务。"报告列举了有计划地缩短工业生产战线和基本建设战线,压缩文教事业的规模,精简行政管理机构的十条好处。指出"这个办法,在目前情况下,是加强农业和调整工业内部关系的最有效的办法"。

报告的最后一部分,讲采取哪些具体措施。

第一,要根据国家计委提出的1962年调整计划规定的生产任务,对所有的工业企业进行排队,确定关、停、并、转的企业。

第二,通过企业的排队,减少更多的职工。今年从企业、事业单位和机关、团体减少的职工,调整计划规定为九百万人,同时减少城镇人口一千三百万人。对怎样妥善安置减下来的职工和下乡的城镇人口,提出根据不同情况,采取十种不同办法。并指出"不论是采取哪种办法,我们对于减下来的职工,都必须以负责到底的精神,切实地把他们安置好"。

第三,为了有效地缩短工业生产建设战线,裁并一部分企业,必须在资金管理和财政管理方面采取有力的措施。

第四,在物资管理方面,也必须采取有力的措施。

第五,一定要做好思想工作。"应该向干部和群众讲清楚,紧缩工业生产战线,裁并一批企业、事业单位和机关、学校,会在一个时期内给一部分职工的生活带来一些新的困难,但是,只有这样做,才能巩固我们已经取得的成就,缩短困难的时间。"

第六,坚决缩短工业生产建设战线,坚决裁并一部分企业,实际上可以说是工业的一次大调整、大改组,也可以说是国民经济的大调整、大改组。我们必须经过这次改组,使工业和农业的关系、工业内部各部门各环节之间的关系逐步地协调起来,使工业的地区布局趋向合理,使工业的生产技术水平和管理水平大大提高一步。要做到这一点,需要全党共同努力,解决许多复杂问题。

邓颖超同志当时看后很称赞,说:以往计委和经济部门的文件,很难看得懂,看了也没有兴趣。这份报告不同,虽然长,但讲得明明白白,问题分析得透,措施也很具体实在,越看越有兴趣。

3. 中央五月会议讨论财经小组的报告

中央财经小组 4 月 30 日发出的《关于讨论 1962 年调整计划的报告》上报中央并经毛主席审阅批示以后,少奇同志于 5 月 7 日至 11 日主持召开了一个大区中央局书记出席的中央工作会议(通称"五月会议"),讨论这个报告。我列席了这次会议。

会上有人表示异议。柯庆施说:我们上海没有这些问题啊。意思是不需要采取这些调整措施。没等总理反驳,几个大区中央局书记都说,是啊,你们那里是没有那么严重,北京、上海,还有武汉,都是由我们首先确保供应的啊! 柯庆施等无话可说。

在这里顺便说一下,柯庆施知道我参加这个报告的起草工作,对我说:你到上海来看看,我们那里的情况怎么样。后来,柯庆施把陈伯达拉到他那里去了。陈被拉过去之后,调子就明显和我们不同了。对我们做的事和我们的意见,采取应付态度,既不说好,也不说不好。

5月11日,会议最后一天,周总理有个很好的讲话。具体地分析了为什么说"最困难的时期已经基本渡过","目前情况还很严重"。指出:"要做好工作,应该情况明,决心大,办法对。"结合当前调整国民经济的任务,作了切实、充分的阐述。对当前工作的目标、方针、重点,作了明确的说明。他指出:"目前的中心工作,还是我在七千人大会上提出的四句话:精兵简政,增产节约,保证市场,整顿秩序。""抓粮食要抓两头,一头是商品粮食基地,一头是灾区。""我们的方针是按照短线平衡,不留缺口,并且留有余地。""我们现在调整工业的政策是采取关厂、并厂、缩小规模、改变任务、转业这样五种办法。我们六万多个工业企业,可能关掉一半以上。""我们调整的目的,就是为了精兵简政,增产节约,保证市场,整顿秩序。缩短工业生产和基本建设的战线,相应地缩短其他方面的战线,精兵简政,减少城市人口,减少职工,达到增加农业生产和工业生产的目的,这是一个积极的方针,是一个经过调整、改组,然后前进的方针。"

少奇同志作了会议总结。他说:"目前的经济形势到底怎么样? 我看,应该说是一个很困难的形势。从经济上看,总的讲,不是大好形势,没有大好形势,而是一种困难的形势。""现在的主要危险还是对困难估计不够。我们应该充分估计当前的困难以及现在还设想不到的困难。要准备迎接困难,克服困难。"他指出:我们减少这么多城市人口,关这么多厂,指标调低,不是消极的。"只有这样,才能停止目前经济状况的继续恶化,才能转入主动,才能在以后继续前进。我想,这样的步骤是当前我们所能采取的最积极的措施。"

20 世纪 60 年代前期,邓力群在北京颐和园

中央工作会议经讨论,完全同意财经小组的《报告》,并且决定:在县委第一书记和相当于这一级以上的干部中,口头传达这次会议的精神和方针;地委第一书记和相当于这一级以上的干部,到省委和中央各部委去阅读中央财经小组的书面报告。

4. 中共中央发出《批发1962年调整计划报告的指示》

会后,我参与起草了《中共中央批发"中央财经小组关于讨论1962年调整计划的报告"的指示》,经周总理、少奇同志审阅修改,并经林彪、邓小平、彭真、李先念、谭震林、杨尚昆阅过,报毛主席批准。5月26日,这个《指示》同财经小组的《报告》一起发出。

《指示》指出:"今年一月扩大的中央工作会议以来,我们对于财政经济方面的困难的认识是逐步深入的。""中央认为,中央财经小组的这个报告,比较全面地、深入地分析了当前国民经济的重要情况,我们对于财政经济困难的严重程度,对于克服困难的快慢,从总的方面,可以说认识清楚了。但是,应该指出,有一些具体的困难,我们还没有认识清楚;今后也还可能出现一些现在没有预料到的困难。同时,也应该指出,政治是经济的集中表现,现在如果我们不坚决采取有效措施,逐步克服财政经济上的严重困难,国内的政治形势也有在某些方面和某些部门出现一些混乱现象的可能。这是全党干部必须警惕的。""必须引导全党主要干部认识清楚本地区、本部门的具体困难,并且充分估计今后可能出现的困难。充分地估计困难,有准备地应付困难,对于每一个具体困难都认真对待,创造必要的条件,讲究对付的方法,在最大的困难面前也能够挺起胸脯,顽强斗争,尽最大的努力,一个一个地、一批一批地去克服困难,战胜困难,这是真正的勇敢,是革命家的气概,是马克思列宁主义者对待困难的唯一正确的态度。"

《指示》指出:"为了尽快地恢复农业生产,逐步地克服困难,全党目前必须抓紧的主要工作,一是坚决缩短工业生产建设战线,坚决减少职工和城镇人口；一是加强农村人民公社生产队的领导，加强各方面、特别是工业对农业生产的支援，巩固农村的集体经济。从中央到地方，都要把主要的领导力量分为两部分，在统一的领导下，一部分人抓精简工作，一部分人抓农村工作。"《指示》强调："缩短工业生产建设战线，缩小文教事业规模，精简行政管理机构，大量减少职工和城镇人口，从而真正加强农业生产的力量，真正保证市场供应的最迫切需要，这是在目前情况下，克服困难、调整国民经济的一项最积极的措施。中央认为，现在下最大决心，实行这个措施，我们的整个工作就有可能不再被动，而逐步转入主动；整个国民经济的情况就可以不再严重化，而能够逐步好转。"《指示》传达中央的决定，对财经小组建议的减少职工和城镇人口的计划作了修改，"中央财经小组原建议减少职工九百多万人，减少城镇人口一千三百多万人，中央现决定改为减少职工一千万人以上，减少城镇人口两千万人，要求两年完成。"必须有步骤地、有准备地、有秩序地谨慎从事，做好精简、安置这一十分艰巨、十分复杂的工作。"从中央到地方，必须做到指挥统一，上下通气，消息灵通，行动迅速，及时地发现问题，及时地解决问题。"

周总理在第二次财经会议上的讲话，和在这个讲话基础上经过讨论形成的《报告》和《指示》，是指导调整工作的最重要的文件。文件下发以后，大幅度调整国民经济的工作在全国范围内展开。贯彻执行这个文件的结果，只两年多一点，到 1964 年年末，就达到了预期的要求，渡过了困难时期。国民经济恢复了元气。1965 年，进入了一个新的全面发展的时期。这是周总理和陈云同志当初都没有想到的。他们原来以为没有五年恢复不到 1957 年的水平。结果由于抓对了，抓到了点子上，只两年多，除少数地区外，经济就全面恢复了。

5. 我的一些体会

为什么我们能够用那么短的时间战胜困难，恢复经济？

一是由于中国农业生产力低，容易破坏，也容易恢复。邓子恢的分析很有道理。他说：中国的农业是一根扁担，两个屁股。没有机器，没有运输工具，靠的就是一根扁担，什么都用扁担挑。肥料来自两个屁股：一个是人拉屎，一个是牲口拉屎。中国的农业就是这样。一个人本来在农田里耕种，现在到了城里，进了工厂，农业的劳动力和肥料都没有了，农业生产当然要遭到大的破坏。等到这个人又回到农业上来，他起码能解决自己的口粮，这样农业不瘦了，城市人口也不瘦了。过去，日本鬼子搞"三光"政策，十分残酷，破坏生产力很厉害。但一旦把日本鬼子打跑了，过了一两年，农业生产又恢复了。这同一个生产力高度发达国家的状况不同，那样的国家农业遭到破坏后，例如一个大水库被破坏了，要重新修复，得花多大力气啊。

另一点，是由于指导思想和方针政策对头。60 年代初那么大的困难，怎么克服的，说来也简单，一个是缩短工业战线，一个是加强农业战线；一个是减少城市人口和职工，一个是增加农村人口和农业劳动力。找到了这样一个关键，问题就迎刃而解了。当时困难那么严重，但很快就得到了克服。诀窍有两条：一条是从理论上讲，毛主席提出了农轻重为序；还有一条陈云讲的，减少城镇人口，缩短工业战线，周总理也是这个意见。

（十）各个领域作出克服困难、解决问题的决定

如同在制定《农业六十条》的影响下，工业、商业、高教、科学、文艺等各条战线都制定工作条例一样，中央对 1962 年调整国民经济作出决定，提出解决困难的方针、政策和办法以后，各个具体工作领域也都分析情况，作出决定，纠正错误，进行调整。

1. 关于粮食工作的报告和决定

（1）背景

1962 年 6 月，中央为贯彻财经小组《关于讨论 1962 年调整计划的报

告》和中央《指示》,拟定了《关于巩固农村人民公社,发展集体经济的决定》(草案)。① 这个决定是一个发展社会主义农业、建设社会主义农村的纲领性的文件。国务院财贸办公室根据这个《决定》(草案)的精神,研究了粮食工作方面的情况和问题,认为要巩固集体经济,发展农业生产,必须继续减轻国家对农民的粮食征购任务,并且把粮食征购任务在一定水平上固定一个时期。这是粮食工作方面目前急需解决的一个方针性的问题。为此,国务院财贸办公室向中央和毛主席提出了《关于粮食问题的报告》。

(2) 起草与讨论的经过

这个报告是周总理亲自主持起草的。我和房维中、梅行,还有总理办公室的许明,参加了这个文件的起草工作。经过中央反复讨论修改,前后花了两个多月。

1962年7月23日,中央书记处会议讨论了《关于粮食问题的报告》草稿,准备提交给7月25日起的中央工作会议讨论。记不清楚是在会上还是会下,小平同志提了一个重要的意见。邓小平说:粮食问题不能不考虑工人啊。总理听了受到很大震动。的确,我们的文件草稿只着重讲了农村,没有讲城市和工人,不全面。总理马上接受小平的意见,要我们把这方面的内容补充进去。

这次中央工作会议开了一个月,从7月25日开到8月24日,通称八月会议。粮食问题是讨论的重点之一。《关于粮食问题的报告》草稿,在中央书记处讨论之后,我们改出了一份"1962年7月26日修改稿"。我批交中办秘书局送印厂重印后分发。批语写道:

赖奎、李志民同志:

这个稿子我们又改了一遍。请交印厂校正重印,分发总理、小

---

① 这个决定经中共八届十中全会(1962年9月24日至27日)通过,标题定为《关于进一步巩固人民公社集体经济、发展农业生产的决定》。

平、彭真、富春、先念、震林、尚昆、国栋、何畏、马洪、杨波、邓力群等
同志。

邓力群　二十六日

听取以上同志意见后,27 日又作了很多修改、补充,印出"7 月 27 日
修改稿"。我批交校正付印,"分发总理、先念、依林、国栋、何畏、许明、马
洪、杨波、邓力群等同志。"

7 月 28 日,中央工作会议集中讨论了粮食问题报告,当天又改出一
份"7 月 28 日修改稿",供 29 日会议讨论。

29 日会后,我和房维中根据会议讨论的意见,又在印出的"7 月 28 日
修改稿"上作了多处修改。时间急促,来不及交印厂重印,就将这份我和
房维中的手改稿(7 月 28 日草稿)送总理和小平同志审阅修改。

我给许明写了一封短信,说明最后修改的情况:

许明同志:

粮食问题报告,在四页、十九页分别增加了一九六一——一九六二
动用库存数字;增加了国营农场耕地面积、亩产量、商品粮数字,请送
总理审阅。

邓力群

邓小平看了这个稿子,即批转给刘少奇阅改:

少奇同志:

这个文件多次修改,现送上,请阅改后,送主席审核,印发会议。

邓小平　七·廿九

（3）粮食问题报告的要点

《关于粮食问题的报告》开头，阐明"粮食工作方面目前急需解决的一个方针性的问题"，即："要巩固集体经济，进一步调动农民的生产积极性，争取较快地发展农业生产，除了必须动员全党全国的力量，支援人民公社集体经济以外，还必须在兼顾国家利益、集体利益、个人利益的原则下，在兼顾城乡人民生活的原则下，继续减轻国家对农民的粮食征购任务，并且把粮食征购任务在一定水平上固定一个时期。"

《报告》分四部分。

第一部分，分析"一九六一到一九六二年度粮食收支的情况"。

《报告》鲜明地揭示了当前粮食工作中突出的矛盾和困难。《报告》指出："在贯彻执行中央关于农村工作十二条和农村人民公社工作条例草案，坚决纠正'五风'，努力解决公社内部的平均主义问题以后，国家和农民在粮食征购问题上的矛盾更加明显了。农民普遍要求减轻粮食征购任务，普遍希望把粮食征购任务在一定水平上固定下来。"《报告》说："在这个过程中，大家也逐步地认识到自然灾害和农村工作的缺点错误，特别是瞎指挥、高征购的错误，对农业生产所造成的后果；逐步地认识到在农业减产很多的情况下，如果不坚决地压缩国家销售粮食的数量，如果不坚决地减轻国家征购粮食的数量，如果不坚决地纠正征购'过头粮'的现象，就不可能更好地调动农民的生产积极性，更好地巩固集体经济，较快地恢复农业生产，很好地巩固工农联盟。但是，由于过去几年建设规模过大，职工和城镇人口增加过多，农村中吃商品粮的人口增加过多，因而粮食销量过大的情况一时难以改变。也就是说，一方面，粮食的征购数量必须减少；另一方面，粮食的销售数量一时又不能压缩过多。这是在粮食工作方面需要我们认真对待和逐步克服的一个困难。"

《报告》回顾了近两年来党中央为减轻农民负担，解决粮食支出大于收入的矛盾，克服上述困难而采取的措施、提出的方针："党中央在一九六〇年底和一九六一年初，首先适时地采取了压缩城乡口粮标准和进口粮食的措施，来弥补粮食收支的一部分差额；然后坚决地采取了精简职工、减少城镇人口的措施，来压缩粮食的销量；到一九六一年九月的庐山会议上，党中央又明确地提出了少购少销的方针。"肯定这个方针"是完全正确的"，并用具体的事实和数字，说明上一年度粮食工作方面取得的显著成绩：一、国家向农民征购的粮食大大减少了。二、城乡销售的粮食也大大减少了。三、按时按量地完成了粮食的进口计划。使我们能够在大大减少粮食征购数量的情况下，弥补相当大的粮食收支逆差，保证城市、工矿区和重灾区的粮食供应。四、在减少购销、增加进口、压缩口粮标准、节约粮食开支的条件下，争取了当年粮食收支的平衡，而且略微增加了粮食的周转库存。

《报告》的第二部分，说明"一九六二到一九六三年度的粮食收支计划"。

《报告》根据中央关于继续实行少购少销、收（包括进口）大于支的粮食工作方针，提出了 1962 年 7 月 1 日到 1963 年 6 月 30 日这一年度的国家粮食收支计划。对这个收支计划能否完成、是否切实可行的一系列问题，并通过具体细致的分析，作了有理有据的回答。这些问题是：这一个年度，征购六百六十亿斤是否可能？ 这一个年度，城乡销售的粮食六百八十五亿斤，比上一个年度减少五十一亿斤，是否可能？ 为什么整个粮食收支计划中收多于支二十亿斤，而中央直接调拨的粮食计划还出现二亿五千万斤的亏空呢？ 我们用什么办法来弥补这个亏空呢？

《报告》的第三部分，提出"关于调整今后粮食征购任务的方案"。

《报告》指出：按照农民和干部的要求和希望，"合理地确定粮食征购任务，并且把粮食征购任务在一定水平上固定一个时期，对于稳定农民生产情绪，调动农民的生产积极性，巩固集体经济，恢复和发展农业生产，是有很大好处的。这不仅是粮食工作方面的一个根本政策问题，而且是关系到整个工农业生产的恢复和发展、工农联盟的巩固和加强的一个重大政策问题"。

《报告》又进一步指出："现在，需要我们反复研究和考虑的是：在什么水平上定下来,采取什么步骤和方法去定,定多长时间,比较适当。"对于这个问题,《报告》提出了原则意见和三个具体方案。《报告》说:"从上一个年度粮食收支计划的执行情况和这一个年度粮食收支计划的安排来看,在最近一、两年内,国家每年对粮食的最低需要量(即最低限度的支出),不能少于七百五十亿斤。以后,考虑到各方面对粮食的需要,一定会逐年增加,国家对粮食的最低需要量,在一九六七年到一九六八年度,至少为八百亿斤。在国家掌握的年度粮食增加到八百亿斤的时候,固定下来,一个时候不变,例如,十年左右不变。这是我们考虑粮食征购任务固定在什么水平上这个问题的一个重要出发点。"

对为什么国家对粮食的最低需要量要固定在八百亿斤的水平上,《报告》作了细致的分析。在此基础上,对于今后粮食征购任务的确定,提出了三个方案。

第一个方案:从 1962 到 1963 年度开始,把粮食征购任务稳定在六百六十亿斤的水平上,三年不变。三年以后,逐年增加征购粮食的数量,初步设想,在 1965 到 1966 年度增加三十五亿斤,1966 到 1967 年度再增加四十五亿斤,1967 到 1968 年度再增加六十亿斤,待增加到八百亿斤以后,就固定下来,一个时期不变。

第二个方案:从 1962 到 1963 年度征购粮食六百六十亿斤的基础上,以后每年每增产一百亿斤粮食,国家增加征购二十五亿斤,在粮食征购总量增加到八百亿斤的时候,就固定下来,一个时期不变。

第三个方案:在 1962 到 1963 年度征购粮食六百六十亿斤的基础上,以后每年递增百分之四,即从 1963 到 1964 年度的五个粮食年度内,分别增加征购粮食二十六亿斤、二十七亿斤、二十八亿斤、二十九亿斤、三十亿斤,预计到 1967 到 1968 年度,在国家粮食征购总量递增到八百亿斤的时候,也固定下来,一个时期不变。

指出实现这三个方案的共同条件是:"都要保证完成精减职工、减少城镇人口、减少农村吃商品粮人口的任务;完成任务以后,在一定时期内,把城镇人口和农村吃商品粮的人口数字,严格控制起来;在三年内都要进口一定数量的粮食。采取第一个方案,三年内每年进口的粮食不能少于八、九十亿斤;采取第二、第三两个方案,每年进口的粮食,则可以随着每年征购粮食数量的增加,而逐年相应地减少。"

《报告》还分析了这三个方案的共同点,比较了这三个方案的好处和缺点。

在7月底上报之前,我们最后修改的时候,又加上了一句供决策参考的表态性的话:"我们认为,上述三个方案,以从第二、第三两个方案中选择一个,或者把这两个方案结合起来,比较有利。"

《报告》的第四部分,提出"今后粮食工作的方针政策",共计十条。

1. 继续实行少购少销,收大于支的方针。做到这一条的关键,是严格控制粮食的销量,保证城乡销售计划不被突破。为此必须:(1)坚决保证实现中央决定的精减职工、减少城镇人口的计划。特别抓紧减少县以下人口的工作。从1962年到1963年这一个粮食年度,要从各方面想办法,保证城镇粮食销量压到四百八十亿斤以内。(2)坚决减少农村吃商品粮的人口。从现有的约二千五百万人减掉百分之六十,保留一千万人。这样,可减少销量三十多亿斤。(3)国家对重灾区给以适当照顾以外,对于产粮区的缺粮生产队,基本上不供应粮食。它们所缺粮食,由县、公社或大队根据等价交换、自愿互利、有借有还的原则,组织生产队与生产队之间的互通有无、调剂余缺。

2. 集中主要力量,支持粮食生产的恢复和发展,首先是大力支持主要产粮区的恢复和发展。除适当减轻征购任务外,应对粮农尽可能地增加工业消费品的供应,分几年完全做到粮食同工业品的等价交换。做到这一点的关键,是尽快地把经济作物恢复起来,以增加轻工业生产所需要的原料,使轻工业能够提供更多的工业消费品。同时,还要增加农业生产需要的生产资料的供应。

3. 从销于农村的粮食中,挤出一部分来增加对经济作物区的粮食供应,合理地提高经济作物换购粮食的比例,支持经济作物的恢复和发展。

4.大力支持国营农场,切实整顿国营农场,使它们提高劳动生产率,提高单位面积产量,能够逐年向国家提供越来越多的商品粮食和经济作物。

5.有领导地、适当地开放农村粮食自由市场。允许生产队和农民在完成国家粮食征购任务以后,在自由市场上出售粮食,互通有无。

6.继续执行国家关于农业税负担三年不变的规定。

7.争取逐年增加一点国家粮食库存,以便应付可能发生的特大自然灾害和突然事变。

8.进一步加强国家关于粮食管理的集中统一、分级管理的制度。把粮食的征购、销售、调拨的权力,由中央集中起来。

9.取消公社、生产大队提取机动粮、自筹粮的办法。公社和生产大队过去积存下来的粮食要严加清理,账目要向群众公布,粮食要全部交生产队保存,仓库要严加管理。

10.认真负责地、切切实实地加强粮食部门的经营管理工作。严密粮食、粮票、仓库、调运、财务等方面的管理制度,改善粮食保管、调拨、运输、统计等经营管理工作,大力提倡节约粮食,彻底改变霉烂、丢失、浪费粮食以及贪污盗窃粮食、粮票的现象。

(4) 八月会议期间毛主席的批示和指示

毛主席于 7 月 31 日对粮食问题报告批示:

> 印发各同志讨论,提出修改意见,交财贸办公室斟酌修改。
>
> 　　　　　　　　　　　　毛泽东　七月三十一日

此后,八月中央工作会议继续对《关于粮食问题的报告》进行讨论,主席赞同这个报告,在会上提出:今年粮食计划应当少购一点,少销一点,多上调一点,少进口一点,多挖地方潜力。

（5）九月决定

八月工作会议以后，中央书记处在8月31日和9月8日两次开会讨论粮食问题，议定中央要做一个关于粮食工作的决定。在9月间又多次在中央的会议上讨论。《中央关于粮食工作的决定》仍由总理主持，我和梅行、房维中、许明参加起草。这个《决定》于9月23日经周总理改定，于9月30日发出。《决定》有两个附件：一个是《国务院财贸办公室一九六二年七月二十八日关于粮食问题的报告》，另一个是关于粮食工作情况的三张表格：其一，一九六二年度粮食征购、上调指标和一九六七年度粮食征购、上调指标的设想。其二，一九六二年度粮食销售计划和参考资料。其三，一九六七年粮食产量设想的参考资料。

《决定》根据国务院财贸办公室7月28日关于粮食问题的报告和八月中央工作会议对粮食问题讨论的意见，提出关于粮食工作的十条决策性的意见。

一、"发展经济，保证供给，是我们经济工作和财政工作的总方针"，也是粮食工作的总方针。提出要"合理安排国家对农民的粮食征购任务，逐步做到在一定水平上把粮食征购任务稳定一个时期，并且在农业生产恢复和发展的过程中，使城乡人民生活能够逐步有所改善"。

二、根据毛泽东同志在今年八月工作会议上提出的"今年粮食计划应当少购一点，少销一点，多上调一点，少进口一点，多挖地方潜力"的指示，规定1962年度粮食征购任务为六百四十一点二六亿斤贸易粮，比1961年度征购实绩六百七十九点一亿斤少购三十七点八四亿斤；销售指标为七百零三点一五亿斤（包括专项开支二十二点三亿斤），比上一年度销售实绩七百八十四点四七亿斤将少销八十一点三二亿斤；上调任务为四十五亿斤，比上一年度上调实绩四十三亿零七亿斤多调一点九三亿斤；进口一百零四亿斤，比上一年度进口一百一十亿斤，少进口六亿斤。并宣布为了便于粮食的征购、调拨和计算，中央决定从1962年起，把粮食计划年度同粮食生产年度统一起来，即把由当年七月一日到次年六月三十日的老年度改为由当年四月一日到次年三月三十一日的新年度。

《决定》指出："实现一九六二年度粮食征购、销售、上调任务的关键,在于控制粮食销量,保证城乡销售指标不被突破。"为此,必须坚决保证实现中央规定的精减职工、减少城镇人口的计划,特别抓紧减少县以下城镇人口的工作。粮食定量标准的调整,必须由中央统一安排,不能由各地随便提高;必须坚决减少农村吃商品粮食的人数;国家对于产粮区的缺粮生产队,基本上不再供给粮食。它们所缺的粮食,由县、公社或大队根据等价交换、自愿互利、有借有还的原则,组织生产队与生产队之间互通有无,调剂余缺。

三、在今年规定的粮食计划指标、今后粮食逐年增产和农民粮食消费状况逐年有所改善的基础上,今后五年内,粮食的征购、上调、库存数量应当逐年增加,进口数量应当逐年减少,以便把粮食征购任务达到一定水平,稳定一个时期。为此目的,中央规定对粮食征购、上调、进口的数量,实行五年一定、一年一议的办法。

四、为了坚决贯彻执行中央《关于进一步巩固人民公社集体经济、发展农业生产的决定》,必须积极地有步骤地进行农业技术改革,大力支援主要产粮区和主要经济作物区的恢复和发展。

五、大力支持国营农场,切实整顿国营农场,使他们提高劳动生产率,提高单位面积产量,能够逐年向国家提供越来越多的商品粮食。

六、有领导地、适当地开放农村粮食集市贸易。

七、进一步加强国家关于粮食管理的集中统一、分级管理的制度。从一九六二年度开始,改变现行的分级包干、差额调拨的办法,实行对粮食的统一征购、统一销售、统一调拨的办法。全国粮食的征购、销售、调拨由中央统一安排,实行分级管理。

八、从今年秋后开始,取消公社、生产大队提取机动粮、自筹粮的办法,以减轻生产队和社员的负担,更好地完成国家征购任务。

九、加强县一级和基层粮食机构,整顿粮食部门的职工队伍。认真负责地、切切实实地加强粮食部门的经营管理工作。

十、今年秋冬,应当根据中央《关于进一步巩固人民公社集体经济、发展农业生产的决定》的精神,在农村中对广大农民和基层干部进行一次社会主义教育运动,向他们讲清楚目前形势、任务和政策,讲清楚工农兼顾,城乡兼顾,国家利益、集体利益、个人利益兼顾的道理,动员他们积极完成国家的粮食征购任务。

(6) 粮食工作问题《报告》和《决定》的意义

中央通过解决粮食问题的《报告》和《决定》,邓小平同志很高兴,他说:我们有了一个满意的粮食文件了。

的确是这样。自1952年秋冬提出过渡时期总路线以后,粮食问题一直是与社会主义建设密切相关的问题,是制约建设规模和速度的关键问题。陈云同志在1953年提出统购统销的办法,找到了一条与苏联不同的、富有中国特点的解决粮食问题的路子。在50年代末60年代初建设规模过大、职工和城镇人口增加过多而又遭遇严重自然灾害的情况下,周总理亲自抓粮食工作,从非常时期的实际出发,提出了一整套粮食工作的方针、政策和办法。在关于粮食问题的《报告》和《决定》指导下,我们有效地控制了粮食销量,促进了农业生产特别是粮食生产的发展,纠正了农村工作中瞎指挥、高征购等缺点错误,战胜了当时的严重困难,并逐步做到把粮食征购任务在一定水平上长期稳定下来,保证了社会主义建设和人民生活的需要。这是一件很了不起的事情。我们的粮食工作是面向全国各行各业、为全民服务的工作。我们解决粮食问题的办法,是在发展生产、保证供给的总方针下,坚持兼顾工农,兼顾城乡,兼顾国家利益、集体利益、个人利益的原则,在统购统销的基础上,采取征购、销售、上调、进口全面合理安排、统筹兼顾的办法,是在加强对农业的支援,坚决精减职工人数和减少城镇人口等政策、措施的配合下实行的办法。这就是我们的特色,我们的优势。

我能够在这件事上做一点工作,回想起来,感到欣慰。

2. 关于市场物价问题的报告

上面讲的 1962 年六七月负责起草《国务院财贸办公室关于粮食问题的报告》,是得到毛主席肯定的。而同是在六七月间起草的另一个文件《关于市场和物价问题的报告(草稿)》,却受到毛主席严重的批评。

(1)起草《关于市场和物价问题报告》的背景

七千人大会以后,在党中央领导下,各级党委和政府为实现"大力恢复农业生产,稳定市场,争取财政经济状况的基本好转"的方针,在恢复农业、调整工业、裁并企业、精减职工、紧缩开支、抽紧银根、增加高价商品、改进商品供应等等方面,有成效地进行了大量工作。通货膨胀的趋势开始制止,自由市场上农副产品的上市量有所增加,价格逐步下降,整个市场的情况开始趋向好转。只要继续贯彻执行中央的调整方针,继续加强对财政开支和货币发行的严格管理,党中央所确定的争取商品供应量和社会购买力"当年平衡、略有回笼"的方针是能够实现的。但是,当时在回笼货币和稳定市场方面取得的成绩还只是初步的,很不巩固的。通货膨胀的总局面还没有改变。预计到 1962 年年底,可能比 1961 年年底回笼货币多十五亿元到二十亿元,但是,全国的货币流通量仍比 1957 年年底多五十亿元。国家掌握的粮食、棉布、食油等十三种主要消费品的库存,仍将比 1957 年年底减少五十多亿元。要全部回笼市场上多余的货币,并完全补足重要消费品的库存,彻底改变通货膨胀的局面,完全消除商品供应量同社会购买力之间的逆差,显然还需要较长的时间,要做很大的努力。

在这样的情况下,市场和物价方面有若干主要问题需要继续解决:

第一,由于几年来积累下来的市场社会购买力仍然大大超过商品供应量,国家不得不扩大计划供应(凭票、凭证供应)的范围。计划供应的范围扩大了,自由选购的范围就相应地缩小了。人民手里没有实现的购买力,就不但向没有实现计划供应的商品冲击,而且向国家控制力量薄弱的自由市场冲击。这样,就使计划市场同自由市场之间、计划市场价格同自由市场价格之间的矛盾,表现得非常突出。自由市场的价格成倍地、几倍地高于计划市场价格。有些吃的穿的重要商品的价格,甚至十几倍地高于计划市场的价格。这种情况,经过近半年来的工作虽然开始有了某些改变,但是要使自由市场的价格接近计划市场的价格,要使自由市场真正成为计划市场的附庸和补充,还需要做很多工作。

第二,由于自由市场价格大大高于计划市场价格,而国家又没有足够的工业品去交换农民的重要农副业产品,农民普遍感到按照计划市场价格向国家出售粮食、棉花等重要农产品,吃亏很大。虽然上个粮食年度国家少征购了一百五十七亿斤粮食,对于改善国家和农民的关系起了很大的作用,但是,农民不太愿意按计划市场价格向国家出售重要农副业产品的情绪,还没有根本扭转,还力图把一些重要农副业产品转移到自由市场上高价出售。一部分投机商人,也乘机在城乡之间进行投机倒把活动。这就不利于农村集体经济的巩固,也很不利于国家对农副产品的收购。

第三,由于主要消费品的供应量显著减少,一部分副食品和日用工业品价格上涨,相当多的职工的生活发生了困难。国家为了保证职工的基本生活,去年虽然支付了二十多亿的财政补贴,但是,职工的实际生活水平仍然普遍下降。同 1957 年相比,目前一般职工的生活水平大约下降了百分之三十,收入较多的职工的生活大约下降了百分之五十。在职工和城镇人口的精减计划还没有完成,在农业生产还没有显著的好转以前,这种情况不可能有多大改变。

第四,由于要适当照顾工人和农民的生活,这几年来,国家提高了许多农副产品的收购价格,而没有提高或很少提高这些产品的销售价格;许多以农副产品为原料的轻工业产品,原料的进厂价格提高了,而产品的出厂价格却没有相应地提高。这就使许多工商企业的合理经营更困难了,企业的亏损现象增加了,国家的财政收入减少了。

第五,由于物资严重不足,货币发行过多而分布又不平衡,加上商业的管理权力下放过多、过散,近几年来,各地区"划地为牢"、层层封锁的现象,限制产品出境、拒绝以人民币为交换手段、实行以物易物的现象,愈来愈发展。这就使历史上形成的地区间合理的经济联系,在许多方面被切断了,使全国统一的社会主义国内市场,在一定程度上被分割了,从而严重地妨碍了商品的合理调配和生产的正常进行。

第六,在商品严重不足的情况下,如果商业部门的经营管理工作,做得更好一些,本来是可以使市场供应方面的困难减少一些的。但是,近几年来,由于商业部门对农副业产品统购派购的品种过多,对农副业产品的换购办法和主要消费品的供应办法,没有根据情况的变化,及时地加以改进;对于商品的收购,有一个时期把不应该收购的商品收购了很多,最近又发现某些应该收购的商品没有及时收购的现象;已经收购起来的某些商品,又因为管理不善而造成了相当严重的霉烂、变质和丢失;加上商业机构设置不合理,周转环节多,流通费用大,服务质量下降等缺点错误,都在一定程度上增加了生产者和消费者的困难。

总之,经过上半年的工作,市场和物价的情况已经开始趋向好转,并且有可能争取继续有所好转,但是,要完全解决上面所说的问题,真正实现市场和物价情况的根本好转,还不是一年两年内能够做到的。

为了解决市场和物价问题,陈云同志提出搞高价政策,把多发的票子收回来。不仅在城市搞高价糖果、高价点心、高价烟酒、高价衣料,馆子里卖高价炒肉片等,主要还是在农村。陈云同志指出,票子主要在农村,要想办法把农村的票子收回来。他提出一个高对高、低对低的办法。农民在完成征购任务以后,剩余的农副产品,你高价出售,我就高价供应你工业品,这叫高对高。低对低是你按市场价格出售农副产品,我也按市场价格给你配售工业产品。发挥供销合作社和自由市场的作用来实行这个办法。结果很见效。

市场物价方面还存在不少问题,而陈云同志又提出了有效的办法,李先念同志决定搞一个《关于市场和物价问题的报告》,以中央财经小组名义向中央提出。这个报告由他主持,指定我负责起草。

（2）起草《关于市场和物价问题的报告（草稿）》的指导思想

起草这个《报告》的指导思想，即解决市场和物价问题的基本出发点，或者说基本方针，先念同志和我思想上是明确的，就是少奇同志所说的"六个有利于"的要求（有利于农业生产的恢复和发展，有利于农副业产品、手工业产品的收购，有利于城乡人民生活的安定，有利于消灭财政赤字，有利于平衡市场供求、争取货币回笼，有利于同投机商人作斗争）和陈云同志提出的经济办法（扩大自由市场，采取低价对低价、高价对高价的政策）。

这个《报告（草稿）》于 1962 年 7 月 16 日写成。第二部分"解决市场和物价问题的基本方针"根据刘少奇的六个有利于指示精神和陈云的经济办法，在指出"我国市场、物价情况根本好转的主要关键，是要集中力量，支援农村，巩固集体经济，恢复农业生产"之后，提出解决市场和物价问题的办法是："我们认为，目前比较可行的、比较稳当的方案，是在继续保持计划市场基本稳定的条件下，对计划市场的价格，采取大部不动、小部调整的方针。同时，有领导地扩大自由市场，开展供销合作社的自营业务，加强社会主义的商业对于自由市场的领导，用经济的办法，逐步压低自由市场的价格，使它同计划市场的价格逐步地接近起来，使自由市场逐步地、真正地成为社会主义统一市场的附庸和补充。"

《报告（草稿）》指出："采取这个方案，就国家和农民的关系来说，是要在国家拿工业品向农民交换农副业产品的时候，分别采取低价对低价、高价对高价的政策。对于统购派购的农副业产品，国家要用接近等价交换的工业品去换购，农民按低价向国家出售统购派购的产品，国家也按低价向农民供应工业品，对于完成了国家统购派购任务以后剩余的农副业产品，不属于统购派购的农副业产品，由供销合作社采取议价收购或者实物换购的办法，进行采购。农民按高于国家规定的价格、低于自由市场的价格向供销合作社出售这类产品，供销合作社也按同样的原则向农民供应工业品。当然由供销合作社采购的这一类农副业产品，如果农民不愿意卖给供销合作社的时候，也应该允许农民在自由市场上出售。"

《报告（草稿）》对自由市场的作用、其两重性和应该采取的政策作了分析和阐述。《报告（草稿）》说："在农业经济还是集体所有制，特别是在农村还保存着社员自留地和家庭副业的情况下，自由市场是农民互相调剂有无的不可缺少的场所，是不以人们意志为转移的客观需要。企图用想开就开、想关就关、想怎样限制就怎样限制的办法去对待它，是不行的。当然，自由市场有它的两重性，一方面，它有促进农副业生产发展、活跃农村经济的积极作用；另一方面，它又有冲击计划市场、滋长投机倒把的消极作用。我们应该以经济手段为主、辅之以必要的行政手段，因势利导，去发挥它的积极作用，限制它的消极作用。所谓经济手段，就目前来说，主要是遵照中央的决定，积极开展供销合作社的自营业务，加强供销合作社对自由市场的领导。"

（3）解决市场和物价问题的具体措施

为实现上述基本方针，《报告（草稿）》提出六项具体措施：

第一，继续贯彻执行中央关于"当年平衡、略有回笼"的方针，继续紧缩财政开支和货币投放，合理控制市场货币流通量。提出必须尽可能从城市中挤出一部分工业品，供应农村；尽可能从消费品比较多的地区，调出一部分消费品，供应重工业比较发达的地区，以便从那些货币流通量过多的地区多回笼一些货币。

第二，继续坚持统购派购制度，改进换购办法，把国家必须掌握的一、二类农副业产品收购起来。要适当缩小统购派购的范围和数量；对粮食也采取少购一点、少销一点、收（包括进口）大于支的政策。适当提高换购的重要农副业产品的比例，使出售这类农副业产品的农民能够比过去得到更多的物资。

第三，有领导地扩大自由市场，积极开展供销合作社的自营业务，加强社会主义商业对自由市场的领导。通过试点，逐步推广供销合作社用高价对高价的办法换购农副业产品。为着活跃城乡物资交流，增加对城市农副业产品的供应，所有已经开放自由市场的城市，应该立即准许供销合作社进城。在没有开放自由市场的城市,也应该逐步建立供销合作社和消费合作社,开展它们的自营业务。

第四,在保障职工生活基本安定,并且有利于轻工业、手工业生产和商业合理经营的原则下,有计划地、逐步地调整部分轻工业、手工业产品的销售价格。

第五,继续改进城市的商品供应办法。在凭票凭证供应的基础上,试行发购物券的办法,来供应一部分货源不足的日用工业品。

第六,切实改进商业部门的经营管理工作。商业工作是经济工作,主要地应该采取经济办法而不应该采取行政的办法,去组织商品流通。国营商业和供销合作社的批发机构,原则上应该按照经济区划设置,而不应该按照行政区划设置。基层供销合作社,也应该按照集镇设置,而不应该按照公社设置。并提出:"所有商业企业,都要建立和健全责任制度、计划制度、财务制度、会计制度、仓库管理制度等,讲究经济核算。要尽一切可能减少周转环节,降低商品损耗,节约流通费用,提高服务质量。所有商业工作人员,都要真正学会做生意","务使我们的商业工作能够达到提高生产积极性、促进生产发展、改善市场供应、安定人民生活的目的。"

(4) 毛主席对《报告(草稿)》的批评

我把《关于市场和物价问题的报告(草稿)》交给李先念同志,他看了很满意。还说:现在秀才中只有邓力群一个人能为中央工作了。那时,胡乔木因病休养;陈伯达因讲不要商品交换在第一次郑州会议上受到主席批评后一蹶不振,被柯庆施邀到上海,在北京不参加会议也不参加起草文件;田家英因主张包产到户受主席冷落。所以,先念同志有这样的感叹。

1962 年 7 月 16 日,中央财经小组就将这个《报告(草稿)》送到北戴河,报给"主席、中央"。没有想到毛主席看了这个报告很不高兴,说:邓力群没有马列主义,只知道就市场谈市场,不知道从生产谈市场,同生产联系起来谈流通。

（5）重写一个《关于商业工作的决定》

这里需要补充说明的是,在上送《关于市场和物价问题的报告(草稿)》同时,中央财经小组还为中共中央、国务院代拟了一个《关于进一步加强商业工作集中统一的决定》,1962 年 7 月 10 日印出一个初稿。[①]《关

[①] 在《关于市场和物价问题的报告(草稿)》中提到,为着实现财经小组提出的解决市场、物价问题的方案,当前市场、物价工作方面一个迫切需要解决的问题,就是要进一步加强商业工作的集中统一,克服商业管理方面的分散主义,打破"划地为牢"、层层封锁。国家向农民征购的粮食、油料,应该由中央粮食部统一调拨;各种重要农副业产品原料,应该由商业部统一调拨。要求通过一些有效的办法,"来建立一个全国统一指挥和高度自如的、既能真正实现中央集中统一领导又能正确发挥地方积极性的社会主义商业体系,恢复和加强全国统一的社会主义国内市场。为此目的,中央财经小组替中央和国务院草拟了一个《关于进一步加强商业工作集中统一的决定》"。这个《决定》实际上是《关于市场和物价问题的报告》中对于商业工作提出的要求的具体落实。《决定》共十二条:第一,坚持商业工作的集中领导。第二,统一规定全国城市的粮、布、油、肉等主要消费品的定量供应标准。第三,逐步建立全国统一的农产品换购制度。第四,健全中央商品和地方商品的管理制度。第五,建立重要日用工业品的统一调拨制度,废止现行的差额调拨制度。第六,坚决打破"划地为牢"、层层封锁,实现货畅其流,互通有无。第七,全国各类商品由商业部门统一经营,或者设立国家贸易委员会,统一指挥和调度全国各类市场商品。(两种办法请中央确定)第八,所有国营企业生产的消费品,原则上全部由商业部门包销。工业部门一般不得自销或者自己用产品直接换购原料。工业部门所需要的原料,除了国家物资部门调拨的部分以外,由商业部门负责供应。同时规定,工业部门拒绝收购的原料,商业部门可以自销。商业部门拒绝收购的产品,工业企业可以自销。第九,手工业生产合作社的产品,大部分由商业部门包销,一部分由手工业生产合作社自销。第十,商业机构的设置和商品流转的组织都应当按照经济规律办事。第十一,大中城市的商业应当由市一级集中领导。各个城市要以市为单位按行业设立专业公司,分行业垂直管理,不要按区分割。第十二,在商业部门的经营管理上,也应当进一步加强集中统一。《决定》最后指出:"中共中央和国务院认为,进一步贯彻执行一九六二年一月中央扩大工作会议加强集中统一、反对分散主义的号召,统一思想,统一政策,统一计划,统一指挥,统一行动,是加速国民经济调整的重要保证,也是做好商业工作的重要保证。任何地区、任何部门都应当把全局利益放在自己的局部利益之上,服从中央的集中领导。在商品管理上,任何地方、任何部门都不得把国家委托自己管理的商品物资,看作是'地方所有制''部门所有制',不得违犯国家的统一规定,任意支配商品,或者囤积居奇,互相封锁。当然,在加强集中统一的前提下,必须注意发挥地方的积极性;各主管部门在规定制度和计划的时候,必须很好地调查研究,倾听地方的意见,避免主观主义,并且及时改正工作中的缺点和错误。"

于市场和物价问题的报告(草稿)》受到毛主席批评以后,这个代拟的《决定(初稿)》,也就没有送上去。接着,就按主席的指导意见,在《报告(草稿)》和《决定(初稿)》的基础上重新写了一个。

这个文件的起草工作,开头我没有参加。先念同志打电话给我,要我参加。我负责起草和修改了"合作社商业"和"集市贸易"这两大段。整个文件由陈伯达统改后送交毛主席。文件名称改为《中共中央关于商业工作的决定》,经1962年9月27日八届十中全会通过。

《决定》第一部分关于商业工作的指导思想,按毛主席的意见,强调"发展经济,保障供给"是"我国社会主义商业工作的基本出发点"。指出:"这里所说的发展生产,主要地就是发展农业和工业的生产;这里所说的保障供给,就是经过交换,逐步地保障城乡全体居民生活资料不断增长的基本需要。如果离开了'发展生产,保障供给'这个基本出发点,孤立地看待商业,是不能解决商业问题的。"文件引用毛主席1942年的话,批评现在有一些同志片面地看重商业,不懂得整个经济的重要性,只是单纯地在商业问题上打圈子,那是不能解决问题的。文件强调商业的桥梁作用,指出:"商业工作是很重要的,因为商业是农业同工业的桥梁,是生产同消费的桥梁,我们要发展社会主义农业生产,是不能没有这种桥梁的。"批评一些同志只是在商业问题上打圈子,"是一种单纯的商业观点","这种单纯的商业观点,很需要改正"。

《决定》要求:"我们的商业工作,应该在国家计划的指导下,按照等价交换的原则,正确地利用价值规律,通过适当的购销形式,促进农业和工业生产的发展,逐步保障城乡居民消费品的供应。"并提出衡量商业工作的标准:"是否对于社会主义生产起了促进作用,是否组织好城乡居民消费品的供应,这是我们的商业工作做得好不好的主要标志。"

《决定》突出了毛主席关于农业为基础的思想。指出:"改进我们商业工作的关键问题,是要遵循我们党的社会主义建设总路线,遵循毛泽东同志很早就说过的,农村是我国工业市场的主体的这一指示,把支援农业、支援农村人民公社集体经济放在商业工作的第一位。这就是说,我们商业工作的最根本的问题,是要在交换过程中,正确处理同农民的关系问题。同其他工作一样,我们的商业工作要切实面向农村,切实做好为农业生产和农民生活服务的工作,做好农副产品的收购工作;也只有这样,才能做好为工业生产服务的工作,做好城市中的供应工作。

"看不见我国农村这个最广阔的国内市场,不懂得在社会主义制度的基础上把这个最广阔的市场组织起来,不懂得发展农业生产对整个国民经济的重大意义,就会使我们的商业工作迷失方向,也会使我们的工业工作迷失方向,使我们的整个国民经济计划工作迷失方向。

"我们的商业工作必须认真地执行以农业为基础、以工业为主导的发展国民经济的总方针,正确地调整商业和农业的关系、商业和工业的关系,通过商业工作,更好地调动工人群众和农民群众的生产积极性,活跃城乡经济,加强工人阶级和农民在经济上的联盟。"

这个《决定》的第四部分,阐述"现阶段我国商品流通有三个渠道:国营商业,合作社商业,集市贸易"。三个渠道,每个渠道写一大段,每大段一千字上下。解放战争期间,我在东北时就在张闻天指导下研究过农村供销合作社问题,协助他起草过有关文件,①所以,"合作社商业"这一大段的起草、修改归我负责。大约是《关于市场和物价问题的报告(草稿)》中关于集市贸易的部分基础较好吧,"集市贸易"这一大段也由我负责起草、修改。这两大段,是在《关于市场和物价问题的报告(草稿)》第二部分"解决市场和物价问题的基本方针"中的有关段落和第三部分"解决市场和物价问题的几项具体措施"中的第三项"有领导地扩大自由市场,积极开展供销合作社的自营业务,加强社会主义商业对自由市场的领导"的基础上扩写的。有不少语言是从《关于市场和物价问题的报告(草

---

① 起草的文件有:《关于发展农村供销合作社问题》(1948 年 12 月 22 日),《关于农村供销合作社赢利分红等问题的意见》(1949 年 4 月 24 日),等。

稿)》移植过来的。

"合作社商业"这一大段有十个自然段,讲了有关合作社商业的七个问题:

1. 合作社商业的性质。合作社商业的存在是同集体所有制的农业和集体所有制的手工业这种生产制度相适应的。"这是国营商业以外的社会主义商业的另一种形式。合作社商业是社会主义集体所有制经济,是国营商业的有力助手。"

2. 供销合作社的任务。"应当在国营商业的领导下,积极地为生产服务,为人民生活服务,为出口贸易服务,做好城乡间、地区间的物资交流工作,做好对农村集市贸易的领导工作。"

3. 供销合作社的业务经营。"必须把国家委托的购销业务放在第一位,保证完成国家规定的农产品收购计划,做好农业生产资料和农民基本生活资料的供应。"同时,"供销合作社应该积极地适当地开展自营业务。自营业务的具体作法,可以因地制宜,采取多种形式,例如直接到生产队实行议价收购、实物换购、代购代销等等"。供销合作社开展业务的意义是"可以加强对集市贸易的领导","对于投机倒把,对于自发资本主义势力,是一种有力的打击"。

4. 供销合作社应在城市中建立货栈。货栈的作用是"组织农副产品进城,同时收购一部分工业品下乡"。供销合作社货栈"在城市企业、学校、机关中可以建立消费合作社","供销合作社货栈批发的商品,可以通过消费合作社销售,也可以通过国营商店、合作商店、合作小组销售,也可以自设推销机构"。

5. 供销合作社要支援农业。"供销合作社要同手工业合作社密切协作,支援农业生产的发展。供销合作社收购和供应手工业所需要的原料,支援手工业生产。手工业产品,除国营商业统一收购的和一小部分手工业合作社自产自销的以外,都可以经过供销合作社推销。""农产原料,在完成国家收购任务以后,供销合作社可以议价收购,交给工业企业或手工业企业制造成品,在市场上出售。"

6. 供销合作社的工作方法、民主管理和赢利分红。"供销合作社应该坚持发扬密切联系群众的优良传统,坚持群众路线的工作方法和经营作风。要恢复和发扬过去行之有效的各种民主管理制度,定期召开社员代表大会、理事会和监事会,接受群众监督,实行财务公开,定期公布账目,分给社员应得的红利。"

7. 各部门应该积极支持供销合作社开展业务。"国营商业和物资部门在商品分配方面,工业、手工业部门在商品供应方面,银行在贷款方面,税收部门在税率方面,交通运输部门在组织运输方面,都应该予以积极支持。"

"集市贸易"这一大段有九个自然段。首先是分析集市贸易的性质和作用,并指出它的两重性。文件写道:

> 在农业经济还是集体所有制,在农村还保留着社员自留地和家庭副业的情况下,集市贸易是农民之间互通有无、调剂余缺的场所,是不以人们意志为转移的客观需要。如果认为,对于集市贸易,可以想开就开,想关就关,这是不对的。
>
> 集市贸易是国营商业和合作社商业的必要补充。当然,集市贸易有它的两重性:一方面,它有促进农副业生产发展、活跃农村经济的积极作用;另一方面,又有冲击计划市场、滋长投机倒把的消极作用。针对着集市贸易这种两重性,我们的政策,就是要利用它的积极作用,限制它的消极作用。

这两段话基本上是《关于市场和物价问题的报告(草稿)》原来就有的。紧接着指出:"实现这个要求,要有正确的经济措施,又要有正确的行政管理办法。"

提出了七条办法:

1. 在经济措施方面,主要的是让供销合作社积极参加集市贸易,展开自营业务,通过购销活动,吞吐商品,平抑物价。

2. 集市贸易价格,由交易双方合理议定。为着购销双方的方便,供销合作社可以在集市上设立交易所。

3. 国家不进行统购、派购的农副产品,可以在集市上进行交易。国家统购、派购的农副产品,中央和各省、市、自治区可以根据具体情况,分别不同品种,允许或者不允许集体经济单位和农民在完成交售任务以后,把剩余部分在集市上进行交易。属于国家统购的农产品,严格禁止私商插手经营。

4. 不论公社、生产大队、生产队和社员个人,都只许出卖自己生产的产品,购买自己需要的产品,不许转手买卖,弃农经商。

5. 国营商业和供销合作社,应该加强对于城乡合作商店、合作小组和商贩的领导和管理,适当安排他们的业务和生活,发挥他们的积极作用,制止他们的投机行为。

6. 在加强行政管理方面,要对小商小贩进行登记,发给营业执照,指定活动地点,规定合理的税收。

7. 在当地党委统一领导下,由有关部门组织集市贸易管理委员会,加强对农村集市贸易的领导。

(6)《关于商业工作的决定》未写陈云同志的好办法

应该说,按照毛主席的意见重写的这个商业工作决定,指导思想和基本方针站得高,看得深,整个文件也是比较全面的。但很可惜的是,陈云同志的那一套用高价政策来回笼货币,促进生产,稳定市场的经济办法,没有写到这个《决定》中去,这恐怕同当时陈云同志因为支持田家英关于分田到户的意见而受到毛主席的严厉批评有关。

不过,应该指出的是,这个商业工作决定通过下发的时候,高价政策已经实行一年多,多发的六十多亿票子已经收回一大半。实践证明,陈云同志的那一套办法是行之有效的。所以,实际上还是继续按陈云的办法,回笼了货币,稳定了市场,促进了生产。

那个时候,卖高价烟,高价酒,高价糖果,高价茶叶,开高价饭店,卖高价衣料,这几个高价,特别是在城市,使得有点收入的人,可以用他们手里的票子吃馆子,买点糖果、点心,做两件呢子衣服。本来,在西楼开会,桌上有烟,随便抽,茶叶也供应。卖高价后不同了,烟、茶叶都有,谁要用,按高价掏钱,拿一包烟给一包钱。那时,我们几个秀才有一点稿费,谁拿了稿费谁请客,吃高价饭店。轮流请客,把沙滩周围的馆子吃遍了。有时也带家里人下馆子,改善一下生活。

用高价向农民卖工业品,国家回笼了钱,同样用高价采购粮棉油。记得陈云同志常讲起,农民喜欢上海出的永久牌自行车,本来一辆自行车一百五六十元,高价卖到八九百、一千多元,还是有人买。可是,山西那样的老区农民有经验,钞票攒在手里,你卖一千多,他不买,说相信共产党会照顾农民,价钱不会老是这么高,总要跌下来。等跌到三四百元,再买。陈云同志知道了,说:我们党在农村有基础。

后来,工农业生产有了发展,就采用发购物券的办法来供应相应的商品。发票券购物,那是经济情况比原先有了好转才可能采取的办法。

(7)　王震同志对《红旗》等单位知识分子的关心

在这里附带要讲一下,王震同志对我们《红旗》等单位知识分子的关心。

王震同志本是铁路扳道工,地地道道的产业工人。可他对知识分子一向很关心。他当时同我讲,北京集中了我们的知识分子的精华,把这些人饿坏了,对于我们党和国家是一个大损失。应该想办法给他们增加一些营养,不要让他们得浮肿病。他给科学院不少帮助,同时还特别找到我,对我说,要从黑龙江和新疆农垦系统调些物资,给《红旗》、中宣部、政研室的同志低价供应一点牛羊肉。61 年、62 年,从他那里搞了一些肉来,平均每个工作人员每月可以得到二斤牛肉、二斤羊肉,在那时可是很解决问题啊。

这件事,后来在"文革"中成为邓力群的一个"罪状",说我腐蚀干部。好在当时分配得平均,没有特殊化。那时有人提出:副部级以上干部是否多给一点,我表示反对,大家一样,平均分配。

3. 我所没有参与的重要决策

西楼会议以后,为了渡过困难,搞好调整,在经济工作方面,除了上面所说的我参加的关于1962年调整计划的《报告》和《指示》,《关于粮食问题的决定》《关于市场和物价问题的报告》《关于商业工作的决定》等重要决策性文件之外,中央还作出了若干重要的决定和指示。它们是:经八届十中全会通过的《关于进一步巩固农村人民公社,发展集体经济的决定》;周总理主持起草,于10月6日与邓小平共同签发的《关于当前城市工作若干问题的指示》;周总理于8月26日审阅后报毛主席的《关于林业工作几个主要问题的报告》等等。在发展农业、手工业、轻工业方面,还作出了若干具体的指示和决定,如:《中共中央、国务院关于坚决扭转工商企业亏损、增加赢利的通知》(1962年10月16日),《中共中央批转全国手工业合作总社党组〈关于调整手工业队伍巩固手工业合作社的报告〉》(1962年10月20日),《中共中央批转轻工业部党组〈关于改进地方轻工业管理体制的报告〉》(1962年11月7日),《中共中央关于发展农村副业生产的决定》(1962年11月22日),《中共中央关于加强种子工作的决定》(1962年11月22日),《中共中央关于发展大牲畜的几项规定》(1962年11月22日),《中共中央、国务院批转农业部党组关于全国农业会议的总结》(1962年12月17日),《中共中央、国务院关于一九六三年发展棉花生产的决定》(1962年12月26日),等等。

在这些决定、指示的指导下,各方面的工作经过调整,战胜了暂时困难,国民经济进入了新的发展阶段。

4. 对社会主义建设规律的一点认识

在七千人大会上,充分肯定了在《农业六十条》影响下,各行各业制定的具体工作条例,说明有了总路线,还要有各行各业具体的工作路线。西楼会议及 1962 年采取的一系列关于经济工作的具体决策和有力措施,则进一步说明,所谓具体的工作路线,不单是各行各业的工作路线,还要有综合的、宏观的具体工作路线。这两种具体工作路线完备了,我们的经济工作才能够走上正常的、全面的发展轨道。用这个带规律性的认识来观察我们共和国的这一段历史,从 1958 年形成总路线,经过"大跃进"的波折,1959 年到 1961 年三年困难,到七千人大会和西楼会议以后,也不过五六年时间,我们经历了挫折,付出了很大的代价,但对社会主义建设这个新事物取得了一些新的认识,制定了实现总路线的两套比较全面的具体工作路线。这是以毛主席为代表的第一代中央领导集体探索在中国建设社会主义规律的积极成果。

（十一） 上层建筑领域进行的调整

在这里还应该说到,1962 年的调整主要是在经济领域,但并不只是经济领域。在上层建筑领域同样进行了卓有成效的工作。

1. 关于 1958 年以来政法工作的总结

（1） 刘少奇同志关注政法工作

在西楼会议后不久,少奇同志又转而关注政法战线的工作。1962年 3 月上旬和中旬,先后对政法工作作出批示,一是要公安部派人到青海去会同省委严肃处理青海公安机构违法乱纪的问题,并引为教训;一是要谢富治注意,"从 1959 年以来,有许多地方公安机关,甚至公社大队等用长期拘留、长期劳改、劳教等方式,实际上逮捕了许多人,饿死和折磨死一些人。而这些是你们不能够控制的,没有统计的,或者统计不确实。1961 年,这种情况还没有完全停止。去年我在湖南就还看见这种情况。你们应该严格地检查、揭露,批判和纠正这种违法的情况。"那时,原来担任公安部部长的罗瑞卿调到军队去当总参谋长了,公安部长由谢富治接任。

3 月 17 日,少奇同志同总理、小平同志一起到武汉向毛主席汇报中央常委扩大会议情况。汇报后,约罗瑞卿、谢富治和王任重谈话,指出:这四年的经验教训多得很,你们要好好总结,主要经验是混淆两类矛盾。混敌为我的也有,但主要是混我为敌。下面不按照法律,县、公社,甚至大队用长期拘留、劳改、劳教等办法,不知折磨死了多少人。你们要认真检查,彻底揭露、批判。当然,揭露出来是不好看的,是很丑的,但是,有那个事实嘛,怕什么丑呢? 今天不揭,明天还要揭;你自己不揭,别人要揭;活人不揭,死后下一代也要揭。①

少奇同志的批评引起公安、政法部门领导人很大震动。公安部党组准备将这次谈话记录下发。刘少奇没有同意,在送审稿上批示:"这个记录稿不要印。""四年来公安政法方面的确有不少新的经验需要总结,如果你们搜集了材料,我可以参加,和你们一道,认真地系统地进行总结。"此后,中央政法小组同最高人民法院、最高人民检察院和公安部三个党组,进一步检查了 1958 年以来政法战线的工作,组织了一些工作组,分别到一些省、市进行调查研究。

4 月下旬,中央政法小组准备召开全国政法工作会议,进一步总结政法工作的经验教训。4 月 28 日,少奇同志召集会议,听取谢富治、谢觉哉(时任最高人民法院院长)等汇报公安、政法工作和会议准备的情况,对总结四年来政法战线经验教训,改进政法工作的问题,谈了许多重要意见。

---

① 以上刘少奇的批示和谈话,参见《刘少奇年谱》(下卷),中央文献出版社 1996 年版,第 550—551 页。

关于总结检查这几年的错误问题，少奇同志强调要揭露问题，指出这几年政法工作错误的性质是，在党的绝对领导下犯了"左"倾错误。他说：

> 公安、检察、法院三家都要认真总结十二年的经验教训，首先要把问题揭出来，不揭出来，就不能接受经验教训，也不能改。
>
> 总结经验，要把大量事实揭出来，这样才能认识，才能把问题说通，使大家出一身汗。这几年公安机关服从党委领导下犯了这样大错误，你们可以说，这几年在党的绝对领导下犯了"左"倾错误。这一条一定要说。
>
> 听党的话，什么都听？该不该捕判主要由你们提，你们什么都听他的？检察、法院过去批判了那么多右倾，有的可能对了，有的可能过了头。批判独立审判，是指有脱离党的领导的意思，现在看来，完全没有独立审判也不行。
>
> 又要建设社会主义，又搞简单化，就是国民党作风。如果不改正政治上"左"的办法，组织上就会出问题。
>
> 政法部门有些报告可以不经过党委，党委不同意还可以上报。现在下边上报的材料是层层过滤，搞一个渠道，把什么东西都过滤掉了，要改变。规定不经党委不能向上报告是错误的。要搞点对立面，政法三家要搞互相制约。这几年你们是在党委绝对领导下犯了"左"倾错误，这是一条经验教训。

少奇同志要求加强法制，搞好立法，拿出一套办法来。他说：

> 这几年主要是混我为敌，什么机关都可以捕人，打人。现在要搞些章程出来，没有章程，秩序就会搞乱。
>
> 民法也要搞。刑法草案是否很快修改一下，提请人大常委会讨

论试行。现在不搞不行,有了这个东西比没有好。

专政工作怎样专法还是个问题。不要专政不行。我们是要专政的。但是没有搞好。又要专政,又要不出问题,需要很好研究解决。公安、检察、法院三家是搞专政的,这几年出了毛病怪不得你们。要总结经验教训。检察、法院要加强,使他们真正能够执行任务。三家上下垂直领导要搞一点,法院要独立审判。

批捕,判案子,要不要过那么多关?不经过党委行不行?是否可以规定,一个案子捕不捕,判不判,就是由政法部门负责,定期向党委报告,错了党委可以批评。公安、检察、法院三个机关精简得太厉害了不行,特别是检察院、法院要加强。政法机关的干部,不要离开业务去搞中心。要学点法律。现在看,无产阶级法律还不成熟,还没有很好建立起来。过去列宁写了《国家与革命》,斯大林也搞了一些东西,毛主席规定了我们专政工作的路线,又提出两类矛盾问题。现在的经验是两方面的,赫鲁晓夫不要专政,斯大林后期把肃反扩大化,我们这几年主要是混淆两类矛盾。现在要纠正,要总结经验教训,要从理论、原则、方针、办法上搞出一套来。对敌人要强调专政,对人民要说服。规定了不执行怎么办?党的组织部、监委要规定一套办法,非执行不可。从办法到组织机构都要有系统的一套。有了系统的一套,人民内部有人管了,你们就可以集中力量搞专政了。敌我问题,人民内部问题,党内党外问题,都要有一套。哪些事情归哪个管,要很好研究。有些归你们,有些归组织部,有些归监委。国家机关干部犯了法,要归检察机关,公安不要插手。总之,从组织纪律,行政纪律,到法律问题,都要有一套办法。

专政同民主是分不开的,人民犯了法也要办,这是比较少的。人民内部的许多问题必须有人管,要研究个办法,调解委员会还是要。

人民内部问题是最多、最大、最麻烦的问题,公安不管要谁管? 要党委管,党委总得找个人来管,恐怕要有结合部,还是搞调解委员会。

调解委员会是一种组织形式。民警也管一部分人民内部矛盾问题。农村已经有调解委员会。在乱的地方可否再设一些派出所。总之要研究一下,总要有个系统。现在把人民内部问题当敌我问题管了。肃反领导小组搞隔离反省,限制人家自由,要考虑。1957 年反右派时,中央规定把右派当人民内部问题处理,但实际执行上把面搞宽了。

劳教本来是个好办法,这几年你们搞的和劳改不分,搞乱了。不是改造第一,而是生产第一,搞奴隶劳动。不是越改越好,而是越改越坏。劳改队,县不准搞。

劳教这几年办得不好,但不要否定这个办法。人民内部矛盾,二流子、偷肉吃的,总要有个办法管嘛! 劳教要同劳改分开管。人民内部矛盾,敌我矛盾,如何处理,要有区别,又有联系,要搞出一套办法来。劳改生产,国家不打你们的主意,但你们要尽量想办法搞好一点,不够的,国家可以补贴一点。告诉下面,实事求是,搞错了的就要放出去。

封建时代,死刑要到北京来审。你们过去这样办不行,现在至少一部分可以拿到北京来审。

少奇同志建议先不要急于开会。他要求认真搞好这几年来政法工作的总结,把会议的报告准备好。可以先在即将召开的中央工作会议上讲一讲。并说:搞政法工作总结,邓力群可以去帮忙,把经验总结起来。

(2) 少奇同志对总结报告初稿提出修改意见

我接受少奇同志交待的任务以后,花了一个来月的时间,进行调查研究。我听取了政法部门的汇报,并按照少奇同志谈话精神,同他们一起讨论、研究政法工作中涉及的各种问题。与此同时,我组织《红旗》杂志的几个同志编了一份"参考资料":《关于无产阶级专政和无产阶级民主的几个问题》,摘录了马克思、恩格斯、列宁、斯大林的有关论述。①

然后,在有刘复之、俞雷等公安部负责同志参加的小会上,由我口授,由公安部的同志笔录,写出了一个《中央政法小组关于一九五八年以来政法工作的总结报告》的初稿,报送给刘少奇。他看后不满意,5月23日找我们详细地谈了他的意见。②

少奇同志首先针对报告初稿存在的问题,谈了对这个报告的要求。他说:"要搞个正式报告,总结经验,提出今后的办法。报告写好了,要交书记处讨论通过,由中央批准后发下去,把今后一个时期的方针、政策讲清楚。""搞这个文件,总结经验,要从实际出发,然后提高到一般原则和理论高度。哪些方面需要作理论说明的,就从理论上讲清楚。不要光从原理出发,要解决实际问题。"

少奇同志认为,目前这个时期总的经验教训是混淆两类不同性质的矛盾,主要是混我为敌,打击面过宽。文件上的这个看法,基本上对,但不完全。他说:

> 这几年的政法工作,就问题方面来说,总的经验教训是混淆两类不同性质的矛盾,主要是误我为敌,打击面过宽。就是说随随便便,马马虎虎,没有把两类不同性质的矛盾清楚地、严格地、细致地区分开来。同时,又没有严格区分处理两类不同性质矛盾的两种不同的方法。处理人民内部矛盾,只能用说服、民主的方法,批评与自我批

---

① 这份资料共五部分:一、无产阶级专政是对剥削者实行专政,在人民内部实行人民民主。二、无产阶级专政和党的领导的关系。三、健全国家的民主制度。四、加强国家的监察工作和法制建设。五、坚决同国家机关中的官僚主义作斗争。于1962年6月25日作为"红旗编辑部参考资料"内部印发。

② 谈话有一个记录稿,其要点以《政法工作和正确处理人民内部矛盾》为题收入《刘少奇选集》(下卷)。

评的方法。压服,只能用来处理敌我矛盾。这是根本不同的两种方法,要强调用两种不同的方法处理两类不同性质的矛盾。这几年的错误,主要是用处理敌我问题的办法去处理人民内部矛盾。用对付敌人的专政的办法来处理自己人的问题,处理劳动人民的问题,这是个根本错误。这不是共产党的方法,而是国民党作风,是站在人民之上,向人民施用压力。

为了缩小打击面,我们党有时把一些属于敌我矛盾的问题,当作人民内部问题处理。这样做,有利于造成又有集中又有民主,又有纪律又有自由,又有统一意志,又有个人心情舒畅、生动活泼的政治局面。绝不可把敌我矛盾扩大,不能用处理敌我问题的办法处理人民内部矛盾,相反,只要是没有危险的,倒是可以用处理人民内部矛盾的办法来处理敌我问题。

无产阶级法制,就是人民民主的法制,也就是社会主义法制。法制不一定是指专政方面的,人民内部也要有法制,国家工作人员和群众也要受公共章程的约束。

少奇同志特别强调要严格区分处理两种不同性质矛盾的两种不同的方法。他指出:

搞错了,就要犯大错误。过去对矛盾性质认识错了的也有,但主要是错在用处理敌我矛盾的方法去处理人民内部矛盾。党和政府中的国民党作风,主要表现在这上面。用敌对手段处理人民内部问题,甚至党内问题,这样处理的结果,不仅不会解决矛盾,相反会使矛盾更加激化,甚至造成分裂。

这几年打击面宽了,是个事实。劳动教养本来是处理人民内部问题的,结果用了同处理敌我问题一样的办法。行政拘留本来是有严格的时限的,结果长期拘留,不依法办事。行政拘留、集训、劳动教养,变成和逮捕一样,没有区别,错误就在这里。有的单位还自己搞拘留、搞劳改,这是非法的,不允许的。此外,有的党政负责人,随便批准捕人,根本不要公安局、检察院这一套。有的甚至公社、工厂、工地也随便捕人。这种破坏法制的行为,必须坚决制止。

对公安机关、检察院、法院的性质与任务,这三个机关与党的领导的关系,少奇同志根据新的情况作出新的论述。说明这三个机关,不是只处理敌我问题,不处理人民内部问题。"无产阶级专政条件下,国家也是教育机关。要把人民教育成共产主义者,不光是靠学校教育。你们是专政机关,同时也有教育人民、处理人民内部矛盾的任务。""法院独立审判是对的,是宪法规定了的,党委和政府不应该干涉他们判案子。""检察院应该同一切违法乱纪现象作斗争,不管任何机关任何人。""不要提政法机关绝对服从各级党委领导。它违法,就不能服从。如果地方党委的决定同法律、同中央的政策不一致,服从哪一个? 在这种情况下,应该服从法律、服从中央的政策。"

此后,按照少奇同志的指示,我们对稿子反复讨论修改,经过将近一个月,最后形成政法工作总结报告的第三稿,二万多字。时间在6月28日之前的一两天。

报告写完之后,6月28日,我就在沙滩的教育楼小会议室《红旗》杂志社干部会上作了《无产阶级专政与人民民主制度》的讲话,说明起草政法工作总结报告的缘由以及四年来政法工作主要的经验教训。"文革"中关锋等人"将几个同志核对后的记录,整理印发,供大家进一步揭发、批判"。这个报告得以保存下来。最近,我又重看了一下起草的这个总结和为介绍这个总结而讲的这一篇话,觉得直到现在也还站得住。在当时来说,也讲了一些新话。因此,我把这篇讲话收到我的文集《〈红旗〉岁月》里面去了。①

(3)《关于一九五八年以来政法工作的总结报告》的主要内容

《关于一九五八年以来政法工作的总结报告》(以下简称《总结报告》)分六个部分。

第一部分是:"四年工作的估计"。

《总结报告》从八个方面具体地、充分地肯定 1958 年以来政法战线的成绩以后,指出:"这些成绩证明了党中央确定的政法工作的路线、方针和政策是完全正确的。"并进一步阐述了毛主席正确划分和处理两类不同性质的矛盾的理论,指明:"四年来的实践经验证明,只要我们不折不扣地贯彻执行党中央和毛泽东同志提出的上述路线、方针和政策,严格执行国家最高权力机关制定的宪法、法律和法令,我们的工作就能够取得显著的成绩","就可以避免发生严重的错误。即使由于缺乏经验犯了一些不可避免的错误,也能够及早地克服错误,总结经验教训,取得新的成绩。"进而申说:"由此可以得出结论,要使我们的政法工作能够取得成绩而不发生重大偏差和错误,就必须自觉地接受党中央的领导,严格地执行党中央的路线、方针和政策,严格地遵守国家的宪法、法律和法令。"

《总结报告》严肃地揭露政法工作中发生的一些缺点和错误。指出:第一,公安机关、检察院和法院,错捕错判了少数不应当捕、不应当判的人。一些地方一度还存在着盲目长判和轻罪重判的现象。第二,不少地方发生了非法捕人和变相捕人押人的严重现象。第三,少数地方在劳动改造工作、劳动教养工作和狱政管理工作上破坏了正常的秩序,违反了政治教育与生产劳动相结合、强制改造与革命人道主义相结合的政策,采用了一些不正常的、甚至是封建野蛮的管理方法去折磨人。第四,在一些地方、一些单位中发生了侵犯人民的民主权利的违法乱纪现象,违反宪法关

---

① 收入《〈红旗〉岁月》时,此篇改题为《政法部门要正确处理两类不同性质的矛盾》。

于通信自由的规定,随便检查信件。

《总结报告》指出上述错误的后果:"少数地方实际上造成了打击面过宽的严重后果。这几年来,我们打击了一些反动阶级中可以不打击的人,从策略上来讲,这对于分化瓦解敌人是不利的。更为严重的错误是,在实际工作中混淆了两类不同性质的矛盾。一方面是误敌为我,漏掉了一些真正的敌人,对于一些应该及时打击的敌人没有及时打击。但主要方面是误我为敌,不仅用对待敌人的专政手段,在人民内部打击了一部分只有一般违法行为的人;而且冤枉了少数完全无辜的好人,打击了个别坚持真理、反映真实情况的人。因而对国家和党的民主生活产生了不良的影响,不利于党和人民群众的团结,损害了人民民主专政的法制。"《总结报告》还引用刘少奇的论述指出:"在个别地方,……还有极少数品质恶劣的人,他们的所作所为,实际上使无产阶级专政变为国民党专政。这种国民党作风是人民的大敌,是共产党的大敌。"

《总结报告》分析了产生上述错误的原因。指出:一、在一部分问题上缺乏经验是产生错误的原因之一。二、从中央到地方的公安、检察、法院三机关,在不同程度上存在着主观主义和官僚主义作风,也是产生错误的原因之一。三、从中央到地方的政法部门存在着分散主义,是更主要的原因。

《总结报告》强调:"政法工作方面所处理的问题,是镇压谁、保卫谁的问题,是依靠什么人对什么人实行专政的问题,是关系到保障每个公民的人身自由和生命财产的安全的问题,是关系到巩固社会主义制度和人民民主专政的问题。所有这些问题,都是关系国家安危的根本问题。所以,政法工作方面,尤其要加强集中统一,尤其要坚决反对分散主义。这是我们在总结过去四年工作的时候,应当得到的一个最重要最基本的教训。"

《总结报告》的第二部分是:"严格区分两类不同性质的矛盾,严格区分两类不同性质的矛盾的处理方法"。

根据毛主席关于正确处理两类不同性质的矛盾的理论,针对当时存在的糊涂观念和错误,《总结报告》首先阐明法院、检察院和公安机关的性质和任务。指出:"法院、检察院和公安机关,对敌人来说,是镇压机关;对人民群众来说,又是通过自己的全部活动,教育公民忠于国家、自觉地遵守法律的机关。""为了保卫人民民主制度,维护公共秩序,保护公共财产,保护公民的权利和合法利益,保障社会主义建设和社会主义革命的顺利进行,法院、检察院和公安机关,应当遵照国家的宪法和法律,向一切反革命分子作坚决的斗争,坚决镇压他们的捣乱和破坏。同时,也应当遵照国家的宪法和法律,惩治人民内部少数触犯刑律的分子,反对一切违反国家法律的现象,处理民事案件,解决民事纠纷,增强人民内部团结,发扬社会主义和共产主义的道德风尚。概括地说,前者是处理敌我矛盾的问题,是法院、检察院和公安机关的主要任务;后者是处理人民内部矛盾的问题,也是三个机关必须担负的任务。如果因为我们的工作部署,要把更多的力量摆在处理敌我矛盾方面,就认为这三个机关不要担负处理人民内部矛盾的任务,这显然是错误的。如果因为工作的部署,有时要把更多的力量摆在处理人民内部矛盾方面,就认为这三个机关可以忽视处理敌我矛盾的任务,这更是错误的。既然法院、检察院和公安机关担负处理两类不同性质的矛盾的任务,那么,能够不能够严格地划分清楚两类不同性质的矛盾的界线,是这三个机关和它们的每一个工作人员能够不能够做好工作,会不会犯大错误的一个最关重要的问题。"

《总结报告》具体分析了这几年来我们在实际工作中犯混淆两类不同性质的矛盾的错误、主要是误我为敌的错误的原因,指出:"这是因为我们在下面三个问题上,一方面,缺乏经验,不够谨慎;另一方面,没有结合新的情况把毛泽东同志的指示加以具体化。"

第一个问题,是坏分子同人民群众中有一般违法行为的人的界线问题。

第二个问题,是反革命分子同人民群众中因为对党的某些具体政策和措施不满、对作风品质不好的干部不满,而发表错误言论以至采取过激行动的人的界线问题。

第三个问题,是敌我矛盾同人民内部矛盾混淆在一起,一时分辨不清楚的问题。

《总结报告》引用刘少奇同志的批评,指出:"我们这几年犯了分不清两类不同性质的矛盾的界线、误我为敌的错误","我们更大的错误是,分不清楚两类不同性质的矛盾的处理方法,用处理敌我矛盾的方法去处理属于人民内部矛盾的问题。"犯这样的错误的原因,从思想认识上来说,是在一些政法干部中流行着一种看法,认为一切受了法律制裁的人,一切在监狱、劳改场所服刑的人,都是专政的对象。因此,在他们服刑期间,就应当同真正的人民敌人不加区别地一律看待,不加区别地用一种方法管理。这是一种从形式上看问题的非常有害的方法。这些同志不懂得,我们对待人民民主专政的敌人所采取的一系列的专政方法,都只能用来对付人民的敌人,绝不能用来对待人民。人民群众中的极少数人,即使因为触犯刑律而必须受到法律制裁,这种制裁,也还是属于人民自我教育的一个辅助手段。他们只是在服刑期间,暂时被剥夺了某些公民权利,或者暂时停止行使某些公民权利;对他们的管理方法和教育方法,都应当同对人民的敌人有原则的区别。他们服刑期满以后,不应当受到任何歧视。

《总结报告》指出,必须分清处理六类问题的界线和职责范围,以避免今后重犯这种错误。这六类问题,"都不准用对待敌人的专政办法去处理"。这六类问题是:一、凡属于思想性质的问题,凡属于人民内部的争论问题,只能用民主的方法去解决,只能用讨论的方法、批评的方法、说服教育的方法去解决,而不能用强制的、压服的方法去解决。二、由于人民内部各个阶层、各个集团的利益矛盾所引起的问题,应当在加强思想教育的同时,用正确执行政策、克服工作中的缺点等办法去处理。三、党派、政府、企业、工厂、学校、人民团体的成员违反各该方面的纪律的问题,应当由各该方面,根据提高自觉和执行纪律相结合的原则,用纪律处分的办法处理。四、凡属于人民群众中的纠纷问题,应当由调解委员会处理。五、人民群众中的轻微违法问题,应当由人民法庭和公安局、派出所处理。六、人民群众中触犯刑律的人,只应当由法院、检察院和公安机关依照国家的法律、法令处理。

《总结报告》特别强调,法院、检察院和公安机关要保护公民的基本权利。公民的基本权利受到一切违法乱纪分子侵犯的时候,不应当"官官相卫",或者回避责任,而应当挺身而出,维护真理,保护受侵犯的公民,保护党中央的方针、政策和国家的法律、法令不受侵犯。法院、检察院和公安机关,是依照宪法、法律、法令对犯罪分子执行法律制裁的机关。三个机关的工作人员,在进行这个工作的时候,不应当只是为制裁而制裁,而应当首先想到,制裁的目的是为了保护公民的基本权利,保护人民民主制度,保护人民民主专政。只要我们始终坚持"对敌要狠、对己要和"的原则,那么,就可以达到党中央、毛泽东同志和刘少奇同志向我们所提出的要求,这就是:尽管在敌人看来,三个机关是"阴森森的"、"可怕可恨的";但是,在人民群众看来,三个机关却是热烘烘的、可亲可爱的。

《总结报告》的第三部分是:"严格执行党中央关于正确处理敌我矛盾和人民内部矛盾的基本政策"。

《总结报告》指出:"在人民内部实行民主,对敌人实行专政,这两个方面是分不开的,把这两个方面结合起来,就是我们的人民民主专政。我国的人民民主专政是:无产阶级领导的、以工农联盟为基础的人民民主专政。这是我们正确处理敌我矛盾和人民内部矛盾的总方针总政策,我们在制定和执行一切有关的具体政策的时候,都不能离开这个总方针总政策。"

《总结报告》的第四部分是:"严格遵守国家的宪法、法律、法令,逐步制订迫切需要的法律,健全人民民主专政的法制"。

《总结报告》提出了"使我们国家的法制体系逐步地完备起来"的任务。《总结报告》指出:这几年来,"少数地方在法制问题上出一些毛病,多数情况下是有法不守,少数是无法可守。这就告诉我们,要健全人民民主专政的法制,当前我们最主要的任务是,教育、督促全体干部,特别是政法工作干部,严格遵守国家颁布的宪法、法律、法令,同一切不依法办事以至违反国家法律的现象进行坚决的斗争。同时,也要根据新的情况和新的经验,逐步制订迫切需要的法律,使我们国家的法制体系逐步地完备起来。"

《总结报告》分析了这几年来在实际工作中相当普遍、相当严重地存在"有法不守、知法犯法、违法乱纪的缺点错误",在思想认识上的原因。指出:首先,对要不要法律、要不要遵守法律这个问题,在一部分同志中发生了怀疑。其次,对于遵守法律会不会使自己的手脚受到束缚的问题,在一些同志中也受到了怀疑。再次,对于政策和法律的关系问题,在一部分同志中有一种所谓违反了政策就是犯法的笼统看法。复次,对于遵守法律和执行群众路线的关系问题,在一部分同志中有一种所谓遵守法律就会妨碍群众运动的错误看法。

《总结报告》同时指出:"我们的法制确实有不完备的地方。""在有些问题上迫切需要的法律,我们现在还没有制订出来。"并按照刘少奇早在党的八大一次会议上提出的"我们目前在国家生活中的迫切任务之一,是着手系统地制订比较完备的法律,健全我们国家的法制"的要求,"首先把过去已经起草的刑法草案立即讨论修改提交党中央,并且着手准备起草其他一些必要的法律、法令。同时,对于国家已经颁布的重要法律、法令,进行一次检查,某些已经不适合情况的条款,应当作必要的修正或补充"。

《总结报告》提出,为了进一步健全人民民主专政的法制,政法战线必须认真做好以下各项工作:

第一,严格按照宪法的规定,重申除了法院、检察院、公安机关有权行使法律制裁的职能以外,任何其他国家机关、人民团体、企业事业单位和个人,都无权行使法律制裁的职能。公安机关和检察院必须认真执行逮捕拘留条例。三个机关的工作人员必须模范地遵守国家的宪法、法律、法令，坚决纠正各种不依法办事以及违法乱纪的现象。

第二，从组织上、制度上和思想上加强各级人民法院的建设。按照宪法的规定："人民法院独立进行审判，只服从法律。"法院的审判人员在审理案件的时候，应当按照党和国家的政策，以事实为依据，以法律为准绳，作出正确的判决。适当调整各级人民法院的案件管辖范围。今后无期徒刑以上刑罚的案件，由中级以上人民法院审理，并且必须报请最高人民法院审核；判处死刑和干部犯法案件，重要的要由最高人民法院直接审理。

第三，从组织上、制度上和思想上加强各级人民检察院的建设，使它能够充分发挥法律监督的作用。各级检察机关必须切实做好批捕、起诉、出庭工作，并且主要地通过这些工作，加强侦察监督、审判监督；加强劳动改造工作的监督。同时，要按照宪法、法律的规定，同一切违反法律、破坏法制的行为作斗争。

第四，法院、检察院和公安机关在办理案件的时候，必须坚持调查研究，实事求是，重证据而不轻信口供的原则，务必做到每一个罪犯的每一条罪状都真实可靠，既不放过坏人，也不冤枉好人。严禁任何形式的刑讯逼供。切实保障当事人行使申诉权利、辩护权利和上诉权利。

第五，建立和健全处理人民内部的纠纷和违法犯罪问题的法制体系。大力加强调解委员会的工作，使它成为处理这类人民内部矛盾问题的第一道防线；普遍建立人民法庭，使人民法庭同公安派出所成为处理这类问题的第二道防线。这两道防线的工作做好了，法院、检察院和公安机关这个第三道防线的工作就更主动了，就更能够提高他们的工作质量。

第六，在党员、干部和人民群众中，广泛进行遵守法律的教育，号召全体党员、国家机关工作人员和人民群众，自觉地遵守法律，维护法律，同一切反革命分子和其他犯罪分子作斗争，检举、揭发、控告一切违反国家法律的分子。

《总结报告》的第五部分是:"坚决镇压反革命分子的破坏,确实保证社会的治安秩序"。

《总结报告》提出政法战线必须做好的十项工作:

第一,加强同隐蔽敌人的斗争,及时地打击反革命分子的现行破坏。

第二,加强对敌人"心理作战"的斗争。

第三,按照党的政策和策略,加强对地主分子、富农分子、反革命分子、坏分子和右派分子的监督改造工作。

第四,做好首脑要害部位的保卫、保密工作。对于党政领导机关,机密要害部位,广播电台,重要工厂、车站、港口、仓库等要害部位,要采取切实可靠的措施,防止敌人破坏。

第五,进一步加强人民解放军的保卫工作,保证部队的纯洁和巩固,严密防止特务分子、反革命分子对军队进行各种阴谋破坏活动。军队保卫部门必须在各级党委和政治机关的领导下,切实地把基层保卫工作和专门工作加强起来,提高全体官兵的政治警惕性,做好防奸保密工作和巩固部队工作。人民武装警察部队要继续加强领导和建设,做好政治思想工作和纯洁巩固内部的工作,以便更好地完成所担负的边防任务和内卫任务。

第六,加强铁路交通沿线的治安保卫工作,保证国家重要交通动脉畅通无阻。防止哄抢运输物资的事件发生。

第七,做好群众性的治安工作。在当地党委领导下,配合有关部门,正确处理城市和农村发生的群众性的治安问题;妥善处理少数人闹事的问题。

第八,整顿和加强劳动改造罪犯的工作。

第九,加强边境管理,严密堵截特务分子、反革命分子潜出潜入,防止偷越国境。

第十,加强同治安灾害事故的斗争,防止重大火灾和恶性事故的发生。

《总结报告》的第六部分是："加强党对政法工作的领导"。

《总结报告》要求全体政法工作人员,在党委的领导下,增强党性,顾全大局,谦虚谨慎,加强团结,努力学习,积极地完成任务。既要保证安全,又要执行政策,遵守纪律。要恢复我们一切行之有效的老章程,建立适合情况的新制度,使政法工作进一步走上健全发展的轨道。

(4)我在《红旗》干部会上讲话的要旨

我在《红旗》干部会上的讲话,是根据毛主席关于正确处理两类矛盾的思想和少奇同志对近几年来政法工作中存在的未能划清两类不同性质矛盾的界限和用处理敌我矛盾的方法来处理人民内部问题的严重错误的批评,就《总结报告》涉及的一些问题,也就是四年来政法工作的主要经验教训,讲自己的看法。讲了六个问题:一、人民法院、检察院、公安机关的性质和任务。二、处理两类矛盾的方法。三、三个机关处理人民内部矛盾的问题。四、三个机关要有自己的规章制度,要不要法律? 五、政策与法律的关系。六、无产阶级专政和党的领导。

当时,我主要讲了这么一个意思,即:政法战线要同时承担解决两类矛盾的任务,要划清两类矛盾的界限,要用不同的方法来处理两类不同性质的矛盾。这是针对当时政法战线各个部门思想上普遍存在的糊涂观念和实践中普遍存在的错误来讲的。当时,政法战线的人,认为人民法院、检察院、公安机关是镇压机器、专政工具,凡是受到公、检、法处理的人,都是专政对象,都要用专政的方法。这样,凡是坐牢的、判刑的,都认为是专政对象;受到公安部门处罚的人,也是专政对象。使用的方法都是压制和压迫这些专政的方法。再加上"大跃进"时期权力下放,拘留权下放到派出所、公社,甚至生产大队也可以逮人。

(5)《政法工作总结报告》的命运

刘少奇对这个总结报告是满意的。他要彭真批发这个文件。这个文件本身挑不出什么毛病,向全党全国批发,本来是没有问题的。但不久就开中央工作会议了(北戴河会议,7月25日至8月24日)。毛主席在会上批"单干风"、"翻案风"、"黑暗风"。政治气氛发生了变化。这时,这个总结报告就不便批发全党全国了。但还是作为中央工作会议的参考文件印发了。

1962年10月,召开全国政法工作会议,彭真批示作为会议文件印发。这样,这个《政法工作总结报告》又作了一些小的修改,就作为"全国政法工作会议文件之七",于1962年10月22日印发给参加全国政法工作会议的同志们。

后来,刘复之告诉我,这个文件对全国的政法工作起了好作用,澄清了许多糊涂观念,指导我们的政法工作走上健康发展的轨道。

我在写完这个总结报告以后在《红旗》的那个讲话,上面已经说过,在"文革"中遭到了厄运。当时《红旗》的领导,把它作为"反党分子""大肆攻击无产阶级专政,散布修正主义谬论"的报告印发,"供大家进一步揭发、批判"。历史无情,证明《政法工作总结报告》和我的那个讲话是站得住的。因为它是以马列主义的基本原理作为指导而又是从中国当时的实际中来的,是体现了毛主席正确处理两类矛盾的伟大思想和少奇同志对政法工作的重要指示精神的。相信政法工作的总结和我所作的说明,对现在和今后的政法工作还有参考价值。

2. 知识分子政策的调整

这方面的工作做得更早一些。在七千人大会开过不久,1962年3月,国家科委召开的科学工作会议和文化部、剧协召开的剧本创作座谈会同时在广州举行。周总理专程到广州参加会议。

记得有一天晚上,我接到许明还是谁从广州打来的电话,要我查一查中央历年关于知识分子的提法,说总理要在会上讲知识分子问题。我很快完成了任务。总理在3月2日由两个会议共同组织的大会上作了《论知识分子问题》的重要报告。总理指出:"不论是在解放前还是在解放后,我们历来都把知识分子放在革命联盟内,算在人民的队伍中。""十二年来,我国大多数知识分子已有根本的转变和极大的进步。1956 年我曾作过关于知识分子问题的报告,对知识分子的状况作了初步估计。刘少奇同志在 1956 年党的八大一次会议上也说,'知识界已经改变了原来的面貌,组成了一支为社会主义服务的队伍'。"总理在报告中重新肯定 1956 年提出的知识分子的绝大部分已经是工人阶级的一部分的结论,以及当时提出的对知识分子的正确政策。

接着,陈毅同志 3 月 5 日和 6 日先后在科学工作会议和剧本创作会议上讲话。他宣布给广大知识分子"脱帽加冕",即脱掉"资产阶级知识分子"之帽,加上"劳动人民知识分子"之冕。他说:"你们是人民的科学家、社会主义的科学家、无产阶级的科学家,是革命的知识分子,应该取消资产阶级知识分子的帽子。今天,我给你们行脱帽礼!"说着,给全场知识分子深深一鞠躬。到会的人深受感动和鼓舞。

广州会议以后,周总理在 3 月 28 日二届全国人大三次会议的《政府工作报告》中,又郑重指出:"我国的知识分子,在社会主义建设的各个战线上,作出了宝贵的贡献,应当受到国家和人民的尊重。""知识分子中的绝大多数都是积极地为社会主义服务的,接受中国共产党的领导,并且愿意继续进行自我改造的。毫无疑问,他们是属于劳动人民的知识分子。我们应该信任他们,关心他们,使他们很好地为社会主义服务。如果还把他们看作是资产阶级知识分子,显然是不对的。"

3. 干部工作、统战工作、民族工作等方面的调整

在干部工作方面,根据七千人大会的精神,中共中央于 1962 年 4 月 27 日发出了《关于加速进行党员、干部甄别工作的通知》。要求"凡是在拔白旗、反右倾、整风整社、民主革命补课运动中批判和处分完全错了和基本错了的党员、干部,应当采取简便的办法,认真地、迅速地加以甄别平反"。这样,近几年来被错误批判和处分的绝大多数人,得到了甄别平反。

对于精简机关、减少干部编制,克服各级国家机关、党派、人民团体中

机构庞杂、人多政繁的现象,中央对有关部门提出的建议和方案,也作出批示。① 按照"精兵简政"政策,全国国家机关原有职工二百六十八万余人,拟减为一百七十四万余人,精简九十四万余人,占原有人数的百分之三十五。从中央到省、自治区,到地、市及县和公社,都有明确的精简要求。如:县和公社两级,全国县约二千个,公社五万七千多个,原有干部、职工一百七十二万余人,拟减为一百一十四万余人。县委不设书记处,只配备书记一人,副书记一至三人;工作部门设组织部、宣传部、监察委员会和办公室;在少数民族较多,归侨、侨眷较多,资产阶级分子、知识分子较多,阶级关系和宗教关系比较复杂的县,可设统战部。县人委配备县长一人,副县长一至三人;政府工作部门一般可设十二、三个(包括人民法院和人民检察院),最多不得超过十五、六个。群众团体一般只设共青团和妇联会,工人多的县,可以设立工会。

在统战工作方面,中共中央于 1962 年 6 月 14 日批转了《中央统战部关于全国统战工作会议的报告》。② 批语指出:"近几年来,在一部分同志中有一种忽视统战工作的倾向,忘记了中央和毛泽东同志历年来关于统一战线政策的许多重要指示和规定;有的同志滋长了骄傲自满,宁'左'

---

① 1962 年 2 月 22 日,中共中央对于中央精简小组《关于各级国家机关、党派、人民团体精简的建议》作批示;3 月 20 日,又对中央精简小组《关于精简工作若干问题的解释和意见》作批示。

② 1962 年 4 月 23 日至 5 月 21 日中央统一战线工作部召开了全国统一战线工作会议。5 月 28 日,统战部作出《关于全国统战工作会议向中央的报告》。报告说:"这几年来,在处理阶级关系、民族关系、宗教关系和归侨关系等方面的工作中,发生过同中央政策和毛主席思想相违背的严惩缺点和错误,妨碍了相当一部分党外人士的积极性。这对于加强人民内部的团结。顺利进行国民经济的调整工作,都是不利的。因此,我们党必须主动调整关系,发扬民主,加强团结,加强教育,充分调动积极因素,高举三面红旗,协同一致,克服当前困难,完成调整国民经济的十项任务,争取社会主义建设的新的胜利。这是当前统一战线工作的中心任务。"报告提出统战工作方面必须做好四项主要工作:一、调整关系,正确处理当前几个突出问题;二、加强合作,改善同党外人士的共事关系;三、发扬民主,认真实行互相监督的方针;四、组织学习,帮助党外人士逐步改造世界观。指出实现上述任务的关键在于加强党的领导,并提出具体要求。

勿右的情绪,任意违反或擅自修改党的政策,犯了分散主义的错误。所有这些,对于党同党外人士团结合作,对于社会主义事业,是十分不利的,必须坚决纠正。中央认为,有必要唤起全党同志特别是各级领导干部对统战工作的重视。必须确认:党领导的统一战线,在社会主义改造和社会主义建设时期,仍然是革命的三大法宝之一。在我国彻底完成社会主义革命、建设社会主义的历史任务,还需要几十年的时间。因此,统一战线工作仍然是长期的。认为统战工作无关重要,甚至可以不做了,是完全错误的。

"当前,为了保证顺利完成调整国民经济的艰巨任务,必须在无产阶级领导下,在工农联盟的基础上,进一步调整统一战线内部的各种关系,发扬人民民主,加强思想政治工作,团结一切爱国的人们,充分调动一切积极因素,共同克服困难,争取社会主义建设的新胜利。因此,党的统一战线工作,决不是可以削弱,而是应当加强。各级统战部门的任务,不是减轻,而是加重了。各级党委必须加强对统战工作的领导。各有关部门处理有关统一战线工作的问题,必须同统战部门密切协作。在这次精简中,对各级统战部和统战系统的机构,均应保留,编制应该精干,但力量不要削减,干部质量弱的,应该适当加强。统战部门要建立和加强经常工作,恢复原有的好的政策和制度,切实贯彻党的统一战线政策。"

在民族工作方面,中共中央于 1962 年 6 月 20 日批转了《关于民族工作会议的报告》。① 表示"同意乌兰夫、李维汉、徐冰、刘春同志《关于民

① 1962 年 4 月 21 日至 5 月 25 日,中央民委和国家民委召开了全国民族工作会议。会议结束前,负责民族工作的乌兰夫、李维汉、徐冰、刘春于 5 月 15 日联名向中央提出《关于民族工作会议的报告》,提出民族工作的总方针,请中央确定,同时提出需要中央确定的十多个重大问题,请中央审阅。这十多个问题是:一、关于撤销、合并了的自治地方的处理问题;二、关于建立自治州和自治县的问题;三、关于改变自治地方党政合署办公、党政不分的问题;四、关于自治地方财政权限的问题;五、关于培养、提拔和使用少数民族干部的问题;六、关于精简问题;七、关于团结上层的问题;八、关于宗教方面的问题;九、关于散居少数民族的工作和恢复民族乡的问题;十、关于牧区工作的方针问题;十一、关于贸易、教育、卫生和山区生产的几个具体问题。

族工作会议的报告》和对民族工作会议提出的重要问题的处理意见,认为这些意见是正确的,在今后五年以内,各少数民族地区应当采取的方针,也是适当的。"中共中央的批语说:"中央认为,检查一次民族政策的执行情况是必要的。""应当让同志们知道,民族问题的彻底解决,是长期的,必须进行长期的经常工作,才能逐步实现。""这几年来,一些地方在民族工作中所以发生问题,就是因为忽视了民族问题的长期性,没有认真贯彻执行甚至违反了党的民族政策和其他有关的方针政策。正因为如此,就有必要在干部和人民中重申党的民族政策、宗教政策、统一战线政策和其他的方针政策,并且要经常认真地检查政策执行的情况,务使同志们切实按照党的方针政策办事,不得在党的方针政策以外另出点子,另兴章程。过去行之有效的规章制度,被忽视了的要恢复,经常工作也要恢复起来。凡属方针、政策、重大问题和重要计划,必须严格执行请示报告制度。"批语强调:"宗教问题,是一个具有广泛群众性的问题,在许多少数民族中,宗教问题同民族问题密切联系在一起,必须长期坚持宗教信仰自由政策。应当按照群众宗教生活的实际需要和意见,处理少数民族宗教上存在的问题,让群众的宗教活动恢复正常。"

(十二)　对西楼会议后调整工作的一些认识和感受

西楼会议是进一步贯彻、落实七千人大会精神的会议。从上述西楼会议以后各方面工作的情况来看,1962 年的调整,主要是经济工作的调整,但也不仅是经济工作,政法工作,知识分子工作,干部工作,统战工作,民族工作,都进行了调整,都有一个调整的过程,即清理过去的"左"的思想,纠正各方面工作中在"左"的思想指导下产生的缺点错误,在调查研究,总结经验、教训的基础上,拿出一套正确的方针、政策和具体的措施来。这样,不止是经济工作,上层建筑领域各方面,通过全面调查和纠"左",逐步转入正确的轨道,带来了后来的全面恢复和发展。从这个意义上讲,西楼会议对贯彻落实七千人大会精神,纠正"大跃进"以来形成的"左"的错误,其作用不可低估。这一时期,少奇同志主持日常工作,他的作用应该给予充分的估计。周总理,特别是陈云同志,在纠正错误,渡过难关中发挥了关键作用,更是毫无疑义的。

就我自己来说,从 1952 年秋冬调到中央机关工作,应该讲真正能给中央工作帮上忙、起点作用的,也是在 1961 年春天以后。从 1952 年冬到 1961 年春,差不多十年,做了些准备。这当然是十分必要的。有了这十年的准备,到需要的时候,才能对中央的工作起一点作用。

十五　八届十中全会前后

（一）从北戴河会议到八届十中全会的背景和概况

1. 背景

七千人大会以后半年左右，1962 年 7 月 25 日至 8 月 24 日，在北戴河召开了中央工作会议；8 月 26 日至 9 月 23 日，中央工作会议在北京继续举行。9 月 24 日至 27 日，在中南海怀仁堂召开了八届十中全会。

我在前面已经讲过，七千人大会以后，毛主席便离开北京到上海、山东、杭州、武汉等地视察。一路上，地方的负责人讲，去年比前年好，今年比去年好。主席听了更觉得自己不久前对形势的估计不错，现在是退到低谷了，形势到了今天是一天天向上升了。而少奇同志、总理和陈云同志等对形势的估计同主席不同，认为：经济形势仍是严峻的，最困难的时期还没有过去；现在的主要危险还是对困难估计不够；国民经济调整和恢复时期将相当长，第三个五年计划就是个调整阶段，甚至调整比第三个五年计划还需要更多的时间；我们工作的基点应该是：争取快，准备慢；农业的恢复大约需要三至五年。整个国民经济的恢复，从 1960 年算起大体需要五年。少奇同志先后主持召开了西楼会议和五月工作会议，作出了全面大幅度调整、后退的决策,并对农业、商业、粮食和政法工作等提出了一系列调整的措施,一些决定重要方针政策的文件有待中央会议讨论、批准。

主席对少奇、总理、陈云等这几个月贯彻七千人大会精神采取的调整措施虽然基本同意,但认为他们在总体上对形势的估计过于严重,把国内形势看成一片黑暗了,是在刮"黑暗风",必须纠正。

同时,在贯彻调整方针的过程中,安徽等地农村兴起包产到户的农业生产责任制。邓子恢(中央农村工作部长)大力提倡,田家英(主席的秘书)经过调查积极主张,陈云也持此意,并向主席进言。主席认为,这是从下到上刮起的一股"单干风",必须制止。

在此期间,又发生了彭老总的"八万言书"事件。他申诉不存在"组织反党小集团"和"里通外国"等强加给他的罪名,被看作是刮"翻案风"。

此时,由于中苏两党、两国关系进一步恶化,苏联在中国边境地区大搞颠覆活动,并支持印度反华;台湾蒋介石集团也乘国内困难之机叫嚷"反攻大陆";国内敌对分子的破坏活动和严重经济犯罪、刑事犯罪活动,也呈上升趋势。国内外阶级斗争的激化,引起主席格外的警惕。

八届十中全会就是在这样的国际国内矛盾相当紧张、党内分歧相当严重的形势下召开的。

2. 概况

(1)会前的准备。毛主席在1962年7月上旬回到北京,听陈云同志讲了"包产到户"的意见,很不高兴。他历来采取的办法之一,是中央出了问题,靠地方来纠正。从7月9日至11日,主席连续三天下午,分别找山东、河北、江西、河南几个省委书记商谈农村工作问题,搞了一个巩固集体经济的文件:《关于进一步巩固人民公社集体经济、发展农业生产的决定(草案)》。这个文件发下去以后,各省、市、自治区和中央各部委都进行讨论,写出61篇书面报告,绝大多数是批评包产到户的。陈云同志看到这个中央文件,马上给主席写了表示同意的信。

（2）北戴河会议。7月25日至8月24日在北戴河召开了中央工作会议，为八届十中全会起草文件。我作为中央文件的主要起草人之一，参加了会议。会议原计划主要是讨论农业、粮食、财贸和城市等问题。8月5日，分组讨论和修改《关于进一步巩固人民公社集体经济、发展农业生产的决定(草案)》《农村人民公社工作条例(修正草案)》《中共中央、国务院关于改进商业体制的决定(初稿)》《中共中央关于有计划地交流各级党政主要领导干部的决定》《中央关于粮食问题的决定》等文件。8月5日、6日，毛主席在大会上作了"阶级、形势、矛盾"的讲话，我到会听了。主席讲话的中心思想是千万不要忘记阶级斗争。他提出三个问题要与会者讨论：社会主义国家究竟存在不存在阶级？国内形势这两年来究竟是"一片光明"，还是"一片黑暗"？社会主义社会是否存在矛盾？此后，他又先后六次在中心小组会上插话，继续阐述阶级和阶级斗争、社会主义和资本主义两条道路斗争的观点。

（3）北京会议。8月26日起，中央工作会议在北京继续举行，一直开到9月23日，开了四个星期。头一个多星期重点讨论两个农业文件，批评邓子恢的"单干风"。随后，各小组先后转入批判彭德怀、习仲勋的"翻案风"，直到会议结束。

（4）八届十中全会。9月24日至27日，八届十中全会在中南海怀仁堂召开。毛主席主持会议并在开幕式上作了"关于阶级、形势、矛盾和党内团结"的讲话，会议期间又多次进行阐述，提出"千万不要忘记阶级斗争"，阶级斗争必须年年讲、月月讲、天天讲。会议主要讨论和研究了经济工作和阶级斗争两方面的问题，重点开展了对"单干风"、"翻案风"的批判。全会通过了《关于进一步巩固人民公社集体经济、发展农业生产的决定》《农村人民公社工作条例(修正草案)》《关于商业工作问题的决定》《关于有计划地交流各级党政主要领导干部的决定》《关于粮食问题的决定》《关于加强党的监察机关的决定》等文件。会议结束时发表了《中国共产党第八届中央委员会第十次全体会议的公报》。

（二）分田到户、包产到户的主张受到毛主席的严厉批评

包产到户的主张被毛主席视为搞修正主义。当时党内持这一主张的有影响的人物陈云、邓子恢、田家英在八届十中全会前后受到不同方式、不同程度的严厉批评。这是八届十中全会前后最重要的事件之一。有必要把我所知道的情况说一说。

1. 田家英的湖南调查

七千人大会以后，毛主席让田家英重新到农村调查，看看现在实行的这一套政策措施在农村落实的情况，听听农民的反应。毛主席指定，先到他的老家韶山，然后到湖南的其他地方。

大约在 1962 年的四五月份，田家英一行就下去。

到韶山后，请主席的老乡们来开座谈会。问农民：去年中央对农村工作做了一系列调查研究，通过调查研究，调整了政策，制订了农村人民公社六十条，贯彻执行下来，你们对哪些满意，对哪些还有意见？韶山的农民，多数人认为退得还不够。少数农民认为行了，这样干下去就行了。田家英接着问：退得还不够，那该怎么办？多数农民讲，只有分田到户，才能真正解决问题。

到湖南其他地方，大体也是这样的意见。

6 月底，田家英等人回到北京。这时主席还在外地。

2. 陈云及其他常委的态度

陈云在上海休息了一段，也回到了北京。田家英把湖南调查的情况向陈云同志谈了。陈云同意田家英的意见。他在青浦调查时，问他在农村的老朋友：退够了没有？答：没有。问：怎么算够？答：分田到户。调查的结果同田家英的相同。他对田家英说，等主席回北京后，我当面去找主

席提这个意见。

陈云同志的秘书周太和到我这里来,对我说,陈云同志准备向主席提这个意见。周太和来告诉我情况,并不是陈云让他来的。我当时表示不要这样做。来回六七次。陈云同志坚持要提。周太和对我讲,陈云同志说,既然有意见,就不要隐瞒自己的观点嘛,反正在主席面前,我把自己的意见讲了,主席同意,我们就去执行,主席不同意,那就算了。我对周太和说,陈云同志实在要跟主席提,最多只能讲搞包产到户,不要提分田到户。

陈云同志赞成包产到户,甚至同意分田到户,自有他的道理。他了解,很多山区、丘陵地带,过去搞集体,也只是表面形式。七千人大会以后,为了恢复生产,农民有这个要求,可以把积极性调动起来。还有一个考虑,当时蒋介石叫嚷反攻大陆,分田到户、包产到户有利于动员农民保卫土地,与企图反攻大陆的蒋介石作斗争。

主席从武昌回北京的当天还是第二天,陈云就到主席跟前当面谈自己的意见。主席听了没有表态,但不高兴,神色越来越不好。陈云知道自己的意见碰了壁,情绪很低落。

在这段时间里,前后次序我说不好,田家英也找少奇同志谈了。少奇同志表示同意分田到户。叮嘱田家英,要征求更多同志的意见,但不要说我同意了。结果,田家英征求小平同志的意见,小平同志表示同意。又征求林彪的意见,林彪也表示同意。征求周总理的意见,总理没表态。

在这段时间里,有两件事也可以看出少奇同志和小平同志的态度。

大概是田家英想的点子,少奇同志同意,列一个单子,把各种意见,包括包产到户、分田到户,都列在上面,中央发个通知,征求地方的意见,让各省、市、自治区和地委、县委表示赞成哪种意见,反对哪种意见,报上来。我不赞成这个做法。我跟田家英说:我们批评南斯拉夫,说解散集体农庄是搞资本主义,我们搞分田到户又该怎么说呢?人家说我们是修正主义,我们怎么办?田家英说:我们秘密地搞,不公开,不宣传。我说:几亿人民的事情,你秘密得了吗?我又问他:你主张分田到户,你对包产到户怎么看？他说：我坚决反对包产到户，因为包产到户，鳏寡孤独没人管，而分田到户，这些人可以分到一份。他还讲了他到安徽实际考察的见闻，说实行责任田，鳏寡孤独没人管，处境非常惨。

记得有一次在怀仁堂开会，人还没有到齐，小平同志走进来，说：哎呀，现在提出一个大问题，要重新分配土地，这怎么分啊，这可是个难事啊。这时少奇同志还没来，周总理听了没吭声。我在场，当时情景，记得很清楚。

3. 邓子恢积极主张包产到户

在五月中央工作会议上，邓子恢同志就赞成有些地区可以搞包产到户。他的意见得到不少与会者支持。5月24日，他给党中央和毛主席写了《关于当前农村人民公社若干政策问题的意见》，提出建立生产责任制是"今后搞好集体生产、巩固集体所有制的根本环节"。邓子恢同志带中央农工部工作组从安徽调查回来，更加坚信安徽"责任田"的办法是正确的，大讲包产到户的好处。说现在农村的稻子是三层楼：自留地长得最好，包产到户的次之，集体大田的最矮。到处讲，安徽包产到户搞得好。不仅在自己的那个农工部讲，还到中央党校讲，到其他一些单位去讲。

据李友九讲，邓子恢讲的包产到户与后来实行的包产到户不一样。邓子恢的包产到户是在"五统一"（即：计划、分配、大农活、用水、抗灾实行统一管理）条件下田间管理的包产到户，是坚持集体前提下的包产到户。邓子恢自己也说，他的包产到户同分田到户、同单干是不一样的。他提倡的是农活和产量相结合的责任制。但他调查回来后的做法不妥。他调查回来，没有向主席汇报，就到处做报告，宣传他的主张。他后来也到主席那里讲了自己的意见。主席说邓子恢到他那里是：倾盆大雨，想插话都插不上去，教训了我三个钟头。

4. 毛主席的严厉批评

面对包产到户的主张，毛主席采取的第一个措施，是找几个省的党委书记,搞了一个《关于进一步巩固人民公社集体经济、发展农业生产的决定(草案)》,发下去讨论。运用地方和部门的力量来批评中央一些领导同志的主张。

到北戴河开中央工作会议,主席讲形势、阶级、矛盾,批评"黑暗风"、"翻案风"、"单干风",主要是讲"单干风",说"单干风"越到上面越厉害。在政治局常委里面,有四个赞成分田到户,这还了得。

对田家英、陈云、邓子恢三个人的批评,主席采取区别对待的办法。

主席批评了田家英,但没有发脾气。说他的意见是错的,但他是和我讲的,下去调查是我派他去的。

对陈云同志,主席在我们没有参加的一个小范围里,讲了陈云赞成分田到户,又说,他作为一个副主席,向中央讲意见,从组织上讲没有错。在比较大的范围里,连陈云的名字都没有提。可是,毛主席同陈云个别谈话,对陈云狠狠批评,话说得很尖刻。我是听总理讲的。当时林克(毛主席的英文翻译)在隔壁,听得很清楚。在北戴河他向总理作了汇报。总理听说主席这样对待陈云,很不高兴。

在大会上,毛主席多次讲话,批评包产到户的主张,上纲很高。他说,包产到户反映了地主、富农和富裕农民的利益和思想,是站在地主、富农和资产阶级立场上,反对社会主义,复辟资本主义的活动。又说,是到社会主义,还是到资本主义,农村合作化还要不要?是搞分田到户、包产到户,还是搞集体化?主要就是这样一个问题。他指出,一搞包产到户,一搞单干,半年的时间就看出农村阶级分化很厉害。有的人很穷,没法生活。有卖地的,有买地的,有放高利贷的,有娶小老婆的。还说:单干从何而来?在我们党内有相当数量的小资产阶级成分,包括许多农民,其中大部分是贫农和下中农,有一部分富裕中农家庭出身的,或者本人就是富裕中农,也有地富家庭出身的,也有些知识分子家庭,是城市小资产阶级出身,或者是资产阶级子弟。另外,还有封建官僚反动阶级出身的。党内有些人变坏了,贪污腐化,讨小老婆,搞单干,招牌还是共产党,而且是支部书记。这些人很明显,把群众当奴隶。有些同志马克思主义化了,化的程度不一样,有的化得不够。我们党内有相当多的同志,对社会主义革命缺乏精神准备。

对邓子恢,大会小会公开批评,火力很猛。毛主席讲:他说这是经营管理的创造,这是骗人的,实际上是主张单干。8月12日,毛主席在一个文件上写下对邓子恢关于农村工作政策意见的批评。说中央农村工作部部长邓子恢"对形势的看法几乎是一片黑暗,对包产到户大力提倡。这是与他在1955年夏季会议以前一贯不愿搞合作社;对于搞起来了的合作社,下令砍掉几十万个①,毫无爱惜之心;而在这以前则竭力提倡四大自由,所谓'好行小惠,言不及义',是相联系的"。在对邓子恢前一天作的自我批评表示欢迎的同时,又批评他"没有联系1950年至1955年他自己还是站在一个资产阶级民主主义者的立场上,因而犯了反对建立社会主义集体农业经济的错误(他那时,在城市,则主张依靠资产阶级,而不是依靠无产阶级),则是不够的"。

5. 刘少奇、陈云等的态度

北戴河会议上毛主席对包产到户提出严厉批评后,少奇同志就做了自我批评。说关于农村的情况,自己估计得比较严重。估计有百分之三十的农户要散掉,实际上散掉的也不过百分之十,多估计了百分之二十。陈云同志看到巩固集体经济的决定,就写信给毛主席表示自己的觉悟。

中央工作会议移到北京继续举行,中央常委几个人都批评分田到户、包产到户和单干,拥护巩固集体经济。这个问题算是解决了。

6. 我的一些认识

这一段历史的背景很复杂,过程也相当复杂。认识清楚,评价恰当,

---

① 那次整顿实际减少了两万多个合作社。参见薄一波:《若干重大决策与事件的回顾》(下),中共中央党校出版社1993年版,第1088页。

都不是容易的事。经过实践检验,反复思考,有这样一些认识:

一、当事人,提出、主张和赞成分田到户、包产到户的人也好,反对、批评分田到户、包产到户的人也好,应该说,都是出于公心,都是为了恢复和发展农业生产,改善和提高农民生活,都是为了社会主义事业的巩固和发展。

二、围绕这个问题,当时领导层确实出现了一个危机,毛主席处于少数。在这种情况下,会上会下,他严厉批评了分田到户、包产到户的主张。如果老人家不是这样提出问题,集体经济会垮掉一大批。所幸的是,主席这么一提,其他领导同志马上作自我批评,和主席保持一致。

三、当时对包产到户的性质、作用的认识不够深刻,不够辩证。领导层的认识也不统一。毛主席对其定性不够确当,对其消极面估计过头。毛主席固然注意了批评的方式、方法,但确实有过头之处。对邓子恢同志的批评过火,后来又作出撤销中央农工部的决定,不是没有可议之处。对陈云同志批评的结果,是此后十年陈云同志没有正常工作,不能不说是对党的事业的一个损失。

四、当时安徽及各地的实践,特别是后来以大包干为主要形式的家庭联产承包责任制的实践,说明包产到户是适合我国生产力水平的集体经济下的一种经营形式,是我国农民群众、农村干部的一种创造。十一届三中全会以后,提倡和推广家庭联产承包责任制,促进了农业生产的发展。当然,随着生产力水平的提高和发展,不应停滞不前,而应与时俱进,实现两个飞跃。

(三) 要把经济调整工作放在第一位

1. 少奇同志的大胆建议

八届十中全会快结束时,少奇同志向毛主席提出:现在重提阶级斗争,那么,经济调整工作还做不做? 意思是提醒主席,要把两者关系处理好,不要把经济调整停下来。关于会议精神的传达问题,少奇同志建议,传达应该有个范围,不向下面传达,免得把什么都联系到阶级斗争上来分析,也免得把全党的力量都用去对付阶级斗争。

在当时的气氛下,少奇同志这样提出问题,表现了很大的政治责任心和勇气。因为从北戴河会议到八届十中全会,刘少奇处在被毛主席批评的地位,他在会上做了诚恳的自我批评。在这样的时候,敢于向毛主席进逆耳的忠言,真是不容易啊!

2. 毛主席采纳刘少奇的建议

毛主席对少奇同志的提问,回答道:(经济调整)还要做,要放在第一位。说明毛主席当时比较清醒。如果当时说第一位的工作是阶级斗争,那1962年的调整就必然夭折,我国国民经济就将是另外一个样子了。

毛主席还接受少奇同志的建议,规定这次会议的精神只传达到行政十七级以上干部。主席还说,庐山会议上批评右倾,不向下传达就好了。

可见,毛主席记取了1959年庐山会议的教训。庐山会议后向全党传达,开展反右倾运动,继续搞"大跃进",结果带来巨大的经济困难。经过七千人大会前后开始的调整,经济刚刚出现了转机,毛主席看到,这时应该把国民经济的调整工作搞下去,把这次全会通过的农业、粮食、商业等经济工作的决定贯彻下去。

当时的情况确实非常复杂,也非常微妙。我体会主席的意思是,你们继续搞经济调整,我去抓阶级斗争。这样,八届十中全会后,经济调整工作继续进行,主席就去搞"四清"了。

3. 八届十中全会公报关于经济工作的部署

毛主席采纳少奇同志的建议,认为经济调整工作是第一位的,要继续做下去,这个思想在全会公报中得到了体现。

全会公报说:"八届十中全会满意地指出,自从1961年九中全会以来,特别是今年以来,全党贯彻执行对国民经济调整、巩固、充实、提高的方针,加强农业生产战线,已经取得了显著的成效。尽管有过去几年连续遭到的严重自然灾害以及自己工作中的缺点、错误,国民经济的情况,去年比前年好一些,今年比去年又要好一些。"

公报指出:"八届十中全会认为,我国人民当前的迫切任务是:贯彻执行毛泽东同志提出的以农业为基础、以工业为主导的发展国民经济的总方针,把发展农业放在首要地位,正确地处理工业和农业的关系,坚决地把工业部门的工作转移到以农业为基础的轨道上来。"

公报说:"八届十中全会深信,虽然目前还存在一些困难,但是这些困难是完全可以克服的。我们已经取得了伟大的成绩。我们的前途是光明的。只要我们全党全民团结一致,同心同德,加强民主集中制,贯彻实行以农业为基础、以工业为主导的发展国民经济的总方针,对国民经济进一步地进行切实的调整、巩固、充实、提高的工作。经过一段时间的努力,就一定能够使我国的社会主义建设进入一个伟大的新高涨时期。"

（四）八届十中全会后我经历和知道的一些事

1. 关于"九评"

到了1963年,国内外的一件重大事情,就是我们同苏共的公开论争。关于国际共产主义运动总路线,我们发表了公开信。后来,又接连发表了九篇评论,就是有名的九评苏共中央公开信。这些事,我都没有参加。

2. 关于创办托拉斯

1963年,大概是夏天吧,陈伯达从毛主席那里领的任务,要搞一个工业发展问题的决议。

这时,少奇同志提出用经济办法管理经济,要创办托拉斯。陈伯达接受了刘少奇的这个主张,提出按照行业来组织托拉斯。一个市,一个省,分成十几、二十个托拉斯。

《关于工业发展问题（初稿）》，中央在 1963 年 9 月 26 日发下去，要下面讨论。办托拉斯这个主意受到地方、主要是市一级的抵制。他们讲，这样一来，我这个市的企业都被你们托拉斯一个一个地肢解了，分割了。到 1964 年 6 月，总理专门召开了试办托拉斯问题的座谈会，认为需要进一步研究，拟订试办的实施方案；并指出这个问题有一个实践的问题。后来，形势发生变化，这个问题就放下来了。

陈伯达起草的这个工业发展问题决议里面，有一点是可取的。他当时找了一些科学家谈话，提出电子技术的作用，认为在工业现代化的过程中要引起足够的重视。

我没有参加这个工作。后来在政治局会议上听传达，说在 1963 年 5 月中央工作会议讨论"三五"计划期间毛主席讲过一番话：农业是一个拳头，国防工业是一个拳头，基础工业是屁股。要使拳头有力，屁股就要坐稳。意思是讲工业化的程度和水平提高了，才能武装农业和国防。

3.《刘选》的工作停了下来，工作方法也改变了

1962 年 8 月 1 日，重新发表了修改过的《论共产党员的修养》。吴冷西知道了《红旗》要发表的信息，把清样要了一份去。同《红旗》杂志同步，《人民日报》用三个整版登了出来，非常醒目。其时正是在北戴河会议期间，毛主席讲形势、阶级和矛盾，批评"黑暗风"、"翻案风"、"单干风"，刘少奇在会上作自我批评。而恰好这时大登特登刘少奇《论共产党员的修养》。谁都不好说什么，主席也没有吭声。但是我们这些参与其间的人，总觉得不合时宜。

从此以后，再要少奇同志看《刘选》的文章，他不看了，怎么也推不动他了。《刘选》的编辑工作从此搁置起来。

这时，少奇同志那里的工作做法也发生了变化。本来，刘少奇要我做什么事，都是他亲自和我讲，或者让他的秘书同我讲，或者叫光美同志对我说。到 1963 年，少奇同志要我整理他批评赫鲁晓夫的反修讲话，特别

通过邓小平来布置。小平同志对我说：你帮助整理一下少奇同志的这个讲话。这大概是 1962 年主席批评田家英之后，引起了少奇同志的警惕。刘少奇在这个讲话里代表中央通报了有停止中苏争论的趋势，指出马克思主义国家同修正主义国家本质不同，不可能一致。在停止争论后的新形势下，要加强马列主义理论学习。

4. 中央工作会议座位的特殊安排

1963 年二月中央工作会议(2 月 11 日至 28 日)，座位安排不同一般。这是毛主席叫杨尚昆特别安排的。

通常，主席台上是毛刘周朱陈邓等常委，前面是中央委员。这次在第一排中间，安排了湖南、河北等三个省的省委书记，位置非常突出。毛主席在会上对他们大加表扬，推荐和介绍了湖南省开展社会主义教育运动的经验与河北保定地区开展清理账目、清理仓库、清理财物、清理工分的经验，"四清"的提法由此而来。三个书记在会上也发了言，讲"四清"、"四不清"的问题。可见这时毛主席要在农村发动"四清"运动了。

5. 在起草政府工作报告过程中提了一个意见

在搞"十评"之前，周总理要我们几个人为《政府工作报告》准备意见。周总理说：这次政府工作报告的主题究竟应该讲什么？大家议论了好几次。我提了一个意见。鉴于这时不但帝国主义封锁我们，苏联修正主义也封锁我们，所以，我们只能靠自力更生为主，力争外援，特别要强调把一切工作放在自力更生这个基点上。政府工作报告也应以此为主旨来展开。这个意见得到总理同意，就按这个主题来起草报告。这次全国人大做了一个决议，在新闻公报里肯定了这么一个提法。

6. 陆定一批评为知识分子脱帽加冕

1962 年秋天，陆定一同志在全国宣传文教会议上批评广州会议为知识分子脱帽加冕。陆定一还说,在社会主义社会里,不但有旧社会遗留下来的资产阶级及其知识分子,而且会产生新的资产阶级知识分子。

这个事情被陈老总知道了,大为恼火。在主持召开的外事会议上批评了陆定一。

周总理很谨慎。他说,我讲的这些话,都是主席、少奇过去讲过的,有什么错啊!他做了充分的准备,引经据典,毛何时怎么讲的,刘何时怎么讲的。然后在一次中央书记处会议上做了系统发言,说:"对知识分子,说我们提劳动人民的知识分子是没有阶级分析,我是代表党作报告的,是党批准的,不是我一个人起草的。少奇在宪法报告上讲过有工人阶级知识分子,劳动人民知识分子,资产阶级知识分子,我不认为我在广州会议上讲劳动人民知识分子有什么错误。"小平同志完全支持总理的意见,说:"恩来在广州报告没毛病,对知识分子问题应照总理讲的解释。"陆定一同志坐在旁边,一句话都没说。

这件事情毛主席知道,但他没有表态。

7. 毛主席指出:中国也有修正主义

1964 年春节,开春节座谈会,毛主席提出教育要革命。谈话中既没有表示同意陆定一,也没有表示批评周恩来、陈毅、陶铸。不过,可以明显地看出,对于知识分子问题,毛主席有了新的提法。

过春节时,主席请在北京的几个外国朋友聚会,有斯特朗、柯兰、艾黎等七八个人吧。在会上,主席宣布:不但苏联是修正主义,中国也有修正主义,有三个部搞修正主义:一个农工部——邓子恢;一个统战部——李维汉,讲两个同盟,不讲统一战线里有阶级斗争;一个中联部——王稼祥,搞三和一少。

主席原来只是讲反修、防修,到这时,大大升级,提出我们国内、党内也有修正主义。

十六　1963—1964 年的文字工作及其他

（一）1963 年至 1964 年参加"四清"前
所做文字工作的概况

八届十中全会以后,转眼就进入 1963 年了。这时的重大事件之一,是中苏公开论战,与此相关联的是,国内反修防修,开始搞城市"五反"和农村"四清"。我在 1964 年 10 月到通县参加"四清"运动之前,主要做了以下一些文字工作。

1963 年初,参与写作《再论陶里亚蒂同志同我们的分歧》。

1963 年二三月间,整理少奇同志的反修报告。

1963 年 4 月至七八月间,按少奇同志指示,同周扬同志一起组织编写反修小册子。

1963 年 5 月,参加修改李富春同志在全国人大常委会上的报告。以后,参加关于"干部参加集体生产劳动"社论的起草。

1963 年 6 月,修改《列宁反对机会主义、修正主义》一文。

1963 年 8 月,参加修改人大会议关于计划工作的报告。

1963 年夏天起,参加写作"十评"苏共中央公开信的讨论。

1964 年 4 至 6 月,修改有关批评修正主义的几篇文章。

以上文字工作中,比较重要的是:整理少奇同志的反修报告、组织编写反修小册子;参与写作《再论陶里亚蒂同志同我们的分歧》和"十评"苏共中央公开信。

(二) 整理少奇同志的反修报告,组织编写反修小册子

在 1963 年二月中央工作会议(2 月 11—28 日)期间,少奇同志在 15 日作了《关于反对现代修正主义的斗争问题》的报告,论述了现代修正主义的发展过程和反对现代修正主义斗争的状况、斗争的性质、前途和方针等问题。在这个报告里,他代表中央通报了中苏公开论战有停止的趋势,要先举行中苏两党会谈,再召开兄弟党国际会议。同时,他又指出,马克思主义国家同修正主义国家本质不同,不可能一致。在停止争论后的新形势下,要加强马列主义理论学习。

我接受任务,整理少奇同志的这个报告。后经少奇同志亲自修改,4 月 2 日作为内部文件下发。

为落实加强马克思主义理论学习的任务,适应当时反修斗争的需要,少奇同志提出,要围绕当前国际共产主义运动分歧中涉及的重要观点,搜集两个专题资料,编印若干小册子。一是编辑马恩列斯就有关问题的论述;二是在此基础上,结合当前反对修正主义的斗争,编写若干本小册子。他要我和周扬同志承担这个任务。

为此,我们组织北京搞理论工作的二三十人,分成几个组,先列出很多题目,把马恩列斯有关这个那个题目的论述编选出来,然后在这个基础上酝酿编写反修的小册子。实际上,只把马恩列斯对各种问题的论述编成了十来个小册子,正式出版了。而反修小册子一本还没有写成,毛主席就提出"四清"的问题了。

（三）参与《再论陶里亚蒂同志同我们的分歧》的写作

在国际共产主义运动的公开论战开始阶段，从 1962 年 12 月 15 日至 1963 年 3 月 8 日，《人民日报》和《红旗》杂志发表了七篇反修文章：

1.《全世界无产者联合起来，反对我们的共同敌人》，《人民日报》社论，1962 年 12 月 15 日；

2.《陶里亚蒂同志同我们的分歧》，《人民日报》社论，1962 年 12 月 31 日；

3.《列宁主义和现代修正主义》，《红旗》杂志社论，《红旗》杂志 1963 年第 1 期；

4.《在〈莫斯科宣言〉和〈莫斯科声明〉的基础上团结起来》，《人民日报》社论，1963 年 1 月 27 日；

5.《分歧从何而来？——答多列士等同志》，《人民日报》社论，1963 年 2 月 27 日；

6.《再论陶里亚蒂同志同我们的分歧——关于列宁主义在当代的若干重大问题》，《红旗》杂志编辑部文章，《红旗》杂志 1963 年第 3、4 期合刊；

7.《评美国共产党声明》，《人民日报》社论，1963 年 3 月 8 日。

为写反修文章，由中共中央宣传部、中共中央联络部和中华人民共和国外交部等单位的负责同志组成了一个写作班子，成员有吴冷西、许立群、姚溱、乔冠华、王力、范若愚、胡绳、熊复。1962 年 11 月起开始工作。12 月起写作班子集中在钓鱼台。胡乔木、陈伯达两个秀才没有参加这个写作班子。胡乔木那时患严重的神经衰弱症，毛泽东要他长期休养。他从 1961 年夏天起完全离职。1963 年春逐渐康复后，看了《分歧从何而来？——答多列士同志》的文稿，提了修改意见。陈伯达是非正式的"机动"成员，有时参加，有时不参加。这时他主要承担国内方面的文件起草工作。

在七篇反修文章中,除第六篇外,都是钓鱼台的写作班子写的。第六篇,即《红旗》杂志编辑部文章《再论陶里亚蒂同志同我们的分歧——关于列宁主义在当代的若干重大问题》是个例外,由陈伯达主持起草,我和《红旗》的几位同志参加了这篇文章的写作。讨论和写作的地点是在《红旗》杂志办公楼 328 房间。

(四) 参与《十评》的起草

1. 正式成立反修文件起草小组

1963 年 2 月,中共中央政治局常委会正式决定成立中央反修文件起草小组。组长康生,副组长吴冷西。成员包括廖承志、伍修权、刘宁一、章汉夫、孔原和原来钓鱼台写作班子的成员。这时,乔木同志身体逐渐康复,虽然不是正式成员,康生也找他做些工作。5 月,胡乔木为《关于国际共产主义运动总路线的建议》写了一段。以后,《一评》《五评》《八评》等篇的稿子,都送给他看,听取他的意见。陈伯达也不是这个小组的成员。

在大论战中,九篇评论苏共中央公开信的文章的写作任务,都是这个反修文件起草小组承担的。我没有参加"九评"的工作。

这个反修文件起草小组一直集中工作到 1966 年 5 月"文化大革命"爆发。

2. 发表"九评"苏共中央公开信的概况

1963 年 7 月 6 日至 20 日,中苏两党代表团在莫斯科举行了会谈,一共开了九次会。在会谈期间,7 月 14 日,苏共中央机关报《真理报》发表了《苏共中央给苏联各级党组织和全体共产党员的公开信》,对我党 1963 年 6 月 14 日批驳苏共 1963 年 3 月 30 日"对国际共产主义运动总路线的建议"的复信《关于国际共产主义的总路线的建议》进行答复。在这封公开信中,苏共中央全面地、系统地对中国共产党和中共领导人指名道姓地进行恶毒的攻击。由此,公开论战进入了一个新的阶段。

毛主席亲自领导了对苏共中央公开信系统深入的批驳,从 1963 年 9 月 6 日起至 1964 年 7 月 14 日,以《人民日报》编辑部、《红旗》杂志编辑部的名义发表了九篇评论苏共中央公开信的文章,这就是著名的"九评"。

"九评"的发表时间和标题是:

1963 年 9 月 6 日:《苏共领导同我们分歧的由来和发展——评苏共中央的公开信》;

1963 年 9 月 13 日:《关于斯大林问题——二评苏共中央的公开信》;

1963 年 9 月 26 日:《南斯拉夫是社会主义国家吗？——三评苏共中央的公开信》;

1963 年 10 月 22 日:《新殖民主义的辩护士——四评苏共中央的公开信》;

1963 年 11 月 19 日:《在战争与和平问题上的两条路线——五评苏共中央的公开信》;

1963 年 12 月 12 日:《两种根本对立的和平共处政策——六评苏共中央的公开信》;

1964 年 2 月 4 日:《苏共领导是当代最大的分裂主义者——七评苏共中央的公开信》;

1964 年 3 月 31 日:《无产阶级革命和赫鲁晓夫修正主义——八评苏共中央的公开信》;

1964 年 7 月 14 日:《赫鲁晓夫的假共产主义及其在世界历史上的教训——九评苏共中央的公开信》。

连续发表四篇评论文章以后,赫鲁晓夫在 10 月底到 11 月初发表两次谈话,在攻击我们的同时,要求停止公开论战。《五评》发表以后,苏共中央在 11 月 29 日给中共中央来信,要求停止公开论战并提出召开兄弟党国际会议。赫鲁晓夫企图用增加贸易,可以供应工业设备,甚至可以派专家等等,引诱我们同意停止公开论战。毛主席在 12 月初召开的常委会上指出,考虑到我们对他们 7 月 14 日的《公开信》还没有答复完,他们发表的两千多篇反华文章还没有开始答复,还有 42 个兄弟党发表的大量攻击我们的决议、声明,我们也都没有答复。在这种情况下,对于他们呼吁停止公开论战,我们不忙答复,还是继续写我们的评论。《七评》发表以后,由于罗马尼亚共产党出面调停,暂停发表公开论战的文章。1964 年 2 月 29 日中共中央给苏共中央复信,回答苏共中央在 11 月 29 日的来信。苏共中央即于 3 月 7 日回复。以后又发表了《八评》和《九评》。

3. 毛主席提出还要写《十评》

1964 年元旦刚过,毛主席召开了两次中央常委会,讨论怎样应对苏共中央 1963 年 11 月 29 日的来信。毛主席指出,现在的情况对我们非常有利。我们不急于答复他们这封来信,更不同意停止公开论战,召开兄弟党国际会议更谈不上。我们还要继续写文章,现在已经写了六评,还要写七评、八评、九评、十评。还说,我们要做一个十年计划,因为文章太多,决议也很多,答复起来很费时间。我们现在才发表了六篇文章,七评、八评、九评、十评还没有发表。平均起来,大概一个月发表一篇。

1964 年 2 月初《七评》发表,2 月中旬,苏共召开了有六千名党的积极分子参加的苏共中央二月全会,大肆反华。3 月底,我们发表《八评》。苏共方面于 4 月 3 日公布了他们的二月中央全会的反华决议和他们的理论家苏斯洛夫在二月全会上的反华报告。在公布这两个文件的同时,《真理报》发表了一篇反华的社论。这是赫鲁晓夫采取的一个反华的新步骤。毛主席 4 月 12 日在长沙召集的一个小会上,再次指出,《九评》《十评》要抓紧。

1964 年 6 月 29 日,毛主席召开常委会,讨论苏共中央 6 月 15 日来信。主席指出,我们现在要集中力量搞好《九评》,不为他的来信所干扰。

《九评》是重头文章。我们还是要集中力量批评他的《公开信》。发表《九评》以后,还要准备《十评》。我们现在要充分利用公开论战这个时机,彻底揭露赫鲁晓夫的修正主义路线。

1964 年 7 月 15 日,《九评》发表后的第二天,毛主席在家里召开常委会,他在会上除了谈到《九评》以外,又问《十评》怎么样了,为召开兄弟党会议准备的那个纲领草案怎么样。主席说,你们要想办法把这两篇东西搞好。《十评》要准备发表。那个纲领草案要准备跟兄弟党商量,在商量之前,我们要拿出一个草稿来。

1964 年 7 月 30 日,苏共中央来信回答中共中央 7 月 28 日的复信。这时主席在北戴河。主席说,赫鲁晓夫一触即跳,30 日的来信把文章做绝了。现在看来,赫鲁晓夫是决心要开分裂会议了。也不要搞什么纲领草案了,因为我们绝不参加这样的会,他开什么会我们都不参加。毛主席对吴冷西说,你们秀才现在可以在北戴河游泳、休息,酝酿写《十评》。

1964 年国庆 15 周年,应邀来北京参加庆祝活动的有八十多个国家和地区的三千多外国贵宾。我们的报刊和广播从 9 月 15 日起暂停发表我们自己写的反修文章,也暂不转载其他兄弟党写的反修文章。国庆节过后,中央决定从 10 月 11 日起继续发表反修文章。在做出这个决定的时候,毛主席还交待,要赶快准备《十评》。我记得主题是"世界的矛盾"。①

4. 陈伯达要我帮助他一起搞《十评》

写《十评》是毛主席提出并一再催促的。我的印象中,陈伯达自告奋勇承担搞《十评》的任务。陈伯达为什么要抢这个任务呢? 我想,一方面

---

① 关于《十评》的内容,吴冷西说:"主要是讲中苏关系,包括边界问题,但是边界问题准备写专门文章来谈,《十评》中只涉及原则性的问题,具体细节不谈。"见吴冷西:《十年论战》(下),中央文献出版社 1999 年版,第 815 页。

是因为这项任务的重要,另一方面是当时写作小组的任务比较多,忙不过来。是不是主席有安排,不得而知。

5.《十评》没有搞完,赫鲁晓夫就下台了

陈伯达自告奋勇后,从三个单位抽了三个打下手的。一个是中宣部的郑必坚,还有两个是《红旗》的刘义立和有林。地点仍在 328 房间。写法基本上是上午由陈伯达口授,三个人分头记录,下午整理出来(大约三四页稿纸),第二天上午陈伯达来看一下(有时作点改动)后,即由负责校对的同志交中宣部印刷厂。搞了大约四个来月,约二三万字,装订成册拿走了。其间费时间最多的是整理材料。陈伯达拿来很多各部委提供的材料,三人整理后由刘交给陈伯达。

由于毛主席不满意,陈伯达要我帮助他一起搞。

毛主席不满意,是关于什么是当代世界主要矛盾。1999 年 5 月 28 日有林到吴冷西家取书问到此事。吴说,文章的题目是"论当代世界矛盾"。但什么是主要矛盾? 陈伯达起草的稿子强调的是帝国主义国家之间的矛盾,给人的印象这是主要矛盾。毛主席不赞成这种看法,认为争取民族解放和国家独立同帝国主义的矛盾是主要矛盾。后来的事实证明毛主席的看法是英明的。

1964 年 7 月 14 日《九评》发表。10 月 14 日深夜,苏联驻华大使要求紧急会见中共中央领导人,按苏共中央指示,通知中共中央:今天苏共中央决定撤销赫鲁晓夫的领导职务。所谓"秃头儿顶不住羊毫笔",赫鲁晓夫下台了。所以,《十评》也就没有再写了。

(五) 在《红旗》杂志的几件事

1963 年至 1964 年,除了做上述文字工作之外,在《红旗》杂志还做了一些事,有的事并不大,但有错误,我应该在这里说一说;有的事,对我离开《红旗》直接有关,也应该讲一讲。

1. 传达少奇同志在文艺座谈会的讲话

1963 年 12 月 12 日,毛主席在中宣部文艺处编印的一份材料上作了批示。① 1964 年元旦刚过,1 月 3 日,少奇同志主持有中共中央宣传部和文艺界有关人士三十多人参加的座谈会,传达毛主席的批示,听取周扬关于文艺界情况的汇报。② 少奇同志在会上讲话,提出:文艺界要认真学习毛泽东有关文艺的著作,努力反映社会主义革命斗争;文艺界也要进行社会主义教育。会上,康生、江青发言,对少奇同志的讲话抵制。

我参加了这次座谈会。会后,在《红旗》编辑部详细传达了少奇同志的讲话和周扬同志的汇报。对康生、江青的发言没有传达。在"文革"中这也成为我的一条罪状,说是"只听得进资产阶级司令部的反动声音,听不进无产阶级司令部的革命声音"。

2. 发表了错误文章

主要有:批评冯定的《共产主义人生观》的读者来信和文章;批评杨献珍"合二而一"论的文章;关于京剧汇演的社论和文章;以施向东笔名写的两篇批判南斯拉夫的文章。《红旗》杂志经济编辑组按领导的意见组织了几篇宣传大庆的文章。我觉得很好,准备发表。被上面扣住,没有发表出来,很可惜。

---

① 批示说:"各种艺术形式——戏剧、曲艺、音乐、美术、舞蹈、电影、诗和文学等等,问题不少,人数很多,社会主义改造在许多部门中,至今收效甚微。许多部门至今还是'死人'统治着。不能低估电影、新诗、民歌、美术、小说的成绩,但其中的问题也不少。至于戏剧等部门,问题就更大了。社会主义经济基础已经改变了,为这个基础服务的上层建筑之一的艺术部门,至今还是大问题。这需要从调查研究着手,认真抓起来。"又说:"许多共产党人热心提倡封建主义和资本主义的艺术,却不热心提倡社会主义的艺术,岂非咄咄怪事。"

② 周扬时任中宣部副部长、文化部副部长。

3. 由接待越南《学习》杂志总编辑暴露的矛盾

1964 年国庆前,越南《学习》杂志总编辑武遵率代表团来中国,专门访问《红旗》杂志社。对这类来访的情况,我们都搞简报在内部通报。

陈伯达会见了武遵。我们在会客室里摆了一点水果。陈伯达当着客人的面,非叫把水果撤了。他这个人历来就是这种做派。水果撤了以后,他也不正经地同人家谈,随便东拉西扯,说了一些不着边际的意见。这次会见,我们照例发了简报。每一期简报当然都送陈伯达一份,他是总编辑嘛。

后来,我与武遵会谈。武遵郑重讲了世界革命中心转移的问题。他说:斯大林讲过,世界革命的中心向东方转移。现在证明中国是世界革命的中心,这是他们越南党对这个问题的看法。我和其他参加会谈的同志既不便反驳,也不好附会,只做了一点解释工作,表示实际情况并非如此。

我与武遵的这次会见,同样发了简报。这份简报到了中央联络部,他们觉得这是国际关系中的一个新的动向,就搞了一份联络部的简报,把这事上送中央。

陈伯达看到了联络部上送中央的这一份简报。《红旗》杂志自己发的简报他一份也没有看。看到联络部的这份简报后,陈伯达大发脾气,说:我接见武遵,你们不发简报。邓力群接见武遵,你们就发简报。你还把我放在眼里吗? 我跟陈伯达说:你接见也发了。一查档案,每期都发了。我说,我接见时武遵的谈话,人家特别向上报,这是人家联络部的事,又不是我的事。这下,陈伯达无话可说了。

由这件事,陈伯达很恼火,对我讲了种种意见。我问他:你对我的意见,达到你对田家英的意见那个程度没有? 他说:噢,已经靠边了,靠上边了,接近了那个边。这下,我算摸到他的底了,知道再也没有办法跟他继续干下去了。

陈伯达回到钓鱼台,同康生吹:我在《红旗》放鞭炮,将了他们一军。康生说:鼓励邓力群到刘少奇那里去提让陈云当财经小组组长的是你,你不做自我批评。现在因为邓力群这个事，你放鞭炮。这样，公道吗？陈伯达听康生这么说，一下子就瘫了。

这些情况是康生告诉我的。即使这样，我也深知，自己已经无法再在《红旗》干下去了。当时正开展"四清"运动，我就准备经过搞"四清"离开《红旗》。

十七　参加"四清"

（一）参加"四清"的背景

前面已经说到,在1963年2月中央工作会议上,毛主席推荐湖南开展社会主义教育的经验和河北保定开展"四清"(清理账目、清理仓库、清理财物、清理工分)的经验,准备发动以"四清"为主要内容的社会主义教育运动。会后,主席先后到十一个省调研,了解情况,总结经验,为进一步开展社教运动作准备。5月2日至12日,主席在杭州召开了一个小型会议,部分中央委员和大区书记参加,专门讨论社教问题。会议根据主席在会上的四次讲话和会前的许多批语,搞了一个文件:《关于目前农村工作中若干问题的决定(草案)》。这个决定共十条,后来称为《前十条》。《前十条》的基本精神是强调阶级斗争,文件列举阶级斗争在国内社会生活中的九种表现,认为"当前中国社会中出现了严重的尖锐的阶级斗争情况",提出"阶级斗争,一抓就灵"。5月20日,《前十条》下发各地。

1963年9月6日至27日,中央在北京又开了工作会议,再次研究、讨论农村社教问题。按照少奇同志的指示精神,由邓小平和谭震林同志主持、田家英执笔,起草了9月中央工作会议纪要《关于农村社会主义教育运动中一些具体政策问题》。经过反复讨论修改,改题为《中共中央关于农村社会主义教育运动中一些具体政策的规定(草案)》,于11月4日呈报毛主席。14日,中央政治局扩大会议通过,经毛主席批准下发。这个文件也是十条,称为《后十条》。《后十条》肯定《前十条》"是一个伟大的具有纲领性的文件",继续强调阶级斗争,防止修正主义,并明确提出"以阶级斗争为纲"的口号,指出这次社会主义教育运动的基本方针是:"放手发动群众,有步骤、有领导地开展群众运动,团结百分之九十五以上的干部和群众,打退资本主义势力和封建势力的进攻,提高干部和群众的社会主义觉悟和阶级觉悟,整顿农村的基层组织,健全和巩固集体经济,发展农业生产。"中央发出通知,提出"必须注意点面结合,积极做好面上的社会主义教育工作"。决定将《前十条》和《后十条》同时下发到全国城乡,做一次伟大的宣传运动,使全国家喻户晓。此后,中央和地方组织工作队深入宣讲两个十条,农村社教运动在全国各地逐步铺开。

我当时只看到《后十条》是《前十条》的补充,看不到少奇同志搞的《后十条》同毛主席搞的《前十条》有什么原则的分歧。我那时没有那个觉悟。

发出《后十条》以后,少奇同志要王光美到桃园大队(河北省抚宁县卢王庄公社)作调查。这是少奇同志亲自指导的农村实践,亲自抓的典型。少奇同志没有到那里去,但通过电话、文件进行指导。王光美带工作队于11月下旬到桃园大队,搞了五个月。1964年"五一"劳动节前回到北京,完成了《关于一个大队的社会主义教育经验总结》。这就是当时全国有名的"桃园经验"。

过完"五一"劳动节,王光美给中直机关司局以上干部讲了这个"桃园经验"。是少奇同志要王光美同志去讲的,还是中直机关党委邀请去讲的,说不清楚。我因有别的事情,同时已经知道刘的意见,没有去听。罗立韵去了,她当时是文化部人事司司长。回来跟我说,王光美真能讲,讲了三个钟头,生动具体,很抓人。说站在那里看不到蚂蚁,下去一看遍地都是蚂蚁。下面的问题严重啊!桃园经验的主要内容是:先搞扎根串连,访贫问苦,从小到大逐步组织阶级队伍;然后开展背靠背的揭发斗争;最后进行组织建设。"四清"的内容,大大扩展。已经不止是经济上的"清账目、清仓库、清财物、清工分",而是要解决政治、经济、思想和组织上的"四不清"。不久,全国妇联又邀请王光美同志在会上讲了一次。7月5日,王光美在河北省委会议上作了"桃园经验"的报告。

少奇同志于6月19日给毛主席写信,推荐"桃园经验"。信里说,这个报告,陈伯达极力主张发给各地党委和工作队的同志们,"现代中央拟了一个批语,如果中央同意,请中央发出"。

主席看了"桃园经验"的报告,表示满意。关于"桃园经验"要不要发全国的问题,毛主席征求了中央和地方一些同志的意见。为慎重起见,准备召开中央局第一书记会议讨论。8月27日,主席作出批示:"此件先印发到会各同志讨论一下,如果大家同意,再发到全国去。我是同意陈伯达和少奇同志意见的。"8月29日到9月1日,邓小平主持中央局第一书记会议。少奇同志在会上进一步阐述了他的意见。经讨论,决定把"桃园经验"转发全国。9月1日作出批示转发了"桃园经验"。中共中央批示指出,"'桃园经验'是在农村进行社会主义教育的一个比较完全、比较细致的典型经验总结,在许多问题上有普遍性。值得在全国推广。"

中央批转了"桃园经验"后,王光美同志就到省里去宣讲。讲了哪些省,记不清了。反正各个大区所在地都去了。

在总结、推荐"桃园经验"前后,按照少奇同志对社会主义教育运动的意见,又搞了一个《后十条》的修正草案。《后十条》修正草案是怎样产生的呢?社教运动在全国开展起来以后,各地党委对农村阶级斗争看得越来越严重,纷纷向中央写报告。加上中苏公开论战,国际反修斗争紧张,国内防修、反修的问题自然也格外注重起来。1964年5月15日至6月17日,中央在北京召开工作会议,讨论农村"四清"和城市"五反"的问题。会议认为,农村有三分之一的政权已经"烂掉",掌握在敌人或敌人的同情者手里。过去一年的"四清"运动没有搞彻底,甚至打了败仗。会议对社教运动重新作了部署。会后中央成立了四清五反指挥部,由少奇同志主管。会议决定由少奇同志主持修订《后十条》。

七八月间,少奇同志南下,从天津到广州,在十多个城市调查研究,并多次讲话。他特别强调三点:一、《后十条》强调放手发动群众不够,对于基层干部,开始不能依靠,等问题摸清以后才能依靠。《后十条》关于团结百分之九十五以上的规定不很妥当。二、要扩大"四清"的范围,明确提出"四清"不仅是清经济方面的问题,而是经济、政治、思想、组织四个方面存在的问题,统统要搞清。三、要在运动中集中精力打歼灭战。少奇同志写信给主席谈他的设想,一个县可以集中工作队员数千上万人,这样力量集中,领导加强,便于掌握运动的火候。中央和毛主席支持少奇同志的意见。8月下旬,少奇同志主持修改的"《后十条》修正草案"经中央工作会议讨论修改和毛泽东、周恩来、邓小平、彭真审阅。9月18日,少奇同志签发了《中共中央关于印发〈农村社会主义教育运动中一些具体政策的规定(修正草案)〉的通知》,规定将"《后十条》修正草案"印发给县以上党委和工作队。这个修正草案强调要把发动群众放在第一位,提出是不是放手发动群众和贫下中农,是社会主义教育运动进行得彻底或者不彻底的根本分界线。修正草案改变了原来依靠基层组织和基层干部的做法,提出对农村基层组织和干部要扎根串连、调查研究之后,分别情况区别对待,可以依靠的就依靠,不可以依靠的就不能依靠,明确规定整个运动由工作队领导。应该说,总的精神是"左"的,对形势的估计过于严重了。

在王光美同志下去宣讲前,少奇同志在怀仁堂干部会上做报告,要各中央部委重视"四清",号召干部下乡搞"四清"。提出要组织一百万人下乡,搞大兵团作战。各个部委都要组织工作团下乡搞"四清",一个团百把人,先搞一个大队,再搞一个大队。记得那时少奇同志已经讲中国的形势,说农村有两重政权,有一部分农村被坏人篡夺了领导权,名义上是中华人民共和国,实际上是另一种政权。表面上是一套,实际上是另一套。农村基层三分之二是党领导的,三分之一变质了。工作队进去无法活动,必须重点突破。调查会的办法不能用了,只能秘密扎根串联,然后才能公开活动。还讲了主要矛盾是"四清""四不清"的矛盾。

根据中央的要求,我们《红旗》杂志组织了一个工作团,过了国庆节,到通县翟里大队,在那里搞了一期"四清"。在这之前,陈伯达已经从1964年3月下旬开始参加天津小站的社教运动。他把三个党支部打成所谓"反革命集团",开展夺权斗争。就在我们下去的时候,中央于10月24日发出《关于社会主义教育运动夺权斗争问题的指示》,转发了天津市委《关于小站地区夺权斗争的报告》(1964年10月14日)。中央指示肯定小站地区首先解决领导权问题,然后再解决经济上的"四不清"问题的做法,提出:"凡是被敌人操纵或篡夺了领导权的地方,被蜕化变质分子把持了领导权的地方,都必须进行夺权斗争,否则要犯严重的错误。"

(二) 翟里"四清"

按照中央的部署,1964年10月起,组织中央各部委集中在北京东郊通县的34个公社430个大队进行"四清"运动会战。有二十多个部长级干部带队参加。我们《红旗》的工作队在大运河西岸的宋庄公社翟里大队。

参加《红旗》工作队的还有马列主义研究院的同志。全队七八十人,工作队队长是陈茂仪,我任顾问。不用真名,我的化名叫老董。内部和对外均称"老董"。参加工作队的有苏星、关锋、戚本禹,他们各领导一个组。还有几个大学刚毕业选到《红旗》来的,报到后就一起下乡。其中有王梦奎、滕文生、卫建林。

同我们同时到通县宋庄公社搞"四清"的中央机关,有好几个部门。许立群带中宣部的工作队在旁边一个大队。附近的大队还有编译局的一个工作队,胡绳那个马列主义研究院的秘书长柴沫带的一个队(其中有吴江、徐荇等部分《红旗》同志参加)。

我们下去以后,在社员中宣读了两个"十条"。

经过调查,没有发现翟里有桃园那样的反攻倒算,但有漏划富农和地主。干部不参加劳动,多吃多占,分配高于社员,是比较普遍的现象。说干部变质了,不是那么回事。

在"桃园经验"的影响下,通县"四清"总团的刊物,反复强调扎根串连的基本功。我不赞成王光美同志的工作方法。我们的天下,贫下中农是在党领导下翻身解放的,还要个别秘密谈?下去不久,发现个别组搞神秘化,我提出不要搞秘密串连,要公开活动,搞公开宣传、开会、谈话。我主张在斗争中、运动中发现、挑选、培养积极分子,把我们的政策告诉群众,发动群众。用群众自己的事情来教育群众自己。

在群众发动起来以后,在翟里大队范围内,斗争了四个阶级敌人,春节前比较认真地搞完了清经济。翟里旁边中央机关搞的几个大队了解的情况,跟我们这里差不多。研究院那个大队调门最高,把通县的县长调过来,在群众大会上检讨,接受批评。

《红旗》的工作队总的说来比较平稳。我们的调查研究是比较深入的。关锋、戚本禹领导的工作组搞得"左"些。戚本禹那个组搞了"低头认罪"那一套。

关锋那里搞出了一个"漏划富农",影响很大。翟里有个北京市劳动模范,叫邓庆福。那里邓氏家族有不同的门户,同样姓邓的有不同的阶级、阶层。家族内部矛盾很严重。有人就说邓庆福的劳模是骗取的,当劳模后还雇工。关锋他们经过调查,认为他是漏划富农。点名批判了邓庆福,定他为漏划富农。我们撤走后,北京市的同志去,有不同看法,引起争议,又翻了案。把"漏划富农"的帽子摘了。"文革"中关锋得势,这个邓庆福又重新定为富农。关锋后来出了问题,王、关、戚被打倒,邓庆福的问题又有反复。翟里"四清",影响最大的是这个案子。

翟里算是陈伯达联系的一个点。快到 1964 年年底,陈伯达到翟里来了一趟,看望《红旗》杂志工作团,了解情况。当时我们工作团团部几个人住在生产队,没有住到群众家里。陈伯达批评我们没有实行"三同",脱离群众。

1964年12月,中央召开"四清"工作汇报总结会议,中央局书记、处于中心地位的一些省委书记参加。我回到北京参加了这个会议。

会议期间,陈伯达叫我去,要搞一个关于"四清"的文件。他口述,我笔录。共17条。关于"四清"的性质,讲是党内外矛盾、敌我矛盾与人民内部矛盾的交叉,是"四清"和"四不清"的矛盾。前一句话是陈伯达搞的那个小站经验总结报告中的。会议讨论没有不同意见,通过了。

回到翟里没有几天,通知立即回北京,重新讨论上次一致通过的17条。毛主席把"四清"的性质确定为解决两个阶级、两条道路的矛盾。主席在讲话中批评,说"四清"的性质是党内外矛盾交叉、敌我矛盾与人民内部矛盾的交叉,或"四清"和"四不清"的矛盾,违背了七届二中全会的判断。陶铸原来在会上发言,讲农村的基本矛盾是基层干部和贫雇农的矛盾。毛主席讲话后,他立即作自我批评,表示收回上次的发言。

这次会后,对17条又作了补充,补充了6条,成为23条。陈伯达把我叫去,他一条一条说,我一条一条记录。矛盾性质的提法,当然按毛主席的讲话改过,还特别提出运动的重点是整党内走资本主义道路的当权派。还说,从下到上,在各级党委和中央都有他们的代表。经整理后送给毛主席,主席表示同意。

1964年12月15日至28日,政治局又召集中央工作会议,主要讨论关于农村社教运动的《二十三条》。在讨论通过《二十三条》的会上,文件草案刚读完,周总理就站起来说,走资派在中央有代表要改成在中央各部门有代表。

1965年1月14日,中央发布这次会议的纪要《农村社会主义教育运动中目前提出的一些问题》,即《二十三条》。《二十三条》规定,城乡社会主义教育运动今后一律简称"四清",即清政治、清经济、清组织、清思想。对1964年下半年以来"四清"运动中某些"左"的偏向,《二十三条》作了纠正,指出对待干部要一分为二,干部中好的和比较好的是多数,要逐步做到依靠干部和群众的大多数,实行群众、干部、工作队三结合;提出不许用任何借口去反对社员群众,反对搞神秘化和烦琐哲学,严禁打人和任何形式的体罚,防止逼、供、信。但同时又明确规定运动的性质是社会主义和资本主义的矛盾,认为两个阶级、两条道路的斗争是十几年来我党的基本理论和基本实践,提出这次运动的重点,是整那些走资本主义道路的当权派。并说这些当权派有在幕前的,有在幕后的;支持这些当权派的有在下面的地富反坏分子,有在上面社、区、县、地甚至省和中央部门工作的一些反对搞社会主义的人。

历史地来看"四清",我认为,开始是发现问题促使搞"四清",并由解决经济问题,扩展到解决政治、经济、思想、组织问题。提出重点是整党内走资本主义当权派。后来是"四清"不能解决问题,搞"文化大革命"。毛主席在"文革"初期会见阿尔巴尼亚的卡博和巴卢库时说过,"过去我们搞了农村的斗争,工厂的斗争,文化界的斗争,进行了社会主义教育运动,但不能解决问题,因为没有找到一种形式,一种方式,公开地、全面地、由下而上地发动广大群众来揭发我们的黑暗面"。现在终于找到了这种办法,这就是"文化大革命"。

当时,《二十三条》定下来,我就带着《二十三条》回翟里去贯彻、实践。

春节后,抓了生产,修了水利。这年粮食产量比上年增加了百分之六十多。

1965 年 6 月《红旗》工作队从翟里撤出,做了总结。随后,北京市委派市法院一个工作组去复查。在那个市劳模是否是漏划富农的问题上出现了重大的分歧。

做完总结后,我们在 7 月初到东北参观工业,学习工矿"四清"经验。8 月初回来,就准备去桂林搞"四清"了。

(三) 桂林"四清"

在去桂林前,我向小平同志提出离开《红旗》做地方工作。小平同志知道陶铸赏识我,就把我下放到中南局。他同陶铸同志也说了。

1965 年 9 月初,我带了吴介民、张先畴、李智盛、郑惠等《红旗》的二十余人前往桂林。

陶铸同志是中南局书记。在南宁,他跟我说,你来中南局当秘书长。现在不宣布。以桂林地委副书记名义去搞"四清"。正式发通知任桂林地委书记,是 1965 年 12 月初。

1965 年 9 月,邓力群在桂林参加"四清"。图为邓力群(左一)与吴介民(右一)等在芦笛岩留影

9月上旬,我们就到桂林北面二十多公里的灵川县潭下公社,在老街、香店两个大队搞"四清"。一直搞到1966年9月上旬,整整一年。

这期"四清",同翟里差不多,主要是抓经济方面的"四清"。陶铸同志也并不强调政治方面。所以,在1966年6月底以前,没有明确把运动的重点放在整党内走资本主义道路当权派上面,直到7月以后才补上这一课。到"文化大革命"当中,这就成了严重右倾的错误,反复多次检查。

这里的生产队小,干部多,"四清"的对象太多,面太宽。我发现了这个问题,提过几次意见,没有解决。这样,就影响到群众的发动。总的说来,发动群众反不如翟里。

同翟里不同的地方,或者说有进步的地方,是注意了组织学毛主席著作和抓生产,推广先进技术(如薄膜育秧)。学毛著开头还只是在青年中、积极分子中开展。1966年6月以后,"文化大革命"开始了,生产大队也就开展群众性的学习毛著运动了。办法是办训练班,分批组织社员集中学习"老三篇",每期一个多星期。到9月初,我们工作队走的时候,进训练班学习的社员达到百分之五十。

1966年5月下旬,在桂林看到中央的《五一六通知》及其附件《1965年9月到1966年5月文化战线两条道路斗争大事记》,其中多次点名批评胡绳、许立群、姚溱,很替他们担心。但没有想到自己有什么问题,特别是在政治方面。

"文革"开始,陈伯达要工作队回《红旗》。我一个人留在桂林,警卫员也回去了。我住在招待所,配了一个服务员。

6月下旬,收到罗立韵的信。说《红旗》杂志单位里有大字报,提出我的问题。我受到很大震动。反复想,认为最严重的就是在中央财经小组组长人选问题上提建议。七八月,情绪不好,但工作还是照常努力做。后来,陈伯达派人到桂林,把我押回北京。

十八 "文革"初期

　　1966 年 8 月 5 日,毛主席在八届十二中全会上发表《炮打司令部——我的一张大字报》以后,陈伯达在《红旗》点火,点名批判走资派邓(力群)、胡(绳)、范(若愚)。并造谣说:邓力群是刘少奇派到《红旗》夺权的。那时,我还在桂林。

　　造反派把我从桂林押回北京,是 9 月 18 日下午,快到吃晚饭时候了。《红旗》红卫兵把我拉到大楼前的广场,批判了将近一个钟头。送回家吃晚饭。

　　回到家里,只有邓英淘一个人。那时,罗立韵已到文化部受批判。我在厨房里同淘淘说了几句话,就被押回《红旗》杂志社开批判大会。站在前面低头挨批,三四个小时。批斗到半夜,押到《红旗》图书馆楼内住下。有红卫兵监视。

　　接下来是接连不断的批判大会。有的是《红旗》单独开,大多是《红旗》、马列主义研究院、中宣部联合开。批斗对象是邓、胡、范三个副总编,邓为首要。

　　外单位知道邓力群是《修养》的主要整理修改者,现在已被批判,纷纷要求揪去批判。陈伯达没有同意。并不是他有意庇护我,是他心中有鬼。因为外单位把我拉去批判,必然要涉及再版刘少奇的《修养》,就必然要说出牵头搞这事的是陈伯达。这对陈伯达极其不利。所以他不同意外单位批判我。把批判限在沙滩《红旗》的院子里,主要是避免暴露他陈伯达。

就这样,在《红旗》院子里押来押去,大会小会批斗。与外界完全隔离,住在《红旗》的新北楼一个单元的一楼。红卫兵陪睡,监视。别的人进不了这个门。

在此期间,除挨批斗外,还有一件事就是接受各部门、各地造反派的调查,写文字材料回答关于老同志、熟人的情况。方式大多是审问,有的甚至带点"武斗",可以说是拷问。这样的文字材料,大约写了十多万字。

到1969年年初,不再大会小会批斗了,要我,还有胡绳、范若愚,写反省报告,写自传。从出生写到当前。要写出令造反派满意的东西。这样的系统的检讨性的自传前后写了三次。其中有一个最详细,有三、四万字。包括我四哥邓建黄,在湖南和平起义后派到台湾去做秘密工作的情况都写了。

此前,还写了有关在中央帮助工作的一些检讨性的书面报告,包括整理修改刘少奇的《论共产党员的修养》、周恩来在1962年5月财经会议上的讲话等。写这些材料,我只是如实地反映情况,没有想到会把总理、陈云同志牵扯进来。这时,军宣队已经进驻《红旗》。看过我写的材料以后找我谈话,非常严肃地警告:你不要放毒! 我听不懂。以后他们在会上批我借写报告帮助中央工作情况之名,行放毒之实。骂得很厉害。

关于整理、修改《修养》这件事,我写到陈伯达参与修改,改得比原来好。引起陈伯达的恐惧。陈伯达每次到《红旗》来,都问:邓力群死了没有? 他希望我自杀。心术不正啊!

整个"文革"中,《红旗》杂志社有四人自杀,三人获救,一人不幸身亡。我挨斗最厉害,但始终不屈服。《红旗》的批斗会经常在宣传部办公楼最高一层的会议室开。我挨斗的时候,有人打我。打倒在地,我站起来;打倒在地,我又站起来;……反复三次,我都站起来。挺直腰板,表现出顽强反抗、威武不屈的精神。到我第三次站起来以后,造反派也就不再打了。最厉害的一个家伙,重拳打我的后脑勺,几个星期以后还痛。

当时加在我身上的罪名主要是两个,一是国民党残余。传达毛主席的话,说邓力群是国民党残渣余孽;一是邓力群放毒。批斗我几次。刚开始我不懂,以为是毒品的毒,联系不上啊!后来才知道,是指我的检查交待中涉及与陈伯达有关系的事,主要是编《刘少奇选集》的事,特别是少奇同志的三论:《论共产党员的修养》《论党》《论党内斗争》。

其实,要我参加整理《刘少奇选集》是陈伯达提的名。陈伯达很多事情都参与了。我的检查中写明了编少奇同志选集过程中哪些事是陈伯达叫搞的,哪些部分是我整理时遇到困难,改不动了,请教陈伯达,陈提意见该怎么处理,怎么改,有的地方就是他动笔改的。说我放毒指的是这个。我不懂,开头工宣队也不明白。

1968年12月,清华大学迟群传达毛主席的话:死不改悔的走资派是极少数,可以教育改造的走资派包括他们的子女是绝大多数。这时,已经到了"文化大革命"斗批改阶段的结尾了。我同胡绳、范若愚,三个《红旗》杂志的副总编辑,从"文化大革命"一开始就是被斗争的对象,被隔离专政,一人一间屋子,白天晚上都有红卫兵看着。听到传达主席的这个指示,我感到有希望了。相信自己不是死不改悔的走资派,而是可以教育改造好的。

这时,黑龙江省成立了革命委员会。运动初期被斗的人,一部分人解放出来,被结合,参加工作,一部分人进了办在柳河的五七干校。

1969年4月九大以后,《红旗》实际上是姚文元管,陈伯达只当编委会主任。这时,陈伯达把他的姘头提起来,当了《红旗》勤务组的组长。《红旗》的不少同志很不服气。这人原是搞校对的。陈伯达同她胡搞,几次被《红旗》的人撞到。这种桃色新闻传得很宽,可说在《红旗》是尽人皆知。陈伯达非常恼怒。下到干校后,把他们打成"反革命小集团"。理由现在看来很可笑,说反对勤务组就是反对中央常委(陈伯达),反对中央常委就是反对党中央,就是反对毛主席。这个所谓"反革命小集团"的头是张云声。他是《红旗》杂志的哲学编辑。

1969年秋,毛主席提出受批判的高中级干部要下干校改造。随后,《红旗》杂志社也办了五七干校。这时,工宣队撤走,军宣队进来。军宣队负责人是北京军区下属一个军的团级干部。《红旗》的人分成两批。一批人去干校,一批人留机关。6月通知我去干校。

下去之前的一个下午,在教育楼召集全体下干校的人员开了一次会,陈伯达在会上讲话。他说,我想去,不能去,羡慕你们。还说,希望将来老了,回乡做小学教员。我感到他这是假惺惺,装模作样。但陈伯达有一句话说得好,我一直感谢他。他说,干校晚上不要安排劳动,也不要开批斗会,让他们读书。他们是读书人。

本来,我是一直被隔离的。临走之前,允许见家属。我同罗立韵见了一面,谈了一个多小时。已经三年多没有见面了,那真是千言万语,不知从何说起啊!

我还回家挑了一批书,装了三个大纸箱,带到干校去。

十九 干 校 生 活

　　《红旗》杂志社的干校设在滹沱河畔,石家庄市北边十几里。1969年9月,一起下干校的有一百多人。少数几个批判对象,大多是编辑人员、行政人员和他们的家属。一些年轻人都带着儿女。卫建林带着儿子卫庶。卢之超带着女儿卢苇。北大毕业的一位女编辑,叫王景文,带着她的十几岁的儿子。

　　下干校后,我开始被分配住在靠近村子门楼进口的一家农户家里,这家姓什么忘了。有人陪着,实际是带有监督性质。住不久,搬到村子里老田家。老田家腾出三间正房,我住中间,南北房各住三个人。时间不长,又搬到姓杨的一家。杨家把东房腾给我们。我住靠南的一间,北边的一间卫建林住了一阵。后来军宣队对我们的监管松了,建林和他儿子也搬走了。

　　到干校后,军宣队宣布:每天白天劳动八小时,上下午各四小时。晚上不安排。指名胡绳、邓力群,加一小时,每天早上干一小时活。我比胡绳还多一项,晚饭后打扫厕所。这样的安排,晚上就有三小时读书。白天有时也开会,批判反对勤务组的小集团。

　　在干校,每天早晨起来,劳动一小时后吃早饭。上下午各劳动四小时。都是重体力劳动。每天晚饭后打扫厕所半小时。回来洗脸洗脚,准时从七点到十点,读书三小时。十点以后,很快入睡。早晨七点,不用闹钟,自然醒来。起床,到田里干活,锄草、割草。我从小在家干过农活,在干校每天九个半小时劳动,不觉得是负担。胡绳是苏州城里人,从小没有干过农活,真是苦了他了。

到干校后的劳动,起初是开荒。在长满荆棘、杂草的荒地上开出可以耕种的庄稼地。张云声深度近视,拿铁锹填一块八亩地的鱼池。在军宣队派人监督下,一个人在几个月的时间填出几亩地。我和胡绳每天铡稻草垫猪圈,同猪粪搅在一起沤肥料。一个星期起一次猪圈。河北猪圈沤肥的坑有一人深。我们把沤在里面的猪粪肥掏出来,装上车,运到新开出来的地里,均匀铺开。遇到人不准说话。开头掏一池猪粪肥要花一天半。后来熟练了,半天就完成了。

这样的重体力劳动,我的身体没有坏,反而变好了。不记得哪一年,我得了胃溃疡,秋天就发,吃西药,吃中药,吃什么药都没用,到春天就自

"文革"期间,邓力群在《红旗》五七干校劳动

"文革"期间,邓力群在《红旗》五七干校

动好了。到干校劳动了将近五年半,胃溃疡竟然好了,不治而愈。还有,我有腰疼的毛病,老犯,在干校劳动后也好了。

在干校的另一大收获是读书。陈伯达有许多坏处,但有一点要感谢他,他交代下去的人可以带书,晚上不安排活动。这样,就有了读书的时间。我从1969年6月到干校第一天起,坚持晚上七点到十点读三个小时书,直到1974年底离开干校回北京,将近五年半,一天也没有间断。我到干校后买了一只洋铁桶。晚饭后打扫完厕所,就去打一桶开水。灌满热水瓶,剩下的洗脸、洗脚。洗罢,七点钟,坐下来,读三个钟点书。

我下去时带了满满三大纸箱书,包括马列著作,鲁迅全集,郭沫若文集,各种小说,二十四史到清史稿等中国史书。一共有三百二十多本。读过的这些书,后来都送给当代中国研究所图书馆了。

到干校后,先读《马恩全集》。那时中央编译局编译出版了《马恩全集》36卷。从第一卷到第三十六卷,通读了一遍。经济理论,哲学理论,读得特别认真。《资本论》反复读了三遍。科学社会主义方面,以前下过一些功夫,没有作为重点。

马列主义理论还读了以下原著:

《马克思恩格斯论文艺与共产主义》三本;

《马克思恩格斯列宁斯大林论军事问题》四本;

《马克思恩格斯关于历史唯物论的信》一本;

《列宁全集》二十九卷;

列宁的《哲学笔记》;

《斯大林文集》,读了十三本,还有一本《联共(布)党史简明教程》,一位作者写的一本《卫国战争时期内的苏联战时经济》。

《鲁迅全集》二十卷,在延安枣园时读过一遍,在干校又读了一遍。还读了《鲁迅诗歌》的注释本,那是周振甫注的。

还读了其他作家的文集:

《瞿秋白文集》四本,还有《海上述林》;

《沫若文集》十五卷；

《茅盾文集》已经出版的十一卷；

老舍的小说《四世同堂》《骆驼祥子》，剧本《龙须沟》等；

巴金的"激流三部曲"：《家》《春》《秋》；

丁玲的《母亲》《水》《太阳照在桑干河上》；

《田汉戏剧集》。

外国作家的作品，主要读的是俄罗斯、苏联作家的作品，有：

《高尔基全集》；

《普希金诗集》；

老托尔斯泰的《安娜·卡列尼娜》《战争与和平》；

小托尔斯泰写西伯利亚的小说；

肖洛霍夫的《静静的顿河》《被开垦的处女地》及它的续篇；

奥斯特洛夫斯基的《钢铁是怎样炼成的》。

《旅顺口》，记不得作者的名字了。①

还有朱生豪翻译的《莎士比亚戏剧集》，法国作家罗曼·罗兰的《约翰·克利斯朵夫》，那是傅雷翻译的。

卫国战争时的小说，在延安时都读过了。那时，苏联出版一本，大后方就翻译出版一本，周恩来同志就设法买回延安来，我就读一本。在干校没有再读这些小说。

中国历史的主要著作也读了一遍。

二十四史，标点本那时还没有出版，我带去一部是没有标点的，从《史记》开始，《前汉书》《后汉书》《三国志》……新旧《唐书》，一直到《明史》，读了一遍。

我有的其他各种中国历史书籍，在干校也都读了一遍。读过的这些书是：

_____

① 作者：斯杰潘诺夫。

春秋左传集解（五本）；

史记志疑（三本）；

秦集史（上、下）；

资治通鉴（二十本）；

续资治通鉴（十二本）；

续资治通鉴长编（二十本）；

通鉴纪事本末（十二本）；

资治通鉴读法（一本）；

宋朝事实类苑（二本）；

辽史纪事本末（二本）；

金史纪事本末（三本）；

明通鉴（四本）；

明鉴（一本）；

明清史料（四本）；

清史稿（四十八本）；

清鉴（三本）；

清鉴纲目（一本）；

康熙起居注（三本）；

清代近史（五本）；

台湾府志（三本）。

下干校后将近一年，1970 年夏末秋初，陈伯达带秘书到干校检查工作，特别查问我们几个劳动改造的情况。听了军代表汇报，陈伯达召开全体会议，在会上讲话。我和胡绳不能参加大会，坐在会场旁边的一个小房间里，可以看见、听见。

陈伯达说，胡绳这个走资派，劳动教育好了可以恢复党籍，邓力群呢，劳动表现好也不能恢复党籍。他不仅是走资派，还是国民党的残渣余孽。他大哥是国民党改组派的骨干。这样绝对化地对军代表下指示，给我政

"文革"期间,邓力群在《红旗》五七干校读报

治上判决。其实,我大哥邓飞黄早期同李大钊、同鲁迅关系密切。他参加国民党改组派是反对蒋介石的。后来,没有跟汪精卫跑。全国大陆解放前,他没有去台湾,而是协同程潜、陈明仁策划湖南和平起义。1949 年秋天中央派我到新疆,策动陶峙岳等和平起义,也因为我有大哥这层关系。毛主席特别跟张治中说,我们派去的邓力群是邓飞黄的弟弟。

陈伯达在干校神气活现,没想到离开干校上了庐山,他称"天才"、追捧林彪当国家主席的活动,引起毛主席极大的不满。毛主席说他是"假马克思主义政治骗子",一点不留余地。我第一次听到主席批陈是在 1970 年的 12 月 5 日,《红旗》的一位司机老胡告诉我的。他是在我"文革"挨整期间少数几个仍然跟我交往的人之一。他对我说:老头子揪斗了! 我听了,心想你也有这样的一天! 另外一位同志也告诉我这个消息。

但我的处境没有好多少。不久,有一个"批陈整风"的文件传到我们干校。文件中把我们同陈伯达绑在一起,点名说,胡乔木、胡绳、邓力群、许立群、周扬都是陈伯达的帮凶。

1973年3月间,毛主席对铁道部长刘建章的妻子反映刘在监狱受到虐待情况的信作了批示,周总理指示中央机关的高级干部回北京检查身体。军代表传达了总理指示,要我和胡绳回北京。这回是自由来去,没有红卫兵押送。不过,还是戴罪之身。军代表交代:来回三五天,不要回家,不要会熟人。我当然只能照办,在朝阳医院做了全身健康检查。

1974年4月,宣布"解放",可以回北京。我没有立即回去,在干校又待了半年。因为有两件事要做。一件是整理学习毛主席《论持久战》的哲学思想,一件是整理毛主席读苏联《政治经济学教科书》笔记时的谈话记录。我有一种紧迫感,有一种责任心,非要把这两件事做完,才回北京。

"文革"期间,儿子邓英淘到《红旗》五七干校探望邓力群

学习《论持久战》的哲学思想

论持久战的哲学思想报告提纲。我们引用马

马恩、恩格斯、列宁、斯大林和毛主席的哲学语录，把

论持久战各章各节的哲学思想，包括辩证法、唯物

邓力群《学习〈论持久战〉的哲学思想》手稿之一

（二）抗戰十個月以來，一切經驗都證明下述兩種觀點的不對：一種是中國必亡論，一種是中國速勝論。前者產生妥協傾向，後者產生輕敵傾向。他們看問題的方法都是主觀的和片面的，一句話，非科學的。

坊上。

在中日无产阶级的阶级立场上，站在中日共产党的立场上三

经过实践的检验，证明为错误的，要继续坚持这

两种观点是它们在政治路向上也是错误的。持这两种观

点的人，他们看问题的方法一也是错误的。

邓力群《学习〈论持久战〉的哲学思想》手稿之二

到 1974 年年底,我搞完了《学习〈论持久战〉的哲学思想》,初步整理了《毛主席读〈政治经济学〉谈话》,正式结束将近五年半的干校生活,回到北京家中。

　　干校是"文革"中极左路线的产物。在《红旗》杂志干校,我是被整的第一号人物。但事在人为,坏事也能变成好事。我在干校将近五年半的生活,一是注意保护和锻炼身体。我本来有胃溃疡,经过五年半重体力劳动,彻底好了,至今没有发过。还有,受寒得的腰疼病,也好了,也是至今没有再犯。二是下干校,我没有垂头丧气,仍然振作精神。坚持白天劳动,晚上读书。每天晚上,坚持读书三个小时。带去的三大箱书,都看了。以前想读而没有来得及读的书,都读了。感到很充实,很满足。还有一点可以聊以自慰的,不仅看了书,还做了笔记,整理了材料,写了书,出了成果。在干校,我写成了《学习〈论持久战〉的哲学思想》,初步整理了《毛主席读〈政治经济学〉笔记谈话》。在干校的读书和写作,为我 1975 年恢复工作,在国务院政治研究室协助邓小平同志进行整顿,做了很重要的准备。

二十　回北京以后

　　1974 年年底回到北京以后,我在已经整理的《毛主席读〈政治经济学〉笔记谈话》的基础上,又花了几个月时间,把主席读书时的"批注"加了进去,成为完整的《毛主席读〈政治经济学〉笔记批注和谈话》。

　　这时,计委一位副主任来传达总理的指示:要邓力群同胡绳、吴冷西、于光远一起把毛主席读《政治经济学》教科书的记录整理出来。我已经整理了一个稿子,于光远有当年听我传达的笔记。我们四个人集中在一起,认真整理成一个完整的本子。周总理指示印发。大约印了四十本左右。发的范围是部委一级。给了我两三本,我自己留了一本,给了王震一本。后来,《党的文献》分三期发表了其中的部分内容。全书用国史学会名义以《毛泽东读〈政治经济学教科书〉批注和谈话》的书名印了一个内部本。装帧、设计我很满意。关于陪毛主席读书的情况,我在这本自述里专门有一章作了回忆。

　　还有一件事是,回来以后不久,胡乔木找我、王仲方、冯兰瑞,还有一位总工会的大姐,搞一个材料。那是为配合学习毛主席关于无产阶级专

1974 年年底，结束干校生活回到北京后，邓力群与罗立韵合影

1974 年年底，结束干校生活回到北京，邓力群与罗立韵和女儿罗小韵合影

政理论指示搞的。胡乔木出的题目:《毛主席论阶级斗争与无产阶级专政》。要求编一本小册子。这事一直搞到 1975 年 7 月初,搞成了。就在这时,通知我到国务院政治研究室工作。

二十一　简短的结语

我这一生的头六十年,正是中国共产党领导中国人民,经历抗日战争、解放战争的胜利,建立中华人民共和国,继而开始进行社会主义现代化建设不倦探索的伟大历史时期。我亲历了这个历史变革的伟大过程,深感幸运。我更感幸运的是,自1952年起,我有机会长期在党中央机关及领袖们身边工作。

对1952年调到中央机关以后这二十多年的工作,我有这么一个评价:1952年到1961年这十年是学习、做准备,还说不上当助手;1962年到1974年,当中央的助手;1975年后,当中央的重要助手。从当中央的助手到重要助手,高层领导的事,我参与了不少,帮助中央和领导同志做了一些事。在这个过程中,我自己也不断得到提高。

后　记

从上个世纪 80 年代起，一些熟悉的同志就建议我写回忆录。我曾断断续续谈过几次，有时老伴罗立韵也参加，由儿子英淘录音并整理出一些段落的初稿。十年前，经当代中国研究所领导同志同意，我请程中原、夏杏珍、李建斌、刘志男四位同志组成编写组，以后又增加了杨凤桥、丁明、卜岩枫等同志，对我 1915 年至 1974 年六十年经历的自述进行整理。

2006 年暑期，我在北戴河休假，每天上午，同编写组的同志谈两三个小时。从 8 月 4 日至 20 日，谈话十六次。从我的经历可以看出，中国人民革命的大熔炉，怎样把一个青年学生锻炼成为一个合格的共产党员，在老一代革命家的教育培养下，又怎样成为中央领导同志的助手，怎样经受住"文革"的考验。对于直接教育培养我的老一代革命家，从李维汉、张闻天、王震，到毛泽东、刘少奇、周恩来、邓小平、陈云，我也根据亲身经历，谈到他们的为人处世，言谈举止，思想理论，品格风范，谈到自己切身的感受和同他们接触交往中受到的熏陶与教诲。能够近距离在党中央领导同志身边工作，是我一生的幸事。

编写组的同志从一开始就明确分工：夏杏珍负责早期，从老家到北平；刘志男负责延安八年；李建斌负责东北三年；杨凤桥、丁明、李建斌和新疆维吾尔自治区党史研究室的祁若雄、熊坤静负责新疆三年;程中原负责从中办到《红旗》杂志社、五七干校,并负责统稿。根据分工,他们查找材料,核对档案,把我所讲的史实,和我在"文革"后与家人和身边工作人员谈人生经历的记录贯通整理,形成初稿。我把部分初稿送给我的老同学、老战友宋平同志过目,得到他的鼓励和支持,他要我先将亲身经历的事实记录下来,再细细斟酌。

2007年暑期,我又在北戴河同编写组的同志交谈。从8月1日至17日,谈话十四次。内容比上年更为具体,更加深入。在北戴河未能全部谈完,回到北京后又继续谈了几次。

编写组的同志都很努力,到2008年,初稿先后完成。这时,我的视力已经很差,无力自己动手修改了。但我听读了各章文稿,提出修改意见,要求继续查阅档案资料,充实、修正文稿的内容。经过多次修改,至2010年,大部分文稿经我审定,总体上比较满意。2012年7月,我向中央办公厅呈送报告,请求将我的这个自述正式立项,审查出版。中央批准了我的请求,并由中央宣传部将本书列为国家社科基金特别委托项目予以资助。对我来说,这是很大的鼓励和安慰,我深为感激。全国哲学社会科学规划办公室随即明确中国社会科学院副院长兼当代中国研究所所长李捷同志为项目的首席专家。

2013年冬,我委托李捷同志定稿。他认真阅读了全书,进行了细致的校订;同时,我还请曾经与我共事,或熟悉我某段经历的同志审阅书稿。他们的审阅、校订,避免了我记忆的误差或评论失当,提高了书稿的质量。我女儿罗小韵选配了照片、手迹和书影。人民出版社、当代中国出版社的领导和编辑对本书的编辑出版,做了许多工作,我很满意。对曾经帮助我记录文稿的朱元石、郭铁城、吕玉生、王凤环等同志,对帮助我审读"新疆三年"的新疆维吾尔自治区党史研究室的孙新刚等同志,和为本书编辑出版付出精力和心血的同志,一并表示由衷的感谢!

我和宋平同志相识,已经近八十年了。他为本书写了序言,使我感受到一个老共产党员对另一个老共产党员的政治信任和深厚情谊。

我年届百岁,为党工作的时间不多了。我希望,把我的经历坦露在有兴趣读一读的同志和朋友面前,有助于增进他们对党的认识和了解。

邓 力 群

2014 年 2 月 17 日

责任编辑:李春林　张　立
装帧设计:周涛勇
责任校对:周　昕

图书在版编目(CIP)数据

邓力群自述:1915~1974/邓力群 著. —北京:人民出版社,2015.11(2023.3重印)
ISBN 978 - 7 - 01 - 015148 - 9

Ⅰ.①邓… Ⅱ.①邓… Ⅲ.①邓力群(1915~2015)-自传-1915~1974
　Ⅳ.①K827＝7

中国版本图书馆 CIP 数据核字(2015)第 189072 号

邓力群自述(1915—1974)
DENG LIQUN ZISHU(1915—1974)

邓力群　著

人民出版社 出版发行
(100706　北京市东城区隆福寺街 99 号)

北京新华印刷有限公司印刷　新华书店经销

2015 年 11 月第 1 版　2023 年 3 月北京第 5 次印刷
开本:710 毫米×1000 毫米 1/16　印张:32
字数:421 千字　印数:20,001-23,000 册

ISBN 978 - 7 - 01 - 015148 - 9　定价:79.00 元

邮购地址 100706　北京市东城区隆福寺街 99 号
人民东方图书销售中心　电话 (010)65250042　65289539